다이몬과의 방황

004

서강수밸류총서

철학은 사물의 본질과 현상의 구조, 그리고 삶의 진실에 관하여
지적으로 가장 넓고 깊게 탐구해 온 학문이다.

다이몬과의 방황

엄정식 지음

서강대학교출판부

서강수밸류총서004

다이몬과의 방황

초판 1쇄 발행 | 2017년 6월 21일

지 은 이 | 엄정식
발 행 인 | 박종구
편 집 인 | 전종호
발 행 처 | 서강대학교출판부
등록 번호 | 제2002-000170호

주 소 | 서울특별시 마포구 백범로 35(신수동)
전 화 | (02) 705-8212
팩 스 | (02) 705-8612

ISBN 978-89-7273-332-4 04100
ISBN 978-89-7273-200-6(세트)

값 22,000원

* 서강수밸류총서는 (주)수밸류 대표 김상수(81, 경제) 동문이 조성한
수밸류출판금고의 지원으로 제작됩니다.

책머리에

서강대학교 철학과에서 30년 가까이 봉직하고 정년퇴임을 한 지 벌써 올해로 10년째가 되었다. 참으로 세월이 빨리 흘러감을 실감하지 않을 수 없다. 이 책은 원래 퇴직할 무렵에 회고록을 겸하여 일종의 사상적 편력을 정리하기 위한 내용으로 기획되었다. 그러나 유감스럽게도 그동안 그렇게 여유로운 시간이 주어지지 않았다. 그 대신 나는 전임으로 재직하고 있는 동안 하고 싶었지만 미처 할 수 없었던 일들에 몰두하였다. 그것은 한마디로 "철학을 현실화 하고 현실을 철학화 하는 일"이었다. 나에게 '현실'은 특별한 의미를 지니는 것이었다. 철학 외에 모든 것이 나에게는 현실이었다. 자연과학을 비롯한 다른 분야의 학문이 현실이었고, 분단된 조국의 정치와 경제와 문화적 상황도 현실이었으며, 학회 활동을 통한 철학문화의 창달도 나에게는 현실이었다. 이 책은 이 땅의 철학도로서 격동기를 살아오는 동안 이러한 현실을 넘나들며 남긴 생각의 편린들을 모은 것이다.

원래 10년 전에 기획했던 책의 제목은 『다이몬과의 방황』이었다. 그 당시까지 전개한 사유의 내용은 내면에서 들려온 음성의 주인공, 소크라테스가 들었다던 그 '다이몬'과의 치열한 방황이었기 때문이다. 그 후 많은 세월이 또 흘러 숱한 경험을 더 하고 사유의 내용이 다양해졌음에도 불구하고 여전히 그것은 다이몬과의 방황일 뿐이었다. 그것이 이 책의 제목을 『다이몬과의 방황』으로 정한 이유라고 할 수 있다. 철학과 현실을 넘나드는 동안 끊임없이 나는 다이몬의 음성을 들었고 진정한 자아를 찾아 헤매었으며 소크라테스적 가치를 추구해 왔던 것이다.

이 책은 크게 3부로 나누어져 있다. 제1부인 '회상과 추억'에서는 그동안 겪어 온 일들을 회고하고 거기에 의미를 부여하는 글들을 실었다. 나의 모교이고 영원한 지적 고향이기도 한 서강대학교와 관계된 일들, 퇴직 후 관여했던 기관들을 통해서 얻은 경험들, 그리고 일상과 외국 여행을 통해서 보고 느낀 인상들을 담았다. 제2부인 '성찰과 숙고'에는 돈이나 웃음, 소통과 리듬 등 일정한 주제들에 대한 철학적 단상들을 실었으며, 제3부인 '현상과 현실'에서는 민족의 통일과 한류 현상, 경제적 양극화와 정보사회 등 사회적 현실에 대해 조명한 글들을 엮었다.

거의 대부분이 기왕에 발표한 글들을 모은 것이기 때문에 주제나 표현상으로 서로 겹치는 부분이 더러 있음을 인정하지 않을 수 없다. 그러나 내가 그동안 일관되게 추구했던 주제가 자연과 자유, 그리고 자아의 문제였고, 형식에 있어서 자전적 에세이의 성격을 띠고 있기 때문에 불가피한 면이 있었다고 해야 할 것이다. 이러한 점을 독자 여러분들이 너그럽게 이해해 주기를 바랄 뿐이다. 끝으로 그동안 여러 면에서 도움을 주고 조언을 아끼지 않은 계간 《철학과 현실》의 발행인인 이명현 교수, 생명다양성재단의 최재천 대표, 서강대학교 화학과의 이덕환 교수, 그리고 무엇보다 끈질기게 기다리고 격려해 준 서강대출판부의 우찬제 교수에게 깊은 감사를 전하고 싶다.

2017년 3월 1일 은곡재에서

엄정식

제5장 철학기행 • 135

2부
성찰과 숙고

3부
현상과 현실

1부

회상과 추억

제1장

서강의 언덕에서

1. 다이몬과의 추억

시간이 흐르면 과거는 희미한 기억 속으로 사라진다. 그러나 그중 어떤 것은 생생한 추억이 되어 바로 어제 일처럼 뚜렷하게 남아 있기도 한다. 그 내용이 퇴색되고, 어떤 점은 미화되거나 추상화되기도 했지만 좀처럼 기억에서 지워지지 않는 일도 더러 있다. 아니 오히려 세월이 갈수록 더욱 더 생생하게 부각되는 것도 있는 것이다.

나는 1960년 봄, 서강대학 개교 첫 해에 철학과에 입학했고 4년 후 첫 졸업생이 되어 학교를 떠났다. 내 생애에 가장 의미 있는 청년 시절을 이 대학의 교정에서 보낸 셈이다. 그 기간 동안 나는 새롭고도 다양한 경험을 많이 쌓았다. 우선 공식적인 교과 과정을 이수하는 동안 철학적 훈련과 다양한 독서를 통해 동서와 고금의 숱한 사조를 만날 수 있었다. 저명하고 존경스러운 교수들로부터 세상에 대한 지식뿐만 아니라 삶에 관한 지혜를 어느 정도 터득할 수도 있었다. 여러 가지 과외활동에도 적극적으로 참여하여 좋은 친구들을 만나면서 우정이 무르익어 가기도 했다. 이 모든 것은 세월이 흐르면서 대부분 잊혀졌지만, 어떤 부분들은 아름답고 애틋한 추억으로, 혹은 희미한 기억으로 남아 있게 되었다. 그럼에도 불구하고 단 하나의 예외가 있는데, 그것은 바로 '다이몬'과의 만남이다.

대학에 입학할 무렵 나는 나 자신과 자주 대화하는 버릇이 있었다. 학년이 높아갈수록 이 버릇은 점점 더 고착되어갔다. 말하자면 나는 생각하는 '나'와 생각되는 '나', 욕구로서의 '나'와 당위로서의 '나', 현실로서의 '나'와 이상으로서의 '나' 등으로 나누어지면서 점차 더욱 뚜렷하게 이분화 되어 가는 경향을 보였다. 틈이 날 때마다 나는 깊은 사색에 잠기며 내면 깊숙한 곳에 존재하는 또 하나의 나와 끊임없이 대화를 나누고, 또 때로는 일기 형식으로 그 내용을 노트에 적어두기도 하였다. 거의 모든 관심사에 대해서 나는 솔직하고 명백하게 그 '나'와 의논하였다. 그 대화는 상황에 따라 다양한 형태로 나타났다. 이는 호소이기도 했고 절규이기도 했으며 때로는 차분한 논증의 형태를 띠기도 했다.

대화의 상대가 구체화됨에 따라 나는 그 '나'에게 이름이 필요함을 느꼈다. 플라톤의 여러 『대화록』에 나타나 있듯이 소크라테스가 내면에서 '다이몬(daimon)'의 음성을 들었다는 사실을 알게 된 것은 바로 그 무렵이었다. 나의 그 '나'에게 '다이몬'이란 이름을 붙여 주었던 이래, 나는 서강대학에서 다이몬을 애타게 부르며 보낸 4년을 "다이몬과의 방황"이라고 부른다. 사실 나에게 이 대학이 위치한 신촌의 노고산은 그냥 완만한 언덕이 아니었다. 그곳은 동서와 고금의 사조가 격돌하며, 격동의 시대가 전개된 "폭풍의 언덕"이었다. 더구나 서로 좀처럼 접근하지 못하는 이질적인 두 개의 '나'가 처절하게 사투를 벌이던 전쟁터이기도 했다. 바로 거기서 나는 지금 이 순간까지 천착해 온 나의 학문적 주제를 만났다. 그것을 나는 "자아의 인식"이라고 부르지만, 결국 다이몬과의 관계를 다양한 맥락에서 조명하는 것에 지나지 않는다.

'다이몬'은 원래 호머의 시에 나오는 전령의 이름으로서, 주로 신들과 인간을 연결시켜 주는 역할을 담당했다. 그 이름은 소크라테스에 와서 특별한 의미를 지니게 되었는데, 그 자신에게만 들리는 소리로서 체험되는 수호신적인 어떤 것 혹은 사적인 신령으로 변모되었다. 이 수호신은 적극적인 행동을 지시하지 않고 다만 금지의 소리를 내서 주로 불리하거나 바람직하지 않은 행동으로 나가는 것을 막는 역할을 해낸다고 알려져 있다. 그것은 양심이나 이성의 소리라고 해석할 수도 있는 것으로서, 소크라테스는 사실, 이 음성에 너무 집착하여 국가에서 인정하는 신들을 외면하였다는 이유로 기소되었던 것이다. 소크라테스의 『변명』에서는 그가 법정에서 이 소리를 듣지 못하였기 때문에 결국 죽음에 이르게 한 변론을 펴게 된 것이라고 전해진다. 나는 그의 다이몬이 무척 마음에 들었다. 그 후 나는 선뜻 내 안에 있는 또 하나의 나를 '다이몬'으로 불렀던 것이다.

자연스럽게 그 당시 학우들로부터 나의 '다이몬'에 대해 많은 질문을 받았다. 나는 사석에서의 대화나 학보인 《서강타임스》에 실린 글, 혹은 특강을 통해 무엇보다 '다이몬과의 방황'에 대해서 설명하려고 애썼다. 그것은 나의 내면에 깊이 침잠함으로써 '진정한 것' 혹은 '궁극적인 것'을 추구하고 거기에 닿아보려는 노력이라고 표현할 수도 있을 것이다. 가령 친구 안에서 다이몬을 찾으려는 마음은 궁극적인 것에의 추구이며 이 다이몬과의 방황이 멎는 곳에 진정한 우정이 나타난다. 이런 뜻으로 애정은 이성 안에서 다이몬을 찾으려는 안타까움이다. 애국심은 조국 안에서 다이몬을 찾으려는 정열이다.

예술은 작품 활동을 통해 다이몬을 찾으려는 소망의 표현이다. 다이몬과의 이 모든 종류의 방황이 멎게 될 때 우리는 '궁극적인 것'에 도달하게 되고 우정과 애정과 사회와 종교와 예술이 모두 하나가 되어 있음을 보게 된다고 주장했다.

나는 아직도 간직하고 있는 《서강타임스》의 기고문에서 이렇게 나의 이야기를 끝맺었다.

> 나는 물려받은 전통도 없고 창조할 능력도 없다. 나는 믿을 종교도 없고 사랑할 여인도 없으며 다정한 친구도 없다. 내 육신이 밥과 김치를 먹고 자랐다면 내 영혼은 다이몬을 씹으며 커온 것이다… 그러므로 다이몬을 부르는 내 목청은 비통할 수밖에 없다. 그러나 나는 방황을 지속할 것이다. 다이몬과의 이 외롭고도 숭고한 방황을..! 탄타로스의 운명처럼…

노발리스는 스피노자를 '신에 들린 사람'이라고 말한 적이 있다. 범신론적 신의 개념이 그의 철학에서 중심이 되었기 때문이다. 대학 시절 친구들은 나를 '나에 들린 친구'라고 불러주기도 했다. 나는 그 별칭을 받아들였다. 그 당시 나는 그 무엇에나 어느 누구에게보다도 나 자신에게 들려 있고 싶었기 때문이었다. 얼마 전 동기생들의 연말 모임에 갔을 때 이제 백발이 성성한 한 친구가 내게 장난스러운 표정으로 물었다. "자네 다이몬, 아직도 안녕하신가?" 나는 다소 당황스러웠지만 반갑게 그 친구의 손을 꼭 쥐며 대답했다. "물론 여전하시지…"

내가 자아의 문제와 계속 여전히 씨름하고 있는 한 그 시절 다이몬과의 만남은 더 이상 애틋한 추억이나 희미한 기억 속의 사건들 중에 하나가 아니다. 그것은 다른 현상과 달리 세월이 갈수록 생생하게 새로운 모습으로 다시 태어나고 더욱 깊은 의미를 지니며 구체화되어 왔다. 다이몬과의 관계는 개인적인 성찰이나 대인관계를 통해서, 그리고 논문이나 강연이나 토론을 거치면서 지금까지 끊임없이 진화해 온 것이다. 대학 시절은 분명히 50여 년 전, 내가 경험한 과거의 일부이지만 다이몬과의 방황은 아직도 진행 중이다. 그러한 의미로 나는 그 시절을 지금도 다이몬과 함께 살아가고 있는 셈이다.

《계간수필》, 2017년 봄

2. '서강타임스' 시절

이제 막 개교한 학교의 첫 입학생이 되어 대학생활을 시작한다는 것은 여러 가지로 의미 있는 일임에 틀림없다. 우선 150여 명의 동기생들은 모든 것을 처음 시작한다는 자부심과 호기심에 들떠 있었다. 새로 지은 본관 건물의 문고리를 처음 잡아본 것은 우리들이요, 강의실이며 도서관, 체육관 등 여러 시설들을 처음 사용한 것도 바로 우리들이었다. 소박한 캠퍼스에서 외국 신부님들을 비롯한 여러 교수님들의 가르침을 받고 남녀친구들과 사귀며, 비록 엄격한 교칙에 시달리기도 하였으나 늘 보람 있고 바쁜 나날들을 보냈다고 기억된다. 그렇게 우리는 서강대학의 학풍을 형성하고 전통을 만들었으며 자랑스러운 신화와 전설의 주역이 되었던 것이다.

우리는 학업에 늘 쫓기면서도 과외 활동에 매우 적극적이었던 셈이었다. 선배가 없는 학교에 다니기 때문에 모든 동아리들을 우리가 처음 시작할 수밖에 없었다. 나는 스스로 엘리트임을 자처한 친구들의 토론 모임인 '아테네 클럽', 화랑의 후예임을 호언하고 자주 야외 수련도 즐겼던 '검도반', 그리고 틈만 나면 어울려서 그림 실력을 자랑하던 '강미반' 등등 이루 다 기억하기도 어려울 정도로 많은 활동에 참여했었다. 그러나 내가 가장 심혈을 기울였고 또 가장 많은 시간과 정력을 쏟았던 것은 새롭게 창간된 '서강타임스' 기자로서의 활동이었다.

서강대학의 공식 언론기관으로 탄생한 '서강타임스'는 이희명 부학장을 주간교수로 하여 이범용, 이한일, 강용자. 그리고 내가 창간 멤버였던 것으로 기억한다. 우리는 고등학교 시절에 이미 신문이나 교지의 편집에 관여한 경험이 있었기 때문에 대학 신문을 발간하는 일이 전혀 생소한 것은 아니었으나 새로운 대학에 대한 자부심과 교풍을 창조한다는 사명감에 불타서 항상 의욕이 넘쳤고 그만큼 고달픈 일도 많이 있었다. 남대문 근처에 위치해 있던 연합신문사 건물에서 신문 발행의 마지막 작업을 마무리했는데, 그곳에서 밤을 지새우는 일도 많이 있었다. 학보사는 신축건물인 C관 일층에 위치해 있었고 편집회의 때는 자주 격론을 벌이며 '타임스'의 기본 입장 같은 것을 정립하는 데 많은 관심을 보이기도 하였다. 특히 이범용이 편집 책임자가 되어 전문성을 발휘했고 성실성과 온화한 인품이 돋

보이는 지도력을 과시하기도 하였다.

나는 '발자국'이라는 고정 칼럼을 맡았고 간간히 철학이나 사상과 관련된 학술 기사도 썼으며 작은 '컷'이나 그림을 그려서 지면을 장식하기도 하였다. 좋은 신문을 만들기 위해서 교칙을 중심으로 한 학교 행정에도 주의를 기울였고 학생회장 선거나 학생회 운영에 대한 심도 있는 보도와 비판 등은 주요 관심사들이었다.

'타임스'에 관여한 것이 개인적으로 학업에 어느 정도 지장을 주었고 철학 공부에 몰두하는 데 방해가 되기도 한 것이 사실이다. 그러나 민주화와 산업화로 상징되는 4.19와 5.16 등 큰 사건들을 거치면서 '분단된 조국'에서 사는 청년으로서의 정체성을 확인하는 데 도움을 주었고, 극히 추상적이고 사변적인 학문을 전공하는 나에게 역사의식과 현실 감각을 고취하는 계기를 마련해 주기도 하였다. 또한 학교의 행정과 운영, 대학의 본질과 이념 등에 폭넓은 관심을 갖게 되어 학교를 사랑하는 마음과 서강가족의 일원이 된 자긍심이 남달랐던 점도 기자 생활을 했던 덕분이었음에 틀림없다.

이렇게 한 해가 지나자 '타임스'는 대학신문으로서의 면모를 제대로 갖추게 되었고 유능한 신입생들도 가세하여 그 토대가 더욱 단단하게 다져지게 되었다. 특히 최광호와 안정효의 역할이 두드러졌는데 그들은 충분한 경험과 높은 안목을 갖추었을 뿐만 아니라 저돌적인 자세와 열정을 지니고 있어서 신문을 한 단계 격상시키는 데 결정적인 역할을 하기도 하였다. 그 중에서도 안정효는 신문에 관한 일 외에도 여러 가지로 관심과 취향이 비슷하여 계속 깊은 우정을 나누게 되었다.

우리는 주로 문학과 철학에 관해 많은 이야기를 나누었는데, 도스토예프스키,헤르만 헤세, 한스 카로사, 토마스 만, 앙드레 말로, 알베르 까뮈와 키엘케고르, 니체 등이 좋은 토론의 주제가 되었다. 그 밖에도 그림과 연극에도 관심이 많아서 신문을 만드는데 그의 재능을 충분히 활용했을 뿐 아니라 퀴어리 신부가 작곡한 뮤지컬 '춘향전'의 공연에서 무대장치에 같이 참여하기도 하였다. 우리는 틈만 나면 어떤 주제를 놓고 심도 있는 토론과 논쟁을 벌이는 일이 많았다. 한번은 '죽음'이 무엇인지에 관해 장시간 담론을 펼쳤는데, 점점 더 미궁에 빠지자 그 이튿날 홍제동에 있던 화장터에 가서 논의를 계속하기도 하였다. 우리는 도시락을 싸가지고 아침부터 저녁에 어둠이 깔릴 때까지 화장터 이곳저곳을 두리번거리며 계속 죽음에 대한 명상과 토론을 이어갔다. 그때 어떤 결론을 얻지는 못하였지만 그것은 학창 시절에서 가장 강력한 인상을 남긴 추억 중에 하나로 남아 있다.

3학년 2학기가 되면서 나는 거의 모든 과외활동을 중단하였다. 학업에 집중하고 대학생활을 좀 더 체계적으로 정리하기 위해서였다. 물론 '타임스'의 기자생활도 더 이상 계속할 수가 없었다. 그것을 기념하기 위해 나는 『다이몬과의 방황: 나의 종교, 나의 신념』이라는 글을 투고하였다. 원고지 30매 가량의 이 기고문에서 나는 그동안 구체화된 나의 형이상학적 여정을 비교적 자세히 진술하였다. 소크라테스적 내면의 음성인 '다이몬'과의 대화를 소개하고 거기서 개진된 철학적 탐구의 내용을 토로한 글이었다. 여기서 구체화된 "자아의 인식"이란 문제의식은 지금까지 내가 천착하고 있는 철학적 탐구의 주제가 된 것이다.

내가 '서강타임스'의 후신인 '서강학보'와 다시 인연을 맺게 된 것은 모교 철학과의 교수로 부임하여 주간교수의 직책을 맡게 된 거의 20년 후의 일이었다. 이 무렵 '서강타임스'는 군사정권 아래서 필화사건으로 폐간을 당해야 했고 이름을 바꾸어 다시 창간하게 되었던 상황이었다. 그 당시 편집장을 맡았던 학생은 지금 모교의 국문과 교수로 있는 우찬제였다. 다른 대학신문과 마찬가지로 '학보'도 "민주화 운동의 요람"이라는 시대적 사명을 수행할 수밖에 없었다. 따라서 문교부와 안기부 요원들의 감시를 받는 학교 당국과의 관계가 원만하게 유지되기를 기대하기는 어려운 일이었다. 그러나 우리는 비록 짧은 기간이었지만 비교적 큰 마찰 없이 지냈던 것으로 기억된다. 당시 창간한 지 얼마 되지 않았기 때문에 학생들도 신축성 있게 대처한 점도 있지만 기자 생활을 경험했고 외국 유학생활을 마치고 귀국한 지 얼마 안 되는 신임교수로서 학생들의 입장에 상당히 동조하는 편이기도 했기 때문일 것이다. 그러나 여기에는 분명히 한계가 있었다.

후에 학생처장 직을 맡게 되었을 때 문제는 더 악화되었다. 군사정권 말기에 학원 탄압은 더욱 심화되었고 학생들의 저항은 이에 못지않게 점차 거세지는 상황에서 학교 당국의 입지는 상대적으로 협소해질 수밖에 없었던 것이다. 최소한의 학원 자율을 확보하려 했지만 그것은 정부 측이나 학생 측 모두에게 불만스러운 것일 수밖에 없었다. 결국 '학보'와의 직접적인 관계는 오늘날 씁쓸한 추억으로 남아 있다. 1985년 《학보》와 원만한 관계를 유지하기 위하여 서인석

총장과 박종대 주관 교수, 그리고 학보사 학생들이 자리를 함께 하여 창간 25주년 행사를 마련했던 일이 희미한 기억과 함께 한 장의 사진으로 남아 있다.

물론 지금도 '학보'와 인연이 아주 끊어진 것은 아니다. 대학원장과 한국 철학회 회장직을 맡고 있던 2004년에는 집중적인 인터뷰에 응한 일이 있고 정년 퇴임 후에도 외부 인사 자격으로 짧은 글을 몇 번 기고한 적도 있다. 그리고 요즈음 가끔씩 그 당시 기자 생활을 같이 했던 이한일과 만나 그때의 추억담을 나누기도 한다.

이제, 개교 50주년과 함께 '학보'가 창간된 지도 50년의 세월이 흘러갔다. 더벅머리를 날리며 노고산 언덕을 헐레벌떡 오르던 그 청년들이 이미 작고했거나 백발이 성성한 노인들이 되었다. 50년 후에 우리들은 더 이상 이 세상의 사람이 아닐 것이고 지금 학보사 기자들에게서도 그 청정한 젊음이 사라지게 될 것이다.

그때에도 '대학 신문'이라는 것이 존재할 수 있을지, 존재한다면 어떤 형태가 될지 모르겠지만 학생들은 여전히 혈기가 왕성해서 나름대로 '정론(正論)'을 펼치려 할 것이고 교수들은 간혹 염려스러운 표정을 지으며 이를 견제하려 할 것이다.

이제 50주년을 맞으면서 만감이 교차하는 가운데 이 짧은 글을 맺는다. 서강이 그대의 자랑이듯, 그대가 서강의 자랑이기를 염원하면서…

《그대 흘린 땀이 세상을 이기리라》, 2010년 11월 5일

3. 서강혼에의 의지

노고산 언덕의 한 귀퉁이가 파헤쳐지고 거기 서강대학교가 우뚝 선 지 25년—이 학교의 첫 입학생이 되어 고뇌와 낭만의 특유한 학창생활을 보내고 이리저리 방황하다가 다시 모교의 품에 안겨 후진의 양성에 참여하고 있는 나로서는 남다른 감회가 가슴속 깊은 곳에서 용솟음칠 뿐이다. 어찌 그 숱한 세월이 이렇게 순간처럼 지나갈 수 있단 말인가.

돌이켜 생각해 보면 내가 서강과 맺은 인연을 '숙명적'이라고 밖에 달리 표현할 도리가 없다. 그것은 부모와 자식과의 관계처럼 도저히 외면할 수 없는 끈질긴 혈연이며 성직자가 신에게 바친 서약처럼 성스러운 약속이다. 서강은 실의와 절망의 수렁에 빠져 있던 나를 다시 헤어나게 했고 무럭무럭 성장할 수 있게 해주었으며 무엇보다도 지적 성숙의 요람을 마련해 주었다. 그리하여 서강은 나에게 영원한 고향의 의미를 지니며 신앙의 대상인 동시에 삶의 터전일 뿐만 아니라 구도의 도장이기도 하다. 나는 서강의 극히 일부이겠지만 서강은 나의 과거와 현재와 미래를 포용하는 삶의 현장인 것이다. 어떻게 서강과 맺은 나의 인연이 숙명적이라고 아니할 수 있겠는가.

니체는 "숙명을 사랑하라(Amor fati)!"고 말한 적이 있다. 나로서는 그것을 "서강과 맺은 인연을 절감하라"는 뜻으로 해석하고 싶다. 그러나 그것은 서강의 무엇과 맺은 숙명인가. 서강의 본질 혹은 실체는 무엇인가. 도대체 이토록 나를 사로잡고 있는 서강대학교의 마력은 무엇인가. 나는 그것을 "서강혼(西江魂)"이라고 부른다. 한 인간을 바로 그 인간이도록 하는 것이 그 사람의 실체, 즉 영혼이듯이 서강대학교의 특유성과 독자성을 이루고 있는 것은 바로 이 서강혼인 것이다. 그러므로 나는 내 숙명이 "서강혼에의 의지"를 확인하고 실현하는 데 있다고 보는 것이다.

그것은 정도의 차이는 있겠지만 서강에 인연을 맺고 있는 모든 사람들의 사명이며 긍지이고 포부일 것이다. 더구나 개교한 지 25년의 세월이 흘러간 오늘날, 그 본질이 점차 오염되고 있는 듯한 인상을 떨쳐 버리기 어려운 상황에서 심각한 과도기를 겪고 있는 지금 이 순간, 서강혼의 새로운 인식과 구현은 우리 모두의 절박한 대명제가 아닐 수 없다. 그렇다면 서강혼이란 과연 무엇인가.

우리는 어떤 사람의 가치를 평가할 때 그의 옷차림이나 생김새를 기준으로 삼지 않는다. 그러한 것은 그 사람이 실체가 될 수 없기 때문이다. 마찬가지로 서강대학교의 본질은 캠퍼스 여기저기에 세워져 있는 건물들이나 시설이 될 수 없다. 그것은 재학생들과 졸업생 혹은 총장을 위시한 교수들이나 교직원들을 의미하는 것도 아니다.

물론 우리는 부끄럽지 않을 정도의 시설과 성실한 학생들을 갖추고 있으며 자랑스러운 동문들을 많이 배출해 내었고 남부럽지 않은 교수진도 이미 확보해 놓고 있다. 그러나 이 모든 것은 서강의 외모에 불과할 뿐 본질이나 실체가 아니며, 우리의 진정한 자랑거리도 아니다. 그것은 모두 서강혼의 과도기적이고 외양적 표현에 지나지 않는다는 것이다.

한 인간의 본질은 그 사람의 영혼이듯이 서강대학교의 실체는 분명히 서강혼이어야 한다. 그리고 이것은 이 학교의 설립 이념인 예수회의 정신, 바로 그것이 아닐까. 우리가 잘 잘 알고 있는 바와 같이 [예수회(Society of Jesuit)]란 1545년 스페인의 바스코 지방에 있는 로욜라 성주의 아들 이냐시오 데 로욜라(Ignatius de Loyola)가 설립한 천주교의 한 수도단체이다.

성 이냐시오는 그리스도의 용사가 되어 만레사의 동굴에서 혼신의 기도와 뼈를 깎는 고행을 통해 자기 자신과의 처절한 싸움을 이겨내고 마침내 신비적 조명을 경험하여 『靈性修業(*Exercitia Spriritualia*)』을 써냈으며 그 정신을 실현하기 위해 예수회를 조직하였다. 예수회는 종교개혁으로 동요하고 있던 천주교에 새로운 생명의 숨결을 불어넣었을 뿐만 아니라 비판적 정신과 영성적 방법을 구사하여 이웃에 봉사하는 것을 궁극적 목표로 설정하였고, 특히 교육사업에 몰두하여 오늘날 전 세계에 무려 2백 26개의 대학을 운영하고 있다. 서강대학교는 이러한 이념을 실천하고 있는 이 땅의 유일한 종합대학교인 것이다.

예수회에서 한국에 대학을 설립한 의의는 매우 크다. 우리나라는 일본의 침략을 받아 36년간 나라를 빼앗겼다가 다시 외세에 의해 국토가 양단 된 지 40여 년에 이르고 있다. 민족의 문화는 파괴되고 경제는 도탄에 빠져 있으며 정치적으로는 양분되어 자립의 능력이 거의 없는 실정이다. 남북한은 생소한 이념의 노예가 되어 미증유의 처참한 살육을 이미 치렀음에도 불구하고 언제 다시 터질지 모르는 또 하나의 참화 앞에서 전율하고 있다. 이에 아무도 민족의 운명을 점칠 길이 없는 채 많은 사람들이 좌절과 실의에 빠져 무책임한 향락과 낭비로 소일하고 있으며 양심은 땅에 떨어져 퇴폐와 무질서가 도처에 횡행하고 있다.

이러한 상황에서 사이비 종교들이 우후죽순 격으로 범람하고 지식인들은 문화의 전수와 창달에 몰두할 수가 없으며 농공상업에 종사하는 서민들은 안심하고 생업에만 종사하기가 매우 어렵게 되어 있다. 아마 성 이냐시오가 예수회를 조직할 당시에도 사회가 이보다 더 혼탁하지는 않았을 것이다. 요컨대 지금은 몇 대의 자동차나 몇 동의 고층 아파트보다는 현실에 대한 깊은 통찰과 미래에 대한 구체적 비전을 제시할 수 있는 정신적 지도자의 출현이 더욱 절실하게 요청되는 때이다. 이 땅에 서강대학교가 존재한다는 것은 이러한 요청에 부응하고 있다는 점에 그 의의가 있는 것이다. 그것은 또한 예수회의 이념과 한국의 현실이 만나고 있다는 상징적 의미를 지닌다. 고행과 극기와 봉사의 정신이 향락과 퇴폐와 이기적 현실에서 무엇을 할 것인가를 대답하는 것이 서강의 과제이며 이것이 동시에 "서강혼에의 의지"를 불태우는 구체적인 방법인 것이다.

이제 서강혼이 무엇인지 분명해졌다. 그것은 한마디로 수도자의 정신이다. 고등교육 기관은 헤아릴 수 없이 많으나 진정한 의미의 대학을 찾아보기 어려운 현실 속에서 '참다운 대학'으로서의 고독과 긍지를 가지고 성 이냐시오의 후예답게 고행과 극기와 봉사의 정신을 교육을 통해 실현해 보려는 이념이 곧 서강혼이다. 우리는 이러한 이념에 힘입어 불과 25년 만에 굴지의 명문 사학으로 발돋움했고, 그러나 바로 이러한 이념 때문에 여기서 만족할 수 없는 입장에 있다.

진정한 수도자는 자기가 도달한 경지를 다른 사람들과 비교하지 않고 칭찬과 흠모에 아무런 감동도 표시하지 않듯이 우리는 지금까지 이룩한 업적과 영광을 대수롭지 않게 생각하고 있으며 오직 더욱 많은 고난과 역경을 예상하면서 묵묵히 앞으로 나아갈 뿐이다. 수도자는 현실에 만족하는 것을 오히려 부끄럽게 여기고 자기 자신만을 진보와 발전의 기준으로 삼듯이 우리는 스스로 대견해 하는 속물근성을 무엇보다도 배격하며 오로지 인류의 복지와 민족의 중흥에 일익이 될 수 있기를 고대하면서 초연히 진리의 탐구와 인격의 함양에 전념하고 있을 뿐이다. 수도자는 악과 타협하기보다는 차라리 영광스럽게 순교하기를 갈망하듯이 우리는 일시적 부귀와 명성과 안일을 위해 구차스럽게 목숨을 구걸하지 않으며 고매한 이상의 실현을 위해 필요하다면 오히려 기꺼이 죽음을 택할 것이다.

말하자면 이러한 이념이 서강혼의 내용을 구성하는 몇 가지 요소들이고 "서강혼에의 의지"가 지향하는 목표이며 동시에 우리의 현실적 과제이다. 서강의 실체인 서강혼이 바로 그러한 것이기 때문에 우리의 길은 세속적 영광의 길이 아니라 은둔적 고뇌의 길임을 절감하지 않으면 안 된다. 전자는 수많은 세속인들의 길이며 현실에 밀착하고 현실적 가치의 추구에 몰입해 있으면 부귀와 영화를 누릴 수도 있는 길이다. 그러나 후자는 토인비가 말하는 '창조적 소수(creative minority)'의 길이며 현실보다는 이상을 더욱 소중히 여기고 현실적 가치의 추구보다는 오히려 그러한 가치의 정당성을 문제 삼고 새로운 가치의 창조에 전념해야 하는 고독과 수난의 길이다.

만약 서강이 걷고 있는 길이 그러한 것이 아니라면 우리가 구태여 성 이냐시오의 정신을 일컬을 필요가 없으며, 25년 전 노고산 언덕을 파헤친 예수회원들의 피땀 어린 노고를 애써 기억하지 않아도 좋을 것이다. 지금은 또 하나의 비약을 꾀하기 위하여 개구리처럼 움츠린 채 다리의 근육을 바짝 당기며 잠시 서강혼의 의미를 음미하고 있을 때이다.

나는 이 어려운 시대에 바로 이 땅에 태어난 것을 신에게 감사드린다. 나는 다른 아무 대학이 아니라 서강대학에서 교육받고 모교에 다시 돌아와 일하게 된 숙명을 사랑한다. 나는 우리 학교의 실체가 서강혼, 즉 수도자의 이념임을 다시 한 번 확인하고 그 실현에 적극적으로 참여하게 된 고통스러운 영광을 기꺼이 받아들인다. 그리고 나는 서강혼이 나의 신이고 캠퍼스가 온통 나의 성지이며 서강이 나의 종교라는, 요컨대 '서강혼에의 의지'를 불태우는 일이 내 삶의 커다란 기쁨이며 보람이라는 즐거운 상념에 젖어본다. 마지막으로 나는 서강과 인연을 맺은 모든 사람들이 이러한 상념에 같이 빠져들 수 있기를 감히 염원해 본다. 이 염원이 개교 25주년을 맞이하는 모교에 내가 바칠 수 있는 유일한 축하의 선물이다. 이 알뜰한 선물을 품에 안고 노고산 언덕에 홀로 서서 마구 용솟음치는 남다른 감회를 지금 나는 조용히 달래보고 있는 것이다.

《서강옛집》, 1985년 4월 15일

4. 단 한 번의 만남

지난 2010년 4월 17일에는 서강대학교 개교 50주년 기념행사가 온 종일 교정에서 열렸다. 바로 50년 전에 나는 이 대학의 첫 입학생이 되어 꿈과 낭만의 청년시절을 보내고 첫 졸업생으로 교정을 떠났었다. 그러나 15년 만에 다시 모교에 돌아와 철학교수로서 정년퇴임했던 나로서는 벅찬 감회를 느끼지 않을 수 없었다. 칠순이 되도록 거의 한 평생을 이 대학교와 관계를 맺으며 살아왔기 때문이다. 오전에는 개교 기념 미사와 50주년 기념 시계탑 제막식이 있었으며 이어 본격적인 기념식이 개최되었다. 이 기념식의 백미는 역시 '서강희년 상' 수여식이었으며, 그 중에서도 가장 빛나는 것은 초대 및 2대 총장을 지낸 데일리(John P. Daly) 신부에게 수여된 봉사와 종교부분의 상이었다. 그는 '서강혼(西江魂)'을 상징하는 전설적인 인물이었으며 오늘날 서강의 발전과 영광에 주춧돌을 놓은 핵심적 인물이기도 하였다. 기념식이 끝나자 곧 개교 기념 만찬이 개최되었는데, 동문을 대표한 만찬사에서 나는 한껏 그 감회와 회포를 풀 수가 있었다. 무엇보다 연단에서 나는 니체가 말한 대로 이왕 우리가 '서강호'라는 배를 탔으면, "정박해 있거나 표류하지 말고 다만 항해하는 것"이 중요하다는 점을 강조하였다. 자리로 돌아와서는 잠시 데일리 신부와의 짧은 인연을 회상해 보기도 하였다.

데일리 신부와 나는 어떤 의미로도 친근하거나 특별한 관계였다고 말할 수는 없다. 가령 그의 과목을 택했다거나 그의 사목 활동을 도왔다거나, 심지어 한가하게 따로 이야기를 나누어 본 기억조차 없다. 개교한 지 몇 년 되지도 않았고 학생들의 수도 얼마 되지 않은 상황에서 그토록 소원한 관계를 갖는 것도 흔한 일은 아니었다. 사실 그 당시 우리 학생들은 미국인 신부들이나 신학생들과 잘 어울리는 편이었고, 그들도 학생들을 아주 다정하게 대해 주었으므로 특별한 이유가 없다면 대부분 스스럼없이 가까이 지내는 편이었다. 영어회화를 연습하고 생소하고 이국적인 대학생활에 익숙해지기 위해서라도 그것은 자연스러운 것이었다.

데일리 신부와 내가 서먹서먹하게 지내게 된 데에 사실 이유가 전혀 없는 것은 아니었다. 나는 서강대학 시절 깊은 상념에 젖어 혼자 지내는 시간이 많았고 미국인 교수들은 물론 한국인 교수들이나 다른 학생들과도 자주 어울리는 편이 아니었다. 오히려 대부분의 시간을 나의 내면 깊숙한 곳에 자라잡고 있던 또 하나의 나인 '다이몬'과 대화하는 시간이 훨씬 더 많았다. 특히 그 당시 유행하던 실존주의 사상에 깊이 물들어 있어서 이른바 세상에 대해서는 비관적이었고, 다른 사람들에 대해서는 냉소적이었으며 나 자신에 대해서는 대체로 염세적인 경향이 있었다. 나는 아직 풋내기 철학도에 지나지 않았고, 쇼펜하우어나 사르트르, 카뮈나 헤세 같은 사상가들에게 매혹되어 있었으며, 특히 니체와 같은 반항적인 허무주의 철학자에게 상당히 심취해 있는 상태였다. 가령 "너희들은 다만 행복하여라. 나는 홀로 진리와 함께 괴로워하리라!"는 그의 절규에 매혹되어 있었던 것이다.

한편 데일리 신부도 별로 상냥하고 사교적인 성격의 인물은 아닌 것 같았다. 나에게 그는 항상 근엄하고 굳은 표정의 성직자였고, 어쩌다가 가까이에서 그의 웃는 모습을 보았을 때도 잠깐 활짝 웃다가도 곧 엄숙한 모습으로 돌아오곤 하는 단아한 한 사람의 외국 신사일 뿐이었다. 더구나 학년이 높아지면서 전공과목에 몰두하다 보니 더욱 바쁜 나날을 보내게 되었고 결국 나는 1964년 봄에 이 학교 첫 졸업생이 되어 학교를 떠나게 되자 그와도 한 동안 결별할 수밖에 없었던 것이다.

그 후 6년의 세월이 그야말로 급류처럼 흘러갔다. 나는 졸업 후 즉시 입대하여 군복무를 마친 후 미국 공보원에 직장을 얻어 영상물을 담당하는 부서에서 일하게 되었다. 그동안 어느 정도 여유가 생겨서 학업을 계속하기로 결심하고 오후에는 서울대학교 신문대학원에서 석사과정을 이수하고 있었다. 1970년 봄이었다. 단과대학이었던 서강대학은 종합대학교로 승격되었고 데일리 신부가 초대 총장으로 부임하였다. 그즈음 마침 국제로타리장학재단에서 장학생 모집을 공고하였고 나는 그 대학원 김규환 원장의 추천을 받아 지체없이 응모하였다. 조셉 콘라드나 유진 오닐, 혹은 생택쥐페리나 헤밍웨이처럼 지평선 넘어 어디론가 무조건 떠나고 싶었고 막연한 지적 탐구에 대한 갈망을 억누를 수 없었던 것이 내가 응모하게 된 이유의 전부였다. 그 후 6개월 동안 온갖 시험과 서류 전형을 거쳐 마지막 후보자 4명이 선발되었다. 어느 날 우리는 그 중에서 단 한 사람을 선발하는 최종 면담에 응하기 위하여 장학 위원장의 회의실에 모였다. 선발위원은 한국로타리총재와 외국인 3명을 포함하여 7명으로 구성되어 있었다. 한 사람씩 30분간 집중적으로 따로 면담하여 2시간 만에 결국 내가 그 해의 '로타리' 장학생으로 선발된 것이다.

나는 그때의 감격을 결코 잊을 수 없다. 그것은 이튿날 일간신문들에 내 사진과 함께 그 기사가 실렸기 때문만은 아니었다. 나는 이제 야망을 품고 하늘을 향해 날게 되었음을 확신한 것이다. 그 당시 나의 입장에서는 그러한 장학생으로 선발되지 않는다면 유학이란 것은 상상도 할 수 없는 것이었다. 나는 이 감격적인 소식을 제일 먼저 전하기 위하여 서강대학교로 달려갔다. 아직 졸업생을 많이 배출하지 못한 모교로서는 이 정도의 영광도 충분히 "그대 서강의 자랑"이 될 것임을 나는 잘 알고 있었기 때문이었다. 나는 '마라톤' 전투의 승전보를 전하던 그 병사처럼 격양된 모습으로 노고산 언덕을 뛰어 올라가 본관에 들어섰다. 그러나 이 소식을 누구에게 어떻게 전한단 말인가.

흥분을 가라앉히고 주위를 둘러보았을 때 마침 명상에 잠긴 채 산책하던 데일리 총장이 '메리 홀' 쪽에서 걸어오고 있었다. 나는 그에게 달려가 정중하게 인사하고는 허둥지둥 그 소식을 전하였다. 그는 조용히 듣더니 좀 더 자세히 이야기해 보라고 하였다. 나는 그것이 얼마나 영광스럽고 대단한 것인지, 그리고 얼마나 힘들게 선정된 것인지를 강조하며 다시 설명하였다. 그때에야 그는 새삼스럽게 감탄하며 내 손을 덥석 움켜쥐고 축하해 주었다.

"아주 대단해. 진심으로 축하하네. 학교에서 축하파티라도 열어야 하겠는걸… 그런데 어떻게 최종적으로 선발된 거지?"

나는 인터뷰에서 생긴 일을 기억해 내었다. 여러 가지로 공통된 질문이 있었는데 그 중에 임무가 끝나면 곧 귀국하겠는지, 그리고 그 이유가 무엇인지를 묻는 것이 있었다. 나는 서슴치 않고 이렇게 대답하였다.

"나는 외아들이고 부모님의 산소가 여기 있는데 돌아오지 않는다면 누가 그것을 돌본단 말입니까?"

심사위원들은 고개를 끄덕이고 매우 흡족한 표정을 지어보였다. 나중에 총재가 축하의 악수를 하며 건낸 말이지만 그 답변이 가장 인상적이었고 나를 선택하게 된 이유 중에 하나였다고 전해 주었다. 이 이야기를 듣자 데일리 신부는 다시 감탄하며 이렇게 말하는 것이었다.

"역시 멋있었어. 그런데 그건 서강 인성교육의 성과 같은데?" 하고 너털웃음을 웃으며 유유히 본관 쪽으로 걸음을 옮겼다.

그것이 내가 데일리 신부와 대화를 나누어 본 첫 번째 기회였고 마지막 기회였으며 단 한 번의 만남이기도 하였다. 물론 희년 상 수여식을 전후해서 그를 찾아가 인사하고 간단한 이야기를 나눌 수도 있었다. 그러나 그는 항상 너무 많은 사람들에 의해 둘러싸여 있었고 분위기가 너무 어수선하였기 때문에 그 와중에 나만의 회상에 잠기거나 회포를 풀고 싶지는 않았다. 그런 분위기 속에서 그가 과연 나를 기억해 낼지도 의문이었지만 그때의 그 로타리 장학생 이후에 모교의 교수가 되어 봉직하다가 정년퇴임하였고 개교 50주년 국제학술대회에서는 「민족 현실과 수도자 정신: 서강혼을 찾아서」라는 논문을 발표했으며, 기념 만찬에는 환영의 '만찬사'를 행한 바로 그 사람이었음을 확인할 도리는 없었다. 결국 그와 나는 그렇게 헤어졌다. 이제 그의 부음을 전해 들으니 다만 고인의 명복을 빌 뿐이다.

『John P. Daly 신부님 추모집』, 2013년

5. 자아에의 의지: 분석과 신비

우리에게 공통적인 관심이 있다면 그것은 곧 “삶”이라고 해도 좋을 것이다. 보통 사람들은 어떻게 하면 오래 살 수 있을 것인지를 문제 삼으며 어느 정도 생각이 있는 사람이라면 바람직한 삶이 무엇인지, 그리고 철학자라면 도대체 인간에게 삶이란 무엇인지, 즉 삶의 본질 같은 것에 관해서 고심할 것이다. 물론 우리는 삶을 여러 각도에서 조명할 수 있다. 우선 인간은 동물의 일종이기 때문에 생물학적 존재로서 생식과 영양을 유지하고 감정을 나타내며 이성적 기능을 갖춘 존재로 규정할 수 있을 것이다. 그러나 이 중에서 인간만이 지니고 있는 고유한 방식으로서의 삶을 규정하려면 무엇보다도 인간의 의지작용을 염두에 두지 않으면 안 된다. 의지는 단순히 감정의 발로에 그치는 것이 아니며 이성적 사유 작용에 머무는 것도 아닌 복합적 정신 작용이다. 의지는 감정의 발산을 원동력으로 삼고 있으나 이성이 지시하는 바대로 움직이기 때문에 분명히 인간적인 삶의 본질을 규명하는 데 핵심이 되는 개념이다. 인간의 삶이 단순히 생물학적 유기체로서의 과정이 아니고 대뇌의 사유작용에 그치는 것도 아니며 반드시 의미 있는 행위의 지속이라면 이 행위에 의미를 부여하는 의지의 작용이야말로 삶의 본질을 구성하고 있는 가장 중추적 개념이라는 것이다. 그러므로 철학적으로 문제가 되는 것은 이 의지의 표현으로서의 삶이 무엇인가를 밝히는 작업이라고 볼 수 있다.

삶은 생물학적인 측면을 배제하면 의지의 표현 외에 아무 것도 아니다. 의지작용 자체는 감정과 이성이 섞여든 일종의 정신작용으로서 행위와 분명히 구분되지만 그것은 언제라도 행위를 일으킬 수 있는 잠재력을 지녔다는 점에 유의할 필요가 있다. 행위 없는 의지는 한낱 사유작용에 불과하며 의지의 표현이 아닌 행위는 몸의 움직임에 지나지 않을 뿐 삶의 일부로서의 의미를 지니지 않는다. 이런 뜻으로 우리는 삶을 '의지의 표현'이라고 규정할 수 있다는 것이다. 그러나 의지의 표현은 어떤 형태를 띠며 그것은 무엇을 위한 표현인가. 도대체 의지가 지향하는 것은 무엇이며 그것은 어떠한 유형의 추구인가.

우리는 의지가 움직이는 쪽에 항상 가치가 있음을 알 수 있다. 오히려 우리는 가치를 의지라는 화살의 과녁이라고 정의해도 좋을 것이다. 만약 어떤 대상이 의지의 표적이 되어 우리를 그쪽으로 혹은 그 반대쪽으로 움직이게 하지 않는다면 어떻게 그것이 가치를 지닌다고 말할 수 있을 것인가. 물론 대상 자체는 가령 좋은 것일 수도 있고 나쁜 것일 수도 있다. 따라서 좋은 것으로 향한 의지이면 선한 의지가 되고 나쁜 것으로 향한 의지이면 악한 의지가 된다. 그러나 이것을 우리는 뒤집어서 말할 수도 있다. 즉 악한 의지가 지향하는 대상이면 나쁜 것이고 선한 의지가 지향하는 대상이면 좋은 것이라고 표현할 수도 있다는 것이다. 그러므로 무엇이든 일단 의지의 표적이 되면 하나의 대상으로서 가치를 지닌다. 그렇다면 우리가 추구하는 가치에는 어떠한 것들이 있는가.

전통적으로 철학자들은 대체로 진선미(眞善美) 그리고 성(聖)이라는 네 가지 가치를 거론해 왔다. 사실적 가치와 윤리적 가치, 그리고 예술적 가치와 종교적 가치가 그것이다. 물론 우리는 이 밖에도 여러 가지 다른 가치들을 거론할 수 있을것 이다. 예를 들어 경제적 가치나 군사적 가치 혹은 정치적 가치 등을 논할 수 있으며, 논리적 가치나 지질학적 가치 혹은 음악적 가치나 기독교적 가치 등을 들 수도 있다. 그러나 이러한 가치들은 위에서 언급한 네 가지 가치의 구체적인 표현들이거나 사례일 뿐이지 그것들을 넘어서서 독자적으로 존재한다고 볼 수는 없다. 또한 우리는 진(眞)과 선(善)과 미(美)와 성(聖)이 서로 배타적이거나 각기 독립되어 존재한다고 볼 수도 없다. 어떤 사람은 진실할 뿐만 아니라 착하고 아름다우며 동시에 거룩하게 보일 수도 있는 것이다. 그러나 한편 이러한 것들이 모두 동일한 가치라고 말할 수는 없다. 예를 들어 원통은 위에서 보면 둥글고 옆에서 보면 사각형이지만 원과 사각형이 같은 것이라고 볼 수 없는 이유와 마찬가지이다. 여하튼 우리는 어느 정도 견해의 차이는 있지만 이상에서 언급한 가치들을 가장 중요하고 포괄적인 것들이라고 보아도 좋을 것이다. 그리고 인간의 삶에 있어서 핵심적 역할을 담당하고 있는 의지의 화살은 결국 이러한 가치들을 향해 날아가고 있다는 결론을 얻게 된다.

지금까지 논의해 온 것이 타당하다면 우리는 좀 더 구체화하여 삶을 "가치에의 의지"라고 규정할 수 있다. 사실 의지라는 개념은 가치를 함축하고 있으므로, 다시 말해서 의지는 일상적으로 가치에의 의지를 뜻하므로 이 표현은 군더더기가 될지도 모른다. 그러나 우리는 지금 삶의 본질을 규명하고 있기 때문에 의지라는 개념의 중요성을 이해하기 위해 일단 필요한 장치라고 본다. 요컨대 삶의 본질인 의지의 구성 요소로서의 가치를 표면에 좀 더 선명하게 부각시킬 필요가 있다는 것이다.

가치란 과연 무엇인가. 이미 지적한 바와 같이 가치는 의지의 표적임과 동시에 대상의 나타남이다. 다시 말해서 가치는 의지의 주체인 자아가 아니며 자아가 궁극적으로 지향하는 대상도 아니다. 그렇다면 가치는 자아와 대상 그 자체 사이의 어느 선상에 있다. 그것은 단순히 자아의 표현도 아니며 의지의 표적 이전의 상태도 아닌, 혹은 둘 다인 일종의 관계이다. 만약 이것이 사실이라면 진위(眞僞), 선악(善惡), 미추(美醜), 성속(聖俗) 등의 가치는 "자아에의 의지"를 나타낸 것임과 동시에 그러한 가치를 지니는 것으로 상정된 "대상에의 의지"를 표현한 것이기도 하다. 여기서 우리는 가치의 종류는 자아와 대상과의 관계에 따라 달라진다는 사실을 알 수 있다. 특히 자아와의 관계 속에서 진은 대상과의 관계 속에 있는 "자아의 인식(self-knowldege)", 선은 "자아의 실현(self-realization)", 미는 "자아의 표현(self-expression)", 그리고 성은 "자아의 승화(self-sublimation)"라는 형태를 띠고 있다는 것이다.

그러나 가치에의 의지는 자아가 세계와 일정한 거리를 유지하고 있는 한, 다시 말해서 자아가 세계와 어느 특정한 관계를 유지하고 있는 한 그 작용을 지속시켜가기 마련이다. 지향성(志向性)을 본질로 하는 의지라는 화살은 과녁이 있는 한 계속 날아갈 것이기 때문이다. 이것은 의지의 고달픈 여로가 자아와 세계가 합일될 때까지 계속될 수밖에 없음을 의미한다. 그러므로 자아와 세계가 합일될 때에야 비로소 가치에의 의지가 그 작용을 멈추게 된다는 결론이 나온다. 그러나 이것이 곧 생물학적 삶의 종식을 의미하는 것은 아니다. 의지작용을 멈춘다고 해서 동물로서의 죽음이 찾아오는 것은 아니라는 뜻이다. 그렇다면 생명이 유지되면서 가치에의 의지를 종식시킨다는 것은 무엇을 의미하는가. 그것을 가치가 초탈(超脫)된 상태라고 말할 수 있을 것이다. 우리는 다만 그렇게 부를 수 있을 뿐이다. 이 상태에 이름을 붙인다는 것은 철학적으로 별 의미가 없다. 그것은 가치가 초탈된 상태에다 가치를 부여하는 행위이기 때문이다. 그러나 문화사적으로 볼 때 인간은 각양각색의 이름을 여기에 붙이고 갖가지 의미를 부여해 왔다. '존재'나 '무', 혹은 '도'나 '신' 혹은 '태극'이나 '자연' 등 이러한 경지로 접근하는 방식에 따라 우리는 그것을 여러 가지로 다르게 부를 수 있다. 여기서 한 가지 분명한 것은 우리가 어떤 이름으로 부르든 간에 그것이 무엇인지 알 수 없고 안다고 해도 제대로 표현할 수 없으며 그렇기 때문에 그 이름 자체는 철학적으로 중요한 의미를 지니지 않는다는 것이다.

그러나 논의의 편리를 도모하기 위하여 우리는 그것을 "신비(the mystical)"라고 부르기로 하자. 물론 이것은 어떤 대상의 구체적인 혹은 적극적인 이름이 아니다. 그것은 어떠한 형태로든 대상이 될 수 없는 것이며, 일단 대상이 된 다음에는 "신비" 혹은 표현할 수 없는 "그 무엇"이라고 부를 이유가 없기 때문이다. 따라서 그것은 어떠한 종류이든 가치가 될 수 없다. 가치란 대상으로 확인된 것이 자아의 의지와 맺는 특정한 관계이기 때문이다. 또한 그것은 사변적 혹은 논리적 분석의 대상이 될 수조차 없다. 그렇게 된다면 사유의 법칙인 논리의 틀에 가두어지게 되고 그것은 동시에 논리적 언어로 표현될 수 있기 때문이다. 이러한 뜻으로 우리는 그것을 "초가치(超價値, trans-value)"나 "몰분석(歿分析, the non-analytical)", 혹은 "비의미(非意味, the non-sensical)"라고 불러도 좋을 것이다. 거듭하거니와 어떻게 부르든 우리는 그것을 제대로 표현할 수 없으며, 그럼에도 불구하고 그러한 것이 분명히 존재한다는 사실을 인식하는 것이 중요하다. 이러한 인식은 의지가 지향하는 방향을 파악하고 삶의 의지와 본질을 근원적으로 이해하는 데 불가결한 요소가 되기 때문이다.

인간적인 삶이란 그것을 의식하든 안하든 궁극적으로 "신비에의 의지"를 표현하는 것이라고 말할 수 있다. 그러나 신비가 무엇인지 모르고 있는 한 삶의 의미를 명료하게 밝히는 것은 원칙상 불가능한 일이다. 그럼에도 불구하고 철학이 이 문제에 관하여 무엇인가를 할 수가 있다면 그것은 어느 정도 분석이 가능한 가치의 세계를 명확하게 규정함으로써 삶의 적극적인 의미를 음미해 보는 일일 것이다. 다시 말해서 이카루스식 "철학적 비상"의 한계와 의미를 분명히 하고 그것을 발판으로 해서 더 높게 그리고 더 멀리 날 수 있는 계기를 마련해 보려는 것이다. 철학적 분석과 초월적 신비는 한 동전의 양면이기 때문이다.

삶이 궁극적으로는 우리가 알 수 없는 그 무엇을 향하여 끊임없이 지향하고 있다는 것은 무슨 뜻인가. 그러한 결론이 우리에게 주는 의미는 무엇인가. 우선 우리는 여기서 "무지(無知)의 지(知)"라는 소크라테스적 지혜를 상기해 둘 필요가 있다. 그는 인간이 자기 자신과 그 삶에 대해서 근거 없는 확신을 가지고 살아가는 태도를 위험시하였다. 물론 우리는 인생에 대해서 확고한 신념을 가지고 어떤 구체적인 목표를 향하여 끊임없이 노력하고 정진할 필요가 있다. 그러나 문제는 이러한 신념과 목표가 삶의 전부라고 생각하는 데 있다. 지금까지 살펴 본 바와 같이 우리의 신념은 현상적인 "가치에의 의지"를 바탕으로 하여 형성되고 또한 그러한 것들을 목표로 설정함으로써 체계화되는 경향이 있다. 인간이 구체적으로 확인할 수 있고 또 개념화 할 수 있는 가치들은 진위, 선악, 미추, 그리고 성속 등 그런 피상적인 것들뿐이기 때문이다. 그러나 우리가 도달한 최종적인 결론은 가치들의 그러한 구분조차 무의미해지는 "신비의 경지"가 분명히 있으며 의식적으로든 무의식적으로든 우리의 의지는 자아와 대상이 하나가 되는 영역으로 치닫고 있다는 것이었다. 이러한 사실을 받아들일 때 우리는 삶이 가치의 추구라는 양상을 띠지만 그것을 전체적으로 이해할 수는 없다는 자각에 도달할 수 있게 된다는 것이다.

신비에의 길이 어느 특정한 가치의 추구에 의해서만 가능하다는 생각을 버려야 할 것이다. 우리는 가치를 사실적인 진과 윤리적인 선, 심적인 미와 종교적인 성 등으로 구분하였으나 이러한 가치들의 추구를 지속하면 할수록 그 구분조차 무의미해지고 결국은 모든 통로가 존재 그 자체 즉 "신비에의 의지"를 담은 것으로 나타남을 알고 있다. 따라서 이 중에 어느 가치가 더 우월하다고 생각하는 것은 그 가치를 자기가 더 좋아한다고 주장하는 것 외에 아무 것도 아니며 결국은 편견에 사로잡히고 마는 결과를 초래할 것이다. 물론 인간은 우상을 상대적으로 가지고 있기 때문에 어떤 형식으로든지 편견의 노예가 될 수밖에 없다. 그러나 이러한 사실을 자각함으로써 우리는 다른 사람들과 자기 자신을 연민의 눈으로 바라볼 수 있게 되며, 따라서 어느 정도 편견에서 헤어날 수 있을 것이다. 요컨대 우리는 여러 가지 가치들을 서로 배타적인 것이 아니라 보완적인 것으로 이해해야 하며 이러한 방식에 의해서만 개인적으로나 사회적으로 총체적인 의지가 조화롭게 구현될 수 있다는 것이다. 그리고 이러한 방식에 의해서만 어느 특정한 가치가 다른 가치들을 압도하는 문명사적 암흑기로부터 헤어날 수도 있을 것이다.

마지막으로 우리는 신비에 대한 적극적인 관심이 철학의 전통적인 과제들을 새롭게 조명하는 데 도움을 줄 수 있다는 점을 지적할 수 있을 것이다. 그것은 합리적이고 체계적인 분석의 한계가 무엇인지를 밖으로부터 바라보게 함으로써 철학적 탐구의 본질을 더욱 명료하게 해 주기 때문이다. 다시 말해서 신비적 관점은 우리를 회의주의에서 헤어나게 해 줄 뿐만 아니라 어떠한 유형의 독단주의에도 빠지지 않도록 철학적 논의를 지속시켜 준다는 것이다. 예를 들어 삶의 의미에 관한 분석에 있어서 그것이 맹목적이라든가 무의미하다는 결론을 피할 수 있으며, 또한 삶이 '삶'이라는 단어의 의미를 분석하는 문제가 아니라 실제로 살아가야 하는 실존적 결단의 문제라는 것을 실감할 수도 있다는 것이다.

서강대 고별 강연 요지, 2007년 6월 14일

-내용은 약간 달랐지만 제목은 27년 전 취임 강연과 같았다.

제2장

일상의 길목

1. 영국에서 온 편지

어버이날이 다가올 무렵이었다. 영국에서 유학 중인 막내가 안부의 이메일을 보내왔다. 지난 해 8월 말에 결혼식을 올리고 돌아간 다음 자주 소식을 전하긴 했지만 이번에는 그 내용이 예사롭지 않았다. 공부도 잘 풀리고 있고 신혼의 재미도 누리고 있지만 자식으로서 도리를 다하지 못하고 있는 것이 문제라는 것이었다. 말하자면 이제 성인이 되었는데도 공부한다는 핑계로 형이나 누나처럼 부모를 가까이 모시고 효도를 다하지 못하는 것에 대해 죄책감을 느낀다는 것이었다. 그 감정의 정도가 심각한 것에 나는 놀라지 않을 수 없었다.

이 대목에 이르자 문득 나는 그 나이의 내 모습을 그려보고 있었다. 나는 네 살 때 아버지를 여의고 편모의 슬하에서 누님들의 도움을 받아 겨우 대학을 졸업할 수가 있었다. 유학을 가고 싶었으나 가정형편이 여의치 않아서 포기했음은 오히려 당연한 일이었다. 그 후 나는 어머니 중심의 삶을 설계하기 시작하였다. 별로 마음에 들지 않았으나 자그마한 상점에 일자리를 얻어 주위 사람들이 놀랄 정도로 열심히 일하였다. 그 덕분에 도심에서 멀리 떨어진 변두리에 허줄한 집 한 칸을 마련할 수 있었다. 무리하게 여기저기 빚을 얻어 겨우 충당할 수가 있었다. 그러나 연로하신 어머니가 살림을 꾸려가는 모습을 보는 것이 나로서는 안타깝기만 하였다. 나는 엉뚱한 생각도 해보았다. "비록 마음에 썩 들지 않더라도 어머니를 위해서 며느리를 맞아들일 수도 있지 않을까…?"

바로 그 무렵이었다. 낙엽이 길거리에 흩어져 굴러다니던 11월 초, 찬바람이 심하게 몰아치던 어느 날 저녁 어머니는 갑자기 뇌졸중으로 쓰러져서 며칠 후 숨을 거두었다. "이제 효도를 좀 해보려고 하는데 돌아가시다니…" 나는 한동안 혼미하여 몸을 추스릴 수조차 없었다. 하늘이 무너지고 땅이 흔들려 잠시도 서 있을 수 없을 지경이었다. 삶의 축을 잃었기 때문에 어떻게 살아가야 할 것인지에 대한 대책이 도무지 서지 않는 것이었다. 구체적으로 죽을 결심을 하지는 않았으나 그렇다고 살아갈 의욕도 없었다.

장례를 치르고 삼우제를 지낼 때 나는 산소에서 문득 이런 생각을 해보았다. "부모님을 여의고도 효도하는 방법은 없는 것일까?" "그렇다. 세상 사람들로 하여금 묻게 하리라! 도대체 내 부모가 누구인가를… '부모가 어떤 분들이기에 당신이 그토록 훌륭한가?'를 반드시 묻게 할 것이다!" 물론 내가 항상 그러한 강박 관념을 가지고 지금까지 살아 온 것은 아니다. 그러나 가끔씩 중요하고 어려운 결단을 해야 할 때, "부모님께서 살아 계시다면 어떻게 생각하실 것인지"에 대해 고심했던 것도 사실이다. 그것이 나로서는 지난 40여 년 동안 나름대로 효도를 해온 방식이었다.

며칠 후 막내에게 답장을 쓸 때 나는 이 이야기를 담았다. 그리고 이렇게 썼다.

"네가 진정으로 하고 싶고 할 수 있으며 해야 하는 일에 전념하고 최선을 다하도록 하여라. 네가 너로서 너답게 살아 갈 때, 그것이 바로 나에게는 효도가 된다. 그리고 운이 따른다면 사람들로 하여금 묻게 하라, 네 부모가 누구인가를… 그 이상 부모로서 무엇을 더 바라겠는가?" 얼마 후 막내는 유학생활을 하는 친구들과 함께 나의 답장을 나누어 읽고 눈시울을 붉혔다고 전해 왔다. 공감하는 부분이 있었던 것 같았다.

효도의 본질이 무엇인지 규명하는 것은 결코 쉬운 일이 아니다. 효도는 부모를 위하는 마음과 태도의 표현이라고 간단히 말할 수 있다. 그러나 정작 어떻게 하는 것이 부모를 위하는 것인지를 판단하는 것은 역시 어려운 일이다. 부모가 진정으로 원하는 것이 무엇인지 알아내고 그것을 우선적으로 실천해야 하기 때문이다. 때로는 부모를 위하는 방법에 대해서 자식들끼리 이견이 생겨서 서로 다투다가 불효를 저지르는 경우도 드물지 않다. 그러므로 효도를 하려고 급히 서두르기보다 불효를 하지 않도록 먼저 애쓰는 것이 더 현명할지도 모른다.

사실 산에 오를 때 여러 통로가 있듯이 효심도 자신의 능력과 처지에 따라 다양하게 나타낼 수 있을 것이다. 자식들이 한 가지 방식으로 자신의 의사에 따라 효도를 할 필요는 없다는 것이다. 우리가 어떻게 효도를 할 것인지 정확하게 알 수 없을 때, 자기 자신만의 방식으로 효도를 하려면 역시 자신의 역할에 충실한 것이 최선의 방법이라고 할 수 있다. 맹자도 "자기 자신을 잃지 않고 그 어버이를 섬기는 자는 있으나 자기 자신을 잃고 그 어버이를 섬긴 자는 없다."고 하지 않았는가.

막내에게는 아직 아기 소식이 없다. 손자가 태어나서 먼 훗날 막내로부터 내가 보낸 글 비슷한 것을 받게 되었다면 무슨 생각을 할 것인가. 그때 손자가 그 내용에 공감할 수 있다면 효심을 통해 우리는 영생할 수 있다고 말해도 좋으리라.

2. 준서와 함께

손자인 준서가 벌써 열 살이 되었다. 지난 봄 중학교에 진학하더니 키도 갑자기 훌쩍 커져서 이제는 내가 발돋움을 해야 겨우 비슷해질 정도다. 자기 반에서도 키의 순서가 중간을 넘어선다고 한다. 나로서는 무엇보다 대견스러운 일이 아닐 수 없다. 나는 그만한 나이에 항상 맨 앞줄에서 맴돌고 있었던 것이다. 우리 아파트 근처에 위치해 있는 학교에 다녀서인지 방과 후에는 요즈음 이런저런 일로 자주 들른다. 주로 컴퓨터 작업에 몰두하지만 집안일도 많이 돕는 편이다. 애완견인 미루와 놀아주기도 하고 뒤뜰의 화초에 물을 주기도 하며 무거운 짐을 들어주기도 한다. 가끔 농담도 잘 받아준다.

"준서야, 내가 초등학교에 다닐 때 운동회가 있었는데, 달리기 우리 조에서 일등을 했었거든." "그래서요?" "그런데 사람들이 너무 많아서 우리 가족 중에 아무도 그것을 보지 못한 거야. 나는 하도 섭섭해서 그만 엉엉 울고 말았지!" "할아버지, 그건 가족들이 모두 보는 앞에서 꼴찌 하는 것보다는 나은 것 같은데요…" "?!" 이제 손자가 꽤 철도 들은 모양이다.

요즈음 손자 생각이 유난히 많이 나는 이유는 맏아들 진우네 가족이 직장을 옮겨 해외 근무를 하게 되었기 때문일 것이다. 준서도 다음 달에 아버지를 따라 스위스의 제네바로 이사를 해야 하고 특별한 일이 없다면 그곳에서 적어도 8년을 지내야 한다고 알고 있다. 8년 후에 준서와 나는 어떤 모습이 되어 있을까. 칠순을 훌쩍 넘긴 내가 그때까지 여전히 살아있을 것인가. 살아 있더라도 몇 번이나 더 만나볼 수 있을 것인가. 아무리 교통이 발달하고 사람의 수명이 연장되었다고 하더라도 그것은 함부로 쉽게 극복될 시간과 공간이 아니라고 생각하니 벌써부터 준서가 그리워지고 회상에 젖게 된다.

준서가 서너 살 때였다고 기억된다. 그때에는 준서와 지내는 일이 꽤 많았었다. 주로 며느리에게 자주 볼 일이 생겨서 우리 내외가 준서를 돌봐주어야 하기 때문이었을 것이다. 그러나 사실은 그 녀석과 같이 지내고 싶은 욕심이 더 많아지기 때문이기도 했다. 며느리가 볼 일이 생기기를 은근히 바랐던 것도 솔직한 심정이었던 것이다. 친구들로부터 손자나 손녀 자랑을 자주 들었는데, 거기에 무디어지고 내가 한술 더 뜨기 시작한 것도 바로 그 무렵부터였던 것 같다. 그런데 그 또래의 손자와 같이 지내다 보면 늘 즐겁고 좋은 일만 있는 것은 아닌 모양이다. 특히 그 무렵 갑자기 장난이 심해져서 벽에 낙서를 하기도 하고 귀중한 서류를 흐트러뜨리기도 하며 심지어 때로는 소중한 기물을 파손할 때도 있었다.

언제인가는 우리 내외가 유럽 여행을 하다가 구입한 유리 말의 입상을 손자가 떨어뜨려 여러 조각으로 동강이를 낸 적이 있었다.

그 입상은 피렌체의 유명한 유리 공예품 상점에서 직접 제조하는 과정을 몸소 지켜보고 산 것이라 아주 소중하게 간직해 오던 소품이었다. 그러나 손자 녀석이 그것을 밀쳐서 깨뜨리는 순간 울음을 터트리자 거의 반사적으로 아이부터 끌어안고 달래주게 되었다. 아마 다른 사람이 그것을 떨어트렸다면 틀림없이 나는 벌컥 화부터 냈을 것이고, 그 다음에 얼른 서둘러 물건을 집어 들고 복원할 수 있는 정도로 깨졌는지 아닌지 살펴보았을 것이다. 비록 실수로 파손되었다고 하더라도 그 물건을 깨트린 사람의 당황스러운 심정부터 헤아려주었을 가능성은 솔직히 제일 적었을 것 같다.

내가 말띠라서 그런지 아주 어릴 때부터 뛰어오르는 말의 기상을 좋아하게 되었고 특히 그 조각은 내 몸의 일부처럼 친숙하고, 그래서 수족처럼 아끼던 물건이었다. 사실 나는 오래전부터 말을 무척 좋아하였다. 플라스틱으로 된 조상으로부터 상아와 고래 뼈, 나무와 청동, 심지어 안성 유기로 유명한 놋쇠 말상까지 이루 헤아리기도 힘들 정도의 많은 말들을 수집해 왔던 것이다. 그것은 단순히 말들의 조각품에 국한된 것은 아니었다. 말에 관해서라면 동서고금의 회화를 비롯해서 말에 얽힌 설화에 이르기까지 거의 하나도 빼놓는 일이 없을 정도였다. 그러나 내가 그때까지 가장 소중하게 여겼던 소품은 역시 피렌체에서 구입한 그 유리 조상이었던 것이다. 그런데 그것이 제일 중요한 것처럼 보이지 않고 오히려 소중한 손자 녀석의 허둥대는 모습에 더 신경이 쓰였던 이유는 무엇일까.

생물학이나 심리학, 혹은 사회학이나 문화인류학 등의 관점에서 본다면 이러한 현상을 설명할 수 있는 여러 가지 이론적인 이유가 있을 것이다. 그러나 그 이유들을 여러 가지 방식으로 밝혀내는 것은 나에게 그렇게 중요한 일이 아니다. 정작 중요한 것은 손자가 무슨 일을 했는지의 사실과는 상관없이 그것을 무조건 내가 수용하고 있다는 사실이었다. 이러한 사실을 깨닫는 순간 나는 장 자크 루소의 『에밀』에 나오는 한 구절이 생각났다. "옳고 그름에 대한 감각이 없기 때문에 어린이는 도덕적인 악행을 저지를 줄 모르며, 따라서 칭찬하거나 비난할 것도 없다." 그것은 병아리 한 마리를 비난하거나 존경할 필요가 없는 것과 같다는 것이다. 어린 아이들을 무조건 사랑해야 하는 것은 무엇보다 우리가 그들의 미래를 염두에 두고 있기 때문이다. 그러나 그것도 충분한 설명이 될 수는 없다. 생각이 거기에 미치자 새삼스럽게 성현들의 말씀이 머리에 떠올랐다."아하! 그 말씀들이 이웃을, 중생을, 온 인류를 손자 대하듯 하라는 뜻이었구나!"

나는 요즈음 손자와의 이별을 앞두고 공연히 마음이 혼란스러워짐을 느끼게 된다. 곧 헤어지게 될 그 순간을 생각하면 안타깝기도 하지만, 언제인가 훌쩍 자란 모습으로 다시 만날 생각을 하면 벌써부터 흥분되기도 하기 때문이다. 아마 준서는 방학을 맞이하여 부모와 함께, 어쩌면 혼자서라도 고국을 방문하여 나의 품에 안길 수도 있을 것이다. 어쩌면 우리 내외가 건강이 허락한다면 틈을 내어 제네바로 찾아갈 수도 있을 것이다. 혹시 그러한 기회가 온다면 준서와 함께 피렌체로 여행을 떠나 그 유리 공예품 상점에 들러서 또 하나의 말 조상을 구입하고 싶다. 아니 벌써부터 그러한 상념에 젖어본다.

3. 본다는 것

오래전의 일이다. 장인이 살아계시던 어느 날 저녁 한가하게 우리는 이런저런 담소를 나누고 있었다. 그러다가 우연히 『춘향전』에 관한 이야기로 옮겨갔다. 우리나라 사람이라면 누구나 다 이 작품에 대해서 잘 알고 있다고 해야 할 것이다. 그것은 기본적으로 이몽룡과 성춘향의 만남과 사랑, 이별과 해후에 관한 이야기라고 할 수 있는데, 소설이나 연극, 영화뿐만 아니라 판소리와 뮤지컬, 오페라 등으로도 상연될 정도이기 때문이다. 새삼스럽게 인상적인 몇 장면에 대해서 의견을 나누다가 장인이 이렇게 말씀하시는 것이었다.

"그런데 말일세. 내가 젊어서 보았을 때에는 이몽룡과 춘향이만 보였거든. 물론 당연한 일이기도 했지만. 그러다가 장년이 되어서 보았을 때에는 변 사또도 보이더군. 사실 엄벌에 처해질 때는 좀 가엾다는 생각도 해보았지… 그런데 얼마 전에 춘향전을 다시 보았을 때는 서글픈 월매가 중심에 서 있었단 말이지. 이제 나도 인생을 많이 살았기 때문일 게야…"

나는 그 이야기를 의미심장하게 받아들였다. 같은 작품일지라도 보는 사람마다 달라질 수 있고, 같은 사람이 그것을 보아도 연륜에 따라 다르게 보일 수 있다는 뜻이 거기에 담겨 있었기 때문이다. 사실 생텍쥐페리의 『어린왕자』 같은 작품이 그 좋은 예가 될 것이다. 그것은 원래 어른을 위한 동화라고 할 정도로 함축하는 의미가 풍부하기 때문이다. 그러나 이러한 현상은 반드시 예술 작품에만 국한된 것은 아니다.

벌써 여러 해 전의 일이다. 나는 학술회의에 참석차 처음으로 제주도에 가 볼 기회가 있었다. 그러나 빡빡한 일정 때문이 관광에 나설 충분한 시간이 없었다. 그래도 이 방대한 섬을 짧은 시간 안에 둘러보고 싶은 충동을 억누를 길이 없어 나는 택시를 한 대 대절하기로 마음먹었다. 제주시를 출발해서 서귀포를 지나 아름다운 풍광을 둘러보던 중 어느 지점에 이르렀을 때였다. 운전기사가 문득 장난스러운 표정을 지으며 내게 이렇게 말했다.

"얼마 전만 해도 제주 사람들은 제주에서 본 한라산이 앞쪽이라고 주장하고 서귀포 사람들은 거기가 한라산의 뒤쪽이라고 우기곤 했답니다."

"그럼 지금은 그렇게 생각하지 않나요?"

내가 신기한 듯 물었다.

"아무렴요. 산에 앞뒤가 어디 있습니까? 지금은 교통이 발달해서 자유롭게 둘러볼 수 있으니까 그런 걸 더 이상 따지지 않지요. 더구나 저처럼 이 섬을 매일같이 돌다시피 하는 사람에게 그런 것은 다 부질없는 말장난 같이 들립니다."

그는 한라산에 관한 한 누구보다도 자신 있게 말할 수 있을 것 같은 표정을 지었다.

나는 회색 구름을 머리에 이고 신비스럽게 우뚝 서 있는 이 명산을 멀리서 바라보며 나 자신에게 몇 가지 질문을 던져보고 있었다. 한라산에는 정말 앞뒤가 없는 것일까. 과거에는 있었는데 이제 없어졌다면 그동안 어떤 일이 벌어진 것일까. 그 주위를 여러 번 둘러보면 한라산에 대해서 더 많이 알게 된단 말인가. 우리는 얼마 전의 제주나 서귀포 사람들처럼 모든 현상에 대해서 자기 쪽이 정면임을 우기며 살아가고 있는 것이 아닌가. 정말 한라산에 대해서 가장 잘 아는 방법은 무엇인가. 그 주위를 돌 뿐만 아니라 정상에도 올라가 보고 심지어 산허리에 굴을 파며 뚫고 들어가 보아야 이 산에 대해서 더 잘 알게 되는 것일까. 도대체 저 산은 왜 바로 저기 있는가. 아니 이 모든 것은 왜 없지 않고 있게 되었는가.

우리는 어떤 사물이나 현상에 대해서 무엇을 안다고 주장할 때 반드시 어떤 관점을 가지고 있게 마련이다. 지식에는 반드시 알려지는 대상과 그 대상을 파악하는 사람이 있어야 하고 이 사람이 언제 어디에 있는 누구냐에 따라 대상이 다양하게 나타나기 때문이다. 이러한 관점이 있다는 것을 알게 되면 우리는 사물에 대해서 더 많은 것을 알게 된다. 그것은 가령 춘향전이나 한라산에 대해서 경험적으로 더 많은 지식을 얻게 된다는 뜻이 아니다. 여기서 얻는 지식이란 결국 나 자신에 관한 지식이라고 할 수 있다. 그것은 나 자신이 지금 바라보고 있는 사물과 현상이 지금의 내가 그것을 바라보고 있기 때문에 그렇게 보일 수밖에 없다는 사실을 깨닫는 일인 것이다. 그러므로 그러한 지식을 우리는 '지혜' 혹은 '깨달음'이라고 해도 좋을 것이다. 그러나 한라산의 주위를 아무리 많이 돌았다고 해도 그러한 깨달음은 좀처럼 쉽게 얻어지지 않는다.

『춘향전』을 볼 때 월매가 보인다는 것은 이제 자기 자신이 노년에 접어들었다는 사실을 깨달았다는 뜻일 것이다. 그런데 이것보다 더 중요한 것은 자기가 노년에 접어들었기 때문에 월매가 더 많이 의식된다는 사실도 깨닫는 일이다. 그러한 의미로 자기 자신을 제대로 볼 수 있는 눈을 가지려고 노력한다면 그 눈으로 세상을 좀 더 온전하게 볼 수도 있을 것이라는 생각을 해본다. 문득 얼마 전에 만났던 원로 안과의사의 말이 생각난다. 자기는 이제 더 이상 눈에 대해서는 관심이 없다고 했다. 그 대신 그는 '본다는 것'이 무슨 뜻인지에 관심을 쏟고 있다는 것이다.

4. 선악을 넘어서

벌써 여러 해 전의 일이다. 우리 식구는 자동차로 미국 동부의 여러 지역을 여행하고 있었다. 마침 인디언 중에 체록키 족의 보호구역 근방을 지나가게 되었다. 아내와 나는 그들을 제한된 지역에 감금하다시피 가두어 두고 관리하는 것이 과연 바람직한 것인지, 그들 중에는 알코올을 비롯해서 약물 중독에 희생된 사람들도 상당수가 된다고 하는데 좀 더 바람직한 방안이 없는지 등에 관하여 이야기를 나누고 있었다. 그때 마침 서너 살밖에 안 된 막내아들이 이야기에 끼어들었다.

"아빠, 인디언은 좋은 사람이야, 나쁜 사람이야?" 나는 이 의외의 질문에 한참 망설이다가 이렇게 대답했던 것으로 기억한다.

"인디언 중에는 좋은 사람도 있고 나쁜 사람도 있지. 그런데 좋은 사람도 항상 좋은 것은 아니고 나쁜 사람이라고 해서 항상 나쁜 것도 아니란다. 누구나 나쁠 때도 있고 좋을 때도 있게 마련이지…" 대답이 너무 복잡하게 느껴졌는지 더 이상 질문을 계속 던지지는 않았다. 그러나 그 이후로도 나는 가끔 이 짤막한 대화를 되살펴 보는 경우가 많이 있다.

어린 아이들은 모든 것을 내 것과 네 것, 내 편과 네 편, 좋은 사람과 나쁜 사람 등으로 나누는 경향이 있다. 아마 자기에게 유리한 것과 불리한 것을 기준으로 삼는 모양이지만 매우 간단하고 단순하다. 아직 경험이 적고 식견이 모자라기 때문에 사물과 현상을 깊고 넓게, 그리고 멀리 바라볼 능력이 모자라기 때문일 것이다. 그러나 그것은 반드시 어린 아이들의 경우에만 해당되는 것은 아니다. 이념 간의 대립, 문명 간의 충돌, 종교 간의 갈등, 민족이나 국가 간의 전쟁으로부터 정파나 부부간의 충돌에 이르기까지 모든 불화는 좋은 사람과 나쁜 사람, 혹은 내 편과 네 편을 나누는 것으로부터 비롯된다. 그렇다면 왜 이러한 현상이 벌어지는 것일까.

분명히 어른들에게는 어린 아이들보다 더 많은 경험과 식견이 있다. 그러나 이와 거의 정비례해서 더 많은 것을 갖게 되고 그것을 지키고자 하며 그보다 더 많은 것을 갖거나 지키고 싶어 한다. 그것은 반드시 물질적인 재물이나 명예, 권력 등에만 국한되는 것은 아니다. 이성에 대한 사랑, 조국에 대한 정열, 종교에 대한 신앙, 심지어 가족이나 친구에 대한 애착도 예외가 아니다. 그러한 것에 집착하면 할수록 더욱 많이 갖고 싶거나 더욱 깊이 빠져들게 되며, 그렇게 될수록 그만큼 내 편과 네 편, 혹은 좋은 사람과 나쁜 사람이 선명하게 구분된다. 무엇이든지 너무 지나치면, 그것이 비록 선의일지라도 사물이나 현상의 실상과 그만큼 멀어지고 이제 더 이상 순진하지도 않고 순박하지도 않은 '어린 아이'가 되고 만다.

아마 하나의 분명한 해결책이 있다면 그것이 무엇이든지 간에 너무 많이 갖지 않도록 조심하는 일이며, 혹시 많이 갖게 되었더라도 그것을 다른 사람들과 나누려고 애쓰는 일일 것이다. 그러나 이것보다 더 중요한 일은 그것에 너무 집착함으로써 다시 한 번 내 편과 네 편, 혹은 좋은 사람과 나쁜 사람으로 가르지 않는 일이다. 거의 모든 종류의 갈등과 분쟁과 충돌은 선의에 대한 과도한 집착에서 비롯되었기 때문이다. 얼마 전에 혼사를 치르고 이제 성인이 된 막내가 아직도 똑같은 질문을 던지지는 않겠지만 대답은 여전히 같을 수밖에 없다고 생각하니 공연히 착잡한 상념에 젖게 된다.

5. 미루와의 약속

탈무드에 이런 이야기가 있다. 어떤 대부호의 아들이 자기 아버지에게 그 성공의 비결을 물었더니 그는 이렇게 대답했다. "가능하다면 약속하지 말라. 그러나 약속을 했으면 목숨을 걸고 지켜라." 다소 과장된 점이 있지만 약속을 지킨다는 것이 얼마나 어렵고 중요한 일인지를 잘 표현해 주고 있다. 이러한 가르침이 생겨난 유목사회나 농경사회와는 달리 오늘날 우리가 살고 있는 탈산업사회나 정보사회에서는 인간관계가 더욱 복잡하고 다양해지며 서로 협력해서 해결해야 할 일들이 훨씬 더 많아지기 때문에 약속도 그만큼 많이 하게 마련이다. 동시에 그것을 지키기 어려운 경우도 더욱 많아질 수밖에 없다. 이제 약속이라는 현상을 외면하고는 인간의 삶을 상상할 수조차 없게 되었다. 프랑스의 실존철학자인 가브리엘 마르셀이 인간을 아예 '약속하는 동물'이라고 규정한 이유도 바로 여기에 있을 것이다.

마르셀이 인간을 약속하는 동물로 규정한 것은 아리스토텔레스가 정의한 "이성적 동물"을 좀 더 구체화한 것이라고 볼 수 있다. 이성을 지닌 존재만이 약속의 의미를 알고 그것을 실행하고자 할 것이다. 그러나 이성적 동물이라고 해서 모두 약속을 지킨다거나 심지어 지키려고 노력하는 것은 아니기 때문에 '인간다운' 인간의 범주를 그는 약속이라는 현상으로 제한하려고 했던 것이다. 다시 말해서 마르셀은 실존적 상황을 부각시키기 위해 인간의 생물학적 개념과 윤리학적 개념을 구별하고 싶었는지도 모른다.

사실 오늘날 사람들의 언행을 자세히 살펴보면 인간이 과연 이성적인 동물인지 의심스러운 경우가 적지 않다. 사람들은 별로 깊은 생각을 하지 않는 경향이 있으며 즉흥적으로 말할 뿐 아니라 충동적으로 행동하는 행태를 너무도 많이 보이고 있기 때문이다. 더구나 이반 파블로프의 조건 반사 실험은 비록 특수한 경우이기는 하지만 개에게도 심리적 갈등의 흔적을 추적할 수 있다는 것을 입증해 주었다. 또한 영국의 수학자이며 과학자이기도 한 알란 튜링은 이른바 '튜링 머신'을 통해서 기계에도 제한된 의미로나마 사유의 기능이 작동할 수 있음을 입증했던 것이다. 그밖에도 여러 가지 근거로 이제 인간만이 이성적인 존재라는 것은 오늘날 점점 더 설득력을 잃어가고 있는 실정이다. 그렇기 때문에 마르셀이 구태여 '약속'이라는 현상에서 인간적인 특성을 찾으려 했던 것도 무리가 아닌 것이다. 그렇다면 약속이란 무엇인가.

일반적으로 약속에는 두 사람 이상의 당사자와 이들 사이에 약속되는 내용이 있다. 가령 내가 빌린 돈을 한 달 후에 갚겠다고 어떤 사람과 약속을 했으면 나와 그 사람, 그리고 기일 안에 돈을 갚겠다는 내용 혹은 언약이 그것이다. 그런데 여기에는 약속을 하는 순간과 약속이 지켜지는 순간 사이에 한 달이라는 시간적 간격이 있다. 따라서 나는 지금의 그 사람과 약속을 하지만 한 달 후의 그 사람과 약속을 지키는 것이므로 엄격히 말하자면 동일한 상태의 그 인물과 약속이 이루어진 것은 아닌 셈이 된다. 그럼에도 불구하고 약속이라는 현상이 이루어지는 것은 두 사람이 한 달 후에도 동일한 인물로 남아 있을 것을, 적어도 그렇게 믿는다는 것을 전제로 하는 것이다.

사실 이렇게 분석해 보면 약속이란 매우 복합적인 현상이다. 아마 좀처럼 약속을 하지 말라는 충고는 이 가변적인 요소를 제대로 측정할 도리가 없기 때문일 것이다. 그럼에도 불구하고 일상적으로 수없이 약속을 한다는 것은 참으로 무모한 일이지만 또 어쩔 수 없는 일이기도 하다. 특히 한평생 동안 어떤 사람과 함께 하기로 맹세하는 결혼의 서약은 참으로 엄청난 형태의 약속임에 틀림없다. 더구나 과거에는 상대가 누구인지도 모르고 그러한 서약을 했던 관행이 있었으니 말이다. 요즈음에는 직접 당사자를 대면하지 않고 인터넷이나 휴대폰, 혹은 전자카드와 같은 매체를 통해서 약속이 이루어지는 경우가 많기 때문에 그것을 안이한 마음으로 여기게 되는 경우가 드물지 않다.

그런데 약속을 어기면 어떤 현상이 벌어지는가. 한 가지 흥미 있는 일은 이러한 경우 상대방은 물론이고 나 자신에게마저 신의를 저버리게 된다는 점이다. 약속은 상대방뿐만 아니라 그것을 지키기로 한 미래의 나 자신과의 약속이기도 하기 때문이다. 다시 말해서 그것은 상대방뿐만 아니라 "약속을 한 나"와 "약속을 지키는 나"와의 약속이기도 하다는 것이다. 그러므로 충분한 이유도 없이 약속을 자주 어기는 사람은 다른 사람으로부터 불신을 당하게 될 뿐만 아니라 자기 자신도 불신하게 된다. 그리하여 마침내 약속을 한 내가 약속을 지켜야 하는 나를 믿을 수 없게 되는 지경에 이르게 된다. 이것이 거듭되면 결국 자기가 자기 자신으로부터 소외되어 있음을 실감하게 되는 것이다. 자긍심이 강한 사람은 약속을 쉽게 하지 않으며 함부로 어기지도 않는다는 사실이 이것을 입증한다고 볼 수도 있다. 다른 사람들뿐만 아니라 자기 자신까지도 실망시키게 되기 때문이다.

약속이 자기 자신과의 약속이기도 하다는 것을 우리는 다음 예에서도 찾아볼 수 있다. 미국 콜로라도 대학 컴퓨터 공학과 교수인 모저(M. Mozer)의 경우가 그것이다. 그는 "때로는 집안의 장치들이 나를 가지고 노는 것 같은 기분이 들기도 한다."고 고백한다. 그는 이 장치들이 자기의 행동을 컴퓨터 프로그램처럼 일정하게 통제한다고 털어놓으면서 "친구들과 늦게까지 밖에 있다가 갑자기 집에 가야 할 것 같은 기분이 들 때가 있는데, 그 시스템이 내가 일정한 시간에 집에 돌아오는 것을 원하고 있으며 나는 그 시스템을 실망시키고 싶지 않기 때문"이라고 말한다. 사실 이것을 엄격하게 분석하면 "그 시스템을 장치한 나 자신을 실망시키고 싶지 않기 때문"이라고 해야 더 정확한 표현이라고 할 수 있을것이다.

나는 요즈음 나의 애완견인 '미루'에 대해서도 가끔 이러한 사실을 확인한다. 얼마 전부터인가 나는 특별한 일이 없다면 저녁 6시경에 미루에게 사료를 주고 다 먹은 것을 확인한 다음 산책길에 나선다. 그리고 주말 저녁에는 외동 딸 유진네와 함께 인근의 애견 센터에 데리고 가서 다른 개들과 어울려서 뛰놀 수 있는 분위기를 마련해 주기도 한다. 그것이 벌써 2년 가까이 지속되면서 이제는 일상사처럼 여겨지고 어느덧 나는 그러한 일과를 "미루와의 약속"이라고 믿기 시작하였다. 그리고 나는 모저 교수가 자기 시스템을 실망시키고 싶지 않은 것 못지않게 미루와의 약속을 지키기 위하여 노력한다. 그것이 내가 가능한 한 그 시간에 웬만하면 다른 약속을 하지 않는 이유이기도 하다. 미루가 그 일상을 어긴다고 해서 크게 불평을 하지 않음에도 불구하고 구태여 지키려고 노력하는 것은 그것이 미루와의 약속이면서 동시에 나 자신과의 약속이기도 하기 때문이다.

제3장

철학과 현실 사이

1. 철학의 사명

I

나는 얼마 전 철학과 신입생 오리엔테이션에 참가했다가 어떤 학생으로부터 이런 질문을 받은 적이 있다. "교수님, 이제 우리는 수염을 기르고 여름에도 두터운 외투를 입어야 되는 겁니까?" 다른 학생들은 일시에 폭소를 터트렸고 나는 그 질문을 심각하게 받아들였다. 그것은 무엇이 과연 진정으로 철학적인 것인가를 묻는 질문으로 해석되었기 때문이었다.

만약 어떤 사람이 골똘히 우주를 구성하고 있는 근본 물질은 무엇인가, 인류는 장차 어떻게 될 것인가, 나에게 자유의지가 있는가, 도대체 나는 누구인가 등의 문제에 몰두해 있는 동안 그의 코 밑이며 턱에 더부룩하게 수염이 자라나 있었고 그가 스스로 그것을 의식하지 못하고 있었다면 우리는 그를 가히 철학자라고 부를 수 있을 것이다. 또 그가 이러한 근원적인 문제로 사색의 심연에 빠져 있는 동안 겨울이 지나가고 봄이 오고 또 여름이 다가왔는데도 이 계절의 변화를 의식하지 못하여 그의 어깨에 두터운 외투가 아직 걸쳐져 있었다면 역시 우리는 그를 철학자라고 불러도 좋을 것이다.

그러나 누가 철학을 빙자하여 사회에 반항하고 다른 사람들을 비웃기 위해서 수염을 기르기 시작하고 한여름에 두텁고 낡은 외투를 걸치고 거리를 쏘다닌다면 그는 보통 사람도 못되는 속물임에 틀림없다. "참으로 철학자란 억압과 시련 속에서도 자유롭게 사는 사람이다." 나는 이렇게 말을 맺었다. 이미 학생들은 아무도 웃고 있지 않았다.

철학은 과연 무엇을 하는 학문인가? 철학자는 어떤 종류의 인간인가? 철학은 한없이 넓고 참으로 깊고 또 너무도 오래된 학문이어서 그것을 정의하기는 누구에게도 쉬운 일이 아닐 것이다. 그러나 오늘날 새삼스럽게 이 문제를 논하고 철학자를 자주 언급하게 되는 이유가 무엇일까? 대답은 간단하다. 과학기술이 시대를 풍미하여 컴퓨터가 신을 대신해서 전능을 자랑하고 사람들은 쾌락의 광장으로 미친 듯 마구 달려만 가는데 여전히 인간은 불안하고 외롭기만 하기 때문이다. 이러한 상황에서 어떻게 우리는 철학을 외면하고 삶을 영위해 나갈 수 있을 것인가. 더구나 경제적 후진성의 탈피에 급급하여 인간성이 마멸되고 양심이 땅에 떨어진 낙엽처럼 굴러다니는 양단된 조국의 거리를 헤매면서 어떻게 우리는 철학자의 가르침을 목말라 하지 않을 도리가 있을 것인가.

II

우리는 철학이란 무엇인가의 질문에 철학의 출발점은 무엇이고 어떤 태도로 철학을 하며 철학이 추구하는 목표가 무엇인가를 살펴봄으로써 어느 정도 해답을 구할 수 있을 것이다. 우선 철학은 평범한 사실을 보고 놀라움을 느낄 수 있는 사람만의 학문이다. 눈앞에 전개되는 사실이나 현상들을 보고 당연한 것으로 받아들이는 사람은 철학의 출발점을 찾지 못하는 사람이다. 그러한 사람은 세상을 당연한 것으로 받아들이고 또 거기서 당연한 삶을 살면 될 것이다. 건강하고 행복한 삶을 말이다.

니체는 이러한 사람들에게 "너희들은 다만 행복하라. 나는 진리와 함께 홀로 괴로워하리라"고 말한다. 또한 철학자들은 자기 스스로가 얼마나 무식한가를 깨닫고 소스라치게 놀란다. 이것은 내가 스리랑카가 어디에 있는지 혹은 달과 지구와의 거리가 얼마나 되는지를 몰라서 느끼는 놀라움이 아니다. 내가 알고 있는 모든 것이 허황된 소견에 지나지 않음을 절감하게 됨으로써 경험하게 되는 놀라움이다. 소크라테스는 아무 것도 모르고 있는 "너 자신을 알라!"를 외침으로써 아테네 시민들에게 철학적 정신을 심어 주었다. 실로 철학은 평범한 것에 대한 경이에서 출발한다. 아리스토텔레스가 지적한 바와 같이 경이를 통해서 우리는 지혜를 갈구하기 시작한 것이다. 이렇게 해서 철학은 비로소 발을 내딛는다.

그러나 이것이 철학의 전부는 아니다. 별들의 운행에 놀라고 신들의 능력에 경탄해 마지않는 것도 철학적인 태도임에는 틀림없으나 '엄격한 논증방식'에 의해서 그 놀라움을 해소해 보려는 노력이 없으면 철학은 계속될 수가 없다. 이것은 철학의 자세와 방법을 동시에 규정한다. 철학의 태도는 아무런 전제도 없이 놀라움을 경험한 대상에 대해 집요한 탐구를 전개하는 데서 나타난다.

전제가 없다는 것은 관습이나 권위들에서 마련된 온갖 지식에 현혹되지 않는다는 뜻이다. 모든 선입관을 버린다는 것이다. 칸트나 헤겔이 말한 것이라고 해서 무조건 받아들이지도 않으며, 조상들이나 권위자가 만든 관례라고 해서 아무런 비판도 없이 따르지도 않는다. 철학자도 물론 인간인 이상 현실적으로는 어떤 이념이나 가치관을 가질 수밖에 없을 것이다. 그러나 그는 이러한 것들을 최종적인 것으로 받아들이지 않으며 어느 누구의 비판에도 귀를 기울일 뿐만 아니라 항상 자기 신념의 견고성을 스스로 시험해 본다. 이것이야말로 곧 철학적인 태도이며 철학이 하나의 인생관이나 세계관과 동일시될 수 없는 이유인 것이다.

철학자가 어떠한 전제도 비판 없이 받아들이지 않는 태도는 보통 경험과학들이 받아들이는 대전제까지도 의심하고 그 타당성을 타진해 봄으로써 절정에 도달한다. 예를 들어 과학자들은 모든 현상에 원인과 결과가 있다는 것을 전제로 하고 그 관계가 어떻게 엮어져 있는지를 밝혀내는 데 전념하지만 철학자들은 이러한 태도야 말로 과학자들 특유의 세계관임을 지적하고 과연 인과성이 경험이나 논증을 통해서 입증된 진리인지를 따진다. 이러한 점에서 철학은 다른 학문과 확연히 구분될 뿐만 아니라 이런 학문들의 학문적 근거를 더욱 공고히 다져 주는 역할을 해낸다. 말하자면 물리학을 더욱 물리학답게 그리고 경제학을 더욱 경제학답게 만드는 것이 철학이라는 것이다.

철학자들의 철저한 회의적인 태도는 결국 철학의 목표인 절대적 확실성의 추구를 제시한다. 그들은 회의를 위한 회의에 몰두하는 것이 아니라 아무리 의심해도 의심할 도리가 없는 확실한 지식을 얻기 위해 모든 것을 의심하는 것이다. 그 좋은 예를 우리는 근세 철학의 아버지인 데카르트(R. Descartes)의 보편적 회의에서 찾을 수 있다. 그는 절대적 확실성을 찾아 모든 물리적 및 정신적 현상을 의심하였고 심지어는 종교인으로서의 신념까지도 일단 보류해 둔다. 그가 스스로 인식의 '알키메데스 점(點)'이라고 일컫는 "나는 생각한다. 고로 존재한다."는 명제는 이렇게 해서 도출된 확실성의 표현이다. 내가 아무리 의심해도 더욱 더 확실해지는 것은 "내가 의심 혹은 생각한다."는 사실이며, 그러므로 적어도 "생각하는 실체로서 내가 존재한다."는 결론에 도달하는 것이다.

철학자들은 이토록 집요하게 절대적 확실성을 찾아 사유의 벌판을 헤맨다. 그들은 끼니는 굶고 살 수 있을지는 모르나 확실성의 추구를 포기하고 살 수는 없다. 현상학의 기초자인 후설(E. Husserl)은 그 심경을 이렇게 피력한다. "나는 명석성의 결여와 오락가락하는 회의 때문에 줄곧 괴로워해 왔다…나는 확실성을 갈취해 내고야 말겠다. 그렇지 않으면 도저히 살아낼 도리가 없다. 내가 기필코 그것을 해낼 수가 있다고 믿지 못하면 어떻게 삶을 지탱해 나가겠는가." 그가 아인슈타인의 이론까지도 '이상화되고 순진하게 객관화된 자연'을 묘사할 뿐이라고 논평한 것은 절대적 확실성의 관점에서 본 하나의 철학적 표현이라고 말할 수 있을 것이다.

지금까지 우리는 철학의 출발점을 평범한 것에 대한 경이로 보고 철학적 태도를 전제가 없는 부단한 추구로 지적하였으며 이러한 태도의 목표는 의심할 여지가 없는 절대적 확실성 혹은 불변하는 진리에 있음을 살펴보았다. 이것을 우리는 '철학의 정신'이라고 표현할 수도 있는데, 빈델반트(W. Winderband)는 그 정신을 다음과 같이 요약해 준다.

> 철학을 하는 데는 아무런 전제도 재능도 필요 없고 오직 굴하지 않는 자기 훈련과 진지한 사색의 성실만이 필요하다. 그리고 한 가지 무조건 필요한 것이 있으니, 즉 모든 선입견의 포기가 그것이다. 자기 자신이 이미 앞서 생각했던 것을 철학에서 듣겠다고 요구하거나 기대할 뿐인 사람은 새삼스럽게 철학을 위해서 애쓸 필요가 없다.
>
> 따라서 어떤 세계관을 간직하고 어떠한 경우에라도 그것을 신봉해 가겠다고 결심한 사람에게는 철학이 그 개인을 위해서 아무런 필요도 없는 것이다. 요컨대 그에게 철학은 자기가 믿고 있는 것이 한갓 소견에 그치지 않고 그 위해 실제로 증명까지 된 명예를 갖고 싶어 하는 사치를 의미할 따름이다.

III

철학은 탐구의 범위가 너무도 넓고, 문제의 뿌리가 너무도 깊어 그토록 오랫동안 지속되어 올 수밖에 없는 학문이다. 그것은 간혹 지나치게 추상적이어서 현실적으로는 아무 의미가 없는 것 같기도 하고 때로는 상식을 외면하는 경우도 있으므로 세상의 웃음거리가 되기도 한다. 그러나 철학자에게 현실이나 상식은 영원한 도약의 기지로서 의미가 있을 뿐이지, 현실의 비호나 상식의 옹호가 철학이 지향하는 목표가 아니다. 그렇다고 해서 빈약한 이유로 현실을 매도하고 상식을 비웃는 것이 철학의 임무는 물론 아니다. 오히려 철학의 진정한 과제는 경험 과학들을 의심스러운 눈으로 보듯이 현실을 조심스럽게 살피며 상식으로 통용되는 가치들의 정당성 혹은 부당성을 합리적으로 밝혀 내는 데 있다. 현실이 올바르다면 철학은 그 이유를 규명하여 현실을 더욱 공고하게 다져줄 것이며, 상식이 정당한 근거 위에 서 있다면 철학은 또한 그 근거를 제시하여 상식을 진리로 승화시켜 줄 것이다. 요컨대 철학의 과제는 현실을 비난하거나 상식을 외면하는 데 있는 것이 아니라는 것이다.

그러나 이렇게 엄청난 작업은 치밀한 논리적 사고와 현상의 구조를 꿰뚫어 볼 수 있는 통찰력에 의해서만 가능하다. 명석한 두뇌와 탁월한 사고력, 그리고 예리한 판단력이 요구된다는 것이다. 실제로는 이러한 능력을 구비하기가 어렵기 때문에 역사는 진정한 철학자들을 많이 배출해 낼 수가 없었으며 한 사람의 철학자도 가져보지 못한 사회나 문화는 얼마든지 있다. 한편 철학자들이 많이 배출되지 못하는 이유에는 사회적 풍토나 역사적 여건 자체도 있음을 간과해서는 안 된다. 사회가 사유의 한계를 미리 규정하고 논리적 필연성을 받아들이지 않으면 격조 높은 비판 정신을 허용하지 않는 풍토에서 철학자가 탄생하기를 기대하는 것은 마치 사막에서 장미꽃이 피기를 바라는 것과도 같다.

물론 위대한 사상은 역사의 회오리 바람 속에서만 창출되었음을 우리는 알고 있다. 천지를 뒤흔드는 포성 속에서, 혁명의 와중에서, 잔인한 종교적 박해 속에서, 정치적 탄압 속에서 거짓말처럼 탐스럽게 사상의 꽃들은 피어나고 있었다. 소크라테스를 비롯하여 플라톤과 아리스토텔레스, 아우구스티누스나 에픽테투스, 데카르트와 스피노자를 거쳐 로크와 흄, 칸트와 헤겔, 다시 현대에 와서 사르트르나 하이데거, 러셀과 비트겐슈타인에 이르기까지 난세를 살다 가지 않은 철학자는 하나도 없을 정도이다.

그러나 비록 사회나 시대가 이들에게 육체적으로나 생활상으로 여러 가지 제약을 주고 탄압을 가했을지라도 철학자의 고유한 영역, 즉 사유의 세계에까지 마수를 뻗칠 수는 없었다는 사실에 주의할 필요가 있다. 철학자가 서식하고 자라날 수 있는 영역은 사유의 세계이며 그가 구속력을 느끼며 복종해야 하는 율법은 논리의 법칙뿐이다. 어느 특정한 정치적 이념이나 종교적 교리가 사유의 세계를 침범하여 사고의 통로를 막고 획일적인 사고방식을 강요하였을 때 독창적인 사상이 싹틀 도리는 없는 것이다.

오늘날 공산 독재 국가들 안에서 위대한 철학자를 흔적조차 찾아볼 수 없는 이유가 바로 여기에 있다. 거기에는 체제를 옹호하는 독단이 있을 뿐이고 그 체제를 점검하고 비판하는 진정한 의미의 이론이 없다. 이것이야말로 광활한 사유의 영역에 무거운 장막을 드리우는 가장 좋은 예이다. 그러므로 철학적인 관점에서 볼 때 공산주의가 유해하다는 이유는 그 이념 자체를 떠나 그것을 누구에게나 절대적으로 강요하는 강압적 태도 때문이다. 이것은 다른 어떠한 이념의 경우에도 마찬가지이다. 사실 철학은 완전한 이념을 일찍이 목격한 일이 없다. 그렇기 때문에 철학은 아직 학문으로서 존재할 수 있는 것이다.

철학의 고유한 영역이 사유의 세계이며 철학자에게 구속력을 지니는 것은 논리의 법칙뿐이라는 사실은 철학에 국적이 없음을 의미한다. 사유의 국토라는 것은 없으며 논리의 국경 같은 것도 없기 때문이다. 철학자에게는 항상 국적이 있었지만 그것은 철학적으로 볼 때 아무 의미가 없다. 예를 들어 플라톤은 고대 아테네 사람이었지만 그의 철학이 곧 아테네의 철학은 아니다. 오히려 아테네는 그의 철학에 의해서 지금도 기억되고 있다. 마찬가지로 흄은 영국 사람이었지만 그의 철학이 영국의 철학은 아니다. 칸트나 헤겔의 경우도 마찬가지이다.

어느 나라 사람의 것이든 하나의 사상이 철학으로 승화하려면 국적을 뛰어넘어야 한다. 철학이란 어느 특정한 지역이나 나라에 속하는 것이 아니고 인류 전체의 소유이며 문화가 존재하는 모든 지역에 속해 있는 것이기 대문이다. 이처럼 하나의 사상이 줄기차게 뻗어가서 내를 이루고 강이 되고 마침내 사유의 바다에 이르렀을 때만 비로소 철학이 되는 것이다. 중간에서 끊기어 물줄기가 말라붙으면 그것은 어느 특정한 지역의 이해를 대변하는 이념이 될 수 있고 따라서 국적을 가질 수도 있겠지만 철학은 될 수 없다. 요컨대 영국 철학이니 독일 철학이니 하는 것은 물줄기의 근원을 지칭하는 것이지 영국인이나 독일인의 복지와 평안을 옹호하는 이념이 아니라는 것이다.

또한 철학이 사유와 논리에 관여한다는 사실은 그것이 주체적 자각의 학문임을 의미한다. 경험과학들은 자연이나 사회의 현상을 분석하고 그 구조를 밝히는 데 그치지만 철학은 그 밝혀진 사실들과 나와의 관계를 규명한다. 사유의 주체는 나 자신이기 때문이다. 한마디로 철학은 존재의 세계와 나 자신의 의미를 동시에 묻는다. 예를 들어 베이컨이 말한 "아는 것이 힘이다."를 경험과학에서는 현상의 본질과 구조를 규명해 내면 그것을 우리에게 유리한 방향으로 유도할 수 있다는 뜻으로 해석할 것이지만 철학에서는 그렇게 해석하는 나 자신이 누구인지도 동시에 알아야 힘이 되는 것으로 해석한다. 철학이 심오하고 어려운 이유는 바로 이런 데 있다. 인식의 주체인 내가 나를 동시에 인식의 대상으로 만드는 것이 논리적으로 불가능하기 때문이다.

그럼에도 불구하고 철학이 주체적인 자각의 학문인 이유는 우리를 피상적인 현상의 세계를 넘어 본질적인 실체의 세계로 접근하도록 도와준다는 사실에 있다. 예를 들어 우리는 오늘날 조국의 분단을 서러워하고 이산가족을 안타까워하며 북쪽의 공산 집단을 매도한다. 이러한 상황에서 철학은 그 허구 많은 세월 중에서 하필이면 우리는 20세기 후반기에 태어났으며 그 드넓은 땅덩어리 중에서 이 비좁은 한반도의 남쪽에 갇혀서 살게 되었는지를 묻는다. 여기서 정치를 한다는 것은 무슨 뜻이며 사업을 하고 종교를 갖고 철학을 공부한다는 것들은 과연 무엇을 의미하는지 묻게 한다는 것이다. 이러한 물음은 누가 무엇을 하든 자기가 하는 일을 더욱 보람 있는 일로 자각하게 하며 보람 없는 일로 나타나면 기꺼이 포기하도록 요구한다. 요컨대 철학은 '반성되지 않은 삶은 살 가치가 없다'는 것을 가르친다. 이러한 가르침이 무의미한 것이라면 철학 또한 무의미한 작업이 될 것이다.

IV

칸트(I. Kant)가 말했듯이 아무도 철학을 가르칠 수는 없다. 다만 '철학하는 것(Philosophieren)'을 가르칠 수 있을 뿐이다. 철학은 스스로 깨닫는 학문이기 때문이다. 그러므로 철학을 하기 위해서 구태여 대학의 철학과에 입학할 필요도 없을 것이다. 인간에 대한 연민과 자연의 신비에 대한 경외감 그리고 자기 자신에 대한 안타까움 같은 감정을 어느 정도 가지고 있으면 누구나 철학자가 될 수 있다. 그러나 진정한 철학자가 되려면 실로 높은 수준의 깨달음이 필요할 것이고 이러한 깨달음에는 우수한 두뇌와 탁월한 통찰력을 갖추지 않으면 안 될 것이다.

플라톤은 국가 전체를 수련장으로 만들 것을 제안하였으며 교육제도 자체를 몇몇 사람의 철학자를 배출해 내는 데 초점을 맞추었다. 그야말로 그것은 이상국가(理想國家)에서나 있을 수 있는 일일 것이다. 그러나 우리는 여기서 그가 시사하고 있는 것이 무엇인지 포착해야 한다. 시민 각자가 철학하는 마음을 갖고자 할 때 바람직한 사회가 형성될 수 있으며 이러한 사회를 유지하기 위해서는 진정한 철학자가 출현해야 한다는 사실이다.

지금 우리는 모두가 스스로 철학하는 마음을 지니도록 애써야 한다. 철학자가 되지 못할 아무런 이유가 없다. 우리에게는 불가항력적으로 분단되어 반신불수가 되어 버린 조국이 있고 범람하는 종교들, 방향감각을 잃어버린 지식들, 땅에 떨어져 딩구는 양심, 퇴폐와 향락으로 이끄는 상품들의 홍수, 여기서 표류하는 군중들… 철학자가 되기에 필요한 것은 무엇이든지 다 있다. 더구나 우리는 우리가 누구인지 모르고 있는 것이다. 어디서 와서 어디로 가고 있는지를 지금보다 더 절박하게 물은 적이 언제 있었는가. 이제 철학자가 되기에 우리에게 더 무엇이 필요한가.

지금은 또한 우리들 가운데서 진정한 의미의 철학자들을 발굴해 내야 할 절박한 시기이기도 하다. 사람들은 통찰력과 재능을 지녔으면서 삶 속에 묻혀 들어가고만 있다. 한 나라를 다스릴 지혜와 경륜을 갖춘 사람이 면 서기 정도로 만족해 있다면 그 나라에 손실이 되듯이 사물을 꿰뚫어 보고 인생의 고뇌를 깊이 터득한 자가 호의호식이나 세속적 영달 같은 것에 마음을 쏟는다면 이것은 문화적 차원에서 볼 때 인류 전체에 죄를 짓는 행위임에 틀림없다. 그의 능력은 자기가 속한 가족이나 사회 혹은 국가의 것일 뿐만 아니라 이 시대의 문화에 속한 것이며 이 시대를 살아가는 인류 전체의 것이기도 하기 때문이다. 그러므로 그의 길은 범속과 평안의 길이 아니라 비범과 고뇌의 길이다. 우리는 참으로 재능 있는 사람들을 발굴해 내어 자랑스러운 마음으로 인류 문화의 창공에 훨훨 날려 보내야 한다.

만약 우리가 이 고난과 역경 속에서 한 시대를 긋는 위대한 사상을 잉태할 수 없다면 우리는 우리의 시대를 헛되게 살고 마는 엄청난 과오를 범하게 된다. 그리고 이 모든 작업은 항상 구태의연한 소크라테스의 가르침, 즉 "너 자신을 알라(Gnothi seauton)!"라는 말을 새롭게 음미함으로써만 가능한 것임을 명심해야 할 것이다.

《한국일보》, 1983년 8월 28일

2. 예술로서의 교육

1

오래전 유학 시절에 생긴 일이다. 나는 방학 때마다 캠퍼스에서 단순 노동에 종사하는 아르바이트를 하고 있었는데 거기서 한 외국인 친구를 만났다. 어느 정도 친분이 생겨서 그의 전공을 묻자 대학원 박사과정에서 교육학을 전공하고 있다고 대답했다. 다시 세부 전공을 묻자 그는 "초등학교 4학년!"이라고 자랑스러운 어조로 말했다. 나는 이 뜻밖의 대답을 듣고 그 이유를 다시 물었다. 그는 대강 이렇게 설명한 것으로 기억하고 있다. "인간은 대체로 초등학교 4학년을 전후로 해서 중대한 국면을 맞이하게 된다. 생물학적 단계에서 사회학적 단계로 이행하기 때문이다. 이 과도기를 매우 신중하게 다루지 않으면 전혀 다른 종류의 인간으로 성장할 수도 있다. 한마디로 우리가 어떤 인간이 되는지는 초등학교 4학년을 어떻게 보냈느냐에 달려 있다고 해도 과언이 아니다. 내가 이 분야를 집중적으로 연구하려는 이유가 바로 여기에 있다."

"그렇다면 그것은 인간에 관한 총체적 탐구가 아닌가?"

"그렇다고 할 수도 있다."

그 일을 그만 둔 뒤로는 연락이 끊겨서 그가 지금 무엇을 하고 있는지 알 도리는 없다. 그러나 그는 분명히 훌륭한 교육학자 혹은 교육자가 되어 있으리라는 확신을 나는 가지고 있다. 진정한 의미로 교육이 무엇인지를 그는 알고 있다고 믿기 때문이다.

II

교육은 인간이 자기 능력을 극대화하고 다른 사람과의 조화로운 관계를 통해서 바람직한 삶을 영위할 수 있도록 돕는 사회제도이다. 그러므로 교육이 효과적으로 이루어지기 위해서는 인간의 개념이 먼저 정립되어야 하고 바람직한 인간상이 제대로 규명되어야 한다. 동시에 그것을 극대화할 수 있는 구체적인 방안이 제시되어야 한다. 비록 시대마다 인간관이 다소 수정되고 인간의 본성에 관한 견해가 다양하다고 하더라도 먼저 인간의 개념이 새롭게 정립되어 있지 않다면 "인간을 인간답게 하는 장치"라고 할 수 있는 교육 행위는 제대로 이루어지지 않을 것이다.

그러나 널리 알려져 있는 바와 같이 현대는 "비인간화 시대"이며 "인간성 상실"의 시대라고도 한다. 교육의 비중이 그 어느 때보다도 더 증대되고 있음에도 불구하고 뾰족한 대책이 서지 않는 이유가 여기에 있을 것이다.

이러한 상황에서 이상적인 인간상을 그려보는 것도 허황한 망상에 불과하다는 생각이 들 때가 있다. 물론 현자나 성자 혹은 도인 같은 사람들이 여전히 존경을 받는 것은 사실이다. 그러나 실제로 피교육자인 청소년들뿐 아니라 학부모나 교직자 심지어 성직자들까지도 보편적이고 이상적인 인간상에 대해서 과연 구체적이고 현실적인 개념을 가지고 있는 것일까. 그렇다면 오늘날 바람직한 인간상은 무엇인가. 그것은 기업인인가, 혹은 정치인, 법조인, 학자인가. 아니면 스포츠맨인가, 연예인인가. 이러한 혼동 속에서 뚜렷한 목표나 의도가 없이 교육은 진행되고 어느덧 그 본질이 급격하게 변질되고 있는 형편이다. 이제 교육은 인간을 인간답게 만드는 창조적 작업이 아니라 어느 특정한 인간을 특정한 분야의 기능인이나 전문인으로 만드는 일종의 '훈련'으로 전락해 가고 있다. 그러나 교육과 훈련은 분명히 다르다. 훈련은 제한된 기술이나 사고방식을 길러주는 것이지만 교육은 보다 넓은 신념 체계를 다루는 것이기 때문이다. 훈련은 제한된 특수 상황에서 적절한 상황 판단이나 습관적인 반응을 일으키도록 돕는 작업이지만 교육은 어떤 사람의 총체적 자아에 연관되어 있고 동시에 그 사람의 인생관과 가치관의 현실에 관여한다.

잘 알려져 있는 바와 같이 과학기술이 풍미하는 현대적 상황에서 인간의 품위를 고양시켜야 하는 교육이 점점 더 효율성 위주의 기능인이나 전문가를 양성하는 훈련으로 변질되어가고 있는 것이다. 그런데 한국의 교육적 상황은 이것이 매우 급진적이고 거의 맹목적으로 이루어지고 있다는 점에서 그 특징을 찾을 수 있을 것이다.

우리는 지난 반세기 동안 분단 상황에서도 세계가 선망하고 존경할 정도의 괄목할 만한 발전과 성장을 이루었다. 경제적인 면에서의 급속한 산업화와 정보화, 그리고 정치적인 면에서의 민주화와 높아진 인권의식에 대해서는 사실 충분히 자긍심을 가질 만하다고 볼 수 있다. 그러나 정신적이고 도덕적인 면에서도 그만한 수준을 유지하고 있다고 믿어도 좋은가. 점점 더 심화되고 있는 사회적 갈등과 분열, 날로 심각해지는 개인적 및 집단적 이기주의와 배타적인 경쟁의식 등을 어떻게 이해할 것인가. 이러한 심각성을 음미할 때마다 그동안 우리가 이룩한 것이 수준 높은 인간 교육이 아니라 도전적이고 전투적인 전사의 훈련에 의해서 얻어진 조야한 전리품 같은 교육이 아닌가 하는 의구심을 갖게 된다. 여기서 우리는 진정한 의미의 교육이 무엇이고 교육을 받은 사람은 어떠한 종류의 인간인지 다시 한 번 검토해 볼 필요가 있다.

III

일반적으로 우리가 교육을 받았다고 할 때 그것은 무엇을 의미하는가. 가령 어떤 사람이 다른 사람보다 더 교육을 잘 받았다고 할 때 무슨 이야기를 하려는 것일까. 교육을 받은 사람과 안 받은 사람, 혹은 제대로 받은 사람과 잘못 받은 사람의 차이가 무엇일까.

교육을 잘 받았다는 것은 깊은 성찰과 사색이 시간을 통하여 깊은 내면의 세계를 가질 뿐만 아니라 자신만의 고유한 자아관이 정립되어 있고 이것을 근거로 자긍심과 자존감을 갖추었다는 것을 의미한다. 이러한 사람은 다른 사람과 잘 어울릴 뿐만 아니라 자기 자신과도 원만한 관계를 지닐 수 있다는 것을 의미한다. 그리하여 교육을 잘 받은 사람은 합리적인 인생의 계획을 수립하여 자기가 진정으로 원하는 것이 무엇인지 알며 그것을 해낼 수 있는 능력을 가늠하고 그것이 동시에 합당한 일인지 분별할 줄 아는 것이다. 또한 깊은 내면의 세계를 가지고 있는 사람은 자신의 존재에 관한 성찰을 통해 자연의 섭리에 대한 존경심을 가지며 신비의 세계에 대한 경외감을 갖기도 한다.

이것을 한마디로 요약하면 교육은 인간을 더욱 인간답게 함으로써 좀 더 바람직한 삶을 살 수 있도록 돕는 행위라고 요약할 수 있을 것이다. 인간은 육체와 정신으로 구성되어 있다. 그러므로 인간으로서 존재하기 위해서는 건강한 육체를 유지해야 하고 그렇게 하려면 끊임없이 육체적 단련과 훈련을 게을리하지 말아야 할 것이다. 그러나 인간을 다른 동물과 구분 짓는 것은 역시 정신의 기능에 있다고 할 수 있다. 그러므로 인간을 더욱 인간답게 하고, 바람직한 삶을 살아가기 위해서는 정신적 도야, 그 중에서도 이성적 판단의 능력을 기르도록 노력하지 않으면 안 된다. 그렇게 하기 위해서는 무엇보다 자기 성찰의 훈련이 필요하다. 자아는 삶의 주체일 뿐만 아니라 존재의 세계에 대하여 하나의 '거점'으로 기능하기 때문이다. 소크라테스가 "너 자신을 알라!"고 가르친 것도 바로 이러한 이유 때문일 것이다. 교육자의 공통된 목표가 있다면 이러한 유형이 인간을 창조하는 일이라고 할 수 있을 것이다. 그리고 교육자에게 가슴을 뛰게 하는 긍지가 있다면 단순한 기능공이나 숙련공이 아니라 품위 있는 교양인과 격조 높은 인격자를 만들어 내는 작업에 동참하고 있다는 사실에서 찾아야 할 것이다. 바람직한 인간이 되는 기틀의 형성이 청소년기에 만났던 교사의 영향과 교육의 질에 따라 크게 영향을 받는다는 것은 자명한 사실이기 때문이다.

IV

우리가 작금의 교육 현실을 부정하고 교육 현장을 일시에 개혁할 방법을 찾는 것은 실로 어려운 작업이라고 볼 수 있다. 그 원인이 너무도 광범위하고 뿌리가 깊기 때문이다. 그렇기 때문에 함부로 어느 특정한 집단이나 제도만을 탓하기도 어렵다. 무엇보다 우리는 초심으로 돌아가서 교직에 종사하기로 결심한 의도가 무엇이었는지 확인할 필요가 있다. 그것은 역시 인간을 인간답게 살 수 있도록 돕는 일이었다. 그렇다면 그것을 어떻게 다시 시작할 것인가. 그것은 교육을 훈련으로 둔갑시키려는 시대적 요청이나 국가의 시책, 혹은 학부모의 조급한 야심에 맞서서 교육자로서의 긍지를 힘들더라도 묵묵히 지켜나가는 방법밖에 없다.

수업은 교육 방법 중에 하나이다. 주로 새로운 지식을 전달할 때 수업이라는 형식을 취하기 마련인데 일반적으로 소통이 그러한 것처럼 여기에도 좀 더 효과적인 방법이 있게 마련이다. 당연한 이야기가 되겠지만 수업은 학생들을 대상으로 하고 그들에게 전달되는 수업의 내용이 있다. 학생의 연령이나 호응도에 따라 수업 내용이나 방식이 달라질 수밖에 없고, 그러한 의미로 수업은 같은 제품을 찍어내는 기술이 아니라 악기를 연주하거나 그림을 그릴 때마다 달라지는 예술에 가깝다고 말할 수 있다. 그것은 일종의 창조적인 작업인 것이다.

수업이 일종의 예술이라는 것은 지식에만 의존한 수업 준비를 많이 했다고 해서 반드시 더 훌륭한 수업이 되는 것도 아니라는 데서도 알 수 있다. 수업은 단순히 교실에서만 이루어지는 것이 아니라는 점에서도 예술과 유사한 점이 있다. 훌륭한 교사의 수업은 "교실에서 시작하여 교실에서 끝나는 것은 아니다."라고 말할 수 있다. 감동을 주는 수업은 단순히 학생들과 공감대를 넓힐 뿐만 아니라 무엇보다 자기 자신에게 감동을 줄 수 있어야 한다. 그 감동이 파장을 일으켜서 언제인가는 진정한 의미의 교육이 그 모습을 드러낼 지도 모르기 때문이다. 자신을 진심으로 이해해 주고 배려해 주는 교사를 생애에 한 번만 만날 수 있어도 그 학생의 앞날에는 큰 변화가 올 수 있을 것이다.

그런 의미에서 격무에 시달리며 일선에서 노고를 아끼지 않는 여러 선생님들께 격려의 마음을 전하며 에머슨(R. W. Emerson)의 다음과 같은 말을 함께 나누고 싶다.

> 성공이란…
> 자주 그리고 많이 웃는 것
> 지혜로운 사람들에게 존경받고 아이들에게 호감을 얻는 것
> 정직한 비평가들에게 인정받고 거짓된 자들의 배반을 견디어 내는 것
> 아름다움을 분별해 낼 줄 아는 것,
> 타인에게서 가장 좋은 모습을 발견하는 것
> 아이를 건강하게 기르거나 한 평의 정원을 가꾸거나
> 사회 환경을 개선함으로써 조금이라도 더 나은 세상을 만들고 떠나는 것
> 당신이 한 때 이 세상에 살아있음으로 해서
> 단 한 사람의 인생이라도 행복해지는 것.

3. 폭풍 치는 언덕
-세계 철학자 대회 유치-

지난 2003년 8월 9일부터 8월 17일까지 8일간 터키의 이스탄불에서 개최된 21차 세계 철학자 대회는 한국 철학계에 있어서는 매우 중요하고 의미 있는 대회였다. 물론 대회의 주제가 말해 주듯이 우리는 "철학이 직면한 세계의 현안"에 대해 많은 것을 배웠지만 그보다는 5년 후에 열릴 제 22차 대회를 서울로 유치하여 국내 철학계의 발전뿐만 아니라 지성계 전반에 걸쳐서 하나의 새로운 이정표를 마련할 수도 있기 때문이다.

이 대회를 후원하는 국제철학회연맹은 1948년에 설립되었으며 철학자들을 위한 세계 최고의 기구이기도 하다. 그러나 세계 철학자 대회는 이보다 훨씬 앞서 1900년 파리에서 첫 모임을 가졌고 그 후 5년마다 주로 구미 각국을 순방하며 개최되어 오늘날 사실상 철학자들의 올림픽으로 자리 매김하게 된 것이다. 세계 각국에서 3000여 명 내외의 철학자들이 운집하는 이 대회에서는 물론 형이상학, 인식론, 가치론, 의미론 등 철학의 전통적이고 전문적인 과제들을 광범위하게 다룬다. 그러나 대회의 주제는 주로 실천적이고 현실적인 문제를 더욱 부각시키는 편이다. 이 시대가 당면한 인성 교육이나 정치적, 경제적 및 문화적 주제들이 다루어지고 최근에는 환경 문제나 유전 공학, 인공 지능 등 과학기술의 발전과 관련된 문제들도 많이 논의되었다. 이 대회가 세계의 지식인들의 주목을 끌기 시작한 것은 이와 같이 현대 사조의 핵심적인 쟁점이 무엇인지를 분명히 제시해 주기 때문이다.

그동안 우리 철학계에서는 많은 관심을 가지고 영국의 브라이튼, 미국의 보스톤, 러시아의 모스코바 등지에서 열린 이 대회에 활발하게 참여해왔다. 그런데 정작 한국철학회가 이 대회의 유치를 계획하고 그동안 꾸준히 준비해온 것은 이 연맹의 부회장을 맡아온 김여수 한국 유네스코 사무총장의 영향이 크다고 할 수 있다. 그는 서울대 철학과 교수와 한국철학회 회장을 역임하고 특히 유네스코 본부에서 윤리철학 국장을 지내는 동안 이 연맹의 지도자들과 깊은 관계를 유지해 왔던 것이다. 우리는 그를 통해 많은 정보를 입수할 수 있었고, 이 대회가 우리 철학계는 물론 지성계 전반의 도약을 위해 얼마나 중요한 역할을 할 수 있는지 실감하면서 대회 유치를 결심하게 된 것이다. 격변하는 세계를 살아가면서 사상적으로 표류할 것이 아니라 시대적 담론에 적극적이고 능동적으로 참여해 보고 싶었던 것이다. 상처받은 조개가 진주를 품듯이 수난과 질곡의 현대사를 거치면서 우리 철학계도 이제는 어느 정도 사유의 실체를 잉태했다고 믿었기 때문이다.

이번 21차 이스탄불 대회의 주제는 "세계의 현안에 직면한 철학(Philosophy Facing World Problems)"이었다. 국제철학회연맹의 회장이며 이 대회의 대회장이기도 한 쿠추라디(I. Kucuradi)가 언급한 바와 같이 "이 시대가 당면한 문제가 무엇인지 이해하고 그것을 철학적으로 조명하는 것"이 그 목적이었다. 세제르(A. N. Sezer) 터키 대통령을 비롯한 각계 인사들의 축사와 피아노 듀엣의 연주로 화려하게 막을 올린 이 대회는 그 빛나는 전통을 이어받기에 조금도 손색이 없었다. 터키어 외에 영어, 불어, 독어, 러시아어, 그리고 스페인어가 공식 언어로 채택되었고 일정은 매우 빡빡해서 별도의 관광 계획 같은 것도 짜여 있지 않았다. 8일간에 그토록 많은 사람들이 그토록 다양한 주제를 소화해내기 위해서는 불가피한 일이었을 것이다.

대회의 주제와 관련해서 마련된 전체 토론회에서는 세계화, 문화적 정체성, 과학과 기술, 인권과 평등, 빈곤과 폭력, 전쟁과 평화, 시민의 권리와 의무 등 21세기의 세계가 직면한 문제들에 초점을 맞추었다. 저명한 철학자들로는 하버마스(J. Habermas), 싱거(P. Singer), 바티모(G. Vattimo), 영(I. Young), 첼레프(J. Zhelev), 헬러(A. Hellar) 등이 눈에 띄었으며 한국에서도 차인석 교수가 "세계화, 문화 정체성, 그리고 자기 계발"이라는 제목으로 전체 회의에서 기조 논문을 발표하였다. 이 논문을 한마디로 요약하기는 어렵지만 세계화의 불가피성을 인정하면서도 그것이 동시에 개인적 삶의 차원에서도 내면화되어야 한다는 내용이었다. 그러한 당위성은 하버마스를 비롯한 많은 청중들을 매료시키기에 충분하였다. 더구나 이 발표가 다음 날 연맹의 총회에서 우리가 다음 대회를 유치하는 데 결정적인 역할을 하게 될 줄은 아무도 몰랐다. 한국이 세계철학자 대회를 유치하는 데 있어서 경제적 및 문화적 역량이 충분할 뿐 아니라 세계가 직면한 문제를 철학적으로 다루는 수준에 있어서도 전혀 손색이 없다는 것을 차 교수의 논문이 가장 설득력 있게 보여 주었기 때문이다.

다음 대회의 유치 준비에 바빠서 물론 모든 주제 발표에 참석한 것은 아니었지만 발표 내용은 대체로 기대에 못 미치는 것이었다. 무엇보다 발표자들이 세계정세나 문명의 위기에 대해서 너무 구체적으로 언급하는 경향이 있었다. 그것은 철학자의 전문 분야도 아니고 또 철학이 너무 가까이 다가갈 필요도 없는 문제이기 때문이다. 철학은 너무 추상적이어도 안 되지만 어느 정도 현실과 거리를 유지할 필요가 있다는 생각이 들었다. 철학자는 새벽의 수탉이 되기보다는 역시 헤겔의 말대로 황혼의 부엉이로 남아 있는 것으로 만족하는 것이 나을지도 모른다.

다음 개최지가 결정되던 8월 13일 세계철학회연맹의 총회는 아침 10시부터 오후 5시까지 있었고 사무총장인 덴마크의 켐프(P. Kemp)의 사업보고와 재무이사인 스위스의 큉(G Küng)의 재무보고가 이어졌으며 각국의 철학회로부터 들어온 제안서가 논의되기도 하였다. 특히 인상적인 것은 유네스코에서 파견된 여직원의 철학교육에 관한 보고였다. 그 중요성을 설득력 있게 강조했을 뿐만 아니라 그것이 지닌 여러 가지 문제점들을 구체적으로 제시해 준 것이다. 또 하나는 "2003년 6월의 이라크"에 관해 세계철학회 연맹이 어떤 태도를 취해야 할지의 문제였다. 그것은 철학관에 관한 문제이기도 해서 많은 참석자들이 장시간 동안 격론을 벌이기도 했는데, 결국 이 정치적인 현안에 대해 어떤 구체적인 공식적 태도는 취하지 않기로 의견을 모았다. 어디에서나 철학이 정치적 현실과 어느 정도의 거리를 유지해야 하는지는 항상 예민한 문제로 부각되어 있었다.

오후 3시가 넘어서야 우리의 관심사인 집행위원과 신임회장의 선출, 그리고 차기 대회 개최지를 결정하는 순서가 시작되었다. 회장은 개최지를 먼저 결정하기로 하고 그리스의 대표인 부드리스(K. Boudouris)에게 발언권을 주었다. 그리스 측에서는 이미 신청 책자를 배포하였으므로 그는 그 내용을 구체적으로 소개한 다음 이 대회가 100여 년에 걸쳐서 지속되었음에도 불구하고 철학의 고향인 아테네에서 한 번도 개최된 적이 없다는 것은 매우 유감스러운 일이라는 점을 특히 강조하였다. 부드리스는 배당된 30분을 모두 활용하지는 않았으나 그의 설명은 다소 지루한 느낌을 주었고 별로 설득력도 없다는 느낌을 주는 것이었다. 마침내 우리의 차례가 되었다.

우리는 오랫동안 치밀하게 준비해 왔고 여러 번 연습한 대로 제안 설명의 시간을 가졌다. 우선 집행위원 후보로 참석했던 연세대의 김형철 교수가 우리 대표단을 초청해 주어서 감사하다는 말을 한 다음 한국철학회의 회장인 나를 소개하였다. 워낙 중책을 맡아서인지 단상에 올라가서 청중을 바라보는 순간 갑자기 가슴이 두근거리고 숨이 막혀오는 긴장감을 느꼈다. 곧 안정을 되찾고 준비해 온 초청 연설문을 서서히 읽어갔다. 나는 대한민국과 한국철학회를 대표해서 오는 2008년 8월에 서울로 여러분을 초대하겠다는 말로 서두를 꺼냈다. 이어 한국의 지정학적인 위상과 점차 증대하는 동북아의 중요성을 강조한 다음, 그럼에도 불구하고 세계철학자 대회가 그동안 한 번도 이 지역에서 개최된 적이 없음을 환기시켰다.

또한 서울은 최신의 현대적인 시설을 잘 갖추고 있을 뿐만 아니라 환경적 조건도 좋아서 근래에는 올림픽이나 월드컵 대회, 아셈(ASEM) 회의 등 많은 국제적인 행사가 잇달아 열리고 있고 또 이것들을 성공적으로 치러 냈음을 지적하였다. 또한 나는 노무현 대통령과 윤덕홍 교육인적자원부 부총리의 강력한 지지와 후원을 약속받았다는 점을 특히 강조하는 한편, 이 대회가 서울에서 열릴 경우 우리는 모두 문화의 상호 이해에 있어서 동아시아적 관점을 지니게 될 것이며 동서의 만남은 물론 전통적인 과거와 역동적인 현재의 융화도 동시에 체험할 수 있다고 역설하였다.

나의 제안 연설이 끝난 후 공식 대표인 서울대의 김기현 교수가 영상을 이용한 보충 설명이 이어졌다. 그는 유창하고 세련된 말투로 우리나라의 철학적 전통과 광범위하고 다양한 철학적 활동에 대해서 소개하였다. 그는 원효, 지눌, 이황, 이이, 정약용으로 이어지는 한국 전통 철학의 특징을 부각시켰을 뿐만 아니라 하버마스와 아펠, 퍼트남과 로티, 존 설과 찰스 테일러, 대니얼 데닛 등 저명한 철학자들이 한국에 와서 전국을 돌며 강연과 토론을 벌여온 철학계의 현황도 수준 높은 영상 기재를 통해 보여 주었던 것이다. 끝으로 8분여 동안 문화관광부에서 제공한 동영상이 상영되었는데, 그것은 오히려 군더더기 같은 느낌을 주었다. 그렇게 해서 우리는 할애된 30분을 모두 효과적으로 활용하였다.

계속해서 한 시간 가량 전개된 참석자들의 격렬한 찬반 토론은 매우 지루하고 역겹기까지 한 것이었다. 이들에게 한 가지 분명한 점은 경제적으로나 문화적으로 한국이 충분히 이 대회를 개최할 자격과 능력이 있다는 점이었다. 이러한 사실에 대해서 의문을 제기하는 사람은 아무도 없었다. 그럼에도 불구하고 많은 사람들이 극동이라는 생소한 지역과 이질적인 문화적 배경에 대해 거부감을 나타냈고, 서양철학의 발상지라는 아테네의 매력을 쉽사리 떨쳐버리지 못하는 것이었다. 더구나 쿠추라디의 한국에 대한 노골적인 지지 발언이 오히려 악재로 작용하였다. 상당히 많은 시간이 회장의 공정하지 못한 태도를 비난하는 것으로 소모되었다. 결국 표결로 들어갔다. 각국의 학회를 대표하는 참석자들이 투표에 임했는데, 결과는 한국에 32표, 그리스에 21표, 그리고 기권이 무려 20표였다. 승리를 확인하는 순간 우리 대표단은 환희와 감격에 벅찬 가슴을 가누기 어려웠다. 나는 흥분을 애써 감추며 부드리스에게 먼저 다가가 악수를 청하며 위로하였다. 그리고 단상에 올라가 쿠추라디를 비롯한 임원진에게 고마움을 표시하였다.

꿈을 혼자서 꾸면 꿈으로 남게 마련이지만 여럿이서 함께 꾸면 현실이 될 수 있다는 말이 있다. 서울에서 세계 철학자 대회를 개최한다는 것은 적어도 지난 5년간은 우리 철학계로서는 하나의 꿈이었다. 그리고 이제 그 꿈은 현실이 되었다. 특히 정대현 교수를 비롯한 전 회장단들의 공로가 컸고 그 밖에 많은 철학계 인사들이 함께 이 꿈을 꾸어왔기 때문이다. 그러나 그 현실은 아직 이루어지지 않았다. 이제 막 이스탄불을 지나 서울까지 가는 "세계 철학자 대회"라는 배가 5년간의 긴 항해를 시작했을 뿐이다. 우리의 배가 순조롭게 항해하려면 꿈을 꿀 때보다 더 많은 사람들이 더 치열한 노력을 하지 않으면 안 된다. 물리적인 지원은 물론이고 무엇보다 우리들 자신의 철학적 역량을 제고하지 않으면 안 된다는 것이다. 단말마적 노력을 다하여 겨우 이 행사를 치르는 데 만족한다면 그것은 결국 일회성 이벤트로 끝나고 말 것이다. 그렇다면 적어도 2천여

명의 철학자와 지식인이 동원되는 이 거대한 행사가 우리 철학계에 던지는 의미는 무엇일까. 우리는 왜 그토록 치열하게 이 대회를 유치하고자 했는가.

첫째, 세계 철학자 대회가 동아시아 지역인 우리나라에서 개최되면 지구촌의 철학자들이 일단 동아시아적 관점이 어떤 것인지를 이해하게 된다. 잘 알려진 바와 같이 오늘날 인류가 당면한 대부분의 현안들은 서구의 근대화 과정에서 파생된 문제들이다. 이것을 서구적 관점에서 조명하고 서구적인 방법으로 해결하는 데에는 분명히 한계가 있다. 그러므로 전혀 새로운 파격적 관점을 조망 해보는 것이 필요한 것이다. 그러나 이것이 동양의 전통적인 사상, 혹은 과거의 신념 체계가 해결책이 될 수 있음을 의미하는 것은 아니다. 그러한 관점으로 돌아간다는 것은 가능하지도 않거니와 바람직하지도 않다. 우리는 이 시대의 역사적 현실을 외면해서는 안 되고 외면할 수도 없기 때문이다.

둘째, 세계 철학자 대회가 우리나라에서 개최되면 지구촌의 철학자들은 이 땅에서 동서와 고금이 만나서 소용돌이치고 있음을 목격하게 될 것이다. 사실 우리나라에는 무엇이든지 다 있다. 아테네와 스파르타의 대결 구조를 방불하게 하는 분단의 현실이 있고, 급진적인 민주화가 있는가 하면 저돌적인 산업화도 있으며 이 양자 사이의 격렬한 충돌도 있다. 정보화의 극치와 환경오염의 절정도 맛볼 수 있고, 극심한 빈부의 격차와 도덕적 타락의 한계도 체험할 수 있을 것이다. 이 좁은 땅에 이 모든 것이 집약되어 있음을 실감하면 완숙한 철학을 하는 데 분명히 도움이 될 것이고 우리는 좀 더 수준 높은 철학적 담론을 함께 펼칠 수도 있을 것이다.

셋째, 세계 철학자 대회를 한국 철학계가 주관하게 되면 우리는 한층 더 격조 높은 철학적 역량을 지니게 될 뿐만 아니라 또한 우리의 철학적 수준이 검증될 기회도 갖게 될 것이다. 사실 우리는 역사적으로나 현실적으로 매우 수준 높은 사상의 구슬들을 지니고 있지만 그것을 실로 꿰는 능력에 있어서 다소 뒤지는 경향이 있다. 이 대회를 준비하는 동안 우리는 그 결함을 어느 정도 보완하지 않으면 안 될 것이다. 그렇게 하면 올림픽이나 월드컵을 통해서 스포츠의 역량을 키우고 또 검증받았듯이 우리의 철학계 및 지성계도 한 단계 도약을 할 수 있을 것이다.

톨스토이는 "폭풍 치는 언덕으로 가라, 반드시 얻는 것이 있으리라!"고 말한 바 있다. 사람들은 우리에게 너무나 많은 문제가 있다고 스스로 한탄하지만 그것은 한반도가 바로 이 시대의 폭풍치는 언덕이기 때문이다. 그 언덕은 평범한 삶을 살고 싶은 사람들에게는 수난과 질곡의 땅이겠지만 자긍심과 긍지로 가득찬 철학도들에게는 오히려 축복과 기회의 광장이기도 하다. 5년 후에는 수많은 철학자들이 이 땅으로 몰려와서 이 시대가 직면한 갖가지 문제와 다시 한 번 씨름하게 될 것이다. 이 대회를 통해 우리가 좀 더 깊이 생각하는 국민, 그리고 더욱 성숙한 시민으로 거듭날 수 있기를 바랄 뿐이다.

4. 철학의 쇄신
-세계 철학자 대회 서울 개최와 그 의미-

I

철학은 사물의 본질과 현상의 구조, 그리고 삶의 진실에 관하여 지적으로 가장 넓고 깊게 탐구해 온 학문이다. 이 학문은 물질문명과 정신문화를 형성해 온 지역에서라면 어떤 형태로는 반드시 존재하기 마련이며 그 심오성의 정도에 따라 문명과 문화의 수준을 측정하는 척도가 되어 왔던 것도 사실이다. 비록 물질적으로 풍족해도 신념이나 신조가 없는 사람을 존경할 수 없듯이 기본적인 철학을 갖추지 못한 민족이나 국가를 신뢰하기 어려운 이유가 바로 여기에 있는 것이다.

그러나 철학은 하나의 학문이기 때문에 단순한 삶의 지혜나 어떤 국가의 이데올로기와는 다르다. 철학자는 비록 종교적 지혜를 의식하기도 하지만 엄격한 과학적 방법론을 도입하여 역사와 문화를 넘어서는 보편적 진리를 발견하고자 진력한다. 그럼에도 불구하고 철학은 역사의 자식이고 문화의 산물일 수밖에 없다. 그러므로 동양철학과 서양철학이 구분되고 고대 철학과 중세 철학, 혹은 근대철학과 현대 철학을 구별해서 접근하게 된다. 헤겔이 지적하듯이 철학은 곧 "철학사에 대한 탐구"라고 할 정도인 것이다.

한편 우리나라는 역사적으로나 문화적으로 매우 어려운 시점에

와 있다. 외세의 강점과 민족의 분열로 강토가 두 동강이 난 채로 이미 반세기를 넘겼고, 이러한 상황에서 우리는 주변 강대국의 도전과 세계화의 압박에 직면해 있다. 그동안 급격한 산업화와 격렬한 민주화를 거쳐 어느 정도의 경제적 풍요와 정치적 자유 및 평등은 구가하고 있으나 그 대가로 극심한 문화적 혼란과 도덕적 타락을 겪고 있는 상황이다. 동서와 고금이 격돌하는 폭풍의 언덕이 된 형국인 셈이다.

제22차 세계 철학자 대회가 지난 달 초 서울에서 열린 바 있다. 100년이 넘는 이 대회가 처음으로 동양에서 개최된다는 것도 중요한 의미가 있겠지만 수난과 질곡의 이 땅에서, 현대인이 지닌 모든 문제가 집약된 이 광장에서 논의된다는 것은 단순한 국제 학술대회 이상의 의미를 지닌다고 할 수 있다.

지난 2003년 이스탄불에서 우리 철학계가 단합하여 이 대회를 유치하기로 결심한 것도 그러한 의미를 지녔다고 할 수 있었다. 그 당시 노무현 대통령도 친서를 보내 "한반도는 전쟁과 빈곤을 성공적으로 극복하여 역동적인 근대 국가가 되었다."며 "다양한 문화들이 만나 창조적 대화를 나누었던 한반도에서 전통과 미래를 조화시키는 새로운 방식의 문화를 만들어 나가자"고 제안했었다. 세계 철학자 연맹의 부회장이면서 유네스코의 사무총장이었던 김여수 서울대 명예교수는 "세계의 철학적 담론 생산에 한국도 참여해야 한다는 관점에서 대회의 서울 유치는 꼭 필요하다."면서 "이는 수백 년 동안 서양인들에 의해 만들어졌던 세계질서에 새로운 문화질서"를 부여하는 데 한국이 한몫을 맡게 되는 전환점이 될 것"이라고 강조했었다. 당시 한국 철학회 회장이었던 나도 세계철학자 연맹 총회에서 한국 유치를 위한 연설을 통해 "서울에서 동서와 고금이 구체적으로 만나고 있음을 실감하게 될 것이며 문화의 상호 이해를 위한 동아시아적 관점을 지니게 될 것"이라고 역설했었다. 요새 흔히 말하는 동북아 '물류 센터'가 아니라 지구촌의 '문류(文流) 센터'를 만드는 계기를 마련하고자 했던 그 꿈이 이제 이루어지니 감개무량할 뿐이다.

II

"오늘의 철학을 다시 생각한다(Rethinking Philosophy Today)"라는 전체 주제 아래 이번 대회가 다룬 분야는 방대하다. 전체 강연에서는 현실문제와 관련하여 "도덕철학, 사회철학, 정치철학"이 다루어졌고, "형이상학과 미학"이 새롭게 조명되었으며 시대적 '특징과 관련하여 "인식론, 과학철학, 기술철학"이 비중 있게 논의되었다. 그리고 무엇보다 "철학사와 비교철학"을 본격적으로 다룬 것은 이 대회의 특징을 부각시키는 측면이 있었다. 그 밖에도 "갈등과 관용", "세계화와 세계시민주의", "생명윤리, 환경 윤리, 미래 시대", "전통, 근대, 탈근대", "한국철학" 등 5개의 주제로 묶인 심포지엄과 기금 강연, 헌정 강연, 한국 철학회 모암 등 70개가 넘은 라운드 테이블이 준비되었다. 현대 철학의 모든 쟁점이 원탁에 올려진 셈이다. 이것이 88개국에서 2093명이 참가한 것을 염두에 두면 충분히 "철학 올림픽"이라고 불릴만 하다.

"철학 올림픽"이란 말은 단순한 수사학적 표현이 아니다. 소크라테스가 자신의 업적을 아킬레우스의 무용담과 비교하여 스스로 영웅임을 자처했기 때문이다. 그러나 체육인들의 올림픽과 차이가 있다면 이 올림픽에는 승자도 없고 패자도 없으며 깨어질 기록도 없고 새로 세워진 기록도 없다는 것이다. 그러므로 어떤 색깔이든 메달도 없다. 거기에는 다만 문제의 제기가 있고 좀 더 심화된 문제가 있으며 새롭게 다듬어진 문제가 있을 뿐이다. 복잡한 논의를 통해서 이러한 문제들이 더욱 선명해지고 그 과정에서 우리들 자신의 정체와 상황이 어느 정도 확실해질 수 있다면 그것이 우리가 기대할 수 있는 최대의 성과일 것이다. 많은 논의가 전개되었지만 그것은 결국 동서와 고금의 철학이 조우한 기회였다고 정리할 수 있을 것이다.

이 대회를 좀 더 야심적으로 표현한다면 조직위원회의 이명현 의장이 함축적으로 지적했듯이 "자연과의 화해, 그리고 문화의 장벽에 갇힌 타인들을 화해로 인도할 통합적 사고의 창출"을 의도했다고 말할 수 있다. 여기서 하나를 더 첨가한다면 "스스로 자초한 불안과 고독에 떨며 각종 위험의 공포에 직면한 자기 자신과의 화해"를 염두에 둘 수 있을 것이다. 물론 이러한 사고의 창출은 철학이 수행할 수 있고 또 철학만 수행할 수 있는 것은 아니다. 러셀이 『변화의 세계를 위한 새희망』에서 잘 지적한 바와 같이 현대인은 끊임없이 "자연과 타인과 자신과의 투쟁"을 벌여왔으며 이 문제의 해결은 현대 철학만의 문제가 아니라 밝은 미래를 창출하기 위한 온 인류의 과제이기도 하다고 지적했던 것이다. 그러나 적어도 그러한 시도가 이번 대회에서 이루어진 것만은 사실이다.

III

우선 자연과의 화해에 관해서 생각해 보자. 잘 알려져 있는 바와 같이 현대를 우리는 과학기술의 시대라고 말할 수 있다. 과학은 지적 호기심을 충족시키기 위해 생겨났고 또 끊임없이 발전해 왔지만 그 탐구의 성과인 기술은 오늘날 문명의 이기를 생산하는 수준을 넘어서 자연의 질서를 파괴하고 그 운행의 법칙을 훼손하는 지경에 이르렀다. 이것은 철학적 관점에서 보았을 때 하나는 개념적 혼란의 문제이고 다른 하나는 인류의 생존에 관한 가치의 문제이다.

개념적 혼란의 문제란 과학기술의 발달로 말미암아 전통적으로 철학이 활용해 오던 "기초 개념"들이 흔들리고 있다는 뜻이다. 가령 인간과 동물, 정신과 물질, 시간과 공간, 생명과 죽음, 자유와 필연, 그리고 선과 악 등을 구분하는 기준이 모호해졌고 따라서 이 개념들을 규정할 근거가 희박해졌다는 것이다. 이제 철학자들이 이러한 점을 의식하고 사유의 체계를 정립하고자 한다면 그 결과는 일종의 망상이거나 허구의 그물로 판명될 것이다. 무엇보다 우리는 인간이 동물과 구분되는 이성적 존재로서의 그 위상이 흔들리고 신의 피조물로서의 존엄성이 심각하게 위협받고 있다는 사실을 인정하지 않으면 안 된다. 더구나 이른바 "초인본주의자"들은 인간의 본성을 무시하고 심지어 그것을 진화의 사슬로부터 새로운 차원의 종으로 도약시키려 하고 있다는 점도 우리는 알고 있다. 이것은 지적 탐구의 결과이므로 우리는 그것을 막을 수도 없고 막아서도 안 된다. 이것이 곧 자연과의 화해에 관한 철학적 문제이다.

전체 강의에서 김재권 교수는 정신현상에 관한 존재론적 위상을 새롭게 규정하고 물리주의를 근거로 물리학이나 화학과 같은 보편 과학뿐만 아니라 심리학, 생물학, 천문학과 같은 특수 과학에도 엄격한 법칙이 존재한다고 주장한다. 만약 이것이 사실이라면 정신 현상은 뇌라는 물체의 속성으로 환원될 수 있음이 더욱 확실해지고 동시에 인간의 존엄성이나 자유 의지 등은 새롭게 해석되지 않으면 안 된다. 이러한 문제에 관하여 각 분과에서 심도 있는 논의가 전개되었다. 예일대의 T. 건들러와 뉴욕주립대의 J. 프라이어, 호주 국립대의 차머스(D. Chalmers), 럿거스대의 골드만(A. Goldman) 등이 비록 놀라운 진리에 도달한 것은 아니더라도 새로운 차원의 의미 있는 문제를 제시해 주었다.

과학기술의 발달로 현실적인 차원에서 큰 변화를 일으킨 것은 인간의 세계가 시간적으로나 공간적으로 축소되어 하나의 지구촌을 형성했다는 사실이다. 이러한 과정에서 농업문화는 상업문화로 교체되고 상업문화는 거대한 자본주의적 형태로 발전하여 서구를 중심으로 자유민주주의적 정치체제와 대중적 문화형태로 변모되어 지구촌이 이른바 '세계화'의 물결에 휩쓸리고 있다. 특히 미국식 자유민주주의의 이식은 정치, 경제의 영역뿐만 아니라 현대인의 사회와 문화 전반에 걸쳐서 심각한 분쟁의 요소로 작용하고 있어서 마침내 지구촌의 세계화와 새로운 민족주의의 대결이라는 보편적 문제로 부상하고 있는 실정이다. 이것이 이른바 "문명과의 화해"를 요구하는 철학적 문제인 것이다.

러시아의 알렉산드로 추마코프는 "근대성의 맥락에서 본 세계화와 세계시민주의"라는 논문에서 세계화와 민족주의를 연결하는 역할을 철학자들이 해야 한다고 역설한다. 세계화가 아무리 진행되어도 지역별 혹은 나라별로 다양한 문화와 이해관계가 얽힌 생활을 할 수밖에 없기 때문에 철학자들이 문화 간의 충돌을 완화하고 이해를 높이는 다리 역할을 할 수 있어야 한다는 것이다. 이러한 주장의 배경에는 독특한 그의 철학관이 있다. "철학의 임무는 세계를 이해하는 것이 아니라 좀 더 살기 좋은 세상으로 바꾸는 데 있다."는 마르크스의 견해이다. 비록 마르크스적 철학관에 집착하지 않더라도 세계화의 추세에 따라 갑자기 부각된 문명 간의 화해에 관하여 특히 많은 논의가 이루어졌다. 그 중에서도 노트르담대의 V. 회슬러와 F. 달마이어, 그리고 하버드대의 투웨밍과 스켄론 등의 논의는 괄목할 만하다. 그리고 한국의 김여수 교수가 지속적으로 관심을 집중시켜 온 "문화적 종합", 차인석 교수가 시도하는 인간화된 "세계화" 개념도 한층 더 세련된 모습으로 제시되었다.

끝으로 자기 자신과의 화해라는 문제가 있다. 이것은 특히 자유라는 개념과 관계가 깊은 주제로서 헤겔이 인류의 역사를 "자유의 진보에 관한 역사"라고 선언한 이래 특히 정치철학이나 사회철학에서 많은 논의가 이루어져 왔다. 그러나 '자유'를 외부로부터의 억압이나 강제로부터 벗어난다는 의미의 외면적 개념이 아니라 자신의 욕구나 충동으로부터 해방된다는 의미의 내면적 개념으로 다룰 때 과연 그러한 의미로도 우리가 역사의 진행에 따라 더욱 자유로워졌는지의 문제를 제기할 수 있다. 이러한 측면에서의 논의는 주로 윤리학이나 종교철학 혹은 예술 철학의 관점에서 많이 전개되기 마련이다. 만약 동서양의 철학이 조우할 수 있었다면 바로 이러한 주제의 문제의식을 공유함으로써 가능할 수도 있을 것이다. 불교 철학이나 도가 및 유가 철학은 상당한 부분을 자기 수양의 중요성을 강조하고 극기의 방법을 구체화하는 데 역점을 두었기 때문이다. 비록 실험적인 시도에 그치고 말았지만 원효와 지눌, 율곡과 퇴계, 그리고 다산의 철학에 관심을 보였고 유영모와 함석헌의 사상을 다룬 분과에 많은 청중이 몰려든 것은 그러한 맥락에서 이해할 수 있을 것이다. 그러나 이러한 관심이 과학기술의 시대에 삶의 질이 높아졌음에도 불구하고 인간이 더욱 더 고독하고 불안해지는 이유를 어느 정도 해소시킬 수 있었는지는 의문으로 남아 있다. 그것은 제도적으로 민주화가 더 많이 이루어졌다고 해도 별로 큰 차이를 보여 주지 못한다. 달마이어가 잘 지적해 주었듯이 민주주의란 "민중의 자기 지배로 정의되는데 여기서 지배란 결코 민중의 이기적 이해의 추구가 아니라 오히려 공동선을 지향하는 민중의 자기 통제를 뜻하기" 때문이다. 민중은 역시 "정치적 행위자이면서 동시에 도덕적 절제와 자기 변혁을 추구하는 윤리적 행위자"이어야 하는 것이다.

IV

흔히 철학자들은 문제를 제기하지만 반드시 그 해답을 찾으려고 하지는 않는다. 더구나 해답이 있다고 해도 그것을 실천에 옮기려 하지 않는다. 비록 더욱 큰 혼란을 야기시킨다고 해도 문제를 다만 심화시킬 뿐이다. 그것이야말로 소크라테스 이래로 지금까지 철학자들이 주로 해온 일이며 또 앞으로도 계속 될 것이다. 서울 대회에서도 예외가 아니었다. 장소를 어디로 옮기든 철학자들은 철학을 할 뿐이다. 만약 여기서 동서양철학의 교류가 있었다면 철학사의 교류가 아니라 현대가 당면한 철학적 문제의 공유를 통해서만 가능했다고 판단된다. 그 좋은 예로 우리는 스캔론의 경우를 들 수 있다. 그는 한국의 'DMZ적 상황'을 철학적 문제로 보편화하며 도덕적 문제의 새로운 측면을 부각시킨다. 그에 의하면 도덕이란 "조화를 목표로 하며 이상적으로는 상호 정당화"이다. 그러나 이 상황은 "합리적 타협이 어려운 상대방이나 적에 대해 우리는 어떤 도덕적 의무를 져야 하는지의 문제를 제기한다." 그러므로 이상적인 윤리학은 소용이 없어지고 전략적으로 차선의 방책이 필요하다. 말하자면 이것이 그가 발견한 철학적 문제의 새로운 측면이다. 그리고 특별히 서울대회가 의미가 있다면 가령 그 문제들이 집약되어 그것을 실감하는 데 도움을 주었기 때문인 것이다.

이제 5년 후면 이 대회가 서양철학의 발생지인 아테네에서 열릴 것이다. 5년 전 이스탄불에서 우리와 경합을 벌였던 그리스의 철학회 회장, 부드리스가 이번에 성공적으로 다음 대회를 유치하게 되어서 무척 다행이다. 나는 그리스가 다음 철학대회를 성공적으로 치를 수 있기를 기원하며 각별한 축하인사를 그에게 건넸다. 그는 이번 대회의 성공을 축하해 주었고 특히 조직위원회의 치밀한 대회 운영과 우리 측 인사들의 따뜻한 환영, 전반적인 문화의 역동성, 그리고 특히 젊은 자원봉사단원들의 헌신적 노력에 찬사를 보냈었다. 그러한 의미로는 성공한 대회였다고 말할 수 있을 것이다. 그 밖에 여러 가지 이유로 훌륭한 행사였다. 아쉬운 것은 알랭 바디우나 하버마스, 힐러리 퍼트남이나 찰스 테일러, 베르나르 앙리 레비나 쥬디스 버틀러, 장 뤼크 마리옹 등 거물급 철학자들이 여러 가지 사유로 불참했던 점이었다. 또한 동서양의 철학적 전통에 대해 좀 더 깊이 있는 상호 심층적인 대화가 이루어지지 못했던 점도 또한 아쉬운 감이 있었다. 그러나 역시 철학의 가장 중심적인 과제는 새로운 문제의 제기에 있다. 아테네에서도 여전히 철학자들은 문제를 심화시킬 뿐이라고 예측할 수 있다. 거기서 새롭게 제기되는 문제들은 소크라테스의 것과 분명히 다르고 더 세련된 것이어야 할 것이다. 소크라테스의 아테네와 5년 후의 아테네 사이에는 2500년의 세월이 놓여 있는 만큼 철학적 문제의 성격도 달라져야 할 수밖에 없을 것이다.

5. 분단의 시대와 민족적 자아 -광복 70년을 맞이하며-

광복 70년이란 세월은 결코 짧은 시간이 아니다. 더구나 그것이 우리의 근현대사에서와 같이 수난과 질곡, 그리고 영광과 성취로 점철된 격동의 시기였다면 더욱 길게 느껴지는 시간이기도 하다. 잘 알려져 있는 바와 같이 우리는 이 기간 동안 일제 식민통치에서 벗어났지만 이념 갈등으로 민족 분단을 자초했고 피비린내 나는 동족상잔까지 체험했다. 이러한 상황에서도 우리는 그 유례가 없는 산업화와 민주화를 성취하고 선진국의 문턱에 들어섰지만 그 과정에서 군사독재의 권위주의적 통치와 이에 저항했던 민주투사들의 수많은 희생을 감내해야만 했다. 이와 같이 모순과 역설로 가득 찬 지난 70년 세월을 사상적으로 정리하고 장차 민족과 국가의 행로를 체계적으로 예측한다는 것은 결코 쉬운 일이 아니다. 그것은 우리가 단순히 동서와 고금이 격돌하는 소용돌이의 중심에 서 있기 때문만은 아니다.

그럼에도 불구하고 세계사적 격동기를 이 비좁은 땅에서 체험하는 동안 한 시대를 긋는 위대한 사상을 어떠한 형태로든지 우리는 잉태하고 있어야 한다. 이러한 역사적 사명을 외면한다면 우리가 체험한 수난과 질곡의 역사를 또 다시 후손들에게 물려줄 수밖에 없기 때문이다. 그렇다면 그 모순과 역설의 세월을 지배한 이론과 이념은 어떠한 것이며 그러한 것들이 서로 양립할 뿐 아니라 보완관계를 가질 수 있는 논제는 과연 무엇인가. 그것을 지금 온전히 짚고 넘어갈 수는 없지만 그 얼개를 어느 정도 가늠해 볼 수는 있을 것이다.

II

우리는 새로운 사상을 정립함에 있어서 우선 두 가지 점을 고려하지 않으면 안 된다. 하나는 전통적 민족사상이 어떤 특성을 지니고 있는지 살펴보는 것인데, 그것을 우리는 한마디로 "비판적 종합"이라고 말할 수 있다. 다른 하나는 오늘날 우리를 지배하는 현대사상의 조류가 무엇이며 어떤 방식으로 전개되는지 살펴보는 것이다. 이와 같이 현대사상의 창출은 우리의 사상적 전통과 현대를 심층적으로 이해하고 체계적으로 파악함으로써 그 실마리를 찾을 수 있다. 이것은 마치 어떤 개인을 이해하는 방식과 유사하다. 그가 그동안 어떤 사람이었으며 지금 어떤 사람인지 파악하면 앞으로 어떤 사람이 될 것인지도 가늠할 수 있기 때문이다.

현대를 표현하는 어휘가 많이 있겠으나 그것을 "과학기술시대"라고 하는 데에는 이견이 없을 것이다. 우리가 '소외'나 '위기'를 거론할 수 있으나 다른 시대에서와 달리 그러한 것들도 대부분 과학기술이 창출한 경제체제, 정치제도, 문화형태 등 여러 현상에서 야기된 것임을 부인하기 어렵다. 우리는 직접적으로나 간접적으로 과학기술과 그것의 기초가 되는 과학적 탐구 자체를 의식하고 있는 것이다. 그러므로 오늘날 진지하게 대면하고 절박하게 문제 삼아야 하는 것은 과학의 본질이며 특히 그것이 지닌 '합리성'의 문제인데, 그것은 가령 불교나 유교, 혹은 기독교나 이슬람에서 말하는 '합리성'이 아니라 '과학적 합리성'을 의미하는 것이다.

과학기술시대의 사상사적 문제는 과학적 합리성과 비과학적 합리성의 문제를 어떻게 해결하는지에 달려 있다고 볼 수 있다. 그러므로 여기서 나타날 수 있는 본질적인 문명적 충돌의 양상은 새뮤얼 헌팅턴이 예측한 것과는 달리 여러 종교들 사이의 '종교적' 충돌이 아니다. 만약 그러한 충돌이 있다면 닫힌 종교와 닫힌 종교들 간의 충돌이거나 점차 닫힌 종교와 열린 종교들 간의 충돌이라는 양상으로 전개될 것이다. 이것을 우리는 비판적 합리성과 독단적 합리성, 혹은 계몽주의와 몽매주의 갈등이라고 할 수 있으며, 이것을 해소하는 것이 이 시대가 당면한 철학적 '아포리아'일 뿐 아니라 광복 70년을 맞이한 이 땅의 지식인들에게 가장 절박하게 부여된 시대적 과제이기도 한 것이다.

현대사상을 거칠게 요약하면 거의 모두 '반과학주의'의 성격을 띤다고 할 수 있으며 그 중에 대부분은 과학기술에 관한 것이거나 거기서 파생된 경제적, 정치적 및 문화적 제도나 체제에 관한 것이지 과학정신이나 과학지식에 관한 것은 아니다. 널리 알려진 바와 같이 토마스 쿤은 과학적 합리성이 신성시되어서는 안 된다는 점을 지적하였으나 과학의 비판적 합리성 그 자체를 거부한 것은 아니다. 과학기술시대에 과학기술을 향유하면서 과학지식을 무시하고 과학정신을 외면하는 것은 가능한 것이 아니고 결코 바람직한 것도 못된다. 그렇다면 그것이 왜 우리에게 그토록 중요한 사안인가.

III

우리에게 광복 70년은 많은 것을 의미하겠지만 무엇보다 그것은 분단 70년도 의미한다. 분단 70년이 강토와 국가와 민족의 분단을 의미한다면 동시에 그것은 민족사상의 단절도 의미한다. 이 단절이 유사종교에 해당하는 주체사상과 다양한 현대사조의 대립구조, 다시 말해서 전형적인 독단적 합리성과 비판적 합리성의 난립이라는 성격을 띤다면 그것은 이미 우리 민족만의 "비판적 종합"의 수준을 넘어선다. 그렇다면 남한에서는 어떠한가. 우리는 그동안 지구상의 모든 사조에 대해서 연구하고 창의적으로 비판하기도 하며 그것을 수용하려고 노력도 했다. 그동안 혹자는 우선 서구중심주의를 넘어서야 한다고 주장하고, 혹자는 서구 사상의 조류에 편입되어야 한다고 호소하기도 한다. 또한 혹자는 민족의 전통 사상인 유불선으로 복귀해야 한다고 강변하기도 한다. 그러나 우리는 그 어디에서도 아직 후련한 승전보를 들어본 적이 없다.

사상사적으로 현대는 독단적 합리성과 비판적 합리성의 대결 구조에 직면해 있지만 동시에 분단시대를 살아가고 있는 우리로서는 통일국가라는 민족의 역사적 과업을 외면할 수 없다. 말할 나위 없이 분단의 극복을 위해 강조되어야 할 가장 높은 이념적 가치는 민족주의이다. 그러나 오늘날에 이르기까지 남북한은 현실적으로 이른바 "개별적 국가주의"를 발전시켜 왔다. 다시 말해서 남북한은 각각 자신을 하나의 독립된 국가로서 과시하는 일종의 국가주의를 은연중에 표방해 온 것이다. 그것은 엄밀한 의미로 민족주의가 아니며 양측의 위정자들만 탓할 일만도 아니다. 실제로는 각기 민족주의보다 더 높은 가치를 표방해 왔기 때문이다. 이러한 문제를 극복하기 위해서는 우선 '민족적 자아'라는 선험적 개념을 도입할 필요가 있다.

민족적 자아란 공동체적 자아의 한 유형으로서 한 개인에게 인격적 자아가 있듯이 어떤 민족을 바로 그 민족이게 하는 선험적 원리가 있다는 것을 전제로 한다. 그것은 인격체의 경우와 마찬가지로 한 민족에게 개별성, 단일성, 정체성 및 존립성의 원리로 작용한다. 이것을 전제로 하면 통일은 일종의 제로섬 게임이 아니라 다만 민족적 자아의 정체성을 확인하는 문제로 나타나서 무엇보다 분단의 심화 현상에 제동을 걸게 될 것이다. 그것은 또한 세계화 시대의 바람직한 민족담론으로 작용할 수도 있을 것이다. 지리적 국경의 개념이 약화되고 문화적 교류가 더욱 활발해지는 시대에, 다시 말해서 탈민족주의 시대에도 어디서 무엇을 하든 열린 마음으로 우리의 민족적 정체성을 유지하고 오히려 강화할 수도 있는 개념 장치이기 때문이다. 그리고 이러한 개념을 전제로 해서 우리는 포퍼의 '열린사회', 롤스의 '무지의 베일', 하버마스의 '이상적 담론의 상황' 같은 장치를 적용해 볼 수 있을 것이다. 그러나 무엇보다 가장 중요한 것은 이 개념을 도입함으로써 우리는 과학기술시대의 시대정신인 비판적 합리성과 우리의 염원인 민족주의가 양립될 뿐 아니라 보완관계를 이룰 수 있는 논제를 창출할 수 있다는 점이다. 진정한 의미의 '광복'을 갈구하며 한국현대사상이 향후 이러한 방향으로 전개되기를 염원해 본다.

《교수신문》, 2015

6. 철학의 현실화, 현실의 철학화

이번에 계간 《철학과 현실》의 편집인이라는 직책을 맡게 되었다. 이제 106호를 발간하게 되는 이 계간지는 철학 교양지로서, 그 제목이 말하듯이 그동안 "철학을 현실화하고 현실을 철학화 하는 일"에 진력해 왔다. 그러나 문제의식은 동서와 고금(古今)이 격돌하는 격동기에 살면서 철학이 사변적인 이론의 차원을 넘어 좀 더 현실에 다가서야 한다는 치열한 사명감의 발로이기도 하였다. 그동안 직접적으로나 간접적으로 본지의 편집에 관여해 왔지만 이번에 중책을 맡게 되니 그 무게를 다시 한 번 실감할 수 있게 된다. 이것을 계기로 삼아 "철학과 현실"의 뜻을 되새겨 보는 것도 의미 있는 일이 될 것이다.

"철학"이란 널리 알려져 있는 바와 같이 명확하게 규정하기가 매우 어려운 개념이다. 사실 그것을 규정하는 것 자체가 철학의 중요한 과제가 되어 있을 정도이다. 철학을 흔히 사물의 본질과 현상의 구조에 관한 궁극적 탐구라고 규정하지만 그러한 형식적 정의는 별로 도움이 되지 않는다. 또한 철학자가 반드시 철학사적 지식이 해박해야 되는 것도 아니다. 그러한 사람은 유능한 사상사가일 수는 있어도 반드시 훌륭한 철학자라고 할 수는 없기 때문이다. 그러므로 우리는 새삼스럽게 철학을 다시 정의하기보다는 차라리 그것을 "좀 더 깊고 넓게, 그리고 멀리 생각하고자 하는 탐구의 자세" 정도로 규정하는 것이 더 바람직하다는 생각을 하게 된다.

한편 "현실"이란 흔히 "사회적 및 역사적" 현실 등을 의미하는 경향이 있다. 그러나 그것을 자세히 보면 정치적, 경제적, 문화적 현실 등으로 세분화할 수 있다. 여기서 특히 문화적 현실은 과학적, 종교적, 도덕적 및 예술적 관점에서 구체화하여 접근할 수도 있는 것이다.

물론 이 모든 것을 서로 엄격하게 구분할 수 없고 각기 긴밀하게 연결되어 있는 것이 사실이지만 서로 혼동해서도 안 되리라고 생각된다. 더구나 지정학적으로 "폭풍의 언덕"의 바람모지에 서 있는 우리들의 "현실"이란 결코 범상한 것이 아니라고 할 수 있다. 우리들에 의한 우리들을 위한 우리들만의 현실이 아니기 때문에, 즉 '한국성(Koreanity)' 속에 보편성이 있기 때문에 그것은 특수한 것이면서 동시에 세계사적인 것이라고 할 수도 있다는 것이다. 우선 우리의 현실을 철학화할 필요가 있다고 믿는 이유가 바로 여기에 있다.

철학화한다는 것은 앞서 언급한 바와 같이 적어도 세 가지 뜻이 있다. 첫째, 그것은 현실에 대해서 깊이 생각한다는 뜻이다. 깊이 생각하면 현실로 나타나 있는 현상의 본체가 그 모습을 드러낸다. 그러므로 깊이 생각한다는 것은 현상이 아니라 본체에 관여한다는 뜻이다. 둘째, 그것은 현실에 관해서 넓게 생각한다는 뜻이다. 넓게 생각하면 어떤 현상들이 반드시 다른 여러 현상과 유기적인 관계 속에 있다는 사실을 파악하게 된다. 그러므로 넓게 생각한다는 것은 다른 현상과의 이 필연적인 관계를 파악한다는 뜻이다. 셋째, 그것은 현실을 향하여 멀리 생각한다는 뜻이다. 멀리 생각하면 현실이 어떤 현상의 결과일 뿐만 아니라 다른 현상의 원인이기도 하다는 인과(因果)의 연쇄를 이해하게 된다. 그러므로 멀리 생각한다는 것은 현실을 제대로 이해할 뿐만 아니라 인과관계를 통해서 미래를 좀 더 정확하게 예측할 수도 있다는 뜻이다.

이러한 방식으로 현실에 접근할 때 우리는 상당한 수준까지 그것을 철학화 할 수 있다고 믿는다. 또한 우리가 철학의 의미를 이러한 뜻으로 이해하고 접근할 때 그것은 자연스럽게 "현실화"되어 갈 것이라고 확신한다. 각자가 자기 자신과 현실에 대해서 깊고 넓게 그리고 멀리 생각하는 한, 그는 이미 고유하고도 진정한 의미로 한 사람의 철학자가 되어 있을 것이기 때문이다. 동시에 철학은 영원하고 불변하는 진리의 주체를 자처하며 구름 위의 상아탑에 더 이상 머물러 있을 필요도 없게 될 것이다. 철학화 되지 않은 현실은 맹목이고 현실화되지 않은 철학은 공허하기 때문이다.

편집인이란 중책을 맡으며 "철학과 현실"의 상보적인 관계에 대해서 생각을 가다듬어 보았다. 여기에 사실 새로운 의도나 결의 같은 것은 없다. 이 계간지가 1988년 부정기 간행 형태로 세상에 처음 그 모습을 드러냈을 때 가졌던 초심을 나름대로 다시 확인했을 뿐이다. 모쪼록 철학이 더욱 현실화되고 현실이 더욱 철학화 될 수 있도록 여러분들의 협조와 성원을 간곡하게 바랄 뿐이다.

계간 《철학과 현실》, 106호

제4장

문명과 생명

1. '생명다양성 재단'에 참여하며

철학 교수로서 30년 가까이 봉직하고 6년 전 퇴임하였는데, 한 가지 아쉬운 점이 있었다면 이 학문이 너무 추상적이고 관념적이어서 격동의 시대를 살아가는 나에게 공허한 느낌을 줄 때가 있다는 것이었다. 그러나 다행히 퇴임 후 자연과학자들과 자주 어울릴 기회가 있었는데 그동안 우리가 '과학기술시대'에 살고 있다는 것을 실감할 수 있었다. 철학자도 결국은 그 시대의 산물이기 때문에 철학자의 사명은 이 시대가 낳은 문제점들을 절감하고 거기에 나름대로의 답변을 마련하는 것이라는 점을 깨닫게 된 것이다. 그 중에서 특히 최근에 이덕환 교수가 회장직을 맡고 있는 대한화학회의 탄소 문화상 제정에 관여하면서 무분별한 과학기술의 남용이 인류의 멸종을 초래할 수도 있다는 우려를 구체화할 수 있었다. 그 후 최재천 교수의 『생명다양성 재단』의 출범 소식에 접하면서 생물체가 갖는 다양성의 소멸이 마침내 인류의 멸종과 지구의 파괴에 대한 구체적 징후라는 것을 확인할 수 있었다. 이 재단에 참여함으로써 구름 위에서 내려와 구체적이고 현실적이며 실천적인 일에 관여할 수 있게 된 것을 큰 축복이라고 생각한다.

철학 교수라는 직함 때문인지 평소에 철학이 무엇인지에 대해서 설명해 달라는 부탁을 가끔 받는다. 조금 망설이다가 나는 "철학은 사물의 본질과 현상의 구조에 대한 궁극적 탐구"라고 말한다. 그러면 사람들은 좀 더 쉽게 설명할 수 없는지 조심스럽게 다시 묻는다. 이번에는 이렇게 대답한다. "좀 더 깊고 넓게, 그리고 멀리 생각하는 것"이라고 말이다. 그러자 그들은 알았다는 듯이 고개를 끄덕이곤 하였다. 사실 철학이 무엇인지 설명하는 것은 쉬운 일이 아니다. 그것을 한다는 것 혹은 실천하는 것은 더욱 어려운 일이다.

그러나 철학을 한다는 것이 무슨 뜻인지 좀 더 곰곰이 음미해 볼 필요는 있다. 우선 깊게 생각한다는 것은 보이는 것 뒤에 무엇인가가 있다는 것을 알아내는 일이다. 넓게 생각한다는 것은 어떤 일이 일어날 때 그것과 연관된 것을 찾아내는 일이다. 멀리 생각한다는 것은 장차 일어날 일을 미루어 짐작하는 것이다. 예를 들어 어떤 것이 파도라면 그것을 보고 바다의 존재를 예상하고 다른 파도와 어떻게 연관되어 있는지, 그리고 하나의 파도가 일면 그것이 다른 파도들에 어떤 영향을 미칠지 예측할 수 있어야 한다는 뜻이다. 이와 같이 철학을 많이 하면 사물이나 현상에 대한 지식이 느는 것은 아니지만 세상과 나 자신에 대해 깊고 넓게 그리고 멀리 생각함으로써 좀 더 지혜롭게 될 수 있다고 분명히 말할 수 있다.

그동안 나는 인간을 주로 "생각하는 존재(homo-sapiens)"로서만 이해하고 살아온 셈이다. 그리하여 주로 생각하고 또 생각하는 데에만 열중하였다. 그런데 생각이란 것은 나 자신을 어느 정도 바꾸지만 직접적으로 세상을 바꾸지는 않는다. 그것이 그동안 철학도로서 지니고 있던 안타까움이기도 했다. 그러나 얼마 전 나는 최재천 교수를 통해서 "어울리는 존재(homo-symbious)"로서의 인간을 만나게 되었다. 인간은 세상과 자기 자신에 대해서 생각하고 또 생각하는 자아일 뿐만 아니라 다른 존재와 공존하며 공감하는 존재라는 것을 실감하게 된 것이다. 나에게는 이제부터 homo-sapiens와 homo-symbious가 어떻게 서로 양립되고 보완될 수 있는지 알아보고 또 보여 주고 싶은 간절한 소망이 있다.

얼마 전부터 나는 또한 '많이 알면 결국 사랑하게 되는지'에 대해서 궁금해 하였다. 그것은 이 재단의 강령과 지침 같은 것이기도 하기 때문이다. 그렇다면 그것은 어떤 종류의 앎인가. 아마 이렇게 해석할 수 있을 것이다. 사람들은 누구나 자기 자신을 사랑하게 마련인데 우리가 깊고 넓게, 그리고 멀리 생각하면 자기 자신과 연결되지 않는 것이 없음을 깨닫고 그렇게 되면 결국 모든 것을 사랑하게 된다는 뜻이 아닌가 하고 짐작해 본다. 만약 이것이 사실이라면 우리는 이러한 결론에 도달할 수도 있을 것이다. 즉 "계속 생각하면 알게 되고 깊이 알면 사랑할 수밖에 없다."고… 특히 그중에서 생명을 지닌 것은 그것이 인간이건 짐승이건 식물이건 간에 소중하게 여겨지고, 그래서 더욱 깊고 넓게, 그리고 멀리 생각해야 하며 그렇게 되면 사랑하게 될 수밖에 없다고 믿게 된다. 무엇보다 구달(J. Goodall)의 『생명사랑 10가지 계명』 중에 나오는 "가엾은 눈빛과의 마주침," 그 말없는 절규를 이해하고 실현함으로써 사랑의 첫걸음을 내딛어 보고 싶다. 나는 평소에 화가 빈센트 반 고흐가 남긴 글귀, "사물을 가장 잘 아는 방법은 사랑하는 것"이란 말에 큰 감동을 받았었다. 이제 그 역도 가능한 것임을 이해하고 실천에 옮기도록 노력해야겠다. 가장 효과적으로 알기 위해서라도 먼저 사랑해야겠다는 결심도 해본다.

사실 생명사랑의 사상은 우리의 전통문화에서도 생소한 것은 아니다. 그 대표적인 예를 우리는 고려 중기의 사대부인 이규보(李奎報)의 문학 사상에서도 찾아볼 수 있다. 그는 기교나 이익을 추구하는 '기심(機心)'에서 벗어나 자유롭고 넉넉한 '허심(虛心)'으로 나아갈 것을 가르친다. 그는 인간을 위해 온갖 수고를 아끼지 않는 소나 돼지, 닭과 개 등 가축은 말할 것도 없고 이, 쥐, 벌 등 미물들에게도 살아 있을 이유가 있음을 역설하며 자신을 그들과 같은 위치에 놓는 여유로운 마음을 드러낸다. 우리가 모두 허심을 갖는다면 차마 소를 때릴 수 없고 이를 잡아 죽일 수 없으며 쥐를 함부로 쫓아낼 수 없다고 그는 주장하는 것이다. 이규보는 "쥐를 놓아주며"라는 글에서 이렇게 말한다.

> 사람은 하늘이 만든 걸 훔치고
> 너는 사람이 훔친 걸 훔친다.
> 똑같이 먹고 살려고 하는 일인데
> 어찌 너만 나무라겠느냐.

여기서 우리는 유교와 도교와 불교를 아우르는 우리의 전통 사상에 생명사랑의 인자가 녹아 있음을 실감할 수도 있다.

나는 평소에 "농부 철학자"로 알려진 라비(Pierre Rabhi)를 존경해 왔다. 그는 알제리의 남부 오아시스에서 태어나 프랑스에서 교육받은 농부이고 환경운동가이고 사상가이기도 하다. 그는 지난 20여

년 동안 자신이 개발한 이른바 '생명 농법'을 세계 각지에 전파하는 한편 새로운 농법을 끊임없이 개발하고 그것을 이론화할 뿐 아니라 숱한 강연을 통해 전파해 왔다. 무엇보다 라비는 자연이 하나의 유기체임을 강조한다. 가령 의사는 기관지나 심장에만 관심을 가질 것이 아니라 몸 전체에 신경을 써야 한다. 그렇다면 몸과 직접 관련 있는 음식도 고려해야 한다. 한편 농부는 이 음식의 생산에 종사하기 때문에 건강에 무관심해서는 안 된다. 농부도 의료 사업에 종사하는 셈이다. 그러나 대량으로 생산된 식품들은 대부분 '생명 에너지'라는 본질적인 요소들이 잘려나간 상태의 물건들일 뿐이다. 말하자면 기아를 해결하는 대가로 건강을 빼앗아가는 구조를 띤다고 라비는 지적하는 것이다. 위대한 바이올리니스트인 메뉴힌(Y. Menuhin)은 그를 가리켜 "우리가 끊임없이 방해하는 생명의 그물망을 회복시키는 일을 한 사람"이라고 칭송한다.

생명사랑은 어느 특정한 부류의 인간에게 국한된 임무는 아닐 것이다. 그것은 어느 시대나 어느 사회에서도 필요한 것이지만 과학기술시대에는 우리들 모두에게 매우 절박하고 시급한 과제가 되었다. 그것은 이제 좀 더 나은 삶을 위해서가 아니라 인류의 멸종을 막기 위해서라도 우리들 모두의 시대적 사명이 된 것이다. 그러므로 우리가 누구이든지 각자가 자기의 입장에서 할 수 있는 것을 해야 하는 상황이다. 예술가는 문제의 심각성을 미리 예단하고 과학자는 객관적인 사실을 정확하게 진단하며 종교가나 각 분야의 전문가들은 구체적인 처방에 진력할 뿐 아니라 우리들 각자는 이 '질병'을 스스로 치유할 수 있도록 최선을 다해야 할 것이다. 그것이 효과적으로 이루어지기 위해서는 서로 소통과 협력이 원만하게 이루어져야 함은 극히 당연한 일일 것이다.

우리는 이제 함께 『생명다양성 재단』이란 배를 탔으며 순조로운 항해를 위해 모든 것을 갖추었다고 확신한다. 아직은 이 재단의 사업 내용이 무엇인지 충분히 파악하지 못하였고 이 재단의 이사가 된다는 것을 실감할 수 없으며, 특히 이사장의 임무가 정확히 무엇인지 이해하기 어려우나 "피아노는 치면서 배운다."는 말처럼 이 직책에 언제인가는 제법 걸맞는 사람이 되도록 최선을 다할 것이다. 제인 구달 선생이 제시하는 생명사랑의 이념과 이 재단의 대표이사인 최재천 교수의 그 열화 같은 열정이 실현될 수 있도록 미력하나마 역할을 제대로 수행할 수 있도록 노력해야겠다.

『하늘다람쥐』, 2호, 2013년 2월

2. 생명다양성의 윤리학

지난 2014년 4월 3일은 저명한 동물학자이며 본 생명다양성재단의 명예 이사장이기도 한 제인 구달(Jane Goodal) 박사가 80회 생일을 맞이하는 날이었다. 잘 알려진 바와 같이 그는 자연이 극심하게 파괴되는 실상을 깨달은 후 다양한 방법으로 환경을 보호하고 세상에 희망을 주는 일에 진력해 왔다. 구달 박사가 이번에 생일 선물로 받고 싶은 것은 자신이 보호하고 있는 병든 침팬지들을 안전한 곳으로 풀어주는 데 드는 비용이었다. 이에 부응하여 전 세계 제인 구달 연구소와 관련단체는 8만 불의 모금을 위해 박차를 가하고 있다. 그 일환으로 마련한 동영상에서의 '운다'는 하나의 성공 사례를 설득력 있게 보여 준다.

'운다'는 구달 박사가 마련한 녹색의 낙원에서 새 삶을 얻은 15번째 침팬지의 이름으로서 탄자니아어로 "거의 죽어간다."는 뜻을 가지고 있다고 한다. 운다가 발견될 당시의 모습은 거의 죽어가는 상태여서 제대로 이름이 붙여졌다는 인상을 받았다. 그리고 우리말의 '울다'를 연상시킬 정도로 그 몰골이 비참하여 그것이 우리에게도 걸맞는 이름이라는 느낌도 받았다. 그런데 운다가 다시 건강한 모습으로 구달 박사 일행과 헤어질 때는 다른 의미로 울컥하는 느낌을 자아내게 하였다. 운반용 우리로부터 걸어 나와서 몸이 자유롭게 되었을 때에도 차마 헤어지지 못하고 구달 박사와 포옹하며 뺨을 부비는 장면은 눈물 없이 지켜보기 어려운 것이었다. 그는 비참과 울분의 눈물이 환희와 감격의 눈물로 전환되도록 화학변화를 일으킨 인물이었다. 그것이 그가 80평생에 이룩한 업적이었다. 바로 그 업적을 지금 우리는 진정으로 축하하려는 것이다.

제인 구달 박사가 이룬 업적은 아무나 할 수 있지만 누구나 해낼 수 있는 것은 아니다. 그것은 아무나 그가 될 수는 없지만 누구든지 그의 이념과 업적에 동참할 수는 있다는 뜻이기도 하다. 사실 우리가 조금씩이나마 "구달의 정신"을 공유할 때 그 결과는 그의 업적을 훨씬 능가할 수 있다. 그리고 이러한 정신은 물론 어느 특정한 지역에 사는 침팬지를 통해서만 실현될 수 있는 것이 아니다. 생명다양성의 이념은 생물의 다양성뿐만 아니라 환경을 보호하고 지구라는 행성을 지키려는 과학기술시대의 보편적 이념이며 시대정신이기도 한 것이다.

요즈음 이른바 '중국 발 미세먼지 재앙'으로 온 나라가 떠들썩하다. 국립환경과학원은 연일 특히 수도권의 미세먼지 농도가 '나쁨' 수준까지 치솟을 것이라고 예보하고 있다. 노약자는 물론 일반인도 장시간 야외 활동을 삼가고 황사 마스크를 꼭 써야 하는 수준이라고 한다. 이러한 상황에서라면 사실 우리들 대부분은 심각한 위험을 무릅쓰고 하루하루를 살아가야 하는 셈이다. 진원지라고 알려진 북경 지역의 상태는 더 말할 나위도 없을 것이다. 더구나 정확한 원인이나 이유를 제대로 밝혀내지 못하고 이에 대처할 마땅한 방안도 마련되지 못하여 상황은 더욱 심각하다고 볼 수 있다. 과연 이것은 이른바 불가항력적인 '대재앙'의 전조인가, 혹은 인재에 속하는 일시적 현상일 뿐인가.

미세먼지가 인체에 미치는 영향에 대해서 전문가들은 우리가 예상하는 것보다 훨씬 더 심각하다는 사실을 전하고 있다. 특히 초미세먼지는 폐포에까지 깊숙하게 침투해서 각종 호흡기 질환을 일으킬 수 있다고 한다. 또한 면역기능을 악화시키고 특히 임산부와 태아에게 해롭다고 지적한다. 더구나 최신 연구에 따르면 이러한 먼지는 뇌와 마음에도 영향을 준다고 한다. 코를 통해 침투한 초미세먼지는 후각신경세포를 타고 두개골 안의 뇌로 전달된다는 것이다. 아직 자세하게 알려지지는 않았지만 이 먼지는 여기에 그치지 않고 계속 다양한 방식으로 문제의 원인이 될 수 있다고 한다. 가령 어린 아이의 인지발달이 느려지고 노인의 인지 능력을 떨어뜨릴 뿐만 아니라 기억력을 좌우하는 '해마' 신경세포에 직접적인 영향을 주며, 심지어 우울증 증세의 원인이 되기도 한다는 것이다. 결국 미세먼지는 우리의 심신을 동시에 망가지게 할 우려가 있는 셈이다.

무슨 재난이 일어날 때 우리는 흔히 외부에서 그 원인을 찾는 버릇이 있다. 이번 미세먼지의 경우에도 언론은 주로 '중국 발'이라는 표현을 부각시키곤 한다. 그러나 곰곰이 생각해 보면 그것은 중국만 탓할 일은 아니다. 과학기술문명이 풍미하는 세계화시대에 좋은 일이든 나쁜 일이든 너무 국가적 이해관계만을 따지는 것은 바람직하지 않다. 특히 환경문제는 그러한 성격을 가지고 있다. 미세먼지가 이동하는 데에는 비자를 발급받거나 여권을 필요로 하지 않는다. 그것이 바로 이러한 문제에 관해서 우리들 자신의 입장을 깊이 성찰해야 하는 이유이다.

환경운동 연합회의 정연홍 회원은 "아침저녁으로 농어촌 마을을 지날 때 쓰레기 태우는 매캐한 냄새로 기분이 상한 적이 한두 번이 아니었음"을 술회하며, 최근 한 일간신문에 그가 체험한 이 땅의 겨울 풍경을 이렇게 묘사한다. "종량제 봉투에 처리해야 할 쓰레기가 커다란 드럼통에서 아무런 오염 방지장치 없이 그냥 태워지는 경우가 대부분이었다. 고물상, 수퍼마켓, 영세공장, 주유소, 교회, 절, 학교 등 동네 전체가 불법 소각장 같은 마을도 있었다. 전국에서 매일 10만 군데 이상에서 불법 소각이 자행된다. 농어촌이라서 짚단이나 나뭇가지 등을 태우나 보다 하겠지만, 실제로 가보면 폐비닐과 합성수지제품이 더 많다." 그는 이어 이렇게 고발한다. "조립식 창고를 짓고 남은 엄청난 양의 스티로폼을 태우는 농부를 보기도 했다… 여기서 생긴 미세먼지 등 오염물질은 공기를 타고 한반도 전역으로 확산하고, 방치된 재는 빗물을 통해 강과 바다로 흘러간다."

사회학자들의 한 보고에 의하면 시민들 각자가 암암리에 저지른 사회악의 합계가 국가기관이나 사회단체 등 어떤 조직이 체계적으로 저지른 악의 총계를 훨씬 능가한다고 한다. '지구'라는 단 하나뿐인 이 아름다운 행성의 주인임을 자처하는 우리들 각자가 깊이 명심해 두어야 할 대목이다. 에드워드 윌슨(E. Wilson) 교수가 지적하는 바와 같이 복잡한 자연계는 그 자체의 힘으로 환경을 조절하고 있다. 그러나 그는 지금처럼 계속 자연을 파괴하게 되면 "우리는 우주선에 사는 것과 다름없게 될 것"이며 "인간은 우주선의 선장이 될 것"이라고 지적한다. 그는 『인류세의 종언(*The End of Anthropocene*)』에서 이렇게 말한다.

> 그렇게 되면 우리는 자연 생태계가 대기와 토양, 물의 대순환을 유지하는 상황을 즐기는 것이 아니라 우리 스스로 그 다양한 상태들을 통제하고 측정하며 관리해야 하는 상황이 되는 것이다. 그처럼 끔찍한 상황이 어디 있는가? 인류가 끊임없이 논쟁하고 계획하면서 이 행성의 안정을 유지해야 한다는 것을 상상해 보라. 벌써 기후변화 때문에 그렇게 하고 있지 않은가.

그는 또한 자연환경을 오염시키고 생물의 다양성을 파괴할 때 어떤 일이 일어날지에 대해서 전혀 예측할 수 없다고 지적하며 이렇게 비유한다. "만약 당신을 집도하는 외과의사가 당신의 신체에 대해서 10분에 1만 알면서 몸을 헤집는다고 생각해 보라. 따라서 우리는 신중할 필요가 있다. 그냥 내버려 두라."

로마의 스토아 철학자인 에픽테토스(Epictetos)는 그의 『교설』에서 이렇게 가르친다. "교육을 받지 못한 자는 남을 탓한다. 자기를 탓하기 시작하면 교육이 시작되었다는 뜻이다. 자기 자신도 남도 탓하지 않는 것은 교육이 완성되었다는 증거이다." 아마 그러한 경지에 들어가는 것은 불가능한 일일지도 모른다. 그러나 우리는 자기 자신이나 남을 탓하기보다 우선 우리가 할 수 있고 해야 되는 일이 무엇인지 알고 그것을 묵묵히 해낼 수는 있을 것이다. 생물다양성의 감소나 미세먼지를 포함한 환경 재앙이 과연 신의 저주인지, 자연의 분노인지, 혹은 오만한 인간의 파탄인지 아직은 알 수 없다. 그러나 우리에게 아직은 기회가 있다고 믿는다. 비록 우리가 모두 '제인 구달'이 될 수는 없다고 할지라도 그의 이념에 동참함으로써 각자 할 수 있는 것을 조금씩이나마 해내는 것이 그것이다. 당나귀의 허리를 부러뜨리는 것은 마지막 한 개의 그 지푸라기이기 때문이다.

3. 생명의 신비

지난 2016년 2월 18일 국립생태원을 찾은 것은 그곳에서 생명다양성재단 이사회를 개최하기 위해서였다. 그 계기를 마련하게 된 것은 이 생태원의 원장 직책을 맡고 있으면서 이 재단의 대표이기도 한 최재천 교수의 배려에 의한 것이었다. 사실 우리는 최 교수가 그 직책을 맡게 된 직후부터 그곳을 한 번쯤 방문할 것을 학수고대했던 것이 사실이다. 특히 이사장직을 맡고 있는 나로서는 생명의 소중함과 그 다양성을 직접 목격하고 내가 수행하고 있는 일에 대해서 구체적인 자긍심과 사명감 같은 것을 확인해 보고 싶은 간절한 소망이 있었다. 더구나 한평생 철학도로서 살아온 나는 가끔씩 내가 하는 일이 너무 추상적이고 관념적인 데 대해서 아쉬움을 느끼곤 했기 때문이었다.

일행이 아침에 용산역에서 모여서 기차시간을 기다릴 때부터 나는 소풍을 떠나는 어린 소년처럼 무척 마음이 설레었다. 이야기도 듣고 책자를 통해서 어느 정도 정보를 가지고 있었으나 이 생태원의 실제 모습은 어떨지 몹시 궁금했기 때문이다. 금강 하구의 작은 마을에서 점심식사를 마치고 마침내 차편으로 서천에 위치한 생태원에 도착하였다. 나는 우선 그 건물의 거대한 규모에 압도당하지 않을 수 없었다. 야산을 뒤로 하고 눈앞에 펼쳐진 광활한 대지를 온통 뒤덮고 있다는 느낌을 주었기 때문이다. 그러나 자세히 살펴 본 다음 다시 한 번 놀라지 않을 수 없었다. 그 절묘한 건축 양식 덕분인지 이 건물은 주위 환경에 잘 어울리는 작고 투명한 야산 중에 하나로 돌변해 있었던 것이다.

겨울은 지나가고 있는데 아직 이곳에 봄은 와 있지 않았다. 넓은 들판에 바람도 세차게 불고 있었다. 그러나 입구에 들어서자 특별 전시 중인 수많은 종류의 국화가 자태를 뽐내며 우리를 반갑게 맞이해 주었다. 평일임에도 불구하고 관람객들도 상당히 붐비는 편이었다. 평소와 다르게 최 원장도 무척 상기된 표정으로 친절하게 안내하며 자상하게 다양한 동물들과 식물들에 대해서 설명해 주었다. 그곳은 지구상에 존재하는 모든 생물들의 보금자리 같았다. 이름 모를 새들과 짐승들, 물고기들, 그리고 지역과 계절을 초월해서 존재하는 각양각색의 식물들이 통로가 비좁을 정도로 꽉 차 있었으나 결코 비좁아 보이지는 않았다. 아마 모든 것이 각기 제자리에 가지런히 위치해 있었기 때문이었을 것이다.

최재천 교수가 특별한 관심을 환기시킨 곳은 역시 특별 전시 중인 개미들의 행렬이었다.

인간은 1만 1500년 전 나일 강에서 티그리스 강과 유프라테스 강에 이르는 '비옥한 삼각지대'와 이란의 고란 지역에서 처음으로 농사를 짓기 시작했다고 한다. 최 교수에 의하면 중남미 열대에서 식물의 잎을 뜯어다 버섯을 길러먹는 이른바 '잎꾼개미'는 무려 5500만 년 동안 농사를 지어왔다는 것이다. 그렇다면 이 개미들이야말로 "농사에 관한 한 우리의 대선배"가 아닐 수 없다. 이 개미는 원래 '가위개미'로 불렸다. 이들이 아래턱뼈를 마치 가위처럼 벌리고 잎을 자르기 때문이다. 최 교수는 쉴 새 없이 이파리를 잘라 입에 물고 집으로 돌아오면 더 작은 개미들이 그것을 잘게 부순 다음 그것을 거름 삼아 버섯을 경작하는 모습을 지켜보며 '잎꾼개미'로 개명했다는 것이다. 이름을 무엇으로 지어주든 나는 개미들의 행태를 한동안 지켜보며 탄성을 발할 수밖에 없었다. 잎꾼들은 자기 몸의 몇 배나 되는 잎을 물고 무려 10m가 넘는 길을 묵묵히 앞만 보며 걸어가고 있었다.

개미들의 분주한 행렬을 지켜보며 나는 이상한 상념에 젖어 있었다. 이 개미들은 그 수많은 세월 동안 무엇을 위해서 그토록 절박하게 '농사'를 지어왔단 말인가. 도대체 그 궁극적인 이유가 무엇인가. 아마 생물학자들은 생존과 번식을 위해서 그렇게 한다고 설명할 것이다. 그러나 우리는 다시 물을 수 있다. 왜 이들에게 그토록 처절하게 생존과 번식이 필요한 것인가. 나는 국립생태원의 관람이 끝나고 회의실에서 이사회를 마친 다음에도, 그리고 어둠이 짙어갈 무렵 기차를 타고 용산역에 도착할 때까지도 같은 질문에 몰입해 있었다. 그런데 택시를 타고 거의 집에 도착할 무렵 마침내 잎꾼개미 한 마리로부터 가늘지만 분명한 목소리로 답변을 들을 수 있었다. "우리는 그냥 농사를 지을 뿐이라구요…" 그중에서도 특히 '뿐'이라는 말이 아직도 내 귓가를 맴돌고 있다. 그렇다. 더 이상 무슨 설명이 필요하단 말인가. 우리도 모두 그냥 살아갈 뿐이다. 그 개미들처럼…

4. 탄소의 문화철학

기원전 6세기 경 철학의 시조인 탈레스(Thales)는 만물의 근원(arche)이 물(H_2O)이라고 하였다. 다소 엉뚱하다는 생각이 들겠지만 철학적 관점에서 보면 의미가 없는 것도 아니었다. 그는 만물을 구성하는 어떤 물질이 있다고 믿었고 해외에 여행할 기회가 많았던 그는 망망대해를 바라보며 그러한 심증을 굳혔다. 또한 그는 주위의 사물에 의외로 물이 많이 포함되어 있다는 것을 확인했을 뿐만 아니라 물 자체를 관찰하여 그것이 기체나 고체로 변화하는 것에 주의를 기울였다. 그리고 그것을 어떠한 방식으로 작동시키면 공기나 바위가 될 수도 있으리라고 추론하였다. 그것이 그가 만물의 근원이 물이라고 주장하게 된 근거이다. 그가 다소 거친 관찰과 실험, 그리고 투박한 추론과 사변의 과정을 거쳐서, 더구나 탄소의 존재를 인식하지 못한 상황에서 그러한 결론에 도달한 것에 동의하기는 어렵지만 물의 소중함을 입증한 것만은 부인하기 어려울 것이다.

오늘날 우리가 존재론적으로 탄소를 만물의 근원이라고 주장하면 동의할 사람은 별로 없을 것이다. 그러나 현대 과학기술문명이 기본적으로 긍정적으로나 부정적으로 탄소에 의존해 있다는 사실을 부정하기는 어렵다. 우선 탄소는 모든 생명의 근원이라는 것이 알려졌다. 생명의 형성과 그 다양한 현상은 화학적 특성으로 무한한 다양성을 만들어 내는 탄소에서 비롯되었다고 한다. 그뿐만 아니라 생물이 번성할 수 있도록 해주는 태양 에너지도 탄소를 촉매로 하는 핵융합 반응에서 생성된다고 한다. 결국 탄소는 생명의 존재와 그 유지에 결정적인 요소로 작용하고 있는 것이다. 모든 생명의 형성과 그 현상은 탄소의 고유한 특성과 다양성에서 비롯되기 때문이다.

또한 탄소는 인류문명의 핵심적인 역할을 수행하기도 한다. 문명이 시작된 이래 그것은 식물과 동물이 가지고 있는 탄소 유기물의 합성 능력을 적극적으로 활용하려는 시도의 기록 외에 아무것도 아니라고 말할 수 있기 때문이다. 문명의 시대적 구분에 사용되는 청동이나 철과 같은 소재도 탄소로 구성된 식량, 섬유, 염료, 의약품, 종이 등이 확보되어야 의미가 있다고 할 수 있을 것이다. 이러한 품목들이 핵심적인 요소로 작동하게 된 산업 혁명 이후의 문명에서 그 중요성은 아무리 강조해도 부족함이 없을 것이다. 더구나 현대의 과학기술 문명을 꽃피게 해준 고분자는 물론 현재 개발되고 있는 첨단 나노 소재도 대부분 탄소의 화합물이라고 한다. 만약 이것이 사실이라면 특히 현대의 문명은 "탄소문명"라고 해도 지나친 표현은 아닐 것이다.

물론 탄소가 항상 인류문명에 긍정적인 영향만 미치는 것은 아니다. 문명의 이기(利器)는 우리가 쓰기에 따라 언제라도 금방 해기(害器)로 돌변할 수 있기 때문이다. 리처드 파인만(R. Feynman)의 표현을 빌리면 "과학은 천국의 열쇠가 되지만 그것으로 지옥의 문도 열 수 있기" 때문이다. 널리 알려져 있는 바와 같이 오늘날 우리는 기후 변화에 대처하고 식량 생산의 감소와 물 부족에 대비하며 환경 파괴 등 심각한 전 지구적 문제를 해결하기 위하여 화석 연료의 지나친 낭비를 억제해야 한다는 목소리가 높다. 에너지와 자원의 무분별한 낭비가 인류의 종말이란 재앙을 초래할 수도 있다는 것은 이제 명백한 사실이 되었기 때문이다. 이른바 "탄소의 배출을 줄이거나 아예 없애야 한다."라는 구호도 이러한 맥락에서 등장했다고 볼 수 있다.

그러나 탄소문명을 단시일에 수정하거나 거부하는 것은 가능한 일도 아니고 또 반드시 바람직한 일도 아니다. 무엇보다 탄소문명이 낳은 문제를 해결하기 위해서는 이 문제의 본질을 정확히 이해할 필요가 있다. 이 문제의 발단은 탄소 그 자체에 있는 것이 아님을 명확하게 이해할 필요가 있다는 것이다. 따라서 탄소가 현대문명을 위협하는 독소의 상징처럼 인식하는 태도로부터 우선 벗어나야 한다. 그것은 익사할 위험에 처했던 사람이 수소와 산소를 원망하는 것과 마찬가지로 우스꽝스럽고 어이없는 일이기 때문이다. 이 문제를 해결하기 위해 그 대안으로 무조건 태양광이나 풍력, 조력과 바이오, 원자력 등 신생 에너지의 개발에만 몰두해서도 안 된다. 어느 것으로 대체하든 그것을 활용하는 지혜를 터득하지 못하는 한 한계가 있고, 기술 만능주의에는 항상 또 다른 위험이 도사리고 있기 때문이다. 탄소문명에 걸맞는 "탄소문화"의 창출이 절박하게 요구되는 이유가 바로 여기에 있다.

'문명'과 '문화'를 엄격하게 구분하기는 어렵지만 분명히 같은 개념은 아니다. 양자는 모두 인간의 자기 보존과 번영 및 자유를 확장하기 위하여 만들어졌고, 그것을 유지하기 위해 인간은 노동의 고통을 감수하며 지식을 추구하고 법을 만들어내며 시민사회를 형성한다. 그러므로 '문화화된' 상황 또는 '문명화된' 상황이란 보통 물질적으로 풍족하고 학문과 예술, 법질서와 도덕체계를 갖춘다는 것을 뜻한다. 그러므로 양자가 모두 "시민"이 된다거나 그런 제도나 관행에 익숙하여 "세련"된다는 뜻을 담고 있다. 그러나 그러한 것을 갖추었다고 하더라도 그 사회가 반드시 높은 수준의 학문과 예술을 지녔으며, 준법정신이나 도덕력의 수준이 어떠한지는 별개의 문제이다. 문명과 문화의 차이는 주로 이러한 점들을 고려할 때 분명해진다.

오늘날 문명은 외면적이고 물질적이며 기술적인 측면을 부각시키는 반면, 문화는 내면적이고 정신적이며 제도적인 측면을 강조하는 경향이 있다. 인류는 불과 도구를 활용하여 자연을 가공한 이래로 다양한 방식으로 문명을 일으키고 문화를 창달해 왔다. 그것을 화학적으로 표현한다면 역사는 인류가 자연 원소를 발견하고 활용해온 과정의 기록이라고 말할 수도 있을 것이다. 그런데 산업혁명 이후로 인간은 산소나 수소에 못지않게 상대적으로 탄소에 많은 비중을 둔 문명을 일구어 온 셈이다. 이미 지적한 바와 같이 그것을 우리는 "탄소문명"이라고 부를 수 있으며 잘 알려져 있는 바와 같이 현대 과학기술문명의 중핵을 이루고 있다. 그럼에도 불구하고 아직 이에 걸맞는 "탄소문화"는 좀처럼 그 모습을 드러내지 않고 있는 것이다.

철학적 관점에서 볼 때 문화는 물질문명에 의미를 부여하고 그 가치를 인식하며 소중하게 간직할 뿐만 아니라 그것을 시간적으로나 공간적으로 확산함으로써 이에 상응하는 의식구조를 창출하는 정신활동을 뜻한다. 물질문명은 욕구를 충족시키는 동기에서 비롯되지만 정신문화는 그러한 문명의 혜택을 활용하는 방식에 관여한다. 그 활용의 방식에는 그러므로 "탄소문화"란 현대의 과학기술 문명에서 탄소가 차지하는 비중이 높다는 사실을 인식하고 그 가치를 음미할 뿐만 아니라 효율적으로 활용할 방안을 다각적인 측면에서 모색하는 자세를 함양한다는 뜻이다. 그것이 우리가 탄소문명의 차원에만 머물러 있을 수 없는 이유이다.

칸트(I. Kant)가 지적하듯이 이른바 인간의 '반사회적 사회성'이 문명과 문화의 원동력이 된 것을 부정하기는 어렵다. 우리는 끊임없이 사회를 파괴하고 자신을 고립시키며 위험에 빠뜨리기도 하지만 그 결과를 예측하고 오히려 공동체에 협력하는 경향이 있는데 정작 이러한 욕구가 문화의 진보에 원동력이 되었다는 것이다. 그는『세계시민적 관점에서 본 보편사의 이념』에서 타인과 끊임없는 경쟁과 투쟁, 자신의 명예욕과 지배욕, 소유욕 등을 만족시키고자 하는 욕망이 없었다면 "조야함으로부터 본래 인간의 사회적 기치에서 성립하는 문화에로의 최초의 진보"는 불가능했을 것이라고 지적한다(이한구 역, p. 27).

한편 칸트는 진보의 과정적 측면에서 문화는 본질적으로 "자연에서 자유로의 이행"임을 강조한다. 그에 의하면 문화의 본질은 자유에 있다. 이것은 그냥 주어진 것이 아니라 자연 상태에서 벗어나는 사건을 통해 인위적으로 획득된다. 따라서 인간의 자유는 문화적 행위를 통해서 표현되기 때문에 문화적 산물을 통해 자유를 검토하는 것이 가능하다. 그러한 의미에서 칸트는 문명적 차원의 시민사회를 형성하는 것에 만족하지 않는데 이 단계에서는 문화의 이상이 완전히 실현되었다고 볼 수 없기 때문이다. 그는 문화의 최종적 단계를 "도덕화"에 두고 있으며, 그것은 물질적 풍요가 아니라 정신적 고양에 의해서만 진입할 수 있는 단계인 것이다. 그의 '정언명법'에 규정되어 있듯이 우리들 스스로 자유롭게 선택한 "의지의 격률이 동시에 보편적 입법의 원리로서 타당하도록 행위하는 것"이 곧 도덕화이기 때문이다. 칸트는 당시의 상황을 "과도할 정도로 문명화"된 시대로 보지만 "도덕적으로 성숙해 있다고 보기에는 아직 많은 것이 부족한 실정"이라고 토로했던 것이다.

오늘날 탄소문명에 의해서 인간은 칸트의 시대인 18세기보다 훨씬 더 안락한 삶을 추구하며 다방면에서 물질적 자유를 향유한다고 볼 수 있다. 그러나 편리한 생활을 통해서 정신적 자유와 도덕력이 동시에 확보되는 것은 아니다. 탄소에 관하여 무지하고 그것을 오용하거나 남용하는 것은 진정한 의미로 탄소문화의 창출이 아니다. 더구나 문화인의 경우 자유는 도덕성의 실천에 의해서만 완성된다. 우리의 후손과 인류의 생존을 위해서 탄소의 의미를 깊이 음미하고 그 가치를 극대화하며 그것을 바람직한 방향으로 활용할 의무를 절감할 때 탄소문화는 비로소 그 성숙한 모습을 드러낼 것이다. 탄소를 기반으로 인간의 정체성을 새롭게 확인하고 인류 문명의 발전에 기여해 온 현대 과학이 그 성과와 가치를 제대로 인정받기 위해서라도 탄소문화의 창달이 필요하다. 신들로부터 인간에게 불을 훔쳐다 준 프로메테우스와 그들의 기밀을 누설함으로 영원히 형벌을 받게 된 탄탈로스의 고통스러운 영혼을 위로하기 위해서라도 말이다.

제5장

철학기행

1. 어느 철학자의 초상

벌써 오래전 일이다. 1987년 8월, 나는 영국의 남단 항구 도시 브라이튼에서 개최되었던 "세계 철학자 대회"에 참석했었다. 한국 철학회 섭외 이사로서의 임무도 있고 세계 철학계의 동향도 살필 겸 나에게는 무척 의미있는 기회였다. 그런데 정작 내가 염두에 두었던 것은 틈을 내어 "세기의 철학자"라 일컬어지는 비트겐슈타인(Ludwig Wittgenstein)의 사상을 음미하고 그의 발자취를 더듬어 보는 것이었다. 그는 내가 철학을 공부하는 동안 항상 동경의 대상이었으며 때로는 자극제의 역할을 했던 인물이었기 때문이다. 그가 어떤 사람이며 그의 사상이 어떤 것인지를 이해하거나 설명하는 것은 결코 쉬운 일이 아니다. 그의 스승이었던 버트런드 러셀도 자기 사상의 핵심을 오해하였으며, 심지어 자신의 제자들까지도 그것을 제대로 이해하지 못한다고 불평하곤 했었다.

비트겐슈타인은 자신에 대해서 매우 엄격했지만 다른 사람들과도 원만한 관계를 유지하며 살았던 사람은 아니었다. 그의 철학은 난해한 것으로 정평이 나 있으며 또 누구나 동의하는 것도 아니었지만, 한 가지 분명한 것은 그가 천재였으며 이 시대의 중요한 철학사조 중에 하나인 분석철학의 중심인물이었다는 점이다. 일반인에게는 다소 낯설지 모르나 비트겐슈타인 만큼 현대철학에서 다양한 분야에 영향을 끼친 경우는 별로 없을 것이다. 1999년 새로운 세기를 앞두고 미국의 시사주간지 《타임》은 20세기에 가장 영향력 있는 인물 100명을 선정했는데, 그중에 철학자로서는 유일하게 그가 포함되어 있었다. 철학자들을 대상으로 한 어떤 여론조사에서는 그의 위치가 역사적으로도 플라톤이나 칸트 등 가장 탁월한 철학자들의 반열에 들어가는 인물로 나타나기도 했으니 그의 천재성이나 탁월성을 의심할 필요는 없을 것이다.

비트겐슈타인은 오스트리아의 비엔나에서 태어난 유태계 영국 철학자이다. 부친은 부유한 철강 산업가였고 모친은 탁월한 음악적 감각을 지닌 독실한 가톨릭 신자였다. 청년 시절 모친의 영향으로 문화와 예술의 도시인 비엔나에서도 그의 저택은 그 중심지의 역할을 할 정도였다. 브람스나 말러와 같은 작곡가는 물론 바이올린니스트 요제프 요하임이나 첼리스트 파블로 카잘스, 피아니스트 겸 지휘자 브르노 발터 등은 그곳에 정기적으로 초대되어 실내악을 연주하곤 하였다. 구스타프 클림트의 명화 목록에 비트겐슈타인의 누이인 마가레트가 모델로 등장한 이유도 역시 그러한 인연 때문이다. 바로 위의 형은 비교적 성공한 피아니스트로 활동했으며 제 1차 세계대전에 참전하여 오른손을 잃었는데 모리스 라벨은 그를 위해 왼손을 위한 피아노 협주곡을 작곡하기도 하였다. 릴케나 트라클 같은 시인들도 그의 저택에 자주 드나들던 손님들이었다.

비트겐슈타인 자신도 음악과 조각, 건축, 시 등에 재능이 있었으나 공학에 더 큰 관심을 보였다. 영국의 맨체스터 대학교에서 잠시 공학에 열중했지만 관심은 곧 수학으로 옮겨졌고 얼마 후에는 수학의 기초에 호기심을 보이기 시작하였다. 그것이 그가 당시 최고의 철학자이고 논리학자이며 수학자이기도 한 버드런드 러셀을 찾아간 이유였다. 비트겐슈타인은 얼마 후 그의 과목을 수강하였는데, 러셀은 그의 회고록에서, "처음에 그는 나의 학생이었고 중간에는 나의 동료였으며 학기가 끝날 즈음에는 나의 스승이 되었다."고 술회한 바 있다. 그 후 그는 케임브리지 대학의 철학과 주임교수로 재직하면서 새로운 학파를 형성하고 한 시대를 풍미하게 된 것이다.

나는 세계 철학자 대회가 끝나던 날 저녁 어둠이 짙어서야 케임브리지 대학교 철학과 교수인 마가렛 앤스콤(M. Anscombe)을 집으로 찾아가서 면담할 수 있었다. 그녀는 아늑하고 고풍스러운 응접실에 나를 안내했는데 벽을 장식한 비트겐슈타인의 초상화와 사진들이 우선 눈에 들어왔다. 앤스콤은 그가 가장 총애한 제자 중에 한 사람이었으며 공식적인 지적 상속자이기도 했다는 사실을 실감할 수 있었다. 우리는 잠시 세계 철학자 대회의 의미와 평상적인 주변의 이야기를 나누었지만, 곧 비트게슈타인에 관한 화제로 바꾸었다. 그녀는 1951년 비트겐슈타인이 사망하기 직전 암과 투병하는 그를 돌보고 그의 철학을 연구하며 저술들을 번역하기 위해 그 주변을 지켰던 인물이었다.

비트겐슈타인의 삶은 그리 평탄한 것이 아니었다. 그는 롱펠로우의 시에 나오는 "옛날 옛적의 그 목수들"처럼 살기를 원했다. 그 목수들은 집을 지를 때 아주 작은 데는 물론 심지어 전혀 안 보이는 데까지 지극한 정성을 다했는데 "사방에 신들이 있기 때문"이었다는 것이다. 이것은 그가 기성 종교에 충실한 신앙인이었다는 것을 의미하지는 않는다. 그가 보기에 대학 강단이나 정부청사, 혹은 법정이나 잡화상에 신이 없는 것처럼 교회나 수도원에도 신은 존재하지 않았다. 어느 종교 단체에 몸을 담기에 그는 지나치게 종교적이었는지도 모른다. 그는 그 목수들처럼 성실하게 살기 위하여 절대적 확실성을 찾아 논리철학의 대가인 러셀을 찾아갔지만 그에게서 만족할 수 없었고, 완벽하다고 확신했던 자기 자신의 사상까지 부정했으며 마침내 강단을 떠나 산촌의 한적한 마을에서 초등학교 교사로 6년간이나 칩거하기도 하였다. 그는 교수로 머물러 있기를 거부했던 것과 마찬가지로 가톨릭의 수도사가 되기를 포기했고 익명의 자선사업가와는 분명히 다른 이유로 부친으로부터 물려받은 막대한 유산을 가족과 문화계에 희사하였다. 그는 단순히 가난과 고통과 고독을 견디어 내고자 한 수도사가 아니라 그것을 적극적으로 추구한 구도자이기도 하였다. 그렇게 함으로써 비트게슈타인은 참다운 삶의 의미뿐만 아니라 죽음의 의미도 함께 제대로 음미할 수 있다고 생각했던 것이다.

비트겐슈타인은 그의 삶 전반을 통하여 죽음을 많이 의식했던 철학자임에 틀림없다. 누구나 자신이 살아가는 시대의 고난을 공유할 수밖에 없고 가족이나 친지 등 가까운 사람들의 죽음을 외면할 수는 없겠지만 이 철학자만큼 격동의 시대에 살면서 가족의 비정상적인 죽음을 그토록 많이 체험한 사람도 드물 것이다. 그는 1차 대전 당시 20대 초반의 나이에 자원입대하여 최전방의 전투에 참여하였으며 포로수용소에 갇혀 있기도 했었다. 또한 그는 2차 대전이 발발하자 런던의 한 병원에서 자원봉사자로 근무하였고 후에 뉴캐슬에서 어떤 의학 연구팀의 실험보조원으로 일하기도 하였다.

그러나 그가 정작 죽음을 실감할 수 있었던 것은 자신의 형제들이 잇달아 석연치 않은 이유로 죽어 갔기 때문이었을 것이다. 그가 13세 때 맏형 한스는 미국 체사피크 만에서 실종되었는데 후에 자살한 것으로 추정되었으며, 불과 2년 후에 셋째 형 루돌프도 베를린의 한 술집에서 청산염을 마시고 자살했다. 24세 되던 해에는 아버지가 암으로 사망하였는데 그해 그는 영국으로 돌아가지 않고 노르웨이의 오지에서 몇 년간 살기로 결정한다. 그것은 삶과 죽음의 경계를 살아가는 매우 척박한 삶이었다. 1차 대전 중 그가 전투에 참가했던 기간 중에 둘째 형마저 군대 막사에서 총으로 자살한다. 그가 58세가 되던 1947년 가을부터는 케임브리지에서 교수직을 포기하고 아일랜드의 한적한 어촌인 골웨이에서 지내다가 다시 돌아왔지만 전립선 암이란 진단을 받았고 1951년 '멋진 삶을 살았다고 사람들에게 전해 달라'는 말을 의사에게 남기고 숨을 거둔다.

여기서 특히 비트겐슈타인의 죽음관을 엿볼 수 있는 몇 가지 사례들을 살펴 볼 필요가 있다. 우선 그는 전쟁에 남다른 관심을 보였는데 그것은 애국심이 강하거나 특정한 이데올로기에 집착해서라기보다는 오히려 헤밍웨이나 생텍쥐페리처럼 위험을 무릅쓰고 죽음을 체험하기 위해서 사선에 다가간 것으로 판단된다. 사실 1차 대전 때 그는 탈장으로 군복무가 면제되었음에도 불구하고 자원입대했을 뿐만 아니라 최전방으로 전출되기를 원했고 결국 포로가 되어 이탈리아의 몬테 카지노 수용소에 갇히게 된 것도 그러한 이유에서 나온 결과였다. 그는 죽음에 직면해 봄으로써 삶이 고양될 수 있으며 동시에 삶의 의미가 더욱 구체화될 수 있으리라고 믿었다. 비트겐슈타인은 그 당시에 일기를 썼는데, 몽크(R. Monk)는『비트겐슈타인: 천재의 의무』라는 전기에서 그는 완전한 삶을 살아내기 위하여, 혹은 완벽한 인간이 되기 위하여 죽음 앞에 서 있었다는 것이다. 비트겐슈타인은 "죽음에 가깝다는 것이 삶에 빛을 던져줄 것"이라고 믿으며 이렇게 썼다. "그리고, 어쩌면 심지어 삶도, 죽음에 가까이 다가가면 생명의 빛이 나에게 올지도 모른다. 신이 나를 깨닫게 하기를 빈다. 나는 한 마리의 벌레다. 그러나 신을 통하여 나는 인간이 된다. 신이 나와 함께 있기를 빈다." 그는 또한 임종 직전에 이러한 메모를 남겼다. "신은 아마 이렇게 말할 것 같다. '나는 네가 한 말로 너를 심판한다. 네 자신의 행위가 다른 사람들을 통해 비춰졌을 때 너는 혐오감으로 몸서리쳤다.'"

몽크가 지적한 대로 그에게 정작 필요한 것은 양심에 입각한 윤리적 진정성과 종교적 진지성이었는데, 그것은 사회적 관행에 따르는 신이 아니라 "나의 내면에 거주하는" 신에 의해서만 확인될 수 있는 종류의 것이었다. 이른바 제도권의 '신'이 용서하더라도 나 자신이 나를 용서할 수 없는 경우가 있다는 점에서 그렇다는 것이다. 그럼에도 불구하고 그는 종교가 삶과 죽음의 의미에 어떤 역할을 하고 있는지 잘 알고 있었다. 그는 신 혹은 어쩌면 그렇게 승화된 진정한 "자아"를 향하여 기도하고 있었다.

비트겐슈타인은 안락한 삶을 경계한 것으로도 널리 알려져 있다. 그는 수도승이 무색할 정도로 매우 검소한 삶을 살았으며 삶을 안락하고 즐겁게 하는 모든 장치를 제거하려고 애썼다. 이러한 장치들은 죽음과 거리를 두는 그만큼 그가 추구하는 참다운 의미의 삶과도 멀어지게 하는 것이기 때문이었다. 보통 사람들은 자기가 원하는 것을 추구하며 편안하고 안락하게 세상을 살아가고 싶어 한다. 또 그렇게 살아가려고 노력한다. 지식인들은 그것이 삶의 전부가 아니라고 주장하지만 대부분 그러한 유혹을 이겨내지 못하고 결국 "좋은 시간"을 갖기 위해 노력한다. 그러나 그에게는 그러한 시간을 갖기 위해 "여기 있는 것"이 아니었다.

비트겐슈타인은 삶의 의미를 체험하고 실감하기 위하여 일관되고 치열하게, 윤리적이고 예술적이며 종교적으로 살려고 애썼다. 그러한 삶을 살아가는 사람에게 삶과 죽음의 구분은 항상 뚜렷한 것이 아니며, 마침내 삶의 의미는 곧 죽음의 의미가 되는 것이다. 그러므로 그에게 "멋진 삶"은 "멋진 죽음"을 의미하는 것이기도 했던 것이다. 그의 발자취를 따라 유럽 여러 나라를 여행한 후로도 벌써 30여 년의 세월이 흘렀다. 삶과 죽음의 의미를 음미할 때마다 지금도 앤스콤의 거실에 걸려 있던 깡마르고 초췌한 비트겐슈타인의 초상이 떠오른다. 그 초상은 저세상의 것도 아니었던 것처럼 이 세상의 것도 아니었던 것으로 기억된다.

2. 그 강한 빛과 그늘의 땅 -스페인 철학기행-

1

스페인은 우연한 기회에 들르거나 일부러 찾아가기에는 너무

먼 나라임에 틀림없다. 더구나 주로 학회의 모임에 참석차 다른 나라에 갔다가 관광을 즐기기도 했던 나에게 스페인은 더욱 먼 나라로만 느껴졌다. 그곳에서는 철학회 모임이 드물었고 단순히 관광길에 나서기에는 여의치 않은 일이 많이 있었기 때문이다. 그러나 스페인은 매혹적인 나라임에 틀림없다. 그곳 풍광이나 유적, 풍속이나 문화뿐만 아니라 사상사적으로도 매우 중요한 국가임을 부정하기 어렵다. 서양 사상의 원류가 교차하였고 다양한 종교적 교류가 이곳에서 활발하게 이루어지고 있었기 때문이다. 주로 서양철학에 천착해온 나는 서구 유럽의 사상에는 익숙한 편이지만 특히 그 배경이 되는 유대교와 이슬람교와의 관계나 그 중요성에 관해서는 비교적 생소한 것이 사실이다. 서양사상을 포괄적이고도 체계적으로 파악하기 위해서라도, 그리고 그것이 현대사상에 미친 영향을 제대로 이해하기 위해서라도 스페인의 여러 지역을 여행하면서 확인할 필요가 있었다. 특히 아랍 문명권을 통해서 아리스토텔레스가 유럽의 사상계에 소개된다든지 스페인의 이른바 '재정복'을 통해서 가톨릭교가 이슬람교를 제거하고 이곳에서 확고하게 자리 잡는 역사적 사실을 실감하기 위해서는 그 현장들을 직접 답사할 필요가 있는 것이다.

나는 2011년 5월 초 대한항공 편으로 인천 국제공항을 출발하여 이튿날 마드리드 공항에 도착함으로써 10박 11일 간의 스페인 여행을 시작하였다. 초행길이고 단체 여행 중이라 원하는 시간에 가보고 싶은 장소를 찾아다니며 마음껏 여행을 즐길 수는 없었다. 그러나 공식적인 시간표에 맞추어 일정을 소화하면서도 나 자신의 관심에 따라 어느 정도 비중을 두며 "관광(觀光)"을 즐길 수가 있었다. 그것은 단순히 "경치를 구경하기(sightseeing)"가 아니라 원래 "그 고장의 빛을 살펴본다(觀國之光)"는, 다시 말해서 그 고장 사람들이 빚어낸 '문화의 의미'를 음미한다는 뜻을 담고 있지 않은가. 스페인이 특히 나의 관심을 끄는 것은 이슬람교, 가톨릭, 유태교 등 다양한 종교들이 접목되어 독특한 문화를 연출하고 있을 뿐만 아니라 우리나라의 경우와 같이 그 풍광의 수려함과 대조적으로 역사적으로는 유난히 기폭이 심한 경험을 안고 있는 국가이기 때문이다.

II

스페인은 남부 유럽의 이베리아 반도에 자리하고 있으며, 이 반도 면적의 대부분을 차지한다. 북쪽으로는 프랑스, 서쪽으로는 포르투갈과 접해 있고 남쪽으로는 지브롤터 해협을 사이에 두고 아프리카의 모로코를 마주하고 있다. 한편 동서남북으로는 피레네 산맥, 칸타브리아 산맥, 안달루시아 산맥 등이 종횡으로 뻗어 있다. 특히 피레네 산맥은 유럽 남서부에서 가장 큰 산맥으로 프랑스와 스페인 양국의 국경에 걸쳐 있으며 평균 해발 고도가 2,000미터를 넘어서 지정학적으로 스페인을 서유럽과 격리시키는 역할을 해왔다고 할 수 있다. 주로 이 산맥이 이베리아 반도와 그 밖의 유럽 지역에 천연적 경계선을 이루고 있는 것이다. 이러한 점을 지적하여 나폴레옹은 "피레네 산맥 남쪽은 아프리카"라고 말한 적이 있다고 한다. 그것은 이베리아 반도를 아프리카나 다름없는 야만적 지방이라고 비하하는 의미가 있지만 한편으로 여기에는 자연 조건이나 생활방식이 유럽과 크게 다르다는 의미도 포함되어 있다.

스페인은 자연 경관도 빼어나게 아름답지만 동서남북으로 매력적인 도시들이 광범위하게 펴져 있다는 것이 특징이다. 아름다운 예술의 도시 바르셀로나와 수도인 마드리드, 이슬람교도의 마지막 거점이었던 그라나다, 그리고 이원적인 역사와 문화가 공존하는 코르도바 등에는 꼭 살펴봐야 하는 명소들이 즐비하다. 이와 같이 유서 깊은 도시들이 고르게 분포되어 있는 배경에는 역시 지정학적 이유가 있는데 지브롤터 해협도 피레네 산맥 못지않게 중요한 역할을 한다. 이 해협은 대서양과 지중해를 이어 주는 유일한 해상 통로이며 수심이 깊은 천연 항구이다. 이 항구에는 심해 부두와 대형 선착장이 마련되어 있어서 선박들은 이곳에서 물 혹은 기름을 공급받는다고 한다. 그리스 신화에는 모험을 떠나던 헤라클레스가 거대한 바위 때문에 지중해의 길목이 막혀 있자 그 바위들을 양쪽으로 내던졌다고 한다. 그것을 '헤라클레스의 기둥'이라고 불렀는데, 그것이 바로 오늘날 이 해협이 되었다는 전설이 전해진다.

서기 711년, 이 지브롤터 해협을 건너 이베리아 반도를 침공한 아랍인들은 1492년 그라나다 왕국이 항복할 때까지 무려 700여 년이나 스페인에 머물렀다. 이 기간 동안 기독교를 믿는 이베리아 인들과 이슬람교를 믿는 아랍인들이 서로 격리되어 민족적으로나 문화적으로 서로 융화되지 못하였지만 아랍의 문화는 스페인 곳곳에 스며들어 피레네 산맥을 경계로 한 북쪽의 유럽과는 판이한 문화가 창조되었던 것이다. 가령 아랍어의 관사 알(al)이 스페인어의 관사 엘(el)로 변화하여 많은 고유명사나 지명에 쓰이며, 건축에서도 양자가 결합하여 유럽인들에게 이국적인 이른바 '무데하르' 양식을 창출해 낸 것이다. 이러한 특징에 맑은 기후와 빛나는 태양, 아름답고 넓게 펼쳐진 해변 등 자연 조건까지 더하여 관광객이나 휴양객이 매년 6,000만 명에 이른다고 한다. 스페인을 포함하여 일반적으로 남유럽의 경제를 이끄는 요소가 주로 관광 수입이라는 말이 실감난다. 눈부신 햇살과 쾌적한 날씨, 드넓고 아름다운 해변과 호수 등 다채로운 풍경과 인정이 넘치는 사람들, 그리고 세계적인 명승고적은 수많은 관광객들을 사로잡기에 충분한 것이다.

스페인에 명승고적이 많고 그 문화가 특별히 매력적인 데는 또 하나의 이유가 있다. 그들의 역사가 유난히 굴곡이 심했다는 점이다. 그것은 격동의 역사이지만 영광의 역사이며 또 비극의 역사이기도 하다. 밖으로는 오랫동안 외세의 침략에 시달렸지만 서구의 어느 열강 못지않게 방대한 식민지를 거느렸으며, 안으로는 자주 전쟁과 독재에 시달리기도 했던 것이다. 그것은 역사의 태동기에 이미 그 씨앗이 배태되어 있었다고 볼 수 있다. 이 땅의 원주민은 이베리아인과 기원전 2,000년경에 이주해 왔다고 전해지는 바스크족이지만 후에 침공해 온 켈트족과 피가 섞여 있다고 한다. 기원전 131년에는 로마에 정복되어 400년간 지배당하고 이어 서고트족이 내려와 왕국을 건설한다. 그러나 이미 언급한 바와 같이 아랍인들이 이베리아 반도를 점령하고 오랫동안 이슬람 문화가 뿌리를 내리게 된 것이다. 기독교도들은 925년부터 드디어 국토 회복을 위한 이른바 '대장정' 혹은 '재정복(Reconguista)'에 나선다.

재정복의 주인공이며 마침내 스페인을 통일한 이사벨라 여왕이 자식을 남기지 못하고 세상을 떠나자 계승 순위에 의해 독일 황제 카를 5세가 즉위하게 되어 합스부르크 왕가의 지배를 받게 된다. 그리고 그의 아들 펠리페 2세에 이르러 무진장 쏟아져 들어오는 황금을 바탕으로 유럽 최대의 강국으로 등장하였고 이른바 '황금의 세기(Cielo d'oro)'를 누린다. 그러나 새롭게 부상하는 해양강국 영국과 네델란드 연합군에 의해 무적함대라는 '아르미다'가 궤멸되어 제해권을 빼앗기면서 이 나라의 전성기는 끝나고 서서히 쇠락의 길로 접어들게 된 것이다. 이후 프랑스가 개입한 이른바 '스페인 왕위 계승 전쟁'이 터지고 이를 계기로 스페인의 국력은 국제무대에서도 후퇴를 거듭하여 19세기 말에는 쿠바와 필리핀을 포함하여 모든 식민지를 상실하고 말았다.

20세기에는 스페인에 새로운 이념이 밀려들어 왔는데 특히 사회주의와 공산주의의 준동이 매우 심각하였다. 이 와중에서 군대와 성직자, 대지주가 모든 부와 권력을 독점하고 국민은 가난과 핍박에 신음하게 되었다. 마침내 보수 우익의 지원을 받은 프랑코 장군이 반란을 일으킴으로써 스페인 역사에서 가장 피비린내 나는 내전이 터졌다. 36년간의 철권통치가 그의 사망으로 종식되고 후안 카를로 1세가 즉위하여 오늘에 이르러 정상을 되찾은 것은 널리 알려진 사실이다.

여하튼 1492년이란 해는 스페인에게 대단히 중요한 의미가 있다. 1469년 카스티야 왕국의 이사벨라 공주와 아라곤 왕국의 페르디난도 왕자의 결혼으로 에스파냐 왕국의 기틀을 마련한 후에 이들의 연합 기독교 군대는 본격적으로 아랍 세력의 축출에 나서 드디어 그라나다 왕국을 멸망시킴으로써 통일을 이룩한 해이므로 이 나라가 진정한 의미로 다시 태어난 해라고 말할 수 있기 때문이다. 이 역사적인 대사건이 일어난 500주년을 기념하고 스페인의 새로운 도약을 도모하는 뜻에서 바르셀로나는 올림픽을, 세비야는 엑스포를 경쟁적으로 개최하기도 하였다. 그러나 이러한 국제행사를 개최한 것은 단순히 국위를 선양하거나 경제력을 신장하려는 의도만 있는 것은 아니다. 이 나라에서는 여러 지역이 오랫동안 독립국으로 존재해 왔었고 독자적인 문화와 전통을 지니고 살아왔기 때문에 그만큼 각 지역 사이의 유대감도 약해진 것이 사실이다. 따라서 스페인에서 민족주의란 다른 나라에서와 달리 통합적인 성격을 띠는 것이 아니라 카탈로니아, 발렌시아, 안달루시아, 카스티야 등 지방색을 띤 독특한 '민족주의'가 더 강한 성격을 나타내기도 한다. 복잡하고 다단한 이 나라의 역사는 오늘날에도 여전히 갈등과 수난의 요소로 작동하고 있는 것이다.

III

나는 스페인 관광을 마드리드에 거점을 두고 시작하였다. 이 도시는 스페인의 수도이자 정치, 경제, 문화의 중심지이다. 또한 유럽 예술의 한 축을 이루어 해마다 수많은 관광객이 찾아온다. 마드리드는 산책하기에 좋은 도시이기도 하다. 9개의 도로가 시작되는 푸에리타 델 솔(Puerita del Sol)에서 서쪽으로 이어지는 시벨레스(Cibeles) 광장, 마요르(Mayor) 광장에서 왕궁에 이르는 길은 예술과 문화, 건축의 보물 창고 같은 곳이다. 그중에서도 위엄 있는 스페인 왕궁, 프라도(Prado) 미술관, 16세기 합스부르크 왕조가 지은 마요르 광장과 산 이시드로 성당이 특히 유명하다. 왕궁 근처에 우뚝 서 있는 돈키호테 일행의 동상도 인상적이다. 마요르 광장 한복판에는 펠리페 3세의 기마상이 위풍당당하게 자리하고 있다. 옛날에는 이곳 발코니에서 화려한 왕가 의식, 투우 등 각종 축제와 종교재판은 물론 화형의 장면까지 볼 수 있었다고 한다. 지금은 주로 시민들과 관광객들의 휴식 장소가 되어 있었다.

마드리드를 수도로 하고 있는 오늘날 스페인의 역사적 상황을 이해하려면 역시 이사벨라 여왕과 콜럼버스의 존재, 그리고 그들의 관계를 살펴볼 필요가 있다. 이사벨라는 작고 혼란스러운 카스티야 왕국에서 이복 오빠인 엔리케 4세와 정치적 타협으로 내전을 끝내고 왕위 계승권을 확보했다. 엔리케에게는 후사가 없었고 이사벨라가 왕국의 계승자였기 때문에 여섯 살 무렵부터 청혼자들이 줄을 섰다. 그는 아라곤 왕국의 왕위계승자인 페르난도 왕자에게 청혼함으로써 스스로 정략결혼을 선택했다. 이사벨라는 집권 초기부터 심각한 내우외환을 극복해야 했다. 왕권은 약화되고 이미 강력한 왕국으로 성장해 있던 포르투갈의 침공을 받았다. 그러나 이사벨라는 포르투갈과 싸워 승리한 뒤 귀족들을 굴복시켜 조세 징수권, 화폐 발행권, 지방관리 임명권 등을 되찾아 왕권을 강화해 나갔다. 그는 의회를 무시하고 무력시위도 불사했지만 국민들과 직접 접촉해 그들의 무조건적 지지를 받는 방식을 택했기 때문에 기득권의 저항에 직면하기도 하였다. 대략 10년에 걸쳐 왕권을 강화하며 자신감을 얻은 그는 이베리아 반도에서 이슬람을 완전히 몰아내는 '레콘키스타' 작업까지 감행한 것이다. 카스티야와 아라곤 왕국의 통합은 이사벨라의 다음 세대에 이루어졌지만 이때부터 그들은 스스로 '에스파냐 사람'이라고 부르기 시작했다. 이것은 고대 로마시대의 지명인 '이스파니아(hispania)'에서 유래된 명칭이었다. 사실상 스페인은 그렇게 시작했고 이사벨라 여왕이 없는 이 나라는 상상할 수 없는 것이었다.

'레콘키스타'와 함께 이사벨라의 대표적인 업적으로 거론되는 것이 크리스토퍼 콜럼버스에게 배 세 척을 내주어 신대륙을 개척한 것이다. 이 항해를 계기로 스페인은 급격히 부유해졌고, 그의 말년에 이미 초강대국으로 성장했다. 이사벨라의 통치 기간에는 부정적인 유산도 남겼다. 이베리아 반도를 재정복한 후 무슬림과 유대인들을 가혹하게 탄압하고 추방했으며, 그의 통치 기간에 이른바 '종교재판(Inquisition)'이 시작됐다. 이는 유별나게 독실한 그의 가톨릭 신앙에서 비롯된 것이지만 그 자신보다는 주변 사람들이 문제였다. 그의 신임을 받기 위해 주변인들이 경쟁적으로 이교도에 대한 탄압에 앞장 선 것이다.

사실 이사벨라 자신은 종교적 탄압과는 거리가 멀었다. 그 예가 콜럼버스와의 일화다. 초대 서인도제도 총독으로 임명된 콜럼버스는 폭력적인 방법으로 원주민들을 모두 가톨릭으로 개종시키려고 했다. 이 보고를 받은 이사벨라는 즉각 콜럼버스를 체포해 송환한 다음 감옥에 집어넣었다. "인디오들도 모두 나의 백성이며 그들에게도 우리와 똑같은 정의와 공정성이 행해지기를 바랍니다." 그것은 여성으로서 모성애다운 처사였다. 이사벨라는 죽을 때까지 콜럼버스를 용서하지 않았다. 그는 여왕의 사후에야 비로소 페르난도에 의해 석방됐다. '크리스토퍼 콜럼버스'라는 이름에는 원래 '예수의 전도사'라는 뜻이 담겨 있지만 그의 탐험에는 애초부터 그러한 사명과는 어울리지 않는 일이 많았던 것이다.

한 가지 흥미 있는 것은 콜럼버스의 신대륙 발견 이후로 유럽인들의 비기독교적인 타민족에 대한 인식도 많이 달라졌다는 점이다. 특히 그들의 야만인 개념이 달라졌다는 점이 주목할 만하다. 고대 그리스 이래로 '야만인'이란 사고방식이 다르고 무엇보다 언어가 통하지 않는 '바바리아(barbaros)인'이었으며 어느 정도 상상력에 의해 조작되고 희화된 인종들이었다. 그러나 이제 콜럼버스의 모험 이후 야만인은 주로 신대륙에 사는 원주민을 의미하였으며 특히 카리브인을 의미하고, 더구나 그들은 "사람들을 먹는" 식인종으로 인식되기도 하였다. 또한 그들은 유럽인들이 '발견'한 지역의 원주민들을 의미하였으며, 바로 그렇기 때문에 그들은 문명인의 교화를 받거나 정복과 절멸의 대상이 된다. 여기서 문명인이란 유럽인들의 사고방식과 생활태도를 갖춘 인간들을 의미하며, 좀 더 구체적으로는 그들의 과학기술과 기독교적 세계관을 지닌 사람들을 의미하는 것이었다.

그러한 의미로 이사벨라가 주도한 콜럼버스의 항해는 기독교적 세계선교명령과 식민주의, 그리고 제국주의적 세계화의 의지가 가장 많이 표출되고 구체적으로 결합된 것이기도 하다. 그 근거로 가령 콜럼버스의 둘째 아들의 말을 들 수 있다. 그는 이렇게 말한다.

> 하나님의 지존하심은 인디오들을 우리 손에 넘겨주었을 뿐 아니라 그들에게 생필품의 부족과 질병까지도 보내주어 그들의 숫자가 전에 비해 3분의 1로 줄어들게 하셨다. 이것을 통해 분명해진 것은 오직 하나님의 손과 그의 고귀한 뜻을 통해서 그와 같이 놀라운 승리와 원주민들의 굴복을 가능하게 해주신 것이다.

문명비평가인 커크페트릭 세일(K. Sail)은 또한 『낙원의 정복』에서 이렇게 말한다.

> 콜럼버스 이래 굴복 당한 다른 대륙의 사람들에게는 서구의 언어와 의복뿐만 아니라 가치관과 관습들이 강요된다. 콜럼버스 이래 유럽의 것이 문화라면 다른 대륙의 것은 민속이고, 유럽의 것이 종교라면 다른 대륙의 것은 미신이고, 유럽의 것들이 언어라면 다른 대륙의 것은 방언이며, 유럽의 것이 예술이라면 다른 대륙의 것은 민속품이 되었다.

그는 또한 "세계화는 민중들에게 축복이 아니라 저주로 나타나고 있으며, 콜럼버스는 세계화를 통해 '하나님이 승리하실 것'이라고 했지만, 결국 맘몬(돈신)이 승리"했다고 지적한다.

문명과 야만이 이분법적으로 구분되면 문명인의 과업이 분명해지고 야만인은 문명인이 극복하고 배척하며 정복해야 할 대상이 된다. 문명인은 선한 집단이고 야만인은 악한 집단이라는 편협한 고정관념이 지배하기 때문이다. 이러한 인식은 스페인이라는 나라의 흥

망성쇠를 이해하는 데 분명히 도움을 준다고 생각된다. 그것을 나는 우선 안달루시아 지방의 세비아에서 확인할 수 있었다.

마드리드에서 남서쪽으로 540km 떨어진 곳에 위치한 세비야는 안달루시아 지방 내 세비아 주의 주도로 스페인에서 네 번째로 큰 도시이다. 도시를 남북으로 가로지르는 과달키브르 강의 연안에 자리 잡은 이곳에는 스페인과 아메리카 대륙 간의 무역 거래가 활발해서 매우 중요한 기지 역할을 했으며, 스페인의 상징이라고 할 수 있는 투우와 플라멩코의 본고장이 되기도 했다. 또한 알함브라 궁전은 세비아를 대표하는 남아 있는 이슬람 유적 중 가장 잘 알려진 것 중에 하나다. 이러한 무역활동의 중심에도 역시 콜럼버스가 있었다.

신대륙을 발견한 콜럼버스는 막대한 재물을 세비야로 가져왔지만 생산력과 생산의 중요성을 사람들에게서 빼앗아가는 결과를 낳았다. 많은 물자를 해외에서 수입했고 그 대가를 비싸게 치러야 했다. 이것은 곧 인플레이션을 낳았고 후에 스페인이 몰락하는 중요 원인으로 작용하였다. 노동의 중요성을 인식하지 못한 결과였다. 돈은 있으나 그것을 활용할 곳이 충분하지 않았고 시간이 남아도니 사람들은 다른 '거리'를 찾기 시작했다. 이러한 현상은 〈카르멘〉, 〈세비야의 이발사〉, 〈돈 후안〉 등의 오페라와 플라멩코 류의 예술을 싹트게 하는 계기를 마련하기도 하였다. 열정적이고 낙천적인 안달루시아 사람들의 기질과 콜럼버스가 가져온 풍요가 황금세기 예술의 밑걸음이 된 것이다. 그 영향은 종교의 분야에도 예외가 아니었다. 엄청난 규모의 성당들이 건립되고 이제 교회는 신앙의 전당으로서뿐만 아니라 세속적인 부와 권세의 상징으로 군림하게 된 것이다.

그 대표적인 전형적인 예가 엄청난 규모의 세비야 대성당이다.

세비야 대성당의 크기는 폭 116미터에 길이 76미터로, 세계에서 세 번째로 큰 규모다. 이 성당을 지은 후 사람들은 '미친 자들의 작품'이라고 했다는데 그것은 단순히 그 규모만을 일컫는 말이 아니라 성당 내부의 화려한 장식과 시설들을 빗대어 한 말이기도 하다. 그것은 주로 식민지의 원주민들을 잔인하게 살해하고 혹사하여 획득한 황금으로 이루어졌기 때문이다. 특히 대성당의 종루인 히랄다 탑은 그 위용이 대단하다. 정사각형으로 지어진 탑의 내부는 계단이 아닌 급경사의 형태로 되어 있는데, 이러한 구조는 왕이 말을 탄 채 전망대까지 오를 수 있게 한 것이라고 한다. 이 탑의 정상에는 '신앙의 승리'를 상징하는 청동 여신상이 있다. 바람이 불면 이 조각상이 빙글빙글 돌기 때문에 풍향을 가리키는 닭이란 뜻으로 '히랄다'라는 이름이 붙었다고 한다. 세속적 권력과 종교적 영광이 만났을 때 어떤 종류와 수준의 문화가 창출될 수 있는지 이 건물은 잘 보여 주고 있었다.

세비야는 잘 알려진 바와 같이 플라멩코(Flamenco)의 도시이기도 하다. 이 가무의 중심지인 구시가의 하얀 골목엔 흰 벽의 집들이 즐비하고, 숱하게 많은 창문과 골목 사이로 언뜻언뜻 보이는 파란 하늘이 이채롭다. 인적도 별로 없는 한적한 거리의 골목에 플라멩코 공연극장이 있다. 이 예술 형식은 서민들의 서러움과 삶의 고뇌가 여과되지 않고 터져 나오는 가장 스페인적인 정서의 집약이라고 할 수 있다. 그것은 원래 상류사회에서는 철저하게 천시 당하던 하층민의 전유물에 지나지 않았으며, 그것도 최하층에 속했던 안달루시아 지방의 히타노(집시)들의 춤과 노래였는데, 세월이 지나면서 일반 하층민의 그것과 접목되어 오늘에 이르렀다고 한다. 여기에는 집시들의 화려한 춤과 인도의 카탁(kathak) 춤, 아라비안 춤과 함께 스페인 특유의 열정이 어우러져 있다. 기타와 캐스터네츠의 격렬한 리듬에 맞추어 손뼉을 치고 발을 구르고 제자리에서 빠르게 돌다가 갑자기 뚝 멈추는 동작이 특히 이색적이다.

안달루시아 지방의 민속춤으로 발전한 플라멩코는 현란한 의상, 박진감 있는 맺고 끊는, 빠르고 힘찬 바닥 구르기, 유연하고 에로틱한 손동작과 몸동작, 오만한 시선… 이 모든 것이 어우러져 전 세계적으로 가장 매력 있는 춤의 하나로 알려져 있다. 그러나 이 민속춤은 전래되어 오는 민족적 정서를 표출하기보다는 춤추는 여인 자신의 감정이나 내면의 세계를 특징적으로 드러낸다는 점이 다르다. 일정한 형식을 취하지만 순간적인 감흥에 따라 즉흥적인 안무가 이루어진다. 상반신을 곧추세우고 손과 손목의 동작으로 자신의 감정을 분출한다. 또 하나 흥미로운 것은 남녀가 어우러져서 조화를 이루면서도 서로 신체를 접촉하지 않는다는 점이다. 열정적인 몸동작과 절묘한 조화 속에서도 남녀 사이에 마치 보이지 않는 벽이 존재하듯 독자적인 개체로 자신의 번뇌와 생에 대한 집착을 그려낸다. 나는 미리 입장권을 예약하여 잠시 이 독특한 형식의 가무를 음미하였으나 거기에 충분히 몰입하기는 어려웠다. 유난히 기복이 심한 스페인 근대사의 여러 장면들이 눈앞에 어른거렸기 때문이었다.

스페인은 한때 무적함대를 거느리고 16세기 유럽의 최강자로 군림하며 브라질을 제외한 남아메리카 대륙을 모두 장악한 나라였다. 그러나 이러한 국가의 성공과 재부가 국민들에게 골고루 분배된 것은 아니었다. 가톨릭교회와 몇몇 토후들의 전횡으로 민중들은 근대까지 농노나 다름이 없었고 1930년의 내란으로 엄청난 인명과 재산 피해를 냈으며, 더구나 프랑코가 통치하던 36년간은 숨 한 번 제대로 쉬지 못하고 살아온 셈이었다. 특히 하층 민중의 삶은 더할 나위 없이 비참했다. 그들은 가슴속에 응어리진 슬픔과 분노를 울부짖는 듯이 노래와 격렬한 춤으로 분출해 왔던 것이다. 그것은 안달루시아 지방 히타노들의 정서와 하층 민중들의 애환이 융합되어 창조된 '삶의 몸부림'과도 같은 것이었다. 그 속에 학대받고 착취당한 서민들의 분노와 고통이 피처럼 진하게 녹아 있지만 높은 경지의 예술로 승화되지 못한 이유도 여기서 찾아 볼 수 있을 것이다. 플라멩코 곡 중에 널리 알려진 〈어느 죄수의 노래〉 가사는 다음과 같다.

> 캄캄하기만 한 지하 감옥에서
> 내게 날라져 온 음식
> 내가 더욱 많이 삼켜야 했던 건
> 음식이 아닌 눈물이었네.

플라멩코 노래는 암울한 세상에 대해 저항하고 투쟁하기보다는 체념하고 절망하면서 눈물은 되삼켜 버리는 것이 대부분이다. 그러나 절규하듯, 피를 토하듯 뿜어내는 고성과 미친 듯 두들겨대는 손뼉 소리는 마치 화산처럼 그들의 가슴속에 앙금으로 남아 있는 세월의 고뇌와 분노의 용암을 쏟아내는 것 같다. 플라멩코에서 예외가 있기는 하지만 남성은 주로 노래를 부르고 여성은 춤을 추도록 되어 있다. 노래는 비교적 전통을 따르지만 춤은 오늘날 외부의 영향을 많이 받고 지역의 민속춤과도 융화되어 크게 변화를 겪고 있다고 한다. 이러한 변화를 통해서 나는 스페인의 민족적 정서도 한 차원 높은 경지로 승화되기를 염원해 보았다.

그러나 플라멩코가 스페인 음악의 전부는 물론 아니다. 오히려 이 나라의 감성을 가장 피부로 느낄 수 있는 음악이라면 달빛이 고즈넉한 알람브라 궁전에서 듣는 타레가의 〈알람브라의 추억〉, 로드리고의 기타협주곡인 〈아란훼즈 협주곡〉 2악장이 제격일 것이다. 특히 아랍인들 최후의 보루였던 그라나다의 이 궁전, 이 천년의 고성에서 듣는다면 잔잔한 그 기타 곡은 신비스럽기까지 할 것임에 틀림없다. 나는 땅거미가 짙어질 무렵 그 유서 깊은 알람브라 궁전을 찾았다.

IV

안달루시아 지역의 그라나다 주는 잘 알려진 바와 같이 기독교와 이슬람교가 서로 합류하는 지역이다. 이곳은 여러 차례 통치자가 바뀌었기 때문인지 각기 다른 종교와 민족문화의 흔적이 선명하게 남아 있다. 8세기 그라나다에 있던 이슬람 사원은 가톨릭교회로 바뀌었지만 말발굽 아치문, 색색의 벽돌, 조각, 코란 구절 등 무어인이 지녔던 고유한 건축 양식의 특징을 선명하게 보여 준다. 무어인들은 몇백 년 전 스페인의 일부 지역에 자신의 왕국을 건설했다. 그러나 13세기 중엽, 그라나다는 마지막으로 남은 무어인의 왕국이었다. 나스르 왕조의 왕 25명은 여기서 250년이 넘게 나라를 다스렸다. 알람브라(Alhambra) 궁전은 나스르 왕조의 군사와 행정의 중심이자 왕실의 근거지였다.

알람브라 궁전은 그라나다의 구릉 위에 위치하며 2,000미터 길이의 붉은 흙벽으로 둘러싸여 있어서 '붉은 성'이라고도 불린다. 궁전에는 5개의 견고한 성문이 있으며, 양쪽에는 높은 탑이 솟아 있다. 외부에서 보면 이 성은 아랍의 고유 양식과 전혀 무관한 네모나고 투박한 군사적 요새에 불과하다. 사실 이 궁전에는 방어를 위한 23개의 탑이 있다. 그러나 안으로 들어가면 지상에서 가장 아름다운 궁전 중에 하나이며, 더구나 하늘의 축복을 예시하려고 설계된 화려한 궁전이다. 궁전 안의 아름답고 우아한 장식을 보면 마치 천당에 와 있는 기분을 느낄 수 있다. 이 건축물의 안과 밖이 너무도 다르기 때문에 우리는 그 모습에 당황하지 않을 수 없다. 벌집 구조의 독특한 아치는 감동 그 자체이며 세밀하게 조각된 기둥이 아치를 받치고 있다. 조각된 코란의 구절은 별과 천체의 지식을 말해 준다고 한다. 외국 사절을 맞거나 연회를 베풀던 '대사의 방'은 천장의 정교한 상감 세공과 벽면의 타일로 화려함의 극치를 이룬다. 이곳의 아라베스크 문양을 보고 있자면 절로 감탄이 나올 정도이다.

궁전은 빛과 물의 조화에 가장 역점을 두고 만들어졌다고 한다. 각 정원 사이에는 수로가 있어서 설산에서 연결되어 내려온 물이 궁전 이곳저곳을 흘러 다니며 아름다운 분수를 만들기도 한다. 더운

여름날에도 이 물을 감상하며 더위를 식힐 수 있다. 아라야네스 정원의 장방형 연못은 정원의 대부분을 차지하고 있다. 길이 42.8미터, 넓이 22.6미터의 이 연못은 대리석으로 만들어졌는데 양 옆의 울타리와 우아한 주랑, 정교한 아치문과 절묘하게 조화를 이룬다. 고요하고 신비감이 가득한 이 정원은 산들바람이 불어오면 잔잔하게 물결이 흔들려서 그 아름다움이 절정에 달한다.

알람브라에는 부분적으로나마 서구 유럽의 흔적이 남아 있어서 이색적인 분위기를 자아낸다. 1492년 나스르 왕조가 마지막으로 그라나다를 떠났고, 16세기 합스부르크 왕조의 황제 카를 5세가 알람브라 궁전 안에 자신의 궁전을 지었던 것이다. 이 궁전은 미켈란젤로의 제자인 페드로 데 마추카가 설계했는데 궁전 전체에 르네상스 양식이 나타난다. 아랍 문화의 숨결이 진하게 풍기는 알람브라 궁전에서 이 건축물은 역사와 문화의 상징적 의미를 지닐 수밖에 없다. 더구나 산타 마리아 성당이 이곳의 이슬람 사원의 유적 위로 높이 솟았을 때 알람브라 궁전에 깃든 무어인의 화려하고 아름다운 문화는 서서히 과거의 추억 속으로 사라져 갔던 것이다.

알람브라 궁전에는 또한 전성기를 지나 모험을 피하고 안전을 도모하려는 제국의 무기력한 흔적이 묻어 있다. 흔히 다른 종교에서도 그렇듯이 이슬람이라는 명상의 종교도 그 당시에는 관능과 자기만족을 추구하고 있었다. 그곳에는 물의 음악이 울리고 그 굽이굽이에는 비록 피타고라스의 영향을 받아 규칙적이고 정교한 음계에 바탕을 두고 있으나 아랍의 거의 모든 멜로디가 흐르고 있었다. 이슬람교의 군주인 술탄(Sultan)은 가마를 타고 여러 궁전 사이를 둥둥

떠다니고 있는 것 같은 느낌을 가졌다는 것이다. 알람브라는 코란에 그려진 낙원에 가장 가까웠다고 볼 수도 있다. 사실 설계자들은 그러한 낙원을 이곳에 재현하고자 시도했는지도 모른다.

알람브라는 유럽에 있는 아랍 문명의 마지막이자 가장 아름답고 관능적인 기념물이기도 하다. 이사벨라가 이미 콜럼버스의 모험을 후원하고 있던 1492년에 무어 족 최후의 왕이 이곳을 다스렸다. 그곳에는 궁과 방들이 벌집처럼 퍼져 있는데, 살라 데 카마스(Sala de las Camas)는 이 궁전 안에서도 가장 은밀한 장소이다. 여기에 후궁에서 나온 여인들이 목욕을 하고 나체로 비스듬하게 누어 있었다. 술탄은 위에서 지켜보다가 사과 하나를 내려 보내서 그날 밤을 함께 보낼 여인을 선택했다는 것이다.

서양 문화권에서라면 이 방에는 놀라울 만한 여체의 그림들과 성애의 회화들로 가득 차 있을 것이다. 그러나 여기서는 그렇지 않다. 인체는 물론 동물들의 묘사도 이슬람교도에게는 금기였다. 심지어 해부학 연구마저 철저하게 금지되었고 이것이 후에 이슬람권의 과학적 탐구에 커다란 장애가 되었을 수도 있다. 이 궁전에도 채색은 되어 있으나 지극히 단순한 기하학적 도안만이 눈에 띄일 뿐이었다. 그런 의미로 아랍 문명권에서는 예술가와 수학자는 하나가 되었으며, 그러나 그러한 풍토에서 레오나르도 다빈치는 배출될 수가 없었다. 이러한 문양들은 공간 자체의 미묘한 성격과 대칭성을 아랍적 시각에서 다룬 것으로서 이 건축물을 통해서 최고로 승화된 모습을 보여 준다. 그것은 피타고라스가 처음으로 그 성격을 규정했으며 이른바 '유클리드 평면'이라고 부르는 이차원적 공간을 말한다.

사실 형태의 무늬를 생각하고 적어도 2차원적 공간의 대칭 가능성을 철저하게 검증했다는 사실이 아랍 수학의 위대한 업적이라고 할 수 있을 것이다. 그것도 1000년 전에 궁극적 완성의 단계에 도달했으니 경탄할 수밖에 없다. 왕과 나체의 여인들, 환관들, 그리고 눈먼 음악가들은 존재에 대한 탐구를 통해 놀라운 형식의 문양을 완벽하게 만들어 냈으나 애석하게도 그 외의 어떤 변화도 추구하지 않았다. 브로노우스키(Jacob Bronowski)는 『인간 등정의 발자취(*The Ascent of Man*)』에서 "인간의 생각에 새로운 것이 없었으므로 수학에도 새것이 없었으며, 인간의 등정은 다른 원동력으로 전진하게 되었다."고 지적한다. 그는 이어 이렇게 말한다.

> 기독교는 마을의 소박한 형상들, 말하자면 황소, 당나귀, 하나님의 어린 양 등으로 표현된 땅, 그곳의 종교다. 이슬람 신앙권에서라면 짐승의 형상들은 생각할 수조차 없을 것이다. 그리고 동물의 형상이 허용되는 것에 그치지 않고 하나님의 아들은 아기이고, 그 아기의 어머니는 여인이며 개인적인 신앙의 대상이기도 하다. 성모 마리아를 메고 가는 행렬이 지나갈 때, 우리는 또 다른 시각의 세계에서 있게 된다. 그것은 추상적인 문양들이 아니라 풍부하고 억누를 수 없는 생명의 세계다. 우리는 이러한 세계를 바르셀로나에서 만날 수 있다.

브로노우스키에 의하면, "여기서는 아랍인들의 관점에서 보면 매우 세속화되고 우상화의 작업으로 가득 찬, 그러나 인간미가 넘쳐흐르고 활기에 찬 또 다른 종교문화를 볼 수 있기 때문이다." 이 위대한 종교적 전통에 대해서 서로 우열을 가리고 평가하기 이전에 기독교는 분명히 색다른 종교문화임에 틀림없다. 나는 그러한 문화를 확인하기 전에 사상사적으로 유태인들이 양자 사이의 가교 역할을 수행했던 그 유서 깊은 고도 코르도바를 향해 떠났다. 무어 제국은 영토의 크기로 인해 종교와 예술뿐만 아니라 지식과 사상의 장터가 되기도 하였다. 학자들 중에는 동방의 이단적인 네스토리우스(Nestorius)파 기독교 신도들이 있는가 하면 서방의 이교도인 유태인들도 있었다. 비록 세력권 내의 주민들을 이슬람교로 개종시키려고 했으나 그들의 지식을 얕보지 않았다는 점은 종교사상으로서의 이슬람교가 지닌 훌륭한 특성일 것이다. 나는 중세 시대 이슬람 세계의 중심으로 번영했을 뿐만 아니라 유태인 지식인들에 의해 아랍과 유럽의 문화가 사상적으로 교류하는 거점이 되기도 했던 코르도바에 관심을 기울였다. 5월 12일 아침 일찍 알람브라를 버스로 출발하여 그곳에 도착한 것은 3시간 가까이 달린 후였다. 창밖에는 전형적인 스페인 남부의 풍광이 아름답게 펼쳐져서 조금도 피로를 느끼지 못하였다. 과연 소문대로 화창한 햇볕이 강렬하게 드넓은 들판에 쏟아져서 푸른 하늘과 끝없이 널려 있는 올리브 나무들과 묘한 조화를 이루었다. 철학도인 나에게 이 도시는 특별한 의미를 지닌다.

2000년이 넘는 역사를 간직하고 있는 코르도바는 특히 로마인과 무어인들의 영향을 많이 받은 도시이다. 이 도시는 수세기에 걸쳐 흘러들어 온 다양한 문화로 인해 문화적으로 풍요로울 뿐 아니라 도시 곳곳에 그 흔적들이 남아 있다. 꾸불꾸불하고 좁은 거리에서는 완벽하게 조화를 이루는 다양한 문화로 인해 풍요로워진 도시의 놀라운 유적들을 발견할 수 있었다. 이 거리를 정처 없이 돌아다니다 보면 다양하고 놀랍지만 이상하게 조용해서 나 자신이 이 고도에 홀로 숨겨져 있다는 느낌을 갖게 된다. 특히 코르도바 광장을 구경하다보면 어느새 몇 세기 전으로 돌아가 이곳에 머물러 있는 자신을 발견하게 되는 것이다. 전통적인 코르도바 정신이 스며나는 거리는 관광객들의 눈길을 사로잡고 다양한 분수에서 뿜어져 나오는 물줄기는 도시를 채우고 있는 초목의 향기나 색상과 절묘한 조화를 이루고 있다.

유대사상이 코르도바에서 어떻게 정착하고 입지를 다지게 되었는지 이해하려면 먼저 그 특성을 살펴볼 필요가 있다. 이 사상에서는 항상 '복고적이고 보수적인 힘'과 '유토피아적이고 혁신적인 힘'이 싸우고 있다. 전 세계에 흩어져 있는 유대인들이 한 민족으로서의 동포의식을 유지하기 위해서는 그들의 원점인 신의 계율 '토라'로 반복해 회귀해야겠지만, 다른 한편 이방인이라는 가혹한 상황에 처한 유대인들을 지탱하는 열렬한 종말론과 메시아사상은 '랍비 유대교'로 대표되는 유대교의 사회제도화와 유대 신학의 보수화에 저항하며, 종교적인 혁신운동이나 열광적인 메시아운동을 반복해서 생산하기도 하는 것이다.

유대사상이 다른 문화와 처음으로 접촉한 것은 이집트 프톨레마이오스 왕조가 그리스철학을 만날 때였다. 알렉산더 대왕의 원정에 수행하면서 여러 이질적인 문화를 접촉하기도 했던 퓌론(기원전 365경~270경)은 플라톤과 스토아학파로부터 배워 헤브라이즘과 헬레니즘을 최초로 종합했다. 그는 초월적이자 불가지적인 신은 로고스를 매개로 스스로를 계시한다고 생각하고, 『모세 오경』을 이 로고스의 계시로 간주하여 성서의 은유적이고 신비주의적인 해석에 힘썼다. 그의 로고스(Logos)론은 후에 기독교 교부들에게도 영향을 끼쳤다.

사상의 전파에는 언제나 새로운 추진력이 필요한 법이다. 600년경에 등장한 이슬람교는 유대사상의 전파에도 새롭고 강력한 추진력이 되어 주었다. 처음에는 그 세력이 매우 미미했고 장래가 불확실했다. 그러나 630년에 마호메트가 일단 메카를 정복하자 그 세력은 곧 남쪽 세계를 휩쓸었다. 그 후 100년 동안에 이슬람교는 알렉산드리아를 점령했고 바그다드에 환상적인 학문의 도시를 건설했으며, 그 변경은 페르시아의 이스파한을 넘어 동쪽으로 퍼져 나갔다. 730년에 이르러 이슬람 제국은 스페인과 남프랑스로부터 중국과 인도의 국경으로까지 확대되었다. 유럽이 암흑시대에 빠져 있을 동안 또 하나의 웅장한 힘과 품위를 갖춘 제국이 탄생했다. 이슬람 문화는 개종을 원했지만 강요하지는 않는 편이었고 다양한 문화를 포용하려고 노력했다. 특히 이 문화권에서는 그리스와 동방의 지식을 소중히 여겼으며 그것은 자연스럽게 흡수되고 다양화되었다. 그러나 마호메트는 이슬람교가 기독교와는 달리 '기적의 종교' 혹은 세속적인 종교가 되어서는 안 된다는 점을 분명히 했다. 이 종교는 지적인 관점에서 볼 때 명상과 분석을 중요시 하였으며, 특히 지도자들은 신성을 비인격화하고 형식화하였다. 그들에게 신비는 기독교와 달리 피와 포도주, 살과 빵이 아니라 비현세적인 황홀경이었다.

> 알라(Allah)는 하늘과 땅의 빛이다. 그의 빛은 빛 위에 다시 빛을 비추며, 별 안에 들어 있는 등불을 모시고 있는 벽감(niche)에 비길 수 있다. 알라의 이름을 추념하기 위해 알라가 축복한 신전에서 사람들이 조석으로 그를 찬양하며, 장사도 이득도 알라의 추모와 결합하여 위도, 일출과 일몰, 기도 시간과 메카 순례자들의 방향을 지시하는 정교한 계산 방식을 제공해 주었다.

이와 같이 그들의 다소 추상적이고 포괄적인 자세가 이민족이나 이교도들에게 포용력을 발휘하고 거부감을 별로 주지 않은 이유가 되었을 것이다.

중세를 통하여 이슬람교도는 기독교도 보다 문명을 더욱 발전시켰을 뿐만 아니라 유대인의 관점에서 보았을 때 인간다움의 면에서도 훨씬 더 훌륭했다고 평가된다. 기독교인들은 특히 십자군 운동의 시기에 박해가 심했는데 대부분 끔찍한 학살로 이어졌다. 이와 대조적으로 이슬람교 국가에서 그들은 대부분 푸대접을 받지 않았을 뿐 아니라 특히 무어인이 지배하던 시기에 학문의 발전에 지대하게 공헌하기도 하였다. 유식한 유대인들은 히브리어, 그리스어, 아랍어를 구사할 뿐만 아니라 아리스토텔레스의 철학에도 익숙하였으므로 당시의 스콜라 철학자들을 일깨워 주기도 하였다. 코르도바에서 출생한 마이모니데스는 이 시기에 등장한 유대인 중에 가장 탁월한 철학자였다.

중세에 유대인들은 지중해 주변 지역이나 유럽으로 이주하여 7

세기에 중동세계를 정복한 이슬람교도들과 접촉했다. 이후 유대인은 이슬람 세력이 15세기에 스페인에서 철수할 때까지 이슬람 문화권에서 비교적 평화롭게 살았다. 이 시기에 랍비 유대교의 과제는 이슬람 신학에 대항하여 유대 신학을 확립하는 것이었다. 이것을 최초로 착수한 이는 9세기 이라크의 랍비 학원장 사디아이다. 그는 이슬람의 사변 신학인 '카람'에 의거해 유태교의 철학적 기초를 세웠다. 이윽고 유대교 사상은 이슬람을 매개로 신플톤주의와 아리스토텔레스의 사상을 흡수하여 두 가지 대립되는 경향을 낳게 된다.

신플라톤주의에는 신비주의적 경향이 강하게 나타난다. 신은 모든 것을 초월한 '일자(一者, Unum)'이자 모든 것이 흘러나오는 원시적인 힘이라고 하여, 신비적 직관에 의한 신과의 합일을 강조한다. 이러한 사상은 10세기의 이사크 이스라에리로 시작해 『생명의 샘』의 저자인 솔로몬 아벤치브롤(이븐 가비롤), 바흐야 이븐 파쿠다, 아브라함 바르 히야, 이븐 에즈라로 이어지는데, 12세기가 되면 아리스토텔레스주의에 점차 압도된다. 아리스토텔레스주의에는 철학적 계몽주의와 주지주의적 경향이 강하다. 아브라함 이븐 다우드, 레위 벤 게르숌 등이 있지만 중심 인물은 역시 마이모니데스(Moses Maimonides, Mosche ben Maimun)이다. 그는 1135년 코르도바에서 출생하여 1204년에 카이로에서 사망한 것으로 알려져 있다. 그는 철학자이자 법률가이며 과학자였고 특히 그의 철학적 저술들은 중세 철학자들에게 영향을 끼쳤을 뿐만 아니라 후에 스피노자 사상의 근간이 되기도 하였다. 내가 새삼스럽게 코르도바를 찾은 이유 중에 하나는 그의 사상과 그것이 서양철학사에 미친 영향을 음미하기 위한 것이었다. 그의 동상은 관광객들의 관심을 별로 끌지 못한 채로 광장의 한 모퉁이에 작지만 단아하고 단정한 모습으로 세워져 있었다.

마이모니데스는 무엇보다 철학적 지성과 종교적 계시가 양립할 뿐 아니라 서로 보완 관계를 이룰 수 있다는 견해를 가지고 있었다. 그는 예언자를 제외하고는 어느 누구도 아리스토텔레스와 같이 높은 진리의 단계에 이른 사람이 없었다고 믿었다. 그는『혼란에 빠진 자들을 위한 안내서』(1190)에서 철학은 계시의 내용에 도달하는 유리한 수단이며, 철학적 지식이야말로 신앙의 대상을 직접적으로 파악할 수 있게 해준다고 주장했다. 이 책은 신앙을 잃어버린 철학자들을 위해 저술된 것이다. 아리스토텔레스는 달 아래 세계에 관한 권위자였고, 계시는 천상의 세계에 관한 권위였다. 그러나 철학과 계시는 신을 인식할 경우 화해하게 된다는 것이 그의 입장이다.

신앙과 합리적 인식의 관계에 대해서 마이모니데스는 결과적으로 일치한다고 보았으며 만약 성경 속의 문구가 합리적 해석과 일치하지 않으면 이성의 우위를 인정해야 한다고 믿었다. 진리의 추구는 종교인의 의무이며 점성술은 거부된다. 모세 5경을 언제나 문자 그대로 받아들일 필요는 없다. 문자적 의미와 이성이 갈등을 빚을 경우, 우리는 비유적 해석을 추구해야 한다. 그는 신이 형상뿐만 아니라 무로부터 질료를 창조했다고 주장함으로써 아리스토텔레스를 비판적으로 수용했다. 그는 어떤 점은 오히려 플라톤의『티마이오스』를 좋아하면서 신의 본질은 술어로 표현된 완전한 속성들을 모두 초월하기 때문에 인식할 수 없다는 것이다. 유대인들은 그의 사상을 이단으로 간주했고 교회 당국에 그에게 반대하는 입장을 취하라고 호소했다. 그러나 그는 아퀴나스를 중심으로 한 스콜라철학의 기초를 마련했고 아리스토텔레스의 철학을 신학사상에 비판적으로 수용함으로써 비판철학의 단초를 마련하기도 했던 것이다. 나는 마이모니데스의 좌상 앞에서 한동안 머물며 서양철학사에서 그가 차지하는 비중이 얼마나 막대한 것인가를 새삼스럽게 인식하지 않으면 안 되었다. 그러나 스페인의 현실을 상징하는 도시는 사상적으로나 문화적으로 코르도바가 아니라 바르셀로나였다. 나는 그것을 실감하기 위하여 그 도시를 향해 떠났다.

V

스페인 사람들은 일생에 세 번 성당에 나간다고들 말한다. 태어나 세례를 받기 위해서 한 번, 나이 들어 결혼할 때 한 번, 그리고 죽은 후 장례를 치르기 위해서 한 번이다. 스페인의 가톨릭 전통은 어느 나라 못지않게 오래 되었으며 수치가 말해 주듯이 거의 국민 전체가 가톨릭 신자라고 볼 수 있다. 그러나 자신이 독실한 신자라고 자처할 사람은 별로 없다고 한다. 여기에는 프랑코 시대를 거치면서 정치적으로 강압 당했던 역작용도 있을 것이다. 그 당시에는 신자로 등록할 것을 강요당했지만 그가 죽은 후 사람들은 성당을 찾지 않게 되었으며, 이제는 성당이 재정적으로 빈약해져서 낡은 건물을 보수하기도 버거운 상태가 되었다는 것이다.

그러나 가톨릭이 스페인 사람들의 삶에 깊이 뿌리를 내리고 있는 것은 사실이다. 일상 대화에 '디오스(하나님)'나 '산타 마리아

(성모 마리아)', '산토(성자)' 등이 자주 쓰이며 신을 대하는 자세도 초월적인 존재인 '주님'이라기보다는 아주 친밀한 관계를 표현하는 '투(너)'로 대한다. 하나님에게 일상생활의 사소한 일까지 일러바치고 부탁하는 태도에서 비롯되었을 것이다. 그들이 기도하고 신봉하는 이 '맏형'은 다른 나라의 다른 신보다 무척 너그럽고 다정한 존재인 것 같다. 이러한 태도를 특히 종교문화와 예술의 도시인 바르셀로나에서 확인할 수 있었다.

바르셀로나는 스페인 제2의 도시이다. 2000년의 역사를 자랑하고 독특한 전통과 풍습, 그리고 민족 정서를 갖추고 있다. 그래서 문인들은 이 도시를 '지중해의 꽃'이라고 불렀는데, 특히 『돈키호테』로 유명한 세르반테스는 이곳을 '세상에서 가장 아름다운 도시'라고 평하기도 했다고 한다. 이 도시는 많은 예술가들을 배출한 것으로도 유명하다. 초현실주의 화가 살바도르 달리(Salvador Dali), 20세기 최고의 거장 피카소, 강렬한 작풍으로 유명한 호안 미로(Joan Miro), 세계적인 건축가 안토니 가우디 등이 모두 스페인에서 태어나 예술의 도시 바르셀로나를 발판으로 세계를 향해 부상한 예술가들이라는 것이다. 완벽한 아름다움을 추구했던 그들에게 바르셀로나는 영혼의 고향인 셈이다. 그중에서도 가우디(Antoni Gaudi, 1852-1926)는 이 도시와 가장 깊은 인연을 맺고 있는 예술가라고 할 수 있다.

가우디는 카타루냐 지방의 레우스에서 태어났지만 줄곧 바르셀로나에서 활동했으며, 세계적인 명성을 얻고 있는 그의 독창적인 작품들도 오직 이곳에서만 감상할 수 있다. 그래서 이 도시는 가우디의 바르셀로나라고 불리기도 한다. 바르셀로나 시내를 둘러보면 구엘 저택, 카사밀라, 구엘공원 등 그의 작품들이 즐비하게 산재해 있는데, 무엇보다 압권은 역시 '성가족(Sagrada Familia) 성당'이라고 할 수 있다. 그는 바르셀로나 대학 이공학부를 거쳐 시립건축전문학교를 다녔는데 그가 졸업할 때 학장인 에리아스 토헨트는 "우리가 지금 건축사 칭호를 천재에게 주는 것인지, 아니면 미친놈에게 주는 것인지 모르겠다."는 유명한 말을 남겼다고 한다. 가우디는 졸업 후 철 세공과 같은 일을 하며 생계를 유지했지만 다행히 그에게는 구엘(Eusebi Guell)이라는 후원자가 있었다. 구엘은 직물업계의 갑부였는데 그는 1879년 프랑스 파리에서 개최된 가우디의 작품을 보고 감동하여 절친한 친구가 되었으며 이 천재에게 자신의 재산을 아낌없이 투자하였다. 구엘의 이름이 붙은 별장, 궁전, 공원 등, 예술과 삶이 너무나도 잘 어울리는 이 전형적인 모더니즘적 건축물들은 그렇게 해서 태어난 것이다.

널리 알려져 있는 바와 같이 가우디는 바르셀로나 현대 건축사의 큰 획을 긋는 건축가이다. 특히 그가 만들었고 지금도 만들어지고 있는 '성가족 성당'은 바르셀로나의 상징적 건축물이며 예술과 종교가 서로 어떠한 방식으로 상승효과를 나타낼 수 있는지 잘 보여주고 있다. 그의 건축 양식은 고딕에다 이슬람 양식이 곁들어지며, 거기에다 작가 자신의 예술적 창조정신이 가미된다. 물론 르네상스 양식과 로마네스크, 비잔틴 양식의 영향권에 있다고 보지만 그 특유성은 약 800년간 스페인에 뿌리박혀 있는 아랍양식의 영향 때문이다. 특히 흰색과 청색이 많은 타일과 모자이크와 유리가 그렇다. 여기에 현대 과학의 산물인 철재가 들어가면서 모더니즘의 색채를 띤다는 특징을 지닌다. 이와 같이 가우디 건축의 재질에는 이슬람과 기독교 세계의 것들이 혼합되어 있어서 그 누구도 만들어 내기 어려운 새로운 가치를 창출해 내고 있다. 고전과 현대의 혼합, 고전을 통한 혁신이 가우디 예술의 기본인 것이다. 또한 그는 건축계의 모더니스트로 평가된다. 구엘저택과 구엘 공원은 예술과 삶이 너무나도 잘 어울리는 전형적인 모더니즘적 건축물인 것이다.

나는 수많은 관광객과 어울려 성가족성당을 비교적 자세히 살펴볼 수 있었다. 이 성당은 그 규모에 있어서도 획기적이라고 할 수 있다. 가로가 60m, 세로가 95m로 고안되었으며 제단 뒤의 장식은 고딕식으로 꾸며졌고, 좌석은 13,000석으로 만들어졌다. 중앙의 철탑은 170m이며, 기타 17개의 탑은 100m로 만들기로 기획되어 있었다. 입체 기하학 바탕의 네오고딕식으로 건축된 성가족 교회는 정말 기이한 모습을 하고 있다. 곡선으로만 모양을 내고 석재를 재료로 사용했는데, 정면에서 보면 이 건축물은 마치 진흙이 흘러내리는 듯한 모습을 하고 있으며 군데군데 배치된 조각상들은 마치 진흙 속에서 돋아난 새싹 같은 느낌을 준다. 신학자인 라투만 무치 신부는 이 교회가 가진 영성에 대해서, "단순한 건축물이 아닌 거대한 우주" 같다고 표현하며 "이곳에서 인간은 감동을 받게 되고 뭔가 영적인 경험을 하게 된다."고 말한다. 분명히 가우디는 이 건축물을 구상할 때 어떤 영적인 영향을 받았을 것이다. 그러나 이제 사람들은 이 건축물을 통해서 영성을 체험하고 있다.

가우디의 건축 양식은 고딕에다 이슬람 양식이 곁들어지며, 거기에다 작가 자신의 예술적 창조정신이 가미된다. 물론 르네상스 양식과 로마네스크, 비잔틴 양식의 영향권에 있다고 보지만 그 특유성은 약 800년간 스페인에 뿌리박혀 있는 아랍양식의 영향 때문이다. 특히 흰색과 청색이 많은 타일과 모자이크와 유리가 그렇다. 여기에 현대 과학의 산물인 철재가 들어가면서 모더니즘의 색채를 띤다. 이와 같이 가우디 건축의 재질에는 이슬람과 기독교 세계의 것들이 혼합되어 있어서 그 누구도 만들어 내기 어려운 새로운 가치를 창출해 내고 있다. 고전과 현대의 혼합, 고전을 통한 혁신이 가우디 예술의 기본이다.

탑의 동쪽은 그리스도의 탄생을, 서쪽은 그의 수난과 죽음을, 남쪽은 영광을 의미한다. 가우디가 사망할 당시에는 중앙제단 뒤와 한 개의 탑이 완성되었고 정문이 만들어졌을 뿐이었다. 1950년 이후에 남서쪽 문과 4개의 탑이 더 만들어졌으며 이 공사는 신도들의 헌금을 바탕으로 계속될 것이다. 성가족 성당의 모습은 직선을 찾아보기 어렵다는 것이 또 하나의 특징으로 되어 있다. 위험하게 보일 정도로 곡선이 많은데 이는 가우디가 건축을 자연의 일부로 생각한 데서 비롯된다고 한다. 특히 그는 주변의 몬세라트(Monserrat) 산의 형상에서 영감을 얻어 첨탑의 중앙 부분을 많이 팽창시킨 것이 눈에 띤다. '신성한 산'이라는 뜻을 지닌 이 산의 곡선과 인간이 만든 성당의 곡선이 어우러진다면 그것은 신과 인간이 만남을 상징하는 의미의 공간이 될 수도 있을 것이다. 그는 참으로 '직선이 존재하지 않는' 자연을 사랑하고 중요하게 여기는 건축가였다. 조그마한 지형이나 풀 한포기라도 될 수 있는 한 보존하는 범위에서 설계와 시공을 했으며 이를 존중했다. 그는 건축 자재를 재활용한 것으로도 유명하다. 구엘 공원 등에 사용한 타일, 도자기, 벽돌 등 세라믹 제품들도 완제품을 구입하여 깨뜨린 것이 아니라 공장에서 버리는 것들을 수집하여 테라코타와 콜라주 형식으로 시공한 것이다. 그는 한 인터뷰에서 스승이 누구냐고 묻자, "바로 저것들이요" 하며 창밖을 가리켰다고 한다. 거기에는 지중해의 아름다운 해송과 자연 풍경이 펼쳐져 있었다.

직접 건축 감독까지 맡았던 가우디는 1882년부터 사망할 때까지 이 교회를 건축하는 데 심혈을 기울였는데, 1914년부터는 아예 건축 현장의 지하실에서 지냈다고 한다. 1926년, 가우디는 새벽 미사를 위해 성당에 가다 전차에 치어 74세를 일기로 사망했다. 그는 말년에 건축을 제외한 세상의 모든 것을 멀리하고 건축가로서의 명성과 열정이 종교적인 신성과 어떻게 결합 수 있는지 이 성당을 통해서 입증하였다. 가우디는 로마 교황청의 특별한 배려로 성자들만 묻힐 수 있는 이 성당의 지하에 묻혔다.

가우디가 세상을 떠났을 때에는 첨탑이 빠진 채로 '탄생의 파사드'만 완성된 상태였다. 이 파사드의 중앙 문은 사랑, 오른쪽 문은 믿음, 왼쪽 문은 소망을 의미한다. 그는 기독교의 중심 사상인 바오로의 이 세 가지 덕목을 하나의 건축물로 완성하려다가 숨을 거두었다. 이와 같이 가우디는 예술을 통해서도 사실상 성자가 될 수 있음을 보여 준 것이다. 이 건물은 지금도 계속 지어지고 있다. 100년이 넘도록 교회가 여전히 미완성인 것은 아마도 그의 독창성을 계승하기 어렵기 때문이 아닐까. 사실 이 성당은 완공이 늦어지는 것이 아니라 일부러 늦추는 것이라는 이야기도 나온다. 조금씩 달라지는 그 모습 자체가 관심의 대상이기 때문이다. 여하튼 자연이나 종교, 혹은 예술 그 자체가 완정한 의미로 완결되는 것은 아니지 않는가. 나는 성가족 성당에서 '미완성의 미학'을 음미하며 아쉬운 발길을 옮겼다. 스페인 문화의 자존심이라고 불리는 바르셀로나를 떠나 그 원류라도 확인하려는 듯 나는 성지인 몬세라트 산을 향해 떠났다.

몬세라트 산에 접근하자 그 형상이 가우디의 성가족 성당을 연상시키고 있음을 확인하고 이상한 감흥을 느꼈다. 그 신비스런 산 전체가 신에 의해서 지어진 거대한 성당처럼 느껴졌기 때문이다. 그러나 내가 반드시 이곳을 방문하겠다고 결심한 것은 그 성당 때문만은 아니었다. 무엇보다 나는 반종교개혁운동의 기수이며 수도 단체인 예수회의 창시자이고 내가 한평생 몸담았던 서강대학교의 교주라고 할 수도 있는 이냐시오 성인의 연고를 찾아보고 싶었던 것이다.

1491년 로욜라에서 태어난 이냐시오(Ignace de Loyola)는 파란만장하고 낭만적인 청춘기를 보냈다. 그는 1521년 프랑스와 스페인이 벌린 전쟁에서 중상을 입고 병상에서 몇 권의 책을 읽었는데, 그 중에는 『그리스도를 모방하여』와 성 프란체스코, 성 도미니크의 전기가 들어 있었다. 그는 이 성인들의 삶을 따르기로 결심했다. 성지 몬세라트를 처음 순례했을 때인 1522년 3월에 성모 제단 앞에서 신에게 봉사하는 삶을 서약했다. 그는 타고 온 말과 함께 그의 귀족 신분을 드러내는 복장을 수도원에 바치면서, 특히 군도와 장검을 검은 성모상 앞에 봉헌했다. 그 다음날 이나시오는 걸어서 다섯 시간 걸리는 만레사로 갔으며 이를 계기로 그는 극단적인 금욕생활을 실천했다. 때로는 1주일씩 단식하기도 하고, 여행할 때는 주로 맨발로 다녔으며, 누더기 옷을 걸치고 매일 7시간씩 기도하기도 하였다. 그에게 그러한 고행은 신의 영광을 위해 자신이 해낼 수 있는 유일한 행동이라고 그는 믿었다. 그러나 그는 이 기간 동안 극도의 절망과 회한에 젖기도 하였으며 때로는 자살의 충동을 느끼는 때도 있었다. 그런데 정작 그가 신앙의 신비, 즉 삼위일체와 창조, 그리고 그리스도의 인성에 관해 이른바 "조명의 사건"을 통해 영성을 체험한 것도 바로 이 시기였다.

이냐시오는 그후 바르셀로나의 초등학교에서 라틴어를 공부했고 1528년 2월에 파리에 도착하여 몽테귀 대학에 입학했으며 1534년에 학사 학위를 취득했다. 그는 9명의 동료와 함께 마침내 새로운 수도회를 설립해도 좋다는 허가를 취득했고, 1540년에는 로마 교황청으로부터도 정식 인가를 받았다. 처음에는 회원 수가 60명으로 제한되었던 이 예수회는 이냐시오가 1556년 세상을 떠날 즈음에는 회원 수가 1000명을 넘었다. 그는 몇 차례나 신비체험을 했고 또 그런 신비체험에 관해 말하고 있지만, 그가 주력한 것은 선교활동이었다. 그 자신의 표현을 빌리면 "행동하는 명상"이 그것이다. 그는 무엇보다 고아원과 전직 창녀들을 위한 시설, 중등학교와 신학교, 새로운 대륙으로 선교단을 파견하는 것 등이 그가 주도한 업적들이다.

루터나 칼뱅에 비에 그가 특히 강조하는 것은 신에 대한 절대복종인데, 그것은 그 지상의 대리자인 로마 교황 및 예수회 총장에 대한 절대 복종을 의미하는 것이었다. 이것은 개신교의 종교 개혁과 대조되는 것으로서, 주로 그의 신비적 체험에서 비롯된다고 이해할 수 있다. 또한 이러한 특징은 이슬람 시아파에서 무함마드의 직계가 된 이맘(Imam) 숭배나 힌두교에서의 영적 스승(Gurudev)을 숭배하는 것과 비견될 수 있다.

이냐시오의 핵심 사상은 그의 저서『영성 수련(*Excercices Spirituels*)』에 잘 나타나 있다. 이 소책자는 그가 몬세라트 부근의 만레사에서 처음으로 신비체험을 한 직후에 쓰기 시작한 것이다. 이는 4주간 영적 수행을 실천하려는 자라면 누구나 도움이 되는 기도와 묵상에 관한 실천적 안내서인데, 기독교식 명상의 전통을 계승하고 발전시킨 저작이라고 할 수 있다. 그중에도 제 1주차 훈련 방식이 특기할 만하다. 그것은 어떤 장면과 역사적 사건을 상상력에 의해 구체적이고 가시적으로 생생하게 재현해 내는 훈련이다. 이것도 이미 12세기에 선례가 있지만 이냐시오는 이런 시각화의 방법을 인도의 명상기법을 연상시킬 정도로 엄밀하게 전개해 나간다. 영적 수행자는 자신이 지금 있는 곳을 성스러운 역사가 당장 펼쳐지는 공간으로 투영시키고, 그렇게 함으로써 그 공간을 신성화시키는 법을 배우는 것이다. 그리하여 가령 그는 예수가 활동하던 예루살렘을 보며 베들레헴으로 가고 있는 마리아와 요셉을 직접 자신의 눈으로 좇는다. 때로는 식사할 때조차 수행자는 마치 사도들과 함께 있는 듯한 체험을 한다는 것이다.『영성 수련』에서 무엇보다 중요한 것은 엄밀성과 엄격성이다. 거기서는 모든 종교적 충동이 주의 깊게 통어된다. 수행자에게 점진적으로 영혼을 정화하는 것은 어떤 목적, 가령 신비적 합일을 이루기 위한 준비 단계가 아니다. 그 궁극적 목적은 영적인 전사들을 양성하여 구원의 전장으로 파견하는 것이다.

나는 몬세라트 수도원에 머무는 몇 시간 동안 주로 이냐시오 성인의 석상이 서 있는 정원에서 보냈으며, 모처럼 서강대학에서의 학창생활에 관한 상념에 젖어보기도 하였다. 나는 이냐시오 성인을 따르려는 예수회 신부들의 가르침을 받으며 그 갈등과 고뇌의 시절을 보냈었다. 풋내기 철학도였던 나는 그들의 인품을 존경하였고 그 대학의 설립 이념이기도 한 가톨릭 신앙 체계의 대부분을 받아들였으나 철학적으로 좀 더 확고한 논증이 필요하다고 생각되는 몇 개의 사안 때문에 고심하고 있었다. 그러나 누구보다도 예수회의 설립자인 이냐시오 성인을 무조건 흠모한 나머지 예수회에 입회하여 수도자의 길을 걷고 싶은 간절한 욕구를 억누르기 어려웠다. 그것이 그 당시 내가 지녔던 갈등과 고뇌의 기본 골격이었던 것이다. 나는 방문객들을 위한 제단에 촛불을 한 개 봉헌하고 발길을 돌렸다. 이냐시오가 영적 조명을 체험했다던 만레사 근교의 카르도네르 강변 동굴까지 가보고 싶었으나 차편이 여의치 않아서 결국 포기하고 말았다. 그날 나는 일개 관광객일 뿐이지 속죄하며 고행을 감수하는 순례자는 아니었던 것이다.

VI

나는 유네스코 문화유산으로 되어 있는 톨레도를 거쳐 마드리드로 되돌아왔다. 여정이 얼마 남지 않았으므로 다시 시내 관광을 하면서 마지막 날을 정리하였다. 그날 가장 인상 깊은 것은 세계 3대 미술관 중에 하나인 프라도 미술관을 관람하는 것이었다. 과연 그 명성에 걸맞게 이 미술관은 격조 높은 미술품들을 많이 소장하고 있었다. 특히 엘 그레코, 고야, 달리와 피카소 등의 작품이 인상적이었다. 그러나 정작 나의 관심을 끈 것은 17세기 벨라스케스(Diego Velazquez)의 작품인 "시녀들(Las Menidas)"이었다. 그것은 현대의 사상적 조류 중에 이른바 "포스트 모더니즘"을 촉발하면서 가장 많이 거론된 예술 작품 중에 하나였기 때문이다. 사실 이 작품은 작품 그 자체의 예술성보다는 수많은 예술가들과 이론가들, 그리고 푸코와 같은 사상가에게까지 다양한 방면에서 영감을 주었다는 점에서 더 잘 알려져 있다. 고야, 드가, 마네 등은 이 작품의 매력을 자신의 그림 속에 표현하기도 했고, 피카소는 아예 이 작품에 대한 오마쥬로 여러 편의 연작을 그리기도 했으며, 미술사가들은 "시녀들"의 원근법을 분석하여 이 작품이 지닌 진정한 매력의 원천을 밝혀 내고자 하였다.

"시녀들"이 주목을 끈 것은 그 주인공인 필립 4세와 그의 아내 아난의 모습이 정작 그림 안에 보이지 않는다는 점에 있다. 그들은 화폭 속의 공간이 아니라 뒤의 벽면에 붙은 거울 속에 희미한 반영상으로만 모습을 드러낼 뿐이다. 물론 화가 앞에 놓인 캔버스에는 국왕부처의 초상이 그려져 있겠지만 우리는 그 뒷면만 볼 수 있을 뿐이다. 그 결과 그림에는 동시에 세 개의 시선이 교차하게 된다. 궁정의 삶을 들여다 보는 우리의 시선, 자기들을 방문한 공주와 시종을 바라보는 국왕 부처의 시선, 그리고 저 장면을 화폭에 옮기고 있는 화가의 시선 등이다. 다시 말해서 벨라스케스는 국왕부처를 거울에서 희미하게 처리함으로써 그림 전체는 관찰자의 표상이면서 국왕부처의 표상인 동시에 화가 자신의 표상을 담고 있다는 것이다.

널리 알려진 바와 같이 푸코(Michel Foucault)는 그의 저서 『말과 사물』에서 중세 이후부터 현재까지의 사유적 특징 혹은 지식의 체계를 '에피스테메(episteme)'라고 부르며 그것을 크게 네 시기로 분류한다. 르네상스 시기는 유사성의 원리에 따라 말과 사물 간의 유비가 이루어지던 시기이다. 그러나 고전주의 시기가 되면 유사성은 더 이상 지식의 형식으로 작동하지 않는다. 『돈키호테』는 그런 의미에서 이 시기를 예고한다고 볼 수 있다. 여기서는 기표(signifiant)와 기의(signife)가 연결되지 않고 유사성 대신 동일성과 차이성에 따라 비교되고 분석될 뿐이며 말 혹은 기호가 표상하는 대상은 더 이상 존재하지 않는다. 푸코는 이러한 특징을 보여 주기 위해 『말과 사물』 도입부(1부 1장)에서 베라스케스의 이 작품을 분석하고 있다.

푸코는 이 그림에서 화가가 그리고 있는 그림, 화가가 보고 있는 모델, 이 그림을 그리고 있는 화가 자신의 모습이 드러나지 않음에 주목한다. 실제로 벨라스케스 자신의 모습은 그림에 열중하기보다는 한 발자국 캔버스로부터 멀리 떨어져 있다. 푸코가 지적하듯이 "한순간 그는 자기가 그릴 대상을 쳐다본다. 그는 아직 한 획도 그리지 않았을 수도 있지만, 어쩌면 그는 마무리 작업을 더해야 할 것인지를 고려하고 있을지도 모른다."(『말과 사물』, 민음사, 1998, p. 25) 이와 같이 푸코에 의하면 이러한 기교들에는 어떤 교묘한 체계가 존재한다. 그것은 화가의 시선, 그림을 바라보는 우리의 시선, 그리고 공주 마가리타의 시선을 일치시키는 방식이다. 그리고 이 시선의 중심에는 거울 속의 그 왕과 왕비가 있다. 따라서 이러한 시선의 일치

덕분에 화가 벨라스케스는 왕과 왕비의 시선을 소유할 수 있으며 나아가 관람객의 위치에 설 수도 있다. 관람객 역시 마찬가지이다. 화면 외부에서 그림을 관람하고 있음에도 불구하고 이러한 공통의 시선을 갖춤으로써 우리는 왕과 왕비가 될 수 있으며 동시에 그림을 그리는 벨라스케스가 될 수도 있는 것이다.

그런데 흥미 있는 것은 이렇듯 시각 주체가 확연히 드러남에도 불구하고 그들이 재현하는 표상은 제한적이라는 사실이다. 캔버스를 볼 수 있는 것은 오직 그림을 그리는 벨라스케스뿐이며, 그 누구도 전지적인 관점에서 화면을 바라 볼 수 없다. 심지어 시각의 주체라고 말할 수 있는 왕과 왕비의 모습은 유령과 다름없다. 소련의 미술사학자인 알푸토프(Michail Alputow)는 이 작품 속에서 근대 합리주의자들의 세계를 읽고 이렇게 지적한다.

> 모든 것이 결국 관점에 달려 있다. 여기에는 필립과 안나의 관점이 있다. 예술가의 관점이 있고, 또 관찰자의 관점이 있다. 이 모든 것이 서로 교차하는 세계들, 혹은 17~18세기 철학의 용어로 말하자면 모나드들의 체계를 이루고 있다. 그것들이 각기 다 옳고, 관점을 변경시킬 때마다 전체의의미는 달라진다. (*Studien zur Geschichte der westeuropaschen Kunst*, Koln, 1996, s. 218)

푸코가 지적하는 것도 바로 이 지점이라고 할 수 있는데, 그는 보이는 것과 보이지 않는 것을 통해 이 그림에는 본질적인 공백이 존재한다고 주장한다.

> 이 부재는 화가의 입장에서 보면 하나의 기교이다. 그러나 이 기교는 매우 직접적인 또 다른 공백을 은폐하고 있는 동시에 지시하고 있는데, 이는 바로 그림을 응시하거나 구경할 때 화가와 감상자의 공백이다. 아마 이 그림에서는 다른 모든 표상에서와 마찬가지로 누군가가 응시하고 있는 대상의 깊은 비가시성은 결코 응시하고 있는 사람의 비가시성과 분리될 수 없다. (p. 39)

그는 이어 이렇게 말한다.

> 아마도 벨라스케스의 이 그림 속에는 고전주의 시대의 표현법에 대한 표상과 그 표상이 우리에게 열어 놓은 공간에 대한 정의가 존재한다고 할 수 있겠다. 사실상 그 표상은 서체의 모든 요소들(그것의 이마주들과 함께), 즉 시선들(표상이 제공된)과 얼굴들(표상이 가시적으로 만든)과 동작들(표상을 만들어낸) 속에서 그 자체를 표현한다. 그러나 표상이 우리 앞에서 모이고 또 펴지고 있는 이 확산의 와중에는 모든 방향으로부터 어쩔 수 없이 지시된 하나의 본질적인 고백이 존재한다. 즉 표상에 존재하고 있는 그 무엇의… 필연인 소멸이 존재하는 것이다. 바로 이 주제, 동시에 주체가 생략되어 왔다. 결국 표상을 구속하고 있는 관계로부터 자유로운 표상만이 순수한 표상으로서 자신을 제시할 수 있는 것이다. (p. 40)

따라서 이 그림에는 국왕 부처라는 재현의 근원이 빠져 있으며, 이런 까닭에 이 그림은 주체 없는 재현, 가장 순수한 형태의 재현이 된다는 것이 그의 입장이다. 또한 이러한 재현은 푸코가 구분한 고전주의 시대정신의 반영이기도 하다. 고전주의에서 인간이란 신이 창조한 피조물이자 사물의 질서 가운데 하나일 뿐이며, 이 존재의 장에 있는 사물들을 개념적 도구인 말을 가지고 정렬하는 자에 불가했기 때문이다. 사물의 세계를 밖에서 '통일시켜 주는 주체'는 18세기 말과 19세기 초에 발생한 근대 인본주의의 에피스테메에서 탄생한다. 이때에 이르러서야 인간은 사물의 세계에 질서를 부여하는 특권적이고 초월적인 주체로 태어나고 스스로 유한한 경험적 대상으로 탐구하게 되며, 그 결과 고전주의 시대에 불가능했던 인문과학이 출현했다는 것이다. 푸코가 말하는 '현대'에 비로소 재현된 세계 안에서 본질적으로 재현될 수 없었던 것에 대한 반성이 시작된 것이다. 그것은 바로 "인간의 출현이라는 사건"을 의미한다. 그리고 서구의 근대적 자아의 출현은 칸트에 의해서 제대로 확립된 것이다. 결론적으로 적어도 푸코에게는 벨라스케스의 '시녀들'은 고전주의 시대의 재현, 즉 가장 순수한 재현의 재현인 셈이다.

질 들뢰즈가 지적한 바와 같이 "푸코는 19세기를 벗어났다는 점에서 가장 완전하고 유일한 20세기의 철학자"인지도 모른다. 그런데 17세기의 한 스페인 화가가 그러한 철학자의 출현에 어떤 계기를 마련했다는 것은 신기하고 놀라운 사실이 아닐 수 없다. 더구나 20세기를 풍미한 또 다른 철학자들, 가령 하이데거나 비트겐슈타인, 데리다와 토마스 쿤 같은 사상가들이 그러한 인식을 동시대에 공유한다는 것은 더욱 충격적인 사실이라고 할 수밖에 없다. 그러한 파격적인 사유실험이 이 나라에서 가능한 특별한 이유가 있는 것일까. 나는 프라도 미술관에 걸려 있는 벨라스케스의 "시녀들"로부터 17세기 왕궁의 풍속도보다는 오히려 20세기 철학사상의 원류를 발견한 것에 큰 보람을 느꼈다.

VII

스페인은 선과 악이 너무 선명하게 구분되는 나라인 것 같았다. 그것은 이 나라의 풍광과 사람들의 기질을 닮았다는 느낌을 받았다. 어디를 가나 눈부신 햇빛이 대지에 쏟아졌고 거기에 대비되는 짙은 그늘이 깔려 있었다. 그러한 특징은 스페인 사람들이 창출해낸 다양한 문화에도 폭넓게 스며 있는 특성인 것 같았다. 자유분방한 그들의 사고방식과 행동양식의 이면에는 미처 해소되지 않은 울분과 원망이 깊숙이 내재되어 있어서 광란의 몸짓이 되거나 잔인한 행동으로 표출되는 성향이 있는데, 이것이 어느덧 하나의 민족성으로 고착화된 것이 아닌가 하는 인상을 받았다. 그러한 부류의 인간은 희로애락에 민감한 반면 깊이 성찰하지 않으며, 따라서 넓고 멀리 내다보고 미리 대책을 마련하지 않는 경향이 있다. 그것이 짧은 기간이나마 이 나라를 여행한 후에 받은 느낌이었다.

귀국행 비행기 안에서 창밖에 끝없이 펼쳐진 구름의 바다를 바라보며 나는 문득 도스토예프스키의 『카라마조프가의 형제들』에 나오는 한 대목이 생각났다. 그것은 바로 잘 알려진 '대신문관' 부분인데, 예수가 16세기 스페인에서 회생했다는 종교 우화다. 이단자를 화형에 처하던 이 심문관이 되살아난 예수를 감옥에 가둔다. 그는 예수와 단둘이서 만나 "너는 인간의 자유를 지배하는 대신 그 자유를 배가시켜 인간 영혼의 왕국에 영원한 고통의 짐을 지워주었다."

고 비난한다. 인간은 빵만 있으면 행복할 텐데 그것만으로는 살 수 없다고 가르쳐서 더 큰 유혹에 휩싸이거나 쓸데없는 초월이나 구원을 고민한다는 것이다. 결국 교회는 나약한 인간을 너무 엄하게 다스려서 작위적인 삶을 강요한다는 주장이다. 교회는 돌아온 예수가 반갑지 않다. 결국 예수는 대신문관에게 입을 맞춘 뒤 홀연히 떠난다. 도스토예프스키가 이 작품에서 대심문의 무대를 스페인으로 택한 이유를 어느 정도 이해할 것 같았다. 자신의 가르침이 제대로 전달되지 않았을 뿐만 아니라 오히려 그것이 악용됨으로써 죄악이 더욱 심화되고 있다고 판단되었기 때문일 것이다. 햇볕이 강하면 그만큼 그늘도 짙어지는 것과 같이 독선은 사악함을 더욱 조장할 우려가 있는 것이다.

스페인은 풍광이 매우 아름답고 이 나라 사람들의 성품은 대체로 밝고 명랑하다는 인상을 받았다. 그러나 역사의 전개는 굴곡이 너무 심하여 이 나라의 문화 여러 분야에서 그 특징의 흔적을 찾아볼 수 있다. 플라멩코는 물론 축구를 비롯한 스포츠에 열광한다든가, 비록 나는 관람의 기회를 얻지 못하였으나 투우에 지나치게 몰입하는 현상 같은 것은 그 좋은 예가 될 것이다. 그러한 유형의 독특한 문화를 창출했을 뿐만 아니라 광기에 가까울 정도로 그것을 탐닉한다는 것은 스페인 사람들의 열정적인 기질을 반영한다고 볼 수도 있지만 곰곰이 살펴보면 그러한 방식으로 울분이나 통한을 쏟아낼 수밖에 없는 이유가 그들의 기질 속에 깊숙이 내재해 있다고 상정할 수도 있다는 것이다. 강한 햇살과 짙은 그늘처럼 열정과 울분, 환희와 좌절이 지나치게 자주 교차하는 성향이 스페인의 문화적 특성이라는 생각을 해본다.

3. 세계시민의 철학을 위하여 -이란 철학기행-

I

이번에 이란을 방문하게 된 것은 제 11회 "실크로드 시장회의"에 참석하기 위한 것이었다. 이 회의는 "세계시민기구(World Citizens Organization)"와 페르시아 제국의 고도였던 카즈빈(Cazvin) 시가 공동 주최하였는데, 나는 이 기구의 철학종교분과 위원회 위원장 자격으로 초청을 받게 되었던 것이다. 특히 개막식에서 나는 "세계시민의 철학"이라는 제목으로 기조강연을 하도록 요청받았기 때문에 발걸음이 마냥 가볍지만은 않았다.

지난 2016년 8월 31일에는 곽영훈 회장 내외가 먼저 떠났다. 이 대회의 공동대표이며 WCO 회장직을 맡고 있기 때문에 미리 준비할 일이 많기 때문이었다. 나는 이상준 비서실장과 함께 그 이튿날인 9월 1일 자정에 인천 공항에서 출국하였다. 주최 측에서 배려한 대로 두바이를 거쳐 테헤란으로 향하는 에미레이트 항공기에 탑승하였다. 나는 13시간 동안 비행기 안에서 갖가지 상념에 젖어 거의 잠을 이룰 수가 없었다. 그동안 여러 가지 이유로 해외여행을 많이 해본 셈이지만 이번에는 사정이 조금 달랐다. 나에게는 이슬람 문화가 아직 생소한 편이다. 더구나 이란은 정상적으로 국교가 이루어진 지 얼마 되지 않은 나라일 뿐만 아니라 분쟁 지역에 인접해 있어서 테헤란을 제외하고는 여행자 보험조차 허락하지 않는 나라이기 때문이다. 그러나 이미 여행은 오래전에 시작되었다고 할 수 있다. 나는 지난 1년간 기조연설문을 준비해 왔고 그동안 이란의 문화와 역사에 대해 틈틈이 연구해 왔던 것이다.

테헤란의 호메이니 공항에는 준비 요원이 마중 나와서 반갑게 우리를 맞이해 주었다. 그의 표정이 무척 밝아서였는지 혹은 이색적인 풍광에 고무되어서인지 별로 피곤한 줄을 몰랐다. 황량한 들판의 도로를 지나 도심에 접근하니 차량이 붐비기 시작했고 그 붐비는 행렬에 비해서 교통질서는 별로 지켜지는 것 같지는 않았다. 우리나라의 30여 년 전의 풍경처럼 여늬 개발 도상국가의 전형적인 모습을 보여 주고 있었다. 그러나 인구가 1200만의 대도시인 테헤란은 수려한 풍광과 함께 활기가 넘쳐흘렀다. 배경에는 해발 4000m가 넘는 설산이 위용을 드러내고 있었고 낮에는 폭염에 시달리지만 저녁이 되면 상쾌한 바람과 함께 선선한 기후를 즐길 수도 있었다. 나는 관객 8만 명을 수용한다는 아자드 축구경기장 근처의 올림픽 호텔에 묵었다.

아직 시간이 많이 남아 있었으므로 여장을 풀고 간단히 시내를 둘러보기로 하였다. 짧은 시간 안에 시내 관광을 하기 위해서는 도심에 위치한 미라드 타우어(Mirad Tower)를 방문하는 것이 가장 효과적인 것 같았다. 세계적으로 명성이 높은 이 첨탑 위에서 바라보는 테헤란의 경관은 과연 장관을 이루고 있었다. 이제 긴 잠에서 막

깨어나려는 이 유서 깊은 도시에서는 개발의 망치소리가 여기저기서 들리는 것 같았다. 그러나 정작 나의 관심을 끄는 것은 이 첨탑 입구에 우뚝 서 있는 정체 모를 인물의 석상이었다. 안내인의 설명을 들으니 그 석상의 주인공은 바로 중세 페르시아의 서정시인인 페르도우시(Ferdowsi, 본명은 Abol-Qasem Manūr)였다.

페르도우시는 페르시아 민족 최대의 서사시인 『왕들의 책(*Shh-nmeh*)』의 저자이다. 이슬람 문화에 짓눌려 있던 1010년경, 30년에 걸쳐 그는 6만 구절에 이르는 이 대작을 완성하였다. 그는 투스 지주의 가문에서 태어났으며 페르시아 문학사상 최대의 거장으로서 흔히 호메로스와 대비되기도 한다. 이란 민족 고유의 신화인 조로아스타를 비롯하여 장구한 역사와 전통에 전통역사를 기초로 이 웅대한 민족적 서사시를 완성시킨 것이다. 작품은 술탄 마흐무드에 헌상하였으나 오히려 노여움을 사서 유랑의 길을 계속하다가 고향에서 쓸쓸히 타계하였다고 한다. 『샤나메』는 4왕조 역대 50명 왕자의 치세를 기술한 것이며, 역사 서적이기보다도 문학적 관점에서 평가되어야 한다. 많은 무용담와 사랑의 이야기가 실려 있고 작품 전반에 걸쳐 운명론이 바탕을 이루며 진리와 격언도 많다고 전해진다. 특히 〈로스탐과 소흐라브의 이야기〉는 가장 유명하여 구미 여러 나라에서 번역된 것으로 알려져 있다.

페르도우시가 이란 사람들로부터 특별히 존경과 사랑을 받는 이유는 『샤나메』라는 서사시를 통해 페르시아인의 민족적 정체성과 문화적 자존심, 그리고 고유한 언어를 지키는 데 있어서 결정적인 역할을 수행했기 때문이었다. 비록 651년 사산 왕조가 멸망하여 아라비아의 이슬람이라는 종교를 받아들였지만 문화적으로 거기에 완전히 동화된 것은 아니라는 상징적 의미를 페르도우시의 석상이 증언하고 있었다. 그러므로 그것은 이란인들이 강하게 내세우는 민족혼의 상징이기도 하다는 것을, 따라서 그의 웅자가 왜 그곳에 우뚝 서 있는지를 설명을 듣고 비로소 이해할 수 있었다.

II

이튿날 아침 일찍부터 서둘러 나는 다른 외국의 참가자들과 함께 버스를 타고 2시간 가량 달려 회의가 개최되는 카즈빈 시로 향했다. 중간에 간간히 주택들과 공장 등 건물들이 보이기는 하였으나 거의 황량한 들판이나 다름이 없었다. 그중에도 지평선 가까이에 멀리 보이는 원자로의 냉각탑이 인상적이었다. 그런데 시내가 가까워지자 갑자기 거대한 현대식 상징탑이 눈앞에 나타났다. 그 앞에는 여러 명의 대상(隊商)들이 낙타를 앞세우고 행렬하는 조각상이 나타났다. 나중에 안 사실이지만 그것은 이번에 개최되는 회의를 기념하기 위해서 건립된 조형물들이었다. 시청 측의 세밀한 배려와 정성에 놀라지 않을 수 없었다.

회의 장소는 실크로드의 대상들이 머물던 장방형의 특이한 숙소 건물을 개조해서 마련되었다. 다소 비좁은 느낌을 주기는 했지만 특별한 의미를 지니는 것도 또한 사실이다. 카즈빈 시의 시장인 노스라티(Masoud Nosrati) 박사의 구상이라는 생각이 들었다. 그는 이슬람 도시 연합체의 의장이며 도시계획의 전문가이기도 하기 때문이다. 마침내 세계시민기구(WCO)가 주최하는 『실크로드 시장포럼』이 시작되었다. 반기문 유엔 사무총장의 축전과 이슬람 성직자의 축도, 그리고 곽영훈 총재의 개회 선언에 이어 3일간 성대하게 성공적으로 대회가 치루어졌다. 이 대회는 국가나 국제기구들이 해내기 어려운 다양한 민간적 차원의 교류를 도시와 시민들 간의 문화적 교환을 통해 이루어 내려는 시도였다. 그것은 실크로드를 '새로운 지평'으로 해석하려는 시도이기도 했다. 그러나 대회가 매끄럽게 진행된 것은 아니었다. 각국 대표들의 발표뿐 아니라 준비를 도왔던 많은 인사들의 계속 이어지는 축사들 때문에 시간이 많이 지연되었기 때문이다. 오전에 예정된 나의 기조연설도 결국 다음 날로 미루어질 수밖에 없었다.

나는 국민 영웅인 페르도우시와 평소에 존경하던 오마르 하이얌, 그리고 이슬람 철학의 초석을 놓은 알파라비의 나라에 온 것을 영광으로 생각한다는 말로 서두를 꺼냈다. 나의 "세계시민의 철학"이란 이 세계시민기구의 철학적 기초를 마련하기 위한 것으로서 그 내용은 다음과 같이 정리될 수 있을 것이다.

우선 '세계시민(world citizen)'이란 폴리스적 한계(Politan limit)를 넘어서는 인간(cosmopolitan)을 말한다. 그것은 원래 알렉산더 대왕과의 조우로 유명한 견유학파의 창시자 디오게네스 만들어낸 어휘이기도 하다. 여기서 폴리적 한계란 주로 개별 국가적, 종교적, 지리적 및 문화적 한계 등에 제약받는다는 것을 말한다. 그런데 한 개인이 어떤 국가(Polis)에 속해 있으면서 폴리스적 한계를 완전히 극복하는 것은 불가능하다. 우리는 자신의 감성이나 영성에만 호소할 것이 아니라 모든 인간이 공유하는 이성의 도움을 받아야 어느 정도 이 한계를 극복할 수 있을 것이다. 그러므로 세계시민의 등장은 이성의 보편적 사용에 의해서만 비로소 가능하다고 할 수 있다.

한편 이성은 반드시 사유를 통해서 그 모습을 드러낸다. 그런데 사유는 사유하는 작용(act of thought)과 사유된 내용(content of thought)이라는 두 부분으로 구성된다고 볼 수 있다. 그중에 사유하는 작용을 중요시하면 추론의 과정과 그 방법의 합리화에 치중하며, 이 과정에서 비판적 합리성의 특징이 나타난다. 반면에 사유된 내용을 중요시하면 결론의 합리화 혹은 정당화에 급급하고, 그 결과로 나타난 것을 체계적 혹은 독단적 합리성이라고 할 수 있다. 비판적 합리성의 특징은 자율성과 개방성이며 그 완성된 형태는 자기 자신을 향한 비판의 단계에까지 이르는데, 그 전형적인 사례를 우리는 과학적 탐구의 정신과 민주주의 정치체제에서 찾을 수 있다. 체계적 합리성의 특징은 폐쇄성과 배타성이며 그 극단적 형태는 독단적 정당화의 형태를 띠는데, 그 전형적인 예를 배타적 종교의 종파나 교조적 독재정치체제에서 찾을 수 있다.

폴리스적 한계는 그것이 어떤 형태로 나타나든 주로 체계적 합리성에서 파생된 결과물이라는 특징을 지닌다. 그러므로 폴리스적 한계를 어느 정도 극복하고 한 사람의 세계인이 탄생하기 위해서는 체계적 합리성보다 비판적 합리성에 호소하는 것이 더 바람직하고 효율적이다.

한편 현대를 우리는 '세계화(Globalization)'의 시대라고 할 수 있는데, 그것은 우선 비판적 합리성의 산물인 과학기술에 의존하지 않고는 상상할 수 없다는 사실에 주목할 필요가 있다. 또한 이러한 시대에는 한 국가가 현대사회가 야기하는 갖가지 문제들을 해결하는데 있어서 그 한계가 명백하게 드러난다. 가령 한 국가는 개인의 자유와 평등, 인권문제 등 작은 문제들을 해결하기에는 너무 크기 때문에 더 세분화된 '지방화(localization)'가 필요하며, 유행성 질병이나 생명공학, 환경문제 등 큰 문제들을 해결하기에는 너무 작기 때문에 좀 더 포괄적인 세계화가 필요하다. 물론 유엔을 비롯한 각종 국가연합체들이 있지만 그것들 역시 개별 국가들이 당면한 문제들을 해결하는 데 있어서 한계가 있다. 예를 들어 강대국들의 이해관계에 편중되어 이들이 제시하는 체계적 합리성 간의 충돌을 극복하지 못하는 경향이 있는 것이다. 오늘날 개별 국가와 각종 국가 연합체들이 당면한 한계를 극복하기 위해서는 세계화와 지방화가 공존하는 '세방화(世方化, Glocalization)'가 요청되는 이유가 바로 여기에 있는 것이다.

효과적인 세방화가 진척되기 위해서는 도시들의 기능과 그 역할에 주목할 필요가 있다. 특히 과학기술의 발달과 광범위한 경제적, 정치적 및 문화적 교류에 힘입어 등장한 도시들은 비판적이고 개방적인 합리성이 상대적으로 높게 나타나는 장소이므로 자국의 독단적이고 폐쇄적인 합리성에 대하여 적절한 비판기능을 발휘할 수 있을 것이다. 따라서 도시들의 연합체는 자국뿐만 아니라 다양한 국가 연합체의 기능도 보완할 수 있을 것으로 기대된다. 더구나 도시는 시민들로 구성되며 시민들은 대체로 개방적이고 자율적이며 비판적인 합리성을 지니고 있기 때문에 폴리스적 한계를 극복하기 위해서는 세계적인 차원에서 시민들의 자발적인 연합체가 필요하다. 그러므로 자율적이고 비판적이며 합리적인 시민들으로 구성된 "세계시민기구(World Citizens Organization)"는 세계시민의 등장에 필요한 세방화의 이상적인 사례가 될 것이다.

나로서는 이 연설이 실크로드 주변의 여러 시장들과 정치인들 및 외교관들에게 어떻게 받아들여졌는지 알 수 없는 일이다. 더구나 세부적이 설명이 필요한 내용들이 함축적으로 표현된 것들이기 때문에 그 내용이 제대로 전달되었는지도 궁금한 일이다. 특히 중국이나 인도, 그리고 이란을 비롯하여 터키나 아프카니스탄 등의 이슬람 국가에서 온 참여자들에게 어떻게 인식되었는지도 궁금하다. 그러나 호주나 포르투갈 등 서방국가 대표들, 그리고 비교적 젊은 청중들의 반응은 매우 긍정적인 것이었다. 그들은 회의가 끝난 다음에도 이야기를 더 나누고 싶어 했고 연락처를 묻기도 했던 것이었다. 그런데 정작 내가 관심을 가졌던 것은 정치와 철학과 종교를 엄격하게 구분하지 않는 지도자들의 반응이었던 것이다. 그러나 유감스럽게도 그러한 사람을 만나서 심층적인 대화를 나눌 기회는 갖지 못하였다. 내가 특별히 서두에서 알파라비를 언급한 것도 그러한 이유 때문이었다.

알파라비(AbNasr ibn Muhammad al-Frbi, 870-950)는 1900년대 중반 이란의 우표에까지 등장한 국민 철학자이기도 하다. 그러나 문명의 교차지에서 태어난 그의 생애에 대해 신빙성 있고 자세한 기록이 없다는 점은 아쉬운 점으로 남아 있다. 그럼에도 불구하고 그가 이슬람세계에서 아리스토텔레스 다음으로 위대한 '두 번째 스승'으로 일컬어지는 이유는 오늘날에 이르기까지 거의 가감없이 신봉되는 그의 신학사상과 정치철학 때문이다. 그는 우선 플라톤의 입장을 아리스토텔레스의 사상과 조화롭게 양립시켰던 철학자로 해석된다. 가령 그는 신학적으로는 초월자의 계시와 제한된 이성의 교감의 양립을 꾀하며, 정치적으로는 '철인왕'과 흡사한 지도자의 통치를 꿈꾸는 부분이 지적될 수 있을 것이다. 특히 신학적으로 그는 신의 계시와 섭리를 이성을 통해 이해하려는 태도를 보이고 있으며, 정치적으로는 민주정과 '덕스러운 공동체'의 격차를 줄여보려고 시도했다는 것이다.

이와 같이 알파라비는 종교적 덕목과 진정한 의미의 정치적 목표가 어떻게 양립될 수 있는지 모색한다. 철학은 행복이 무엇인지 이해하는 데 도움이 되지만 종교는 그것을 성취하는 데 있어서 핵심적인 요소가 된다. 이러한 맥락에서 그는 자신만의 종교적 공동체로서의 '신국(神國)'을 구상한다. 그것은 덕스러운 종교적 지도자가 규범을 만들고 그 규범을 실현함으로써 시민들이 행복을 구현할 수 있는 이상국가를 말하는 것이다. 이렇게 함으로써 그는 플라톤처럼 이론과 실천의 합일을 시도하며 개별적 시민보다는 공동체를 강조하기도 한다. 그러나 그가 구상하는 통치자는 '철인왕'이 아니라 종교적 스승으로서의 '예언자(the prophet-imam)'이며 무하마드가 통치하던 메디나가 이상국가의 전형이라는 점을 주목할 필요가 있다. 이러한 그의 정치철학은 단순히 그가 플라톤과 아리스토텔레스의 문헌들을 복원했기 때문만이 아니라 '계시'와 '이성'의 관계를 고민하던 중세 철학자들에게 때맞은 혜안을 제공했기 때문에 서양철학 전반에 걸쳐서 엄청난 영향을 미쳤다고 할 수 있다. 그러나 이슬람의 정치사상사는 바로 그 지점에 머물러 있을 뿐이다. 무엇보다 그들에게는 위대한 정치철학자들이 많이 있지만 아직 실증적 과학자로서의 정치학자인 '마키아벨리'를 보유하지 못하고 있는 것이다. 최근에 출간된 아얀 히르시 알리(A. H. Ali)의 『나는 왜 이슬람 개혁을 말하는가』에서 이러한 점이 잘 지적되고 있다.

알리는 소말리아의 무슬림 출신 여성으로서 네덜란드에 망명해 하원을 지낸 뒤 인권 운동가가 된 인물이다. 그는 우선 "이슬람 신앙의 근본을 이루는 다섯 가지 핵심 개념을 수정해야 한다."고 지적하며 이것만이 "종교의 이름으로 자행되는 정치적 폭력을 해결"할 수 있는 방안이라고 주장한다. 그 수정안이란 다음과 같다. 첫째, 무함마드와 코란에 대해 새로운 해석과 비판을 허용해야 하고, 둘째, 내세보다 현세의 삶을 중시해야 하며, 셋째, 이른바 '샤리아'라는 이슬람의 법체계가 세속법보다 우월하다는 사고를 지양해야 한다. 그리고 넷째, 이른바 '옳은 일'과 '그른 일'을 강요하고 금지하는 관습을 종식할 뿐 아니라 다섯째, '지하드'라는 성스러운 전쟁에 호소해서는 안 된다는 것 등이다. 이러한 입장은 '전통'을 함부로 무시해서도 안 되지만 그것을 무조건 무비판적으로 신봉해서도 안 되며 합리적으로 해석해서 현대화해야 한다는 주장으로 요약할 수 있다. 이러한 주장은 이슬람이라는 종교에만 국한될 필요는 없고 또 반드시 종교에만 국한될 필요도 없을 것이다.

사실 모든 사상과 이념은 새로운 시대를 맞이하여 수정을 거치고 새로운 해석을 통해 그 시대에 걸맞게 진화해 온 것이 사실이다.

그러한 과정을 거쳐서 사이비 종교들과 독단적 이념들은 도태되고 오늘날 우리가 목격하는 고급 종교와 개방적인 자유사상의 형태를 갖추게 된 것이라고 할 수 있다. 여기서 말하는 '과정'이란 주로 과학적 합리성의 도전을 의미하는 것이다. 듀이(John Dewey)도 『확실성의 추구(*The Quest for Certainty*)』에서 잘 지적해 주었듯이 자연과학에서 활용하는 실험적 방법을 인간의 문제에 보편적으로 적용하면 한 가지 중요한 함축은 우리가 준수하는 원리나 원칙, 혹은 교리나 신조 같은 것이 모두 일종의 '가설'에 불과한 것으로 나타난다. 따라서 그것들은 절대 불변의 진리가 아니라 "실천적으로 신봉했을 때에 일어나는 결과를 따라서 검사하고 확인하며 또는 뜯어고쳐야 할 지성적 도구"일 뿐이다. 물론 삶의 현장을 실험실로 꾸미고 모든 신념을 실험적 방법으로 시험해 보는 것은 가능하지도 않고 반드시 바람직한 것도 아닐 것이다. 그러나 어떤 신념이든지 너무 확신에 차서 무비판적으로 적용하려 할 때 잠시 호흡을 가다듬고 그것이 과연 그토록 완벽한 진리인지, 더구나 그것을 구체적인 상황에서 적용하고자 할 때 예상한 결과를 기대할 수 있을지를 가늠해 보는 것도 바람직한 태도가 아닐까.

III

공식 행사에 이어 여러 문화 행사가 열렸고 주최측의 특별한 배려로 우리는 테헤란을 비롯하여 카산, 야즈드, 이스파한 등 유서 깊은 도시들도 방문하여 짧은 기간에 많은 문화체험을 하며 귀중한 시간을 보냈다. 유랑극단처럼 때로는 바쁘고 고달프게 고궁과 사원, 박물관과 유적지, 공원과 사막, 시가지와 호텔 등을 거의 골고루 둘러본 셈이었다. 그중에서도 특히 인상에 남는 것은 카산에서 특별히 선정된 여류 구족 화가 하마미(Fetemeh Hammami)에게 '세계시민 자격증'을 수여한 것과 야즈드에 위치한 조로아스터교의 성지를 방문한 것이었다.

하마미는 일급 장애자인 젊고 아름다우며 재능 있는 여성이다. 곽영훈 회장은 지난 번 이곳을 방문했을 때 그녀가 세계시민의 자격이 충분히 있음을 간파했고 반드시 돌아올 것을 약속했으며 이번에 그것을 지킨 것이었다. 모름지기 세계시민이 되기 위해서는 모든 인간에게 감동을 주는 요소가 있어야 할 것인데, 곽 회장은 그녀가 그러한 조건을 갖추고 있다고 이해한 것 같았다. 하마미는 온갖 악조건과 불편을 딛고 일어나서 발가락 두 개만을 사용하여 훌륭한 작품을 그려냄으로써 모든 사람들을 감동시키는 자기계발에 성공했을 뿐만 아니라 생존을 위한 인간의 조건을 확장시켰고 동시에 순수하고 고귀한 영혼의 전형을 온몸으로 보여 주었기 때문이었다. 이곳 TV 방송국의 배려로 인터뷰가 진행되는 동안 나는 곽 회장이 새삼스럽게 낯선 사람처럼 여겨졌다. 어느 순간 그 자신의 옆모습에서 세계시민의 진정한 표상을 목격할 수 있었기 때문이었다.

이튿날 우리는 야자드를 향해 떠났다. 섭씨 40도에 가까운 불볕더위에 에어컨까지 고장난 차를 타고 거의 5시간 만에 그곳에 도착하였다. 땅거미가 짙어질 무렵 우리는 '불의 신전'이라고 불리기도 하는 성전인 아테슈카데(Ateshkadah)에 도착하였다. 주신의 상징인

파라바하르(Faravahar)가 독수리 형상으로 건물 정중에 높이 새겨져 있었다. 앞뜰에는 신전이 투영되는 넓고 둥근 연못이 있었고 층계를 올라가서 현관으로 들어가면 조로아스타 혹은 차라투스트라(Spitma Zarathustra)의 영정(影幀)과 불의 신전이 설치되어 있었다. 안내 책자에 의하면 유리로 차단된 조그마한 공간 안에서 타고 있는 불은 신의 불, 백성의 불, 노예와 노동자의 불 등 셋을 한데 모아 1530년 동안 타고 있다고 하는데 특수한 향나무를 태워 지속되고 있는 것이라고 하여 이 종교가 역시 '배화교'임을 실감나게 해주었다.

내가 특별히 이 종교에 관심을 갖는 이유는 그것이 다른 종교에 신학적으로 많은 영향을 미쳤기 때문이다. 일반적으로 '배화교(拜火敎)'로 알려져 있는 조로아스타 교(Zoroastrianism)는 어느 특정한 교주를 모시지 않고 불(火)을 숭배한다고 하여 동아시아권에서는 그렇게 부르기도 하지만 정작 신자들은 '예배교(Mazdayasna)'라는 표현을 선호한다고 한다. 심지어 중국에서는 그들이 야만적인 호인(胡人)임을 드러내기 위해 '천교(祆敎)'라고 부르기도 했다는 것이다. 그러나 이 종교에서 가장 강조하는 것은 유일신 사상에 기반한다는 점이다. 또한 그들의 내세관과 선악으로 대비되는 세계관 등은 직접적으로나 간접적으로 유대교나 그리스도교, 이슬람교뿐만 아니라 불교 등에까지 큰 영향을 미쳤다고 전해진다. 더구나 그러한 종교들이 공유하는 천사론, 종말론, 그리고 악마론에 나타난 선악 개념도 조로아스타교의 이원론을 모방한 것이라는 학설이 있다.

조로아스타의 성전인 『아베스타(Avesta)』는 3세기로부터 7세기 중반 사이인 사산(Sasanid) 왕조 시기에 집대성되었는데, 여기에 나타난 이원론은 우주를 선악의 원리로 설명하고 결국 선의 원리가 승리한다는 페르시아의 신화에 근거하고 있다. 이와 같이 궁극적으로 선과 광명의 세계를 구현하며 '지혜의 주'이기도 한 아후라 마즈다(Ahura Mazdah)라는 신을 신봉하는 신앙이다. 성전 안에 있는 전시물 중에 특히 '야스마' 33절의 한 구절이 인상적이었다. 차라투스트라의 언약으로 되어 있는 그 구절은 다음과 같다. "사악한 인간들의 계획을 좌절시키고자 생각, 언어, 행동, 그리고 무기를 사용하여 투쟁하는 자는, 그리하여 그들을 진리의 길로 인도하는 자는 아후라 마즈다에 대한 사랑에 힘입어 분명히 그의 뜻을 구현할 것이로다." 아케메네스 왕조 이후 한때는 페르시아 전역을 그리고 사산조 때는 조로아스터교 이외의 다른 종교는 모두 박해할 만큼 융성했었지만 중동 지역이 이슬람 화하면서 교세는 쇠퇴하여 오늘날에는 인도 뭄바이, 이란 야즈드, 그리고 아제르바이잔 등지에서 15만여 명의 신자들이 명맥을 유지하고 있다고 한다. 야즈드를 떠나며 사라져가는 모든 것에 대한 슬픔이 혹은 안타까움이 느껴졌다. 어쩌면 내가 촛불을 비롯하여 등잔불, 모닥불, 아궁이의 군불 등 온갖 종류의 불꽃을 언제인가부터 유난히 좋아하기 때문인지도 모른다.

IV

돌아올 때 우리는 곽영훈 회장 내외와 동행하였다. 귀국하는 비행기 안에서 상념에 젖어 있는 동안 온갖 풍광이나 여러 풍물들 못지않게 아직도 강하게 뇌리에 남아 있는 것이 있었다. 그것은 어디를 가나 어김없이 찾아볼 수 있는 단란한 가족들의 모습이었다. 어린이를 거느린 젊은 핵가족으로부터 노부모와 손자들로 이루어진 대가족에까지 어디에나 수많은 가족들이 사이좋게 모여 있었다. 공원에는 서너 가족들이 한데 어울려 피크닉을 즐기는 모습도 쉽게 찾아볼 수 있었다. 심지어 밤늦게까지 호텔의 분수가에도 가족들이 즐겁게 모여 놀고 있었는데 어린이들이 크게 소란을 떨지는 않았다. 그러한 풍경은 당연한 것같이 여길 수도 있지만 근엄하고 보수적인 나라라는 내 선입감 때문인지 흥미 있어 보였다.

나는 여전히 이란의 정치와 문화, 풍습이나 제도 등에 대해서 생소한 편이다. 그러나 그것이 어떠한 것이든 간에 전통적인 형태의 가족을 유지하고 보존하는 데 원동력이 되었다면 일단 존중하지 않을 도리가 없다. 가족은 어떤 문명권이나 문화형태에서든 항상 생존의 조건이었으며 삶의 거점이 되어 왔기 때문이다. 더구나 오늘날과 같이 많은 나라에서 독신으로 지내는 사람들도 늘어나고 이혼율도 높아져서 이른바 '가정의 위기'가 심각한 사회문제로 대두되고 있는 상황에서는 특히 소중한 가치가 아닐 수 없다.

그렇다면 오늘날 왜 가정이 위기인가. 여기에는 여러 가지 이유가 있겠지만 우선 과학기술이 발달해서 혼자 지내도 별로 어려움을 느끼지 않을 수 있다는 점을 들 수 있을 것이다. 그 다음으로는 현대를 풍미하는 개인주의적 자유주의와 사회주의적 평등주의의 인간관의 영향이 있다. 전자는 개인의 생물학적 주체성을 소중히 여기는 한편 후자는 사회의 유기체적 실체성을 강조한다. 그러나 잘 알려져 있는 바와 같이 사회가 상상력의 소산인 것처럼 개인도 추상적 산물에 지나지 않는다. 그것들은 다만 특정한 담론의 영역에서만 의미를 지닐 수 있을 뿐이다. 이에 비해서 가정은 어떤 의미에서 개인보다 더 구체적이고 사회보다 더 현실적이다. 그것은 생물학적이라기에는 너무나 사회적이고 사회적이라기에는 너무도 생물학적이어서 문화의 가장 원초적 단위라고 말할 수 있기 때문이다.

나는 아직 이란 여행의 여독에서 풀려나지 못한 상태이다. 그곳에서 우리 '한류 드라마'가 그들에게 대단한 인기를 누리고 있다는 소문을 들었다. 그중에는 전통적 가족의 소중함을 강조하는 것도 있지만 가정이 파편화되는 막장 드라마가 있다는 우려의 소리도 들었다. 그들이 외부의 영향에 너무 휩쓸리지 않고 산업화나 민주화의 속도를 적절하게 조절하여 소중한 가정의 가치를 지켜 나가기를 바라는 마음이 간절하다. 진정한 의미의 세계시민의 철학은 개인의 인권이나 국가의 위상 못지않게 가정 소중함도 부각될 수 있을 때 그 실마리를 찾을 수 있다는 생각을 해본다.

2부

성찰과 숙고

1. 돈의 가치론

I

돈은 우리에게 낯선 물건이 아니다. 돈은 인류가 물건을 다른 사람들과 교환하고 싶어졌을 때 처음으로 고안되었는데, 그 편리함이 확인되면서 보편적으로 통용되기에 이르렀다고 한다. 그러나 이제는 돈이 막강한 위력을 발휘함으로써 오히려 그 주인인 인간의 머리 위에 군림하고 있는 실정이다. 그것은 사회의 구석 어디에나 퍼져 있고 무슨 일이든 거의 다 해낼 수 있어서 그 권능이 신의 존재와도 비견될 정도이다. 사실 자본주의가 싹틀 무렵 돈이 점차 우상화되어 갈 때 은행들의 건축 양식은 고대 그리스의 신전을 모방하기도 했었다. 돈의 영어 표현인 'money'도 그리스의 여신 '모네타(Moneta)'에서 유래됐다고 하지 않는가.

돈이란 우리에게 무엇인가? 그것은 왜 우리들의 노예로 태어났으면서도 이제는 난폭한 주인으로 행세하게 되었는가? 이제는 정말 돈이야말로 우리들의 진정한 신이며, 은행이 성전이고, 재벌들이 사제의 역할을 담당하는 것일까? 도대체 돈의 정체는 무엇이며 우리들과의 바람직한 관계는 어떠한 것이어야 하는가?

돈은 일반적으로 상품을 교환할 때 쓰이는 수단인 동시에 가치의 척도로 알려져 있다. 그것이 이 역할을 제대로 수행하려면 사람들이 그 용도에 대해 우선 의견을 같이 하지 않으면 안 된다. 다시 말해서 금속이나 종이로 만들어진 돈에 일정한 가치를 부여하고 그 가치를 인정하기로 동의 혹은 약속을 해야 한다는 것이다. 이러한 약속이 이행될 때 돈은 비로소 그 기능을 발휘하기 시작한다. 돈을 축적할 때는 돈으로 통용되는 쇠붙이나 종이의 조각들이 쌓이는 것이 아니라 그 물건들에 인간이 부여한 보편적 가치들이 쌓이는 결과를 낳게 되는 것이다. 그러므로 돈의 진정한 가치는 '돈'이라는 사물에 담긴 인간의 가치가 되는 셈이다. 따라서 거기에 의미를 부여하고 선악과 호오, 빈부와 귀천을 따지는 것도 모두 인간인 우리들 자신이라고 할 수 있다. 과연 돈은 언제 어떻게 등장하였으며 그 본질은 무엇이고 돈에 대한 철학적 통찰은 어떠한 것인가?

II

돈의 역사에 관한 기록을 보면 기원전 16세기에 이미 중국에서 이동성이 좋은 물품이 돈으로 쓰였다고 하는데, 주로 희귀한 조개껍질을 사용했고 그것을 '자안패(子安貝)'라고 불렀다. 후에 왕망 시대에 이르러 경제 규모가 커지면서 더 적은 양으로도 가치를 나타낼 수 있고 이동과 휴대가 편리한 금속화폐가 등장하였다. 고대 페르시아에서도 비슷한 시기에 화폐가 등장하였는데, 이것은 돈의 역사가 선사시대를 막 지낸 역사시대와 비슷하다는 것을 의미한다. 고대 인도에서는 소머리가 돈으로 쓰였고, 이 소 돈은 소머리를 뜻하는 'capitu'라고 불렀다. 현대에 일인당 소득을 말하는 'per capita'나 자본(capital)이라는 말도 여기서 유래했다고 한다. 우리나라에서도 기원전 4세기에 '자모전(子母錢)'이라는 돈을 사용했다는 기록이 남아 있다. 2차 세계대전 당시 포로수용소의 포로들 사이에서 담배가 돈으로 자연스럽게 대체된 사실도 하나의 역사적 경험이라고 할 수 있다. 오늘날에는 지폐의 상당한 부분이 전자화폐로 대체되고 있는 현상이 나타나고 있다. 한 장의 카드만 가지고 있으면 결제가 편리하다는 이점 때문에 점점 더 많은 사람들이 이용하고 있는 추세이다. 앞으로도 전자화폐의 시장은 정보통신 기술의 발달과 함께 더욱 확대될 전망이다.

초창기의 철학자들은 그리스 출신의 이오니아인들로서 주로 소아시아 서해안의 밀레토스와 에페소스에서 등장하였다. 이 신흥 무역 도시들에서 그리스 문화는 오리엔트, 그 중에서도 특히 바빌로니아의 오래된 문화와 지식을 접하게 되었다. 이 지역에서는 일찍이 화폐 경제가 발달해 있었다. 화폐에는 여러 가지 의미가 있지만 철학적 관점에서 볼 때 그것이 어떤 공통적 측면을 지니고 있어서 모든 것을 측정하고 평가할 수 있는 단위의 역할을 한다는 사실이 중요하다. 그리고 이러한 사고가 이오니아학파의 자연철학자들을 배출하는 데 중요한 역할을 했을 것이다. 화폐를 통해서 사물들이 새로운 가치를 지니고 나타나듯이 자연도 어느 특정한 방식으로 측정되고 해석될 수 있다고 볼 수 있기 때문이다. 돈은 철학자들에게도 교환의 매개물이며 지불의 방편이고 가치의 척도 구실을 하므로 그 특성을 간과해서는 안 될 것이다. 그러나 이 시기에 철학자들은 대부분 돈을 부정적인 것으로 보며 사람들이 거기에 너무 매달려서는 안 된다고 가르쳤다.

철학의 시조인 탈레스는 잘 알려져 있는 바와 같이 철학자의 관심은 돈의 축적에 있지 않고 진리의 탐구에 있음을 강조하였다. 그는 어느 해 천문을 보고 올리브의 풍년이 다가 올 것임을 미리 알아내어 사람들에게 이 사실을 알려 주었으나 아무도 그의 말을 믿으려 하지 않았다. 그는 스스로 올리브를 수확하는 기구를 고안하여 이듬해 많은 돈을 벌 수 있었다. 사람들이 모두 부러워하자 탈레스는 번 돈을 모두 나누어 주며, "철학자는 마음만 먹으면 얼마든지 돈을 모을 수 있지만 나의 관심은 다른 데 있다."고 말했다는 것이다. 후에 소크라테스는 아테네 시민들이 너무 물질적인 재물이나 돈의 축적에 여념이 없음을 질타하고 자신에게 사형을 언도하여 독배를 마시게 한 그 「변명」의 법정에서 그는 이렇게 외친다.

> 나는 노소를 막론하고 그대들 모두에게 체면이나 재물에 대한 생각을 버리고 영혼의 위대한 개선에 몰두하는 것이 급선무임을 설득시키려고 돌아다닐 뿐이다. 덕은 돈에서 오는 것이 아니라 돈을 비롯하여 공적이든 사적이든 그 외에 온갖 좋은 것은 모두 덕에서 온다는 것을 말하고 있는 것이다.

돈보다 더 소중한 것이 있는데, 그것은 영혼을 정화하는 일이며 이것은 곧 덕성을 함양함으로써 가능하다는 것을 그는 설파하고 있는 것이다. 『니코마코스 윤리학』에서 아리스토텔레스도 돈은 '최고선(eudaimonia)'에 도달하는 수단일 뿐 삶의 목적이 되어서는 안 된다고 지적하였다.

돈이나 재물을 경원하고 매도한 철학자들은 이 밖에도 얼마든지 있다. 스토아학파의 에픽테토스(Epictetus)는 "돈은 부당하게 벌었으면 불경한 것이고 정당하게 벌었어도 부끄러운 일인데, 그것은 정당한 경우에도 유감스럽게 한 쪽으로만 인색"하기 때문이라는 것이다. "나는 불합리하기 때문에 믿는다."고 선언한 중세의 철학자 터툴리아누스(Tertulianus)는 "신에게 속하는 것 중에 돈으로 살 수 있는 것은 없다."는 점을 분명히 했고, 근대의 과학정신을 설파한 베이컨(F. Bacon)은 돈의 축적을 경고하여 "돈은 퇴비와 같아서 골고루 뿌리지 않으면 좋지 않다."고 경고하였다.

물론 철학자라고 해서 모두 돈을 무시하거나 재물에 대해서 무관심할 것을 설파한 것은 아니다. 특히 근대에 들어와서 철학자들도 돈의 본질에 관해 관심을 쏟기 시작하였으며 그 위력에 대해서 면밀하게 검토하기 시작했다. 염세주의 철학자로 알려진 쇼펜하우어(A. Schopenhauer)는 역설적으로 그 좋은 계기를 마련한다. 그는 특히 돈이 갖는 보편적인 가치에 관심을 기울였는데 그는 『삶의 가치』에서 이렇게 말한다.

> 다른 것들은 모두 단 하나의 소망, 단 하나의 욕구만을 충족시켜 줄 뿐이다. … 돈만이 절대적으로 좋은 것인데, 그것은 특정한 하나의 필요를 구체적으로 만족시켜 줄 뿐만 아니라 모든 것을 추상적으로 만족시켜 주기 때문이다.

쇼펜하우어는 돈의 본질이나 화폐경제에 대해서 체계적인 연구를 시도한 철학자는 아니지만 이러한 통찰은 후대의 사회철학자들에게 하나의 문제의식을 제공하는 것이다. 돈이 삶의 궁극적 목적에 적극적으로 개입하게 되는 현상을 그는 감지하고 있기 때문이다. 무엇보다 시장경제가 일종의 경제체로서 뿐만 아니라 보편적인 삶의 양식으로 정착되자 철학자들은 점차 돈의 위력에 대해 관심을 쏟기 시작했다.

III

잘 알려져 있는 바와 같이 마르크스(K. Marx)는 자본주의 시장경제를 본격적으로 비판한 인물이다. 무엇보다 그는 돈의 위력에 주목하며, 그의 『자본론』 제1편의 제3장에서 이 문제를 본격적으로 다룬다. 흥미 있는 것은 이 부분의 주석에 그가 문학 작품에서 돈에 관한 경구를 인용한다는 점이다. 가령 "금전은 인간의 순결한 심성을 타락시키며 염치없는 행위와 간악한 생각과 배신을 사람에게 가르친다."는 소포클레스의 말을 인용한다. 또한 그는 셰익스피어의 다음 말에 공감한다. "이 놈은 다 만들어 놓은 신앙도 부수어 버리며 저주받은 자에게도 축복을 주며, 문둥병자 앞에서도 절하게 만든다. 도적에게도 사회원로의 지위와 명예를 주며, 늙어빠진 과부도 시집가게 한다." 어떻게 이 모든 것이 가능하며, 시장경제 체제 아래서는 왜 그러한 현상이 심화되는가. 그는 이러한 문제에 관심을 가지면서도 정작 돈에 대해서는 매우 조심스러운 태도를 보인다. 1860년 마르크스는 그 궁핍한 상황에서도 "작가는 살아가고 글을 쓰기 위해서 돈을 벌어야지 돈을 벌 목적으로 살거나 글을 써서는 결코 안 된다." 고 어떤 친구에게 충고한 바 있다.

마르크스에 의하면 시장경제는 생산자가 자신의 자유의사대로 생산한 물건을 서로 평등한 조건에서 자유롭게 교환하는 공간이며, 따라서 개인이 주인이 되는 세상이다. 전통적으로 공동체를 구성하던 인간들은 모두 파편화되어 개인으로 흩어지고 각기 자신의 삶을 스스로 감당하며 살아가야 한다. 그러나 인간은 혼자 삶을 영위할 수 없고, 이웃과 타인의 도움을 필요로 하는 존재이다. 그러한 필요를 자본주의 사회에서는 시장경제의 형식으로 시장에서 교환을 통해 돈으로 조달한다. 사람이 필요한 것이면 무엇이든지 시장에서 살 수 있다. 생필품뿐만 아니라 사랑과 돌봄, 위안과 지식, 명예와 권력, 은총과 구원까지 모두 돈을 주고 시장에서 살 수 있다. 그러나 그 대가도 결코 과소평가해서는 안 된다.

마르크스에 의하면 시장경제는 전통적인 공동체를 해체하고 개인을 고립시켜서 불구로 만들었을 뿐만 아니라 돈을 매개로 한 교환관계를 통해서만 서로 연결될 수 있게 만들어 놓았다. 결국 돈이 새로운 공동체의 역할을 도맡고 인간 구실을 할 수 있는 전제가 되기 때문에 국가나 민족도 가상의 공동체로 전락하고 만다는 것이다. 그러나 돈 그 자체는 어떤 공동체 안에서 통용되는 약속의 산물이 아닌가. 마르크스는 초기 저술에서 "돈이란 인간의 노동과 존재의 소외된 실재이다. 즉 그 실재가 인간을 지배하고 인간은 그것을 섬기는 것"이라고 역설한다. 구조적인 면에서 그의 종교비판과 유사한 점이 발견된다. 여하튼 그의 자본주의 비판은 돈에 대한 이러한 인식에 근거해 있는 것이다.

독일의 사회철학자이며 문화철학자이고 사회학자이기도 한 짐멜(Georg Simmel)은 광범위한 영역에 걸쳐서 많은 저술을 남겼지만 체계적인 사상가는 아니었다. 그러나 그는 오늘날 시장경제가 보편화되면서 그의 『돈의 철학(*Philosophie des Geldes*)』이 새삼스럽게 주목을 받고 있다. 그에 의하면 경제적 교환행위는 사회적 상호작용의 맥락에서 파악할 때 가장 잘 이해할 수 있다고 한다. 그는 우선 금전 거래가 이전의 거래형식을 대신하게 되면 사회 구성원들 사이의 상호작용 형식에 중요한 변화가 생긴다는 사실에 주목한다. 돈은 잘 나누어질 뿐 아니라 조작하기도 쉽고 물건의 등가성을 정확히 계산할 수 있게 한다. 그것은 교환에 사용되는 다른 물건들, 가령 정교하게 만들어진 징이나 조개껍질 더미와 비교되지 않을 정도로 비인간적인 측면이 있다. 돈이 세상사에 있어서 합리적 계산을 확장시키고 현대사회의 특징인 합리화를 촉진시킨 이유가 여기에 있다. 돈이 사람들 사이를 연결해 주는 일반적인 매개물이 되면 다양한 감정들에 기초했던 인간적인 유대가 특별한 목적에 국한된 비인간적인 관계로 바뀌게 된다. 마침내 이전에는 질적으로만 평가되던 가치의 영역, 가령 친족관계나 심미적 인식, 종교적 신앙 등과 같은 영역에조차 이러한 추상적인 양적 계산이 침투하게 되는 것이다.

짐멜에 의하면 돈은 현대사회에서 여러 가지 긍정적인 기능도 수행한다. 그것은 교환 행위를 손쉬운 목적에 국한시키게 하기 때문에 인간의 자유를 증대시키고 사회 분화를 촉진시키는 역할을 하기도 한다. 말하자면 자발적으로 이루어진 "자연적" 집단들을 특정한 합리적 목적에 입각하여 설립된 집단들로 대치되도록 하는 것이 바로 돈인 것이다. 어디든지 금전 거래가 침투하게 되면 혈연이나 친족 또는 충성에 입각하여 이루어졌던 유대는 무너지고 만다. 이와 같이 현대사회에서는 돈이 가치의 표준이나 교환의 수단 이상의 의미를 지닌다. 그 기능은 경제적 차원을 훨씬 넘어서 합리성, 계산성, 비인간성 등과 같은 현대의 특성을 상징화하고 형상화하고 있는 것이다. 돈은 사물이나 인간들 상호간의 질적 차이를 없애 버린다. 이것은 '공동사회'에서 '이익사회'로 이행하는 가장 효과적인 메커니즘이기도 하다. 이러한 배경을 통해 계산성과 추상성 같은 현대의 특성이 감성과 상상에 우위를 두던 이전의 세계관을 압도해 버린 것이다. 짐멜은 "삶의 경제적 관계에서 정확성, 정밀성, 명확성은 삶의 다른 내용에도 영향을 미치는데, 이 영향은 화폐 제도의 확대에도 보조를 맞춘다."고 지적하며 이렇게 말한다.

> 돈이라는 동일한 근원으로부터 현대인의 다양한 특성이 흘러나온다. 화폐 경제는 일상적인 교류에서 지속적인 수학적 조작들의 필요성을 초래한다. 수학적 규정과 측량과 계산, 그리고 질적 가치로부터 양적 가치로의 전환이 수많은 사람들의 삶을 채우고 있다. 이것은 더 충동적이고 전체 지향적이며 감정적인 이전 시대의 성격에 반해서 확실히 근대의 이성적이며 계산적인 본질에 기여한다. 그래서 돈 계산이 생활영역 속으로 침투함으로써 훨씬 더 큰 정확성과 경계 설정이 심화되지 않을 수 없었다.

이와 같이 짐멜은 돈의 분석을 통해 역사인식과 문화비판을 동시에 시도하고 있는 것이다. 짐멜이 돈에 대한 통찰을 통해서 얻은 가장 중요한 결론은 돈이 신의 자리를 차지하고 있다는 사실이다. 중세인들이 신에 대해 취했던 태도의 상당한 부분이 현대인들의 돈에 대한 인식에서 추적할 수 있기 때문이다. 그에 의하면 "이 세상의 모든 다양성과 대립은 신 안에서 통일성을 이룬다는 점"에서 성립된다. 그는 이렇게 말한다.

> 존재의 모든 낯설음과 갈등이 신 안에서 통일성과 조화를 찾게 된다는 이념으로부터 기쁨, 안정감 및 모든 것을 포괄하는 감정이 유래한다. 그런데 이 감정은 신에 대한 표상 및 신을 소유한다는 확신과 함께 심화된다. 돈이 초래하는 감정들은 이러한 신 개념이 야기하는 감정들과 심리학적으로 유사하다는 것은 의심할 여지가 없다.

짐멜은 "돈이 개별적인 것을 넘어서고, 돈이 지닌 전능을 마치 유일한 최고 원리가 지닌 진리인 것처럼 신뢰하게 만든다."고 지적하며 이렇게 주장한다.

> 이 원리는 우리에게 개별적인 것과 비천한 것을 매순간 보존할 수 있게 하고 다시 이러한 것들로 전환할 수 있게 하는 원리이다. 돈의 소유가 허용하는 안정과 평온의 감정, 그리고 돈에서 가치들이 교차한다는 이러한 확신은 순수 심리학적으로 볼 때, 돈이 우리 시대의 신이라는 저 탄식에 깊은 근거를 제공한다.

짐멜의 이러한 통찰은 돈에 대한 피상적인 관찰을 근거로 해서 그것을 무시하거나 우상화하는 태도에 경종을 울리는 측면이 있다. 과학기술과 마찬가지로 단순히 생활의 도구가 아니라 하이데거적인 의미로 인식의 주관에 침투하여 사물을 열어젖히는 데 능동적으로 작용하고 있기 때문이다.

Ⅳ

오늘날 우리가 당면한 문제는 신의 권능에도 한계가 있듯이 돈의 위력에도 한계가 있음을 인식하고, 그것이 궁극적 목적인 것처럼 행동해서는 안 된다는 사실을 깨달음으로써 그 해결의 실마리를 찾을 수도 있을 것이다. 무엇보다 우리는 돈에 대한 광신적 태도를 경계하지 않으면 안 된다. 그것은 종교가 아무리 좋은 것이라도 광신자가 되는 것은 바람직하지 않은 이유와 같다. 오늘날 우리는 돈에 의해서 인간의 능력이 측정되고 인격이 평가될 뿐만 아니라, 인간관계도 돈에 의해서 통제되고 연결되는 경향이 있다는 사실을 주목하지 않으면 안 된다. 도덕적인 문제도 그 예외가 아니다. 케인즈(J. M. Keynes)도『고용의 일반이론』에서 이러한 점을 지적하고 있다. 그는 이렇게 말한다.

> 우리 시대의 도덕적인 문제는 돈에 대한 사랑과 일상생활에서 대부분 습관적으로 돈에 호소하는 것, 일의 일차적 목표로서 각자 경제적 안정성을 위해 보편적으로 진력한다는 것, 건설적인 성공의 수단으로서 돈을 사회적으로 인정한다는 것, 가정과 장래를 위한 필요 설비의 근거로 축적본능에 사회적으로 호소한다는 것 등과 관계가 있다.

만약 이것이 사실이라면 이 시대의 과학기술이 그렇듯이 돈을 무조건 경멸하거나 우상 숭배의 차원으로 과대평가해서는 안 될 것이다.

돈이 도덕적으로 문제가 되는 것은 비교적 분명하다. 돈 그 자체는 선한 것도 아니고 악한 것도 아니기 때문에 새로운 가치를 창출할 수 없음에도 불구하고 사람들은 그것을 축적함으로써 삶을 바람직한 것으로 만들 수 있다고 착각한다. 물론 돈은 추진력이 될 수 있고 또 효과적으로 수행하는 원동력이 될 수도 있다. 그러나 그것은 역시 과학기술과 마찬가지로 천국의 열쇠가 될 수 있지만, 그 열쇠로 지옥의 문도 열 수 있다. 그런데 '돈'이라는 열쇠는 어떤 것이 천국의 문이고, 또 어떤 것이 지옥의 문인지 분별할 수 없다는 것이다. 결국 그것은 돈을 가진 사람의 도덕력에 의해서만 규정되며, 이 도덕력은 돈의 축적에 의해서 강화되는 것이 아니라 오히려 약화되는 경향이 있음을 경계하지 않으면 안 된다. 이러한 상황에서 천국문을 찾기는 어렵다고 해도 지옥문을 피해 지나가는 바람직한 방법은 없을까.

전통적으로 유교문화권에서는 가족을 중요시하였으며, 그중에서도 부자(父子)관계를 특히 소중하게 생각했는데, 그것은 생물학적인 이유 못지않게 영생을 의미하는 종교 문화적 함축이 있었기 때문이다. 그러므로 재산을 주로 장자에게 상속했던 것은 극히 당연한 처사였다. 이러한 인식과 처사가 농경시대의 유기체적 인간관과 생물학적 수준으로서는 오히려 자연스러운 것이었는지도 모른다. 그러나 오늘날에는 원자적 인간관이 확산되고 자본주의적 시민사회가 급진적으로 발달하여 재물이나 돈을 바람직하게 쓰는 방식도 많이 달라졌다. 자유와 평등을 구가하는 민주주의 사회에서 유산을 분배하는 일이 쉽지 않을 뿐 아니라, 분쟁의 요소를 담고 있는 자식들에게 상속하는 일이 과연 바람직한 것인지의 문제가 제기되었기 때문이다. 요즈음 돈을 버는 것 못지않게 바람직하게 쓰는 것도 중요하다는 인식이 팽배해지고 있는 이유도 바로 여기에 있다.

돈을 바람직하게 쓰는 방안 중에 하나가 재단법인 제도이다. 법인에 돈을 출연하면 그 돈은 계속 남아서 그 목적대로 사용된다. 법인이라는 말은 법에 의해서 주어진 인격이라는 뜻이다. 법인에 한번 출연된 재산은 출연자가 되돌려 받을 수 없다. 심지어 법인이 해산돼도 유사한 목적의 법인에 출연하는 방법 외에는 모두 국고에 귀속된다. 이러한 인식에 입각하여 미국의 재단은 눈덩이처럼 불어나고 있다. 벌써 지난 세기 말 60만 개 정도의 자선 단체들이 활동하고 있는 상황이라고 한다. 영국에서도 한 해 기부금이 국방비를 능가한다. 그 밖의 선진국에서도 비영리부분은 갈수록 확대되고 있다. 이러한 현상은 선진국의 한 징표임에 틀림없다. 다행히 우리나라에서도 전경련에서 1% 클럽을 만들었고 웬만한 기업마다 사회공헌 프로그램을 만들고 있다. 이른바 '특권자의 의무' 정신에 입각하여 각계의 지도층 인사들이 다양한 사회 환원과 사회봉사에 참여하는 것도 매우 고무적인 일이다.

그러나 곰곰이 생각해 보면 각 분야에서 돈이나 재산의 축적에 성공한 사람들은 그 의도가 어떠하든 여러 가지 방식을 통해서 사회로 환원할 의무가 있는 것도 사실이다. 시장경제가 활성화 되고 정치적 민주화가 확산되기 이전에는 이러한 의무가 구체화되거나 절박하게 느껴지지는 않았다. 비록 계급적 불평등이 있었지만 지난날에는 작은 공동체를 중심으로 오순도순 품앗이나 계와 같은 갖가지 형식으로 이웃끼리 서로 돕는 지혜를 발휘하였다. 그러나 도시화를 거친 시민 사회에서는 이러한 분위기를 유지하기가 어려워졌다. 도시에서는 수많은 사람들이 한 지역에 집중하여 살다 보니 배경이 다르고 이름도 모르며 특별한 일이 없으면 서로 어울려 지낼 여유가 없는 관계 속에서 살아가게 마련이다. 이러한 상황에서 이미 지적한 바와 같이 돈의 등장과 화폐경제가 발달함에 따라 개인의 파편화 현상이 더욱 가속화되었다.

근대화된 시민사회에서는 자유와 평등을 구가하며 다양한 방식으로 재산과 돈을 축적하는 것이 보장되어 있기 때문에 능력과 기회, 혹은 행운에 따라 그만큼 많이 축적할 수도 있는 것이다. 그러나 이러한 구조적 한계 때문에 상대적으로 빈곤층이 늘어날 수밖에 없다. 물론 대부분의 부자들도 열심히 정당한 방법으로 일했겠지만 같은 방식으로 일했는데도 불구하고 불운했던 대다수의 빈곤층에 대해서 책임감을 느껴야 하는 이유가 여기에 있다. 그러한 책임을 절감하고 자신의 권리를 행사하기 위해서가 아니라 의무를 이행하기 위해 막대한 재산을 사회에 환원한 예를 우리는 주위에서 얼마든지 찾을 수 있다.

가령 카네기(Andrew Carnegie)는 이른바 '철강왕'으로서 엄청난 돈을 벌었다. 그 과정에서 못할 짓도 많이 한 기업인으로 악명도 높았다. 종업원에게는 지나치게 인색했고 때로는 불법도 마다하지 않았다. 그러나 그는 그 큰돈을 사회공익에 바쳤다. 수천 개의 공공도서관을 지었고 재단을 만들었으며 그 재단에 엄청난 재산을 출연해 이 재단이 세계평화와 인권을 위해 지금도 막대한 일을 수행하고 있다. 카네기는 가고 그의 사업도 갔지만 그의 돈은 여전히 남아서 인류를 위해 지금도 유익한 일을 해내고 있다. 그는 돈을 존중하고 귀하게 여겨 마침내 영생을 얻은 셈이다. 다행히 현대의 '카네기'들은 기하급수적으로 늘어나고 있다. 그러나 유교적 발상도 비현실적이라거나 단순한 허구는 아니다. 우리는 지금 영생을 얻는 방법에 있어서 어느 것이 과연 더 바람직한 것인지를 선택해야 하는 기로에 서 있다.

V

우리가 시장경제를 외면할 수 없다면 이 경제 체제의 근간이 되는 돈의 본질을 정확하게 이해하지 않으면 안 된다. 우리는 흔히 돈에 의해서 객관적 가치가 상품적 가격으로 무리하게 측정되는 현실을 개탄하고 있다. '가치'가 철학의 중요한 과제 중에 하나라면, 그리고 이 개념을 급격하게 변질시켜서 마침내 '가격'의 개념과 혼동하게 하는 요소가 역시 돈이라면, 우리는 돈의 기능과 그 중요성에 대해서 좀 더 진지하게 접근하고 면밀히 검토하지 않으면 안 될 것이다.

잘 알려진 바와 같이 벤담(J. Bentham)은 양적 공리주의를 제창한 적이 있다. 이른바 '쾌락계산'의 기준과 방법을 제시하여 삶의 궁극적이며 질적인 가치로 인식되던 행복을 심리학적으로 양화하는 기틀을 마련하고자 했던 것이다. 밀(J. S. Mill)은 그러한 시도를 비판적으로 수용하여 행복을 양화하는 데 한계가 있음을 지적하였다. 그는 인간의 '품위감'에 호소하여 행복에 질적 가치의 영역이 있음을 역설하였으나, 그렇게 함으로써 그가 쾌락주의자로서 일관성을 유지할 수 있는지는 여전히 의문시되고 있다. 이와 유사한 탐구가 돈의 본질에 대한 분석에 대해서도 시도되어야 할 것이다. 돈이 신이나 행복을 대체할 수 있는 궁극적 목표가 아니라면, 그리고 신이나 행복이 함부로 양화할 수 없는 질적인 개념이라면 그것을 좀 더 설득력 있게 제시할 수 있는 입론을 마련해야 할 것이다.

한편 우리는 돈이 바람직한 삶을 위한 하나의 방편이나 도구일 뿐이라고 주장한다. 만약 이것이 사실이라면 그것을 제대로 관리하고 그 도구의 노예가 되지 않도록 조심해야 한다. 주인이 불필요하게 많은 하인을 거느리고 제대로 관리하지 않으면 어느 날 그들은 반드시 불만을 터트리고 반항하게 될 것이다. 그러므로 돈은 반드시 필요한 만큼만 지니는 것이 바람직하며 그것도 제대로 관리할 필요가 있다. 돈은 잘 버는 것보다 잘 쓰는 것이 더 중요하다는 말을 진지하게 음미할 필요가 있다. 그것은 돈을 우상으로 여기는 사람들에게도 마찬가지일 것이다. 만약 돈이 어떤 사람의 우상이라면 함부로 낭비하거나 그릇된 목적으로 사용하지 말고 정중하게 모시고 그것으로부터 진정한 의미의 은총과 축복을 기구하도록 해야 한다.

맹자(孟子)는 잘 알려진 바와 같이 정치의 비법을 묻는 등문공에게 「등문공(滕文公)」 상 3에서 '항산(恒産)'에 '항심(恒心)'이 있다고 가르친다. 백성들은 일정한 생활 근거가 있으면 한결같은 마음을 지니고, 그러한 근거가 없으면 불안해하고 사나와진다는 뜻이다. 그는 또한 이것이 일반 서민의 경우이지 선비의 경우는 예외에 속한다고 지적한다. 그는 「양혜왕」 상 7에서 선비는 항산이 없어도 모름지기 항심을 지녀야 하며, 또 그러한 경향이 있다는 것이다. 아마 이것은 봉건주의 시대의 농경사회에서나 가능할지 모른다. 따라서 그의 경제론은 그 시대의 경제론일 뿐 그것을 오늘날 액면 그대로 적용하기는 어렵다.

여하튼 이러한 당위론이 욕망을 극대화하고 무한경쟁을 부추기는 자본주의시대의 시민사회에서 공허하게 들리는 이유가 무엇일까? 우리는 진정한 의미의 서민도 없고 선비도 없는 과학기술시대의 자본주의 사회에서 이러한 경제론을 강변할 것이 아니라 이 시대에 걸맞는 새로운 이론을 탐색하지 않으면 안 된다. 그러나 이 시대의 경제론은 맹자의 경우와 같이 경제학자들만의 전유물이 아님을 염두에 두어야 한다. 돈의 본질에 대한 탐구가 경제학의 문제만이 아니기 때문이다. 그것은 현대의 문화와 문명 전반에 대한 탐구라는 것이다.

2. 웃음의 미학

1

요즈음 사람들은 유난히 웃음에 대해서 관심을 많이 보인다. 인간이 생겨나면서부터 생각하는 능력과 함께 웃는 능력도 나타냈음에도 불구하고, 사유나 이성에 관한 관심과 연구는 많아도 해학과 감성에 관해서는 상대적으로 소홀했던 것이 사실이다. 아마 그동안 '웃음'을 가볍고 천박한 것으로 여기고 진지한 태도를 보이지 않은 이유 중 하나는 인간이 '이성적' 동물이라는 고정관념 때문이기도 할 것이다. 기독교나 유교적 전통을 비롯해 인간이 인간다우려면 감정이나 정서를 억제하고 지성이나 사유의 능력을 극대화하지 않으면 안 된다는 입장이 깊은 영향을 미쳐 온 것이 사실이다. 웃음은 이러한 능력과 대비되는 기분이나 정서의 표현이기 때문에 외면 받아온 것인지도 모른다. 그렇다면 오늘날 웃음의 중요성을 유난히 부각시키는 것은 이성 못지않게 감성이 인간의 삶에서 소중하리라는 것을 인식했기 때문일 것이다.

오늘날 사람들은 삶의 의미를 음미하기보다는 현세적인 행복의 추구에 더 급급해 하며, 사유에 침잠하기보다는 순간적인 쾌락에 집착하는 경향이 있다. 그러므로 종교는 기복 신앙으로 기울고 심리학이나 의학 혹은 생명과학 등은 쾌락의 메커니즘을 규명하는 데 열중하며, 윤리나 도덕도 의무의 이행보다는 행복의 극대화를 더 강조하는 추세이다. 이러한 상황에서 심미적 가치의 중요성이 부각되고 예술의 영역이 확대될 뿐만 아니라 일상생활에서 보편화되는 것은 오히려 당연한 현상이라고 보아야 할 것이다.

II

철학은 사물의 본질과 현상의 구조를 합리적인 차원에서 궁극적으로 다루는 학문이기 때문에 웃음이나 희극성에 관해서 체계적인 접근을 시도한 흔적이 별로 보이지 않는다. 거의 모든 분야와 영역에 걸쳐서 철학적 탐구를 펼쳤던 아리스토텔레스조차 웃음을 추함의 일종으로 보고 그것을 예술 철학에서 다루어질 심미적 감정의 표현으로 그의 『시학』에서 간단히 언급하였을 뿐이다. 니체가 잘 지적한 대로 아폴로적인 전통을 통해 전개되었던 서양철학이 희극성을 중요시하는 것도 이성 강조의 전통에 비추어 볼 때 이해할 수 있는 일이다. 그것은 그리스 신화에서 디오니소스적인 전통에 따라 체계적으로 설명되기보다는 서사시적으로, 혹은 희곡을 통해서 '표현'되었을 뿐이다.

이와 같이 철학자들은 직접적으로 희극성이나 웃음의 본질을 탐구하지는 않는 경향을 보여 왔다. 그러나 그들이 웃음을 온몸으로 체득하여 유머나 위트의 형태로 일상사에 표현한 예는 결코 드물지 않다. 서양에서는 소크라테스가 그 대표적인 예라고 할 수 있다. 그가 청년들을 잘못 가르치고 국가가 모시는 신을 모독한다는 이유로 독배를 마시고 처형되었다는 것은 널리 알려진 사실이다. 그는 친지들의 권유를 뿌리치고 탈옥을 거부하였으며, 자율성과 합리성과 도덕성의 소중함을 실감하여 스스로 당당한 죽음을 택함으로써 최초의 철학적 순교자로 추앙받는 인물이기도 하다. 그러나 그 순간에도 그는 제자에게 농담을 건네는 여유를 보였다.

소크라테스는 자기가 그러한 이유로 일흔이 된 나이에 죽게 된 것은 오히려 행운이라고 제자들을 타일렀다. 그러나 어린 아폴로도로스는 슬픔을 이기지 못하고 울먹이며, "제가 슬퍼하는 것은 스승

님이 부당하게 돌아가신다는 사실 때문입니다!"고 외쳤다. 그러자 소크라테스는 어린 제자의 머리를 쓰다듬고는 활짝 웃으며 부드럽게 말하였다. "지극히 아끼는 아폴로도로스여, 그대는 내가 부당하게 죽지 않고 정당하게 죽기를 바라는가?" 크세노폰이 그의 『회상(*Memorabilia*)』에서 전하는 이 농담은 극히 일부에 지나지 않는다. 소크라테스가 삶의 지혜를 터득한 철인으로 널리 알려지기까지 그는 여러 분야에서 많은 경험을 쌓았다고 알려졌다. 부친의 과업을 물려받아 석공으로 일한 적도 있고, 친구인 에우리피데스와 함께 비극 작품을 쓰기도 했으며 물리학자인 아르켈라오스의 제자가 되어 우주의 여러 현상을 탐구하는가 하면 아테네에서 수사학을 가르치기도 했다고 한다.

그러나 세상의 모든 물리적 현상으로부터 시선을 인간의 내면으로 옮긴 후부터는 때와 장소를 가리지 않고 사람들과 대화를 나누면서 인간의 내면을 탐구하고 영혼을 정리하는 데 몰두하였다. 광장에서건 장터에서건 그는 사람들에게 묻고 토론하는 것을 좋아하였으며 또 그것으로 소일하곤 하였다. 그는 토론이 격렬해질 때마다 주먹을 불끈 쥐고 삿대질을 하는가 하면 자신의 머리카락을 쥐어뜯기도 하였다. 그 모습을 보고 사람들이 웃음을 터뜨려도 그는 개의치 않았다. 그러던 어느날 구경꾼들 중 하나가 그의 옆구리를 걷어찼다. 그를 미친 사람으로 취급했던 것이다. 그러나 소크라테스는 안색 하나 변하지 않고 태연하였다. 곁에 있던 사람이 놀라며 왜 그 자를 고소하지 않느냐고 묻자 그는 담담하게 반문하였다. "어떤 당나귀가 뒷발로 나를 걷어찼다고 합시다. 내가 그 당나귀를 고소해야

겠소?"

소크라테스 외에도 철학사에는 유머와 위트를 함께 구사하며 농담을 즐긴 철학자들이 많이 등장한다. 소크라테스의 후예들도 분명히 아폴로적인 측면과 디오니소스적인 측면으로 나누어진다고 볼 수 있다. 플라톤이나 아리스토텔레스는 전자에 속하지만 아리스티푸스나 에피쿠로스, 디오게네스 등은 후자에 속한다고 할 수도 있다. 중세에는 기독교의 영향을 받아 철학자들이 비교적 진지하고 엄숙한 태도를 보였지만 근대에 들어오면서 그 양상이 달라진다. 계몽주의 시대에는 위트가 돋보였지만 낭만주의 시대로 옮겨오면서 유머가 두드러진다. 볼테르나 루소, 특히 자기 자신에게 엄격하기로 유명했던 칸트도 기지에 찬 농담을 잘하여 파티 석상에서 귀부인들에게 인기가 있었다고 알려져 있다. 현대에 들어와서 저명한 철학자 중에 하이데거나 듀이는 진지한 면모를 보였지만 러셀과 사르트르는 재기가 발랄하여 재담을 많이 즐겼고 또 그러한 방법으로 청중이나 독자들에게 즐거움을 주었을 뿐만 아니라 영감에 가득 찬 깊은 지혜를 전하기도 하였다. 이들에게 웃음은 철학적 탐구의 주제는 아니었으나 부분적으로는 그 방법의 역할을 했던 것이다.

III

웃음이란 무엇인가. 우리는 어떤 상황에서 왜 웃으며, 어떤 웃음을 웃는 것일까, 웃음에도 종류와 품격이 있는 것일까? 웃음을 자아내게 하는 유머(humor)는 익살이나 해학, 혹은 기분, 기질 등을 뜻하며 원래 고대에는 생리학적 용어로 쓰였는데, 인체에 흐른다는 혈액, 점액, 담즙, 흑담즙 등 네 종류의 체액을 의미하였다고 한다. 당시에는 이들 체액들이 어떻게 배합되었는지에 따라 사람의 체질이나 성질을 결정한다고 생각하였고, 후에 이 말은 기질이나 기분 혹은 변덕스러움 등을 뜻하게 되었는데, 다시 바뀌어 인간의 행동이나 언어, 문장 등이 갖는 웃음의 뜻, 그리고 그러한 웃음을 인식하거나 표현하는 능력의 뜻까지 붙게 된 것이다.

비슷한 말에 위트(wit) 혹은 기지(機智)가 있으나 이것은 주로 지성적인 능력인 데 비해 유머는 동정을 수반하는 정서적인 작용을 포함하고 있으며, 그만큼 인간이 지닌 숙명적인 비애를 느끼고 또 느끼게 만드는 데 그 특색이 있다. 그러므로 그것은 높은 곳에서 초연한 태도로 내려다보며 인간의 어리석음을 비웃는 웃음이 아니라 그 어리석음에 쓴웃음을 지으며 그것이 자신을 포함한 인간 족속의 슬픈 천성이라는 데에 연민과 애정을 던지는 다소 복잡한 웃음이다.

이러한 웃음의 본질이나 희극성을 이론적으로 체계화하는 것은 결코 쉬운 일이 아니다. 그러나 철학자들도 이 주제에 전혀 무관심했던 것은 아니었기에 웃음에 관해 이론들도 등장하였다. 그러나 그 어느 이론도 웃음에 대한 포괄적 이론이라고 말하기는 어렵다. 웃음을 자아내게 하는 상황은 매우 다양하고 이에 따라 그 유형 역시 다양하기 때문에 이것을 효과적으로 설명할 수 있는 다른 이론이 있게 마련인 것이다. 그것을 대체로 정리하면 우월론, 불일치론, 해방감론 등이 있다.

우월론은 홉스(T. Hobbes)가 제창한 것으로 웃음은 다른 사람의 언행에 대해서 갑작스러운 자만심이나 흡족감을 느낄 때 터져 나온다는 입장이다. 무대에서 광대들의 행위를 볼 때 터져 나오는 것과 같은 웃음을 이 이론은 잘 설명해 준다. 이 이론을 극단적으로 밀고 나가 우리가 '신의 관점'에서 바라볼 때 세상만사는 모두 웃음거리에 지나지 않게 된다. 소크라테스를 비롯한 철학자들의 위트와 유머는 주로 이러한 기반을 갖고 있었다고 말할 수 있으며 세르반테스의 돈키호테나 마크 트웨인의 풍자소설에 등장하는 웃음도 이런 종류에 속한다고 볼 수 있다. 그러나 유머가 자신의 우월성을 확립함으로써 남을 비하하는 데서만 비롯한다고 보기는 어렵다. 가령 예기치 않았던 생각이 제시될 때도 우리는 웃음을 터뜨릴 때가 있다.

불일치론은 웃음이 예기치 않게 전혀 다른 관념들이 부딪치게 됨으로써 촉발되는 현상이라는 이론이다. 칸트의 표현을 빌리자면 "긴장된 예상으로부터 아무 것도 아닌 것으로 전환됨으로써" 생기며 여기서 생기는 시간적 불일치는 "좌절된 예상"에서 비롯된다. 주로 말장난에 속하는 농담이 이 유형에 속하지만 쇼펜하우어가 지적하듯이 "이성의 엄격하고 끈질긴, 그리고 귀찮은 참견에 저항하는 측면을 잘 설명해 준다.

끝으로 해방감론은 특히 유머를 잘 설명하는데 사회적 억압이나 긴장감으로부터 해방되어 갑자기 안도의 숨을 돌리고, 때로는 본능적 욕구가 충족될 때 웃음이 터져 나온다는 이론이다. 이 이론에 가장 크게 공헌한 인물은 프로이트로서 그는 농담과 꿈의 기본적인 상관관계를 제시하기도 하였다. 독단적인 지배자를 향해 농담을 한다든지 음담패설을 나눌 때 터져 나오는 웃음은 이 이론을 잘 설명한다고 볼 수 있다.

이러한 이론들은 웃음의 몇 가지 측면들을 잘 설명해 주지만 여전히 웃음에는 신비한 요소들이 많이 남아 있다. 현대 철학자 중에는 베르그송(H. Bergson)이 이 주제를 비교적 심도 있게 다루었는데,『웃음: 희극성의 의미에 관한 시론』에 잘 나타나 있다. 그는 여기서 희극적인 것을 설명하면서 이 시대의 기계 문명이 창출한 경직성을 해소하는 수단으로서 웃음이 갖는 중요성을 강조한다. 그는 희극의 예를 들어, "희극적 인물이 자기의 생각을 기계적으로 따라간다면 결국 꿈을 꾸는 것처럼 언행을 하는 것"이라고 지적하며 이렇게 주장한다.

> 사물이나 사람과 계속 관계를 유지해 나가고, 있는 것만 보며 지금의 실제 상황만을 생각하는 것은 지적인 긴장을 유지하려는 끊임없는 노력을 요구하는 일이다. 양식이란 이와 같은 노력 자체이며 노동이다. 그러나 실제 상황에 대해서는 흥미가 없으면서도 그 이미지는 여전히 지각하며 논리와는 절연하면서도 관념을 짝 맞추는 일을 계속하는 것은 단순히 놀이이거나 게으름이라고 할 수 있다.

그는 이어 이렇게 말한다.

> 그러므로 희극적 부조리는 우선 관념의 놀이라는 인상을 준다. 이것을 보면서 갖게 되는 최초의 충동은 이 놀이에 함께 어울리고자 하는 것이다. 이렇게 되면 우리는 사고하는 피곤함으로부터 편히 쉴 수 있게 되는 것이다.

그러나 웃음의 중요성을 너무 부각시킴으로써 웃음이 가져다 주는 폐해, 그중에서도 특히 이성적이고도 합리적인 판단을 흐리게 하는 요소가 있음을 간과하는 경향이 있다. 웃음은 분명히 삶에서 윤활유가 되겠지만 윤활유만 가지고는 기계가 돌아갈 수 없음을 간과해서는 안 될 것이다. 종교에서 웃음과 어느 정도 거리를 유지하는 이유도 여기에 있을 것이다.

IV

최근에는 웃음과 즐거움이 행복과 어떤 관계에 있는지에 관해 심리학적 연구가 활발히 진행되고 있는 듯하다. 때로는 "웃으면 복이 온다."는 결론에 도달하기도 한다. 우리는 즐거울 때 웃게 되지만 웃으면 즐거워진다는 것도 또한 사실이다. 심리학적인 영국의 홀든(R. Holden)은 "행복 설계 프로그램"이라는 실험에서 이러한 사실을 입증해 보였다. 그는 불행하다고 생각하는 사람들이 다시 행복해질 수 없는지 의문을 제기하고, 사람들을 모아 프로젝트에 참가시켰다. 상황이 바뀐 것은 아무 것도 없고 집에서는 즐거운 일이 없어도 거울을 보며 웃게 했다. 그러나 그들은 변하기 시작했다. 그것은 단순한 변화가 아니라 인생이 달라지기 시작한 것이다. 6개월 후 참여자들의 행복지수는 몰라보게 높아졌다.

이 프로그램에 따르면 사람들은 먼저 카페트 위해 편안히 눕는다. 그들은 강사의 지시에 따라 먼저 몸을 이완시키고 상상에 들어간다. 거울을 보며 웃고 있는 자신의 모습을 상상하는 것이다. 즐거운 상상은 곧 그들로 하여금 미소 짓게 한다. 녹음기에서 흘러나오는 웃음소리는 금방 전염된다. 이 프로그램의 핵심은 행복을 설계하는 도구로 웃음을 이용한다는 점이다. 물론 행복은 심층적이고 복잡한 개념이기 때문에 웃음을 도구로 이용할 수 있을지에 대해서는 의문을 제기할 수 있으나 즐거움과 유기적인 관계가 있다는 사실에는 의문의 여지가 없다. 이러한 관계를 좀 더 명료하게 규명하기 위해서는 웃음의 본질에 대한 철학적 탐구가 더 진행되어야 할 것이다. 그러나 그러한 탐구를 진행하기 전에 소크라테스처럼 세상을, 그리고 자신의 삶과 죽음조차도 유머러스한 눈으로 바라보는 것이 더 중요하다.

3. 무지의 인식론

1

인류 역사상 인간이 오늘날과 같이 많은 것을 알게 된 적은 없었을 것이다. 그것은 뒤집어서 생각하면 이제 우리에게 모르는 것이 그만큼 줄어들었다는 것을 의미할 수도 있다. 그동안 우리가 이미 알고 있는 것에 그냥 만족해 있었다면 이러한 성과를 거두기는 불가능했을 것이다. 공자나 아리스토텔레스가 지적했듯이 지적 호기심을 충족시키는 것 그 자체가 즐겁기 때문이든 좀 더 편리하고 안락한 삶을 추구하기 위해서이든 우리는 그동안 끊임없이 지식을 추구해 왔고 오늘날 그것을 어느 정도 성취하고 또 활용하게 된 것이다. 프로메테우스가 인간에게 불을 전해준 이후 이제 우리는 그리스의 신들이 스스로 놀랄 정도로 엄청난 성과를 거두었다고 말할 수도 있다.

그러나 한편 우리는 지금 우리가 알고 있는 것에 결코 만족하는 것 같지 않다. 세계와 자기 자신에 관하여 알면 알수록 더 많이 알고 싶고 그것을 응용하여 생활이 편리해질수록 오히려 더 편리해지기를 바라고 있으니 말이다. 아마 이것이 지식과 행복이 정비례해서 증진되는 것은 아닌 이유라고 해도 좋을 것이다. 여기서 우리는 지식을 계속 확장하는 것이 과연 바람직한 것인지에 대한 의문을 갖게 된다. 감당하기 어려운 지식을 무분별하게 남용하는 대신 이미 알고 있는 것을 다시 음미하고 그것이 의미하는 것을 반추해 볼 필요가 있다는 것이다. 더 나아가 우리가 지니고 있는 명백한 무지(無知)에 관하여 성찰함으로써 그것을 체계적이고 구체적으로 줄여가도록 노력하는 것이 더 바람직한 것이 아닌가 하는 생각을 해보게 된다.

UNESCO에서는 최근에 "철학 포럼"을 개최하고 저명한 철학자들의 견해를 모아 소책자를 발간한 적이 있다. 이 책의 서문에서 사무총장이던 마이어(Federico Mayer)는 우리가 "계산하기와 읽기와 쓰기를 배우면서, 말하자면 총명과 기억 속에서 산화된 것들을 모두 배우면서 그동안 잃어버린 것을 복구하려는 것"이 목적이라고 지적하였다. 그는 또한 여러 학문들이 국제적으로 협력함에 있어서 역설적으로 그만큼 무지의 영역이 증대되고 있다는 사실을 의식하는 것이 중요하다고 역설하였다. 그것은 이른바 "지식의 성전"에서 어떤 대가를 치르고라도 그것을 확장하는 것이 능사가 아니라는 것을 함축하기도 한다. 우리가 지식 못지않게 무지에 관해서도 관심을 갖고 진지한 자세로 그것을 탐구하는 자세로 임해야 하는 이유가 바로 여기에 있다.

II

그리스 신화에 의하면 올림포스의 신들과 티탄 족이 싸울 때 티탄 족에 속하는 프로메테우스가 제우스를 도와서 큰 공을 세웠다고 한다. 그 대가로 그는 만물을 창조하는 임무를 맡게 되었는데 너무나 바쁜 나머지 인간을 제대로 돌볼 틈이 없었다. 그동안 일을 거들던 동생 에피메테우스가 다른 동물들에게 모든 능력을 나누어 주었던 것이다. 그 결과 인간은 똑바로 서서 걸을 수 있을 뿐, 사자처럼 빨리 달릴 수도 없고 독수리같이 날카로운 발톱도, 거북이처럼 단단한 등껍질도 없으며 다른 짐승들처럼 몸을 가릴 털가죽도 없는 나약한 존재가 되고 말았다. 프로메테우스는 이러한 처지를 딱하게 여겨서 하늘에 올라가서 불을 훔쳐다가 인간에게 주었던 것이다.

프로메테우스가 인간에게 불을 전해 주었다는 것은 넓은 의미의 '지식'을 전해 준 것이라고 해석할 수 있다. 그가 전해 준 불씨가 점점 크게 점화되어 마침내 원자력을 비롯한 각종 에너지로 발전하였으며, 그것을 확대 해석하면 간단한 원시적 점화의 방법으로부터 오늘날의 첨단과학기술로 진화했다고 볼 수도 있기 때문이다. 영국의 시인 바이런(G. G. Byrun)은 그를 찬양하여 이러한 시를 남겼다.

> 티탄이여!
> 인간의 현실이 아무리 비참하다고 하더라도
> 신들이 함부로 능멸하지 못하게 했던
> 불멸의 눈을 가진 이여!
> 그 연민의 보상은 무엇이었던가!
> 침묵의 격한 괴로움, 바위, 독수리, 그리고 쇠사슬
> 그것은 굽힐 줄 모르는 자가 받는 괴로움의 전부일 뿐
> 보이지 않는 번민, 숨 막힐 듯 슬픈 사념
> 그대, 신으로서의 죄목은
> 인간에게 애정을 가졌던 일이었다.
> 그것은 그대가 건네 준 지식으로
> 인간의 비참함을 줄여주고
> 인간을 자신의 힘으로 강화시킨 일이었다.

프로메테우스는 인간으로 하여금 나약한 짐승의 지위를 벗어나서 만물의 영장으로 변신할 수 있는 계기를 마련해 주었다. 그리하여 마침내 그는 아킬레우스를 비롯한 호메로스의 영웅들을 탄생시키는 데 결정적인 역할을 하기도 하였다. 그러나 그는 인간이 그 '불' 혹은 지식을 단순히 편리한 삶뿐만 아니라 인간으로서 좀 더 바람직한 삶을 살 수 있도록 가르쳐 주었는가. 우리가 아는 것이 많아짐에 따라 그만큼 모르는 것도 더 많아지며 삶이 더욱 위태로워질 수 있다는 그 역설을, 지식의 확장보다 무지에 대한 자각이 오히려 우리의 삶을 풍요롭고 고귀하게 만들 수 있다는 그 진리를 설파한 적이 있는가.

아마 프로메테우스는 '무지의 자각'이라는 지혜를 인간이 스스로 터득할 수 있도록 숙명적 과제로 남겨 두고 싶었는지도 모른다. 그리고 그것은 잘 알려져 있는 바와 같이 소크라테스에 의해서 인식되고 실천에 옮겨졌으며 철학적 사명으로 승화되기도 하였다. 그는 델포이의 아폴로 신전에 새겨져 있던 "너 자신을 알라"란 경구를 무지의 자각이라는 맥락에서 이해했을 뿐만 아니라 그것을 다시 영혼의 정화를 통해서 바람직한 삶을 살 수 있는 단초로 삼았던 것이다. 자기 분수를 알고 신 앞에서 겸허한 자세를 취하라는 뜻에서뿐만 아니라 세속적 영달보다는 내면적 성찰의 삶을 사는 것이 참으로 소중함을 가르쳤던 것이다.

플라톤의 대화록 중에 「라케스」는 소크라테스가 생존해 있을 때 썼을 것이라는 추측이 나올 정도로 사실적으로 묘사되어 있다. 그가 인간의 태도를 탐구하는 방식도 매우 선명하게 드러나 있다. 오로지 질문하는 자로서만 남아 있어서 질문을 던지고는 그에 대한 대답을 음미할 뿐 그 자신은 어떤 주장도 내놓지 않는다. 이것이 바로 '소크라테스적 무지'가 가장 잘 드러나는 현장의 모습이다. 이러한 무지의 극치는 대화가 아무런 결론도 없이 끝난다는 점에 있다. 가령 『변론』에도 잘 나타나 있듯이 다음과 같은 결론에 이르는 것이다.

> 사실 우리 중에 어느 쪽도 참된 것을 알고 있지 못한 것 같은데도, 이 사람은 제대로 알지도 못하면서 무언가를 안다고 생각하지만 나는 실제로 아는 것 없듯이 아는 것이 없다고 생각하니까 말이지…

그러나 이러한 무지의 독백 안에서 우리는 영원하고 불변하는 참다운 지식의 갈구를 엿볼 수 있다. 끊임없이 펼쳐지는 부정적인 질문 뒤에는 긍정적이고도 보편성을 띤 답변이 예상되기 때문이다. 가령 용기란 무엇인지에 관한 질문은 아주 단순하게 들리지만 대단히 중요한 질문이다. 그것은 이런 경우나 저런 경우의 용기에 대한 질문이 아니라 보편적인 의미의 용기에 관한 질문이며, 일찍이 어떠한 문화권에서도 그러한 의미의 질문이 던져진 적이 없다. 대개 어떤 사물이나 현상에 대한 답변은 다른 사물이나 현상과의 비교를 통해서 어느 정도 구체화되었을 뿐이다.

소크라테스의 질문은 그러한 정도의 답변을 기대하는 것이 아니기 때문에 곧 다른 질문이 뒤따라온다. 지극히 다양한 행위들에 있어서 동일하게 통용되는 용기라는 것이 도대체 있기나 한 것인가. 만약 그것이 사실이라면 그러한 보편성을 지닌 용기 그 자체를 어디에서 찾을 수 있는가. 여기서 우리는 관념과 언어의 문제에 부딪치게 된다. 각양각색의 다양한 행위들을 하나의 동일한 현상으로 묶으려면 그것을 개념화하는 사유 작용이 요구되며 또한 그것을 전달할 수 있는 어휘가 필요한 것이다. 관념과 언어의 보편성에서 보편이라는 현상이 그 모습을 드러낸다는 것이다. 소크라테스는 라케스에게 '빠름'이라는 모든 현상에 '이름 붙일(onomazein)' 수 있듯이 용기도 같은 방식으로 정의할 수 있는지 묻는다. 물론 여기서 언어와 보편의 관계만을 다루지만 플라톤은 후에 그 보편에 존재론적 의미를 부여한다. 현대에 들어와서 이른바 "언어적 전환"이 이루어진 후에야 이 보편은 언어의 문제로 전환된다.

III

우리가 무엇을 안다고 할 때는 그것 외에 다른 것에 대해서는 모르고 있다는 것을 의미한다. 후에 이것에 대해서 어느 정도 알게 될 수 있겠지만 결국 궁극적 진리에 도달할 수 있을지에 대해서는 확신할 수 없는 일이다. 소피스트들은 그러한 진리는 존재하지 않는다고 믿었다. 크세노파네스는 우리가 노력을 한다면 무지의 정도를 줄일 수 있다고 생각했다. 소크라테스는 자기가 알고 있는 것은 아무것도 모른다는 점뿐이라고 말한 바 있다. 그러나 지식은 가능하고 그렇기 때문에 자신은 그것을 추구한다는 신념을 가지고 있었다. 이와 같이 이들은 지적 탐구와 학문의 가능성에 대해서 열린 태도를 가지고 있었던 것이다.

회의주의를 자신의 철학적 입장으로 선언하고 무엇이든 믿는 것을 전면적으로 거부한 사람은 엘리스의 피론(Pyrrhon)이었다. 그는 알렉산드로스 대왕의 병사였는데 원정길에 수많은 곳을 수행하였으며 심지어 인도에까지 다녀온 일도 있었다고 한다. 그렇게 여러 나라와 민족을 살펴보았기 때문에 피론은 사람마다 의견이 다르다는 사실에서 깊은 인상을 받았다. 이곳의 사람들이 어떤 것을 믿을 때 다른 곳에서는 다른 것을 믿는 사람들이 있었던 것이다. 그리고 대부분 논쟁은 양쪽 모두가 똑같은 수준의 타당성을 주장하는 데서 비롯되었다. 어쩌면 피론에게만 그렇게 보였을 수도 있다. 여하튼 이런 경우에 무리하게 합의를 도출하려고 애쓰지 말고 현상을 있는 그대로 받아들일 필요가 있다. 결국 그것은 변하게 마련이므로 가장 좋은 것을 고집하지 말고 자연스런 흐름에 맡겨 둘 필요가 있다는 것이다.

필로스의 티몬(Timon)은 피론의 제자로서 그의 입장을 좀 더 세련되게 다듬었다. 특히 그는 모든 논의나 증거가 그 자체로 확고하지 않은 전제에서 나온다는 사실을 지적했다. 다른 논변이나 증거를 통해 이 전제들이 참이라는 것을 증명하려 할 때 이것들은 또다시 어떤 증명되지 않은 전제에 기초하기 마련이다. 그리고 이러한 시도는 영원히 되풀이 될 것이다. 티몬을 계승한 아르케실라오스(Arcesilaos)는 아카데메이아를 이끌며 그 후 200여 년 동안 회의주의를 주도했다.

회의주의는 무지에 대한 자각이란 측면에서 철학사에 매우 주요한 역할을 담당해 왔다. 철학에서 시도되는 확실성의 추구가 논쟁이나 증명 혹은 증거에 의해서는 완결되지 않기 때문이다. 가령 타당한 논증이 보여 주는 것은 결론이 전제에서 논리적으로 도출된다는 것이지 그것이 참임을 증명하는 것은 아니다. 타당한 논증들은 '만약'이라는 말로 시작한다. 만약 p가 참이면 q는 참일 수밖에 없다. 그러나 이러한 형식은 p가 참인지 거짓인지를 말해 주지 않는다. 논증은 전제에서 결론이 나오는 것을 보여 줄 뿐 그 자체만으로는 그것의 진위를 증명하지 못한다. 따라서 전제가 참임을 확인하려면 다른 논변을 필요로 하게 되고 이러한 형식은 영원히 진행된다. 이것은 일상생활이나 논리학, 수학, 과학 등에서도 마찬가지이다. 그렇다고 해서 어떤 신념체계가 다른 신념체계보다 더 나은 근거나 토대를 가지고 있다는 결론이 나오는 것도 아니다. 어떤 의미로 철학사는 이러한 논쟁의 역사였다고 말할 수도 있다.

서양철학사를 통해서, 특히 뉴턴을 중심으로 근대 과학이 등장한 이래 흄(David Hume)은 무지를 가장 절실하게 자각하고 이에 대처할 방안을 마련한 철학자라고 할 수 있다. 그는 무엇보다 우리는 삶을 영위해야 하며 그렇게 하기 위해서는 일상적으로 무엇을 선택하고 결정하지 않으면 안 된다는 것을 지적한다. 그러나 충분한 확실성을 확보하지 못하기 때문에 현실에 직면하여 될 수 있으면 가장 타당한 것을 선택해야 한다. 물론 이것은 회의주의에 대한 해결책은 아니다. 그러므로 흄이 주장하듯이 회의주의는 완화될 필요가 있다. 우리는 완전한 회의주의자로서 살아갈 수는 없기 때문이다.

회의주의를 극복하는 방법 중에 하나는 종교적 신앙을 갖는 것이다. 논증의 방법에 의해서가 아니라 직관이나 계시, 혹은 교리에 의해서 확실성을 확보했다고 믿는 것이다. 그러므로 무지의 자각은 항상 종교적 신념과 갈등을 일으키는 경향이 있다. 가령 섹스토스 엠피리코스(Sextos Empiricus)는 『피론주의의 개관』이라는 저서를 통해 이른바 '독단론자들'과 대립하여 회의주의의 확산에 공헌하였는데, 기원후 4세기경 성 그레고리우스(St. Gregorius)는 "나쁜 악성 질병"을 퍼뜨렸다는 이유로 그를 공개적으로 비난하였다. 이와 같이 종교적 독단이 지배하는 상황에서는 근원적으로 의문을 제기하거나 본질적인 문제에 대해서 회의를 품는 것은 바람직한 것이 아니었다. 따라서 실제로 확실하지 않은 것에 관해서 확신을 갖는 경향이 생겼으며 인간으로서 현실적으로 모르는 것이 무엇인지에 대해서도 진지하게 큰 관심을 쏟으려 하지 않았다. 그러한 관심은 근대과학이 등장하면서 과학적 탐구의 결과가 종교적 진리와 상충함으로써 구체화된 것이다.

현대철학에서 이러한 상충의 문제는 새로운 언어관과 과학관의 등장으로 화해의 국면을 맞이하게 되었다. 새로운 언어관은 비트겐슈타인(L. Wittgenstein)을 중심으로 형성된 의미의 "활용설"이다. 이 입장에 의하면 어떤 언어적 표현은 그것이 어떤 맥락에서 어떻게 활용되는지에 따라 그 의미가 결정된다. 종교적 언어와 과학적 언어는 활용되는 '언어게임'이 다르므로 서로 대립되거나 상충할 이유가 없다. 한편 새로운 과학관은 주로 포퍼(K. Popper)에 의해 제시된 것으로서, 과학적 지식은 일종의 경험적 가설일 뿐 종교적 교리와 달리 영원하고 불변하는 형이상학적 진리가 아니라는 입장이다. 이러한 입장들의 저변에는 흄을 연상하게 하는 이른바 "완화된 회의주의"의 분위기가 있다. 그것을 달리 표현하면 소크라테스적 "무지의 자각"이 새삼스럽게 과학기술의 시대인 현대의 철학에서 부활하고 있다는 것이다.

Ⅳ

현대철학에서 로크나 흄의 역할을 수행했던 포퍼는 스스로 자신의 "비판적 합리주의"가 소크라테스적 무지의 자각을 계승한 것이라고 선언한 바 있다. 원래 물리학자가 되고 싶었던 그는 아인슈타인의 업적에 깊은 충격을 받았다. 포퍼는 뉴턴 과학에 따른 확증이 참이 아니라면 어떠한 과학 이론도 진리가 될 수 없다는 사실을 깨달았다. 과학의 법칙들은 존재의 세계에 대한 절대 불변의 진리가 아니라 이론 체계이며 그것은 한낱 인간정신의 산물일 뿐이다. 그러나 그 법칙들이 실천적인 면에서 기술의 형태로 위력을 발휘하고 있는 것을 직시할 때 그것은 분명히 진리에 가까이 다가가고 있음을 감지할 수 있다. 포퍼는 이러한 통찰을 본격적인 지식 이론으로 발전시켰고, 더 나아가 "개방사회"의 정치 철학으로 체계화하였다.

우리는 포퍼가 도달한 바로 그 지점에서 출발하지 않으면 안 된다. 그렇게 하기 위해서는 무엇이 과학기술문명을 탄생시켰는지 살펴볼 필요가 있다. 그것은 과학지식이며 이러한 종류의 지식은 과학적 탐구에 임하는 자세, 즉 과학정신이 없이는 불가능하다. 그렇다면 과학정신을 구성하는 요소는 무엇인가. 그것은 한마디로 합리적이고 비판적인 정신이며 자율적이고 개방적인 태도이다. 그러므로 우리는 이것이 바로 이 시대의 시대정신이어야 함을 인식하지 않으면 안 된다. 현대의 자본주의 경제제도나 자유민주주의 정치체제, 다원주의 문화형식은 모두 이 정신의 산물이기 때문이다. 그런데 이 정신은 궁극적으로 자기비판의 한 형태인 '무지의 자각'이라는 계몽정신에서 비롯된 것임을 수긍해야 한다. UNESCO에서 우리가 "모르고 있는 것" 혹은 "잃은 것"에 대하여 철학적 성찰을 시도하는 이유도 바로 여기에 있을 것이다. 만약 이 시도가 실패한다면 결국 인간은 거의 전지하고 전능한 '악령'이 될지도 모른다.

4. 생명의 문화철학

I

생명은 인간의 가장 오래된 관심사 중에 하나일 것이다. 자기 자신이 살아 있다는 사실을 의식하기 시작했을 때 그것은 이미 관심의 대상이 되었을 것이기 때문이다. 신화에서는 먼저 그 탄생의 신비에 관심을 보였고 종교는 그 소중함을 신성시하였으며 철학과 문학은 그 의미와 본질에 대해서 탐구해 왔다. 그리고 과학은 그 생성과 소멸의 과정을 규명하는 데 진력하였다. 그러나 과연 우리는 생명에 대해서 무엇을 얼마나 알게 되었으며 또 얼마나 더 알고 싶은 것인가. 생명에 대해서 좀 더 알아냈다고 해서 우리의 삶에 무엇이 달라질 것인가. 혹시 생명을 무한히 연장하고 싶은 것은 아닐까. 그러나 그것은 무엇을 위한 연장인가. 혹시 단순히 호기심을 충족시키기 위한 것은 아닌가.

그동안 인류는 생명에 대해서 여러 가지로 의미를 부여하고 다양한 해석을 시도하였으나 뚜렷하게 이렇다 할 성과를 거둔 것이 별로 없다. 종교가들은 생명의 신비를 찬양하고 그 존엄성을 부각시키며 소중하고 겸허한 자세로 살아갈 것을 주문하기도 한다. 철학자와 예술가들은 삶의 의미를 극대화하고 그 한계를 의식함으로써 오히려 죽음을 극복할 수 있다고 가르치기도 한다. 그러나 이러한 시도들을 통해서 우리가 생명에 대해서 더 많이 알게 되거나 죽음이 실제로 극복된 것은 아니다. 오직 과학자들에 의해서 생명이 어느 정도 연장되고 그 신비의 베일이 부분적으로나마 벗겨졌을 뿐이다.

생명에 관한 관심은 신화나 종교, 혹은 철학이나 예술적 접근보다는 의학이나 생물학적 탐구를 통해서 더욱 생산적인 성과를 거두었다고 말할 수 있다. 가령 히포크라테스는 신화의 단계에 머물러 있던 그리스의 생명관을 의술을 통해 경험과학으로 이끌어낸 최초의 인물이다. 그는 의술을 제대로 발휘하기 위해서는 인간을 제대로 알아야 하며 그것은 신화나 철학이 아니라 인간에 대한 경험적 탐구에 의해서만 가능하다고 믿었다. 그렇게 하기 위해서는 인간이 무엇으로부터 비롯되었으며 처음에 어떻게 생겨났는지에 관한 지식은 중요하지 않다고 주장하였다. 생명에 관한 과학적 탐구는 그렇게 시작되었던 것이다.

II

생명에 대한 관심은 문명이 존재하는 지역에서는 어디에서나 엿볼 수 있다. 동양에서는 대체로 자연 친화적 세계관 속에서 자연 전체를 살아있는 신비한 힘으로 보았다. 이것은 동양에만 있었던 특유한 현상은 아니었다. 고대인들은 일반적으로 고유한 의미의 생명 현상을 확인하기가 어려웠을 것이다. 그러나 특히 천지인(天地人)의 합일 사상이 강했던 유교적 전통에서는 자연 중심적 관점에서 생명을 중요시하고 인간의 생명도 그러한 맥락에서 이해하려는 경향이 있었다.

유교에서 '생명'이라는 표현은 원래 '성명(性命)'이라는 말과 같은 뜻으로 쓰였다고 한다. 『중용(中庸)』에서 "천명지위성(天命之謂性)"이라는 말에서 '명'은 '명령하다'는 말 외에 '부여하다'는 뜻이 있고 그러한 맥락에서 보면 천지만물의 본성을 하늘에서 부여받았다는 것으로 해석할 수도 있다. '생(生)'이라는 글자는 땅에서 싹이 돋아나는 것을 묘사한 것이며, '명(命)'은 관청 안에서 무릎을 꿇고 있는 사람을 형상화했다고 한다. 그러므로 그것은 관청에서 높은 사람에 의해 명받은 것을 입으로 선포한다는 뜻이 된다. 여기서는 그 대상이 결국 살아있는 존재를 모두 지칭하므로 천명과 관계되며, 따라서 생명은 하늘과 땅의 큰 덕으로 그 사이에 나서 살아가고 있는 모든 것에 해당되는 의미를 지니게 되는 것이다.

불교에서 많이 사용되는 '중생(衆生)'이란 개념은 대체로 생명과 동의어로 쓰인다고 볼 수 있다. 생명은 육체와 정신이 형성되어 생명기관인 명근(命根)이 생겨나고, 수명과 체열과 의식이 작동하는 것을 의미하며 이것이 중지되면 육체는 더 이상 육체가 아니라 시체가 되어 자연으로 돌아간다. 그러므로 이 세 기능 중에 하나라도 유지되면 의식이 없더라도 생명을 지닌 것으로 간주한다. 그러나 불교에서 궁극적으로 의도하는 것은 삶과 죽음을 반복하는 윤회, 즉 끊임없는 헤맴에서 벗어나는 것이며 그 기원에 대해서는 대체로 회의적인 입장을 취한다.

동양에 비해서 서양에서는 생명에 관한 입장이 다양하고 복잡한 과정을 거쳐서 기독교적 창조론으로 수렴된 경향이 있다. 우주의 만물이 살아있는 생명체라고 보는 정령론이나 물활론은 그리스의 오르피우스교와 이스라엘의 유태교의 영향을 받아 우주가 창조주인 신에 의해 무에서 창조된 피조물로 변하게 된다. 이렇게 해서 형성된 기독교에서 우주는 더 이상 살아있는 생명체가 아니라 신에 의해서 창조되고 보존되는 한낱 피조물에 지나지 않는다. 피조물이란 어떤 원리에 의해서 만들어진 제품이라는 것을 의미하기 때문에 결국 창조론은 간접적으로나마 기계론적 생명관에 계기를 마련한 셈이다.

기계론적 생명관은 근대철학의 양대 기둥인 데카르트와 프란시스 베이컨의 공헌이 매우 크다고 할 수 있다. 데카르트는 이원론을 제시하여 인간을 제외한 모든 생물체를 일종의 자동기계(automata)로 간주하였다. 그러나 식물과 동물의 생명에 대한 기계론적 접근이 활발하게 전개되면서 결국 인간의 생명에 대해서도 같은 방법을 적용하는 생물학의 성립으로 발전하게 된 것이다. 한편 베이컨은 "아는 것이 힘"이라는 자연 지배의 이념을 내세워 자연에 손을 대는 실험과 관찰의 중요성을 강조하였다. 그에게 그것은 '창조주가 피조물에 각인시킨 진실의 도장'을 읽어내는 작업이기도 하였다. 그런 의미에서 특히 '실험'은 그에게 일종의 종교적 행위였던 것이다. 그러한 인식은 '인간'이라는 자연에 대해서도 예외가 아니었다.

인간의 생명에 대한 기계론적 접근에 획기적인 전환점을 마련한 인물은 '혈액순환론'을 제시한 하비(William Harvey)였다. 코페르니쿠스가 수학적 원리에 따라 별들의 운행을 목적론적 이유가 아니라 기계론적 원인만을 규명하기 위하여 관찰했듯이 그는 다양한 형태로 살아가는 동물들의 생태에 대해 검토하고 그에 관한 여러 관찰을 수집하면서 '사실'만을 얻고자 노력했다. 그는 마침내 심장운동에 대해서 다음과 같은 결론에 도달한다. 그는 『동물의 심장과 혈액의 운동에 관한 해부학적 연구』에서 이렇게 말한다.

> 마치 기계의 한 쪽 바퀴가 다른 쪽 바퀴를 움직일 때, 마치 모든 바퀴가 동시에 움직이는 것과 유사하며, 초기의 기계적 메커니즘, 다시 말해 방아쇠를 당겼다가 놓으면 압력에 의해 총알이 뒤로나갔다가 강철로 만든 총구로 나가는 것과 비슷하다.

그동안 온갖 신비한 생명의 힘을 숨기고 있다고 생각되었던 심장은 이제 단순한 하나의 펌프에 불과한 것이 되고 말았다. 사실 다이달로스가 이카로스의 날개를 만들었고 레오르나르 다빈치가 하늘을 나는 기계를 고안했을 때 그 모방의 원형은 새가 가진 날개의 구조였다. 그러나 하비는 오히려 기계의 구조를 통해 인간과 동물의 생명현상을 살핀다는 발상을 구체화하였다.

잘 알려진 바와 같이 후에 생물종이라는 것이 단순히 기계적으로 작동하는 것이 아니라 끊임없이 스스로 진화한다는 것이 밝혀지면서 다윈의 진화론이 힘을 얻게 된다. 분자생물학의 대두로 생명의 기원과 구조를 분석적으로 해명하려는 시도가 한층 더 활성화 되었으며 이러한 접근방법을 비판하는 유기체적 혹은 전일론적 주장도 대두된다. 최근에는 이 두 입장의 통합을 모색하는 생물 시스템 이론도 등장하여 생명에 관한 연구가 과학의 새로운 패러다임이 되었음을 실감나게 한다.

III

과학적 관점에서 볼 때 생물은 기나긴 진화의 과정에서 태양빛을 활동의 에너지로 변환하거나 주위의 물질을 끌어들여서 동화되는 등 소리와 빛과 접촉 등의 자극을 포착하여 적당하게 반응하는 능력을 가지고 환경에 적응해 왔다. 생물의 기본적인 기능이란 이러한 에너지와 물질, 정보 등을 변환하고 처리하는 것이고 그 메커니즘의 해명은 생명과학인 생화학과 분자생물학에서 주로 관여해 왔다.

오늘날 일반적으로 생물학자들은 생물 혹은 생명현상을 규정할 때 주로 세 가지 조건을 제시한다. 첫째는 '물질의 대사'이다. 그것은 어떤 객체가 외부에서 물질을 받아들이고 그것을 다른 물질로 바꿀 수 있는 작용을 말한다. 가령 기본적인 아미노산을 먹고 단백질을 만들거나 복잡한 음식물을 소화해서 간단한 화학물질로 바꿀 수 있는 능력을 말한다. 둘째는 '환경의 대처'이다. 외부 환경이 바뀌었을 때 어떠한 형태로든 정체성을 유지하면서 그 변화에 반응하는 기능이다. 이것은 고등 동물은 물론 극히 하등 생물인 박테리아나 세균에 이르기까지 공통된 특징이다. 끝으로 '자체의 증식'이다. 그것은 자기 자신과 유사한 형태의 자손을 어떤 방식으로든 계속 재생산하는 능력을 의미한다.

생명현상은 이 세 가지 조건을 갖추었을 때 유전자가 사령탑으로서 총괄적인 지휘의 역할을 맡게 된다. 인간의 경우 정자와 난자라는 세포가 서로 만남으로써 생명이 이루어지는데, 여기에는 염색체라는 물질이 들어 있는 핵들의 융합을 통해 마침내 세포의 분열을 이루어 낸다. 이러한 과정을 거쳐서 결국 60조의 세포가 만들어지고 몸의 조직과 장기들이 생겨나게 된다. 여기서 중요한 것은 재생산되는 것이 생식 세포 하나라는 점, 다시 말해서 부모로부터 물려받은 염색체 혹은 유전자라는 화학물질이라는 사실이다. 그리고 잘 알려져 있는 바와 같이 1954년에 이 유전자의 구조가 이중 나선으로 되어있다는 비밀이 밝혀졌다. 이 구조의 규명을 주도했던 왓슨(James Watson)은 이렇게 말한 적이 있다. "예전에는 우리의 운명이 별에 달려 있다고 생각했다. 이제는 그것이 유전자에 달려 있다는 것을 알게 되었다."

유전자는 그 구조 명칭이 DNA이며 단순히 고분자 화학물질일 뿐 아니라 모든 생명현상을 지휘하는 정보이기도 하다. 그것은 네 가지 문자로 구성되어 있고, 60조의 세포에 각기 30억 개의 정보가 있는데, 대략 A4용지로 150만 장의 분량에 해당한다. 이 DNA와 문자 구조들이 알려진 후에 사람이 지닌 유전 정보의 문자를 해독하는 작업에 착수했고 드디어 '인간게놈프로젝트(Human Genom Project)'가 완성 단계에 이른 것이다. 이러한 프로젝트는 생명공학 혹은 유전공학과 연계되어 과학적 차원에서뿐만 아니라 정치적으로나 경제적으로 문화 전반에 걸쳐서 많은 문제를 제기하고 있다.

생명공학이란 생명과학이 밝혀낸 생물의 기능에 착안하여 개발된 유전자 조작이나 세포융합, 수정란 이식, 조직이나 세포이식 등의 기술을 써서 식료품이나 의료품의 유용한 물질을 이용하여 품종을 개량하는 것을 목표로 한다. 그러나 이 모든 것은 궁극적으로 건강과 장수, 혹은 인간의 행복과 연관되어 있다. 이른바 DNA 조작

실험을 시도하는 이유도 여기에 있다. 그것은 시험관 안에서 유전자의 본체인 DNA를 효소 등을 써서 잘라 붙여 만든 복합 DNA를 적당한 숙주세포에 도입해 증식시키는 방법인데, 이 기술로 유전자 구조를 해석하거나 유전자를 인위적으로 교환하는 것이 유전자조작이고 그것을 모두 해독하고자 하는 것이 바로 인간게놈프로젝트인 것이다. 또한 분자 수준의 유전자 조작을 세포배양이나 세포융합 등의 기술과 경합하여 세포 수준에서 유전자를 조작함으로써, 원래 생체에는 미량밖에 존재하지 않는 활성 물질을 대량으로 생산할 수 있다. 이를테면 인간의 성장 호르몬이나 인슐린을 대장균 세포 속에 대량으로 증식시켜 의약품으로 쓴다. 이런 것들을 뭉뚱그려 유전공학이라고 하는 것이다.

유전공학의 기술을 도입하여 발생 초기단계의 배아에 핵을 이식하거나 외래 유전자를 도입하는 등의 인위적 조작을 하면 유전적으로 완전히 동일한 복제물이나 원래는 존재하지 않는 실험동물을 얻을 수 있다. 핵 이식에 따른 성과는 이미 생쥐, 양, 소 등의 복제 동물로 드러나 있다고 한다. 또 수정 동물로는 수정란에 외래 유전자를 넣은 유전자 도입 동물이나 특정 유전자를 일부러 뺀 동물이 만들어져 유전자 질환의 원인 규명이나 예방 연구에 사용되고 있다. 유전공학은 물론 농작물 산업에도 이용된다. 유전자 조작으로 지금까지 생태계에 없었던 작물을 만들어 낼 수도 있는 것이다. 예를 들어 제초제에 내성이 강한 콩이나 해충에 저항성이 있는 옥수수나 토마토 등이 생산되어 판매된다. 앞으로 재배하기 좋은 벼나 소비자의 취향에 맞는 벼 등도 만들어질 것이다.

유전자 조작으로 만들어진 작물이나 동식물, 혹은 가능해진 의료기술 등은 그 유용성에만 주목하면 단기적으로는 분명히 긍정적인 측면이 있을 것이다. 그러나 장기적인 효과는 별도의 주의가 필요하다. 생물은 긴 진화의 산물이고, 생태계는 그런 생물의 미묘한 복합체이다. 진화의 시련을 거치지 않은 '생물'이 유전자 조작으로 등장하여 자연계에 방치됐을 때, 그 '생물'은 생태계에 자연스럽게 생명체로서 적응할 수 있을까.

일반적으로 항생물질을 많이 쓰면 결국 항생물질 내성의 병원성 박테리아를 증가시키게 마련이다. 마찬가지로 제초제를 많이 쓰면 상대적으로 잡초의 내성이 강해질 수밖에 없다. 그런데 이러한 작물을 상습적으로 먹어도 문제가 없을까. 유전자 조작은 일반적으로 문제 삼는 유전자만 조작하는 것이 아니라 원래 없었던 것을 집어넣기도 한다. 우리의 기능이 단기간에 이렇게 새로운 식품에 동화하고 순응할 수 있을지의 여부도 충분히 검토할 필요가 있을 것이다. 훌륭한 기술에는 반드시 이면이 있다. 그것이 폭주하지 않도록 감시의 시선을 거두지 않는 것은 반드시 생명과학자만의 역할은 아닐 것이다.

메트 리들리(Matt Ridley)가 『게놈(Genome: The Autobiography of a Species in 23 Chapers)』에서 지적하듯이 '게놈'은 인간의 유전자에 대한 자서전이며 각 세포에 담긴 유전 정보의 총합을 의미하기도 한다. 이제 우리 자신의 유전 정보를 완전히 아는 것은 시간문제일 것이다. 그렇게 되면 우리는 인류의 기원과 진화, 그리고 인간의 본성에 대해 훨씬 더 많이 이해하게 될 것이다. 그리고 그 결과로 사회 전반에 대한 태도뿐만 아니라 우리의 신념체계와 행동 양식에도 큰 변화가 올 것이다. 이러한 변화에는 바람직한 것도 있고 그렇지 못한 것도 있을 것이며, 그렇지 못한 것 중에는 우리가 감당할 수 있는 것도 있고 감당할 수 없는 것도 있을 것이다. 그러므로 가령 게놈에 대한 정보가 방출되면 그 사용에 대한 적절한 규제와 개인 유전 정보의 보호도 필요할 것인데, 그러한 것이 과연 항상 우리가 원하는 방향으로 진행될 것인지는 의문의 여지가 있다. 이러한 점을 우려하여 리들리는 유전 정보의 이용을 과학자나 의사, 정부 관리의 손에만 맡겨둘 것이 아니라 반드시 개인 스스로 결정할 문제라고 주장하기도 한다. 그러나 이른바 '개인'은 그러한 것을 스스로 감당할만한 주체가 될 수 있는지 의문이다. 산업혁명의 여파로 서구 근대의 자유민주주의가 첨단의 과학기술시대에도 과연 바람직한 정치체제인지 심각하게 의문을 제기할 때가 된 것이다.

과학기술의 발달로 환경이 파괴되고 생명의 다양성이 훼손되는 현상에 대해 우려하는 목소리가 높다. 그것은 생태학자나 환경운동가들만의 전유물이 될 수는 없다. 이러한 현상이 지속된다면 우리가 예상한 것보다는 훨씬 빨리 인류가 멸종하게 될지도 모르기 때문이다. 물론 이러한 자연의 대재앙에 대해서 인간이 할 수 있는 일은 별로 없다고 주장할 수도 있을 것이다. 그러나 '탄소문명'의 급속한 확산으로 환경이 현저하게 악화된 것이 사실이라면 우리들 각자의 작은 노력이 무의미하다고 단정하기는 어려울 것이다. 결국 당나귀의 허리를 꺾는 것은 마지막 한 개의 지푸라기일 수 있기 때문이다.

생물을 사랑하여 그 다양성을 보존해야 한다고 가장 열정적으로 설파하는 사람 중에는 영장류 동물학자인 제인 구달(Jane Goodall)을 들 수 있다. 그는 최근에 발간한 『생명사랑 십계명(*The Ten Trusts*)』에서 조건 없이 생명을 사랑해야 하는 열 가지 이유와 방법을 제시한다. 물론 동물학자답게 각종 동물의 소중함을 강조하지만 그의 생명사랑은 보편적인 것이다. 그것을 간단히 살펴보자.

첫째, "우리가 동물 사회의 일원이라는 것을 기뻐하자." 그는 특히 아시시의 성 프란체스코도 동물들을 형제와 자매로 묘사하고 따뜻하게 보살폈다는 점을 강조한다. 이 성자는 도살장의 토끼와 양에서부터 길 한복판에서 꾸물대는 지렁이에 이르기까지 많은 동물들을 구했으며, 동물과 새, 물고기에게도 설교하고 그들과 의사소통했다는 것이다.

둘째, "모든 생명을 존중하자." 거미줄처럼 복잡하게 얽혀 있는 생명의 그물 속에서 모든 동식물은 고유한 가치를 지닌다는 점을 그는 부각시킨다. 우리는 관념적이고 추상적인 사고와 어떤 종교적 신념 때문에 그들과 우리 사이에 넘을 수 없는 장벽이 있다는 선입견에 사로잡혀 있다. 진화론은 그것이 일종의 허구임을 보여 준다. 그들에게 이름을 붙여 주면 이름에 걸맞게 존재한다는 것이다.

셋째, "마음을 열고 겸손히 동물에게서 배우자." 그들이 노예가 아니라 삶의 동반자라는 것을 받아들이기만 하면 그들로부터 많은 것을 배울 수 있다는 점을 강조한다. 그렇게 하기 위해서는 무엇보다 그들과 소통하는 방법을 배워야 한다. 그리고 그들이 서로 어떻게 소통하고 돕는지 배워야 한다는 것이다.

넷째, "아이들이 자연을 아끼고 사랑하도록 가르치자." 우리가 상처 입힌 자연을 치유하고 돌보게 될 다음 세대를 기르는 일은 그 무엇보다 중요하다는 점을 그는 지적한다. 그것은 단순히 동물 사랑에 그치지 않는다. 동정과 친절을 배우게 하는 인성 교육의 핵심이기도 하다는 것이다.

다섯째, "현명한 생명 지킴이가 되자." 특히 자연과 조화롭게 살아가며 요람에서 무덤까지 너무 큰 발자국을 남기지 않는 방법을 강구하자는 것이다. 창세기에서 '바다의 고기와 공중의 새와 육축과 온 땅과 땅에 기는 모든 것을 다스릴' 권리를 주었다(1장 26절)는 것은 섬길 의무도 주었다는 뜻임을 그는 지적한다. 그것을 인식할 때 비로소 현명한 '지킴이'가 될 수 있다. 과학기술에 의한 생물다양성의파괴는 다음 세대로부터 용서받지 못할 범죄이기 때문이다.

여섯째, "자연의 소리를 소중히 여기고 보존하자." 살충제나 화학 비료 때문에 사라진 들판의 정원과 야생 동물들을 살려낼 수 없다는 점을 그는 지적한다. 그러나 레이첼 카슨(Rachel Carson)의 비명은 광야의 외로운 절규가 되어서는 안 되며, 이제 그가 말하는 『침묵의 봄(*Slient Spring*)』에서 벌레들과 새들의 목소리를 듣게 하자고 구달은 제안 한다. 그는 이렇게 말한다. "흔히 두려워하거나 알지 못하는 것에 대해서는 사랑할 수 없으며, 우리가 사랑하지 않는 것에 대해서는 도우려 하지 않는다. 우리 중 충분한 수가 도움을 줄 때에만 미래에도 늑대의 울음소리가 울려 퍼져 자손들이 달빛 아래 서서 그 울음소리를 듣게 되리라." (바다출판사, p. 162.)

일곱째, "자연을 해치지 말고 자연으로부터 배우자." 배우는 방법에는 여러 가지가 있지만 자연을 사랑하는 것보다 더 효과적인 방법은 없다는 점을 강조한다. 가령 동물의 배설물로부터 맑은 눈동자까지 모든 것을 사랑해야 한다는 것이다.

여덟째, "우리 믿음에 자신을 갖자." 무엇보다 신념을 행동으로 옮기는 것이 중요함을 그는 강조한다. 충분히 많은 사람들이 움직인다면 훨씬 더 효과적일 것이다. 그리고 수많은 난관과 대적하고 극복할 용기를 확인해야 하기 때문이다. 무관심이 얼마나 무서운 파괴를 조장하는지 절감할 필요가 있다. 특히 유전자 조작 식품에 대한 낙관적 전망을 경계해야 한다고 지적한다. 그런 의미에서 그는 채식주의를 권장하기도 한다.

아홉째, "동물과 자연을 위해 일하는 사람들을 돕자." 홀로 묵묵히 힘든 일을 해내는 사람들이야말로 위대한 사람이라는 점을 그는 강조한다. 그들은 동물과 환경을 보호하기 위해 일하며 그러한 법규나 조항을 만들기 위해 노력하는 사람들이기도 한다. 따라서 그들을 지원하고 그 이념과 활동에 참여하자고 그는 역설한다.

열째, "우리는 혼자가 아니다. 희망을 갖고 살자." 무엇보다 그는 생명을 사랑하는 데 있어서 아직 너무 늦지는 않았다는 점을 강조한다. 아직도 세상을 옛날 모습으로 되돌려 놓을 기회가 있다는 것이다. 그는 이렇게 호소한다.

릭의 대답은 이랬다. "글세요. 우연히 조조의 눈과 마주쳤는데 사람의 눈과 똑같지 않겠어요? 마치 '나 좀 도와주세요'라고 말하는 것 같았어요."
나 역시도 고통받는 동물들의 눈에서 도와달라는 간절한 눈빛을 자주 보았다. 아프리카의 시장에 묶여 있는 고아 침팬지의 눈에서, 높이와 너비가 2미터도 되지 않는 좁은 우리에 갇혀 밖을 내다보는 어른 수컷 침팬지의 눈길에서, 다르에스살람의 해변가에서 주인에게 버림받은 개의 눈빛에서, 시멘트 바닥에 묶여 있는 코끼리의 눈빛에서, 그리고 브룬디에서 자행된 '인공 청소' 과정에서 가족들이 사살되는 것을 본 어린이들의 눈빛에서 그런 간절함을 느낄 수 있었다. 도와달라는 눈빛으로 우리를 바라보고 있는 사람들과 동물들은 우리 주위에 어디에나 있다. (pp. 240-241)

제인 구달의 생명사랑은 매우 감동적이고 설득력이 있다. 그 이유 중에 하나는 오랜 기간에 걸친 그의 체험과 성자를 방불케 하는 폭넓은 인간애에 근거해 있을 것이다. 그러나 바로 그렇기 때문에, 다시 말해서 너무 이상적이고 낭만적인 요소가 많이 개입되어 있기 때문에 보통 사람들에게는 현실적으로 실현하기 어려운 측면이 없는 것도 아니다. 그럼에도 불구하고 그의 가르침이 이 시대를 살아가는 현대인에게 분명하고도 구체적인 생명사랑의 지침을 제시하는 것만은 틀림없는 사실이다.

V

예술과 인문학 분야에서는 생명에 대한 사랑이 무조건적으로 일반화된 것은 아니다. 이 분야에서는 생명 그 자체보다 더 중요한 가치가 있으며 철학이나 종교에서는 인간의 경우 그 가치의 실현을 위해서 기꺼이 목숨을 바칠 것을 설파하기도 한다. 특히 문학 분야에서는 인간의 경우 단순히 살아있다는 것에 어떤 의미가 있는지 되묻게 하는 경우가 많이 있다. 그 좋은 예로 우리는 알베르트 카뮈(Albert Camus)의 『이방인』을 들 수 있다.

현대의 고전이 된 이 소설의 주인공인 뫼르소는 생명의 가치에 대해서 본질적인 질문을 던진다. 어느 이름 없는 선박회사에 근무하면서 일주일 동안 줄곧 따분한 서류 속에 묻혀 지내고 늘 똑같은 식당에서 점심식사를 하고 퇴근하면 참담한 독신 아파트에 돌아오는 것이 일과이다. 일요일이면 발코니에 우두커니 혼자 나앉아서 지나가는 사람들을 하릴없이 바라보거나 낮잠을 자는 그는 이를테면 현대사회가 만들어낸 저 흔한 무명의 소시민들 중에 한 사람이다. 그렇다고 미래에 걸어보는 이상이나 희망이 있는 것도 아니다. 사장이 좀 더 나은 데로 전근시켜 줄 것을 제의하지만 별로 관심을 보이지 않는다. 그는 현실에 대한 불만이나 내면적인 고통에 시달리지도 않는 것 같다. 그는 후에 "나의 생활을 바꾸어야 할 하등의 이유가 없었던 것이다. 곰곰이 생각해 보아도 나는 불행하진 않았다."라고 진술하기도 한다.

생명의 가장 뚜렷한 징후이며 특히 젊은 사람들에게 흔히 찾아볼 수 있는 '사랑'의 정열도 그에게서는 찾아보기가 어렵다.

> 저녁에 마리가 찾아와서 자기와 결혼할 마음이 있느냐고 물었다. 나는 그건 아무래도 좋지만 마리가 원한다면 결혼해도 좋다고 말하였다. 그러니까 그녀는 내가 자기를 사랑하는지 어떤지 알고 싶어 했다. 나는 이미 한 번 말했던 것처럼 그건 아무 뜻도 없는 말이지만 아마 사랑하지는 않는 것 같다고 대답했다.

생명에 대한 그의 기이한 태도는 '효성'에 대해서도 나타난다. 그는 어느 날 「모친 사망 내일 장례식 알림」이라는 전갈을 받는다. 그래도 그는 "이것은 아무런 뜻도 없는 것이다."라는 기이한 반응을 보인다. 양로원에서 매장을 하기 전에 마지막으로 관 속에 든 어머니의 모습을 보겠느냐는 질문에도 그는 부정적인 대답을 할 뿐이다. 장례식 날 아침 어머니의 죽음에 대한 슬픔을 나타내기는커녕 "어머니만 없었다면 산책하기에 얼마나 즐거울까 하는 생각이 들었다."고 그는 말한다. 장례식을 치루고 돌아온 다음 날 그는 바닷가에서 수영을 하러 가고 그곳에서 여자를 만나 희극영화를 구경하고 그 여자와 아파트에서 함께 밤을 보낸다. 이런 모든 것에 비추어 볼 때 그는 과연 무분별하고 무심한 사람, 정상인과 거리가 먼 '이방인'에 지나지 않는 것일까? 그에게 생명이란 무엇인가? 그에게 무조건적 생명 사랑은 너무 공허하게 들릴지도 모른다. 단순히 햇볕이 너무 뜨겁다는 이유로 해변에서 살인을 하니 말이다. 그것은 자기 자신의 생명에 대해서도 예외가 아니다. 그러나 '뫼르소'의 경우는 결코 흔한 이야기가 아니다. 오히려 역설적으로 그 이야기를 통해서 우리는 생명의 소중함을 다시 한 번 음미하고 또 확인할 수도 있을 것이다.

아이러니컬하게도 비슷한 시기에 파블로 피카소(Pablo Picasso)는 그 어느 형태의 생명사랑 설법보다도 더욱 감동적인 작품 〈게르니카〉를 완성시켰다. 그가 이 작품을 그린 것은 에스파냐 파시스트 정부를 비판하기 위해서였다. 나치가 바스크 지방에 퍼붓는 융단 폭격 장면을 묘사한 이 그림은 전쟁의 참상과 살육에 대한 보편적 상징을 표현한다. 미술평론가들이 지적하듯이 〈게르니카〉의 위대함은 서사적 요소와 사실적 요소의 적절한 혼합에 있다. 피카소는 입체주의 양식을 재백하는 한편 황소 미노타우로스와 울부짖는 여인과 같은 자신이 선호하는 캐릭터들을 등장시켰는데 그것들을 신문기사를 오려붙이듯이 묘사함으로써 사실성을 극대화하였다.

〈게르니카〉에는 상당한 서사적 상징주의가 담겨있는데, 우선 육체에서 떨어져 나온 공포서린 눈은 폭탄, 혹은 희망과 자유에 대한 상징을 함축한다. 한편 울부짖는 여인을 짓밟고 있는 말에 대해 학자들은 프랑코, 히틀러, 무솔리니 같은 독재자들이 극단에 몰렸을 때의 상황을 묘사한 것으로 해석했다. 그 주제와 관련하여 짙은 색채의 중요성을 숙지하면서도 피카소는 무채색을 고집했고 이로 인해 이 작품은 추상화된 형태와 신화적 상징주의, 그리고 시사적 증거의 면모를 두루 갖추게 된 것이다. 〈게르니카〉가 지닌 생명사랑의 역설적인 설득력은 바로 그 표현 형식을 통해 배가된 것이다.

사실 생명사랑의 사상은 우리의 전통문화에도 생소한 것은 아니다. 그 대표적인 예를 우리는 고려 중기의 사대부인 이규보(李奎報)의 문학 사상에서도 찾아볼 수 있다. 그는 특히 장자의 제물 사상에 영향을 받아 기교나 이익을 추구하는 '기심(機心)'에서 벗어나 자유롭고 넉넉한 '허심(虛心)'으로 나아갈 것을 가르친다. 크고 작음이 도대체 무엇인지를 물으며 "달팽이 뿔을 쇠뿔과 똑같이 보고 참새와 대붕을 평등하게 보게 된 후에야 비로소 우리는 도(道)에 대해서 이야기할 수 있다."고 이규보는 말한다. 그는 또한 인간을 위해 온갖 수고를 아끼지 않는 소나 돼지, 닭과 개 등 가축은 말할 것도 없고 이, 쥐, 벌 등 미물들에게도 살아있을 이유가 있음을 역설하며 자신을 그들과 같은 위치에 놓는 여유로운 마음을 드러낸다. 우리가 모두 허심을 갖는다면 차마 소를 때릴 수 없고 이를 잡아 죽일 수 없으며 쥐를 함부로 쫓아낼 수 없다고 그는 주장하는 것이다. 이규보는 "슬견설(蝨犬說)"이라는 글에서 이렇게 말한다.

> 어떤 객이 나에게 말하였다. "어제 저녁 한 고약한 사내가 큰 몽둥이로 떠돌아다니는 개를 쳐 죽이는 것을 보았는데, 몹시 불쌍하고 마음이 아팠습니다. 그래서 앞으로 개고기나 돼지고기를 먹지 않겠다고 다짐했습니다."
> 나는 이렇게 대답했다. "어제 누가 화로에다 이(蝨)를 던져 태워 죽이는 것을 보았는데, 마음이 아파 앞으로 이를 잡지 않겠다고 다짐했습니다."
> 객이 놀라며 말하기를, "이는 미물이 아닙니까? 나는 큰 생물이 죽는 것을 보고 슬픈 마음이 들어 말한 건데 이런 식으로 대꾸하다니 나를 놀리는 게 아닌지요?"
> 이 말을 듣고 나는 다음과 같이 말하였다. "무릇 생명 있는 존재란, 사람으로부터 소, 말, 돼지, 염소, 곤충, 땅강아지에 이르기까지 제 삶을 사랑하고 죽음을 싫어하는 마음이 같은 법입니다. 어찌 꼭 큰 생물만이 죽음을 싫어하고 작은 생물은 그렇지 않다 하겠습니까. 그렇다고 한다면 개와 이의 죽음은 동일한 것입니다. 그래서 이를 거론하여 당신 말에 응수한 것이지, 어찌 일부러 당신을 놀리려고 한 말이겠습니까."

그는 이어 이렇게 말한다.

> 내 말을 믿지 못하겠거든 당신의 열 손가락을 깨물어 보십시오. 한 몸에 있는 것은 대소 매듭을 막론하고 다 같이 생명이 있기 때문에 그 아픔이 똑같은 법입니다. 하물며 모든 생명은 하늘로부터 숨과 기(氣)를 부여받았거늘, 누구는 죽음을 싫어하고 누구는 좋아할 리가 있겠습니까? 그대는 물러 가서 명심하여 가만히 생각해 보십시오. 달팽이 뿔을 쇠뿔과 똑같이 보고 참새와 대붕을 평등하게 보게 된 후에야 우리는 도(道)에 대해서 이야기 할 수 있을 것입니다.

여기서 우리는 유교와 도교와 불교를 아우르는 우리의 전통 사상에 생명사랑의 인자가 녹아있음을 실감할 수 있다.

V

"농부 철학자"로 알려진 라비(Pierre Rabhi)는 알제리의 남부 케낫사 오아시스에서 태어나 프랑스에서 교육받은 농부이고 환경운동가이며 사상가이기도 하다. 그는 프랑스 남부의 시골 마을에 황무지를 개간하기 시작하였으나 농촌에서조차 대지를 황폐하게 하고 인간의 생명을 위협하는 생산 제일주의가 횡포를 부리는 데 반발하여 생태학을 근간으로 하는 친환경 농법을 개발하는 환경주의지로 변신한다. 그는 지난 20여 년 동안 자신이 개발한 이른바 '생명 농법'을 세계 각지에 전파하는 한편 새로운 농법을 끊임없이 개발하고 그것을 이론화할 뿐 아니라 숱한 강연을 통해 전파한다. 무엇보다 라비는 자연이 하나의 유기체임을 강조한다. 가령 의사는 기관지나 심장에만 관심을 가질 것이 아니라 몸 전체에 신경을 써야 한다. 그렇다면 몸과 직접 관련 있는 음식도 고려해야 한다. 한편 농부는 이 음식의 생산에 종사하기 때문에 건강에 무관심해서는 안 된다. 농부도 의료 사업에 종사하는 셈이다. 그러나 대량으로 생산된 식품들은 대부분 '생명 에너지'라는 본질적인 요소들이 잘려나간 상태의 물건들일 뿐이다. 말하자면 기아를 해결하는 대가로 건강을 빼앗아가는 구조를 띤다고 라비는 지적한다. 위대한 바이올리니스트이자 휴머니스트이기도 했던 메뉴힌(Y. Menuhin)은 그를 가리켜 "우리가 끊임없이 방해하는 생명의 그물망을 회복시키는 일을 한 사람"이라고 칭송한다.

생명사랑은 과학기술시대의 어느 특정한 부류의 인간에게만 국한된 임무는 아닐 것이다. 그것은 어느 시대나 어느 사회에서도 필요한 것이지만 과학기술시대에는 우리들 모두에게 매우 절박하고 시급한 과제가 되었다. 그것은 이제 좀 더 나은 삶을 위해서가 아니라 인류의 멸종을 막기 위해서라도 우리들 모두의 시대적 사명이 된 것이다. 그러므로 우리가 누구이든지 각자가 자기의 입장에서 할 수 있는 것을 해야 하는 상황이다. 예술가는 문제의 심각성을 미리 예단하고 과학자는 객관적인 사실을 정확하게 진단하며 종교가나 각 분야의 전문가들은 구체적인 처방에 진력할 뿐 아니라 우리들 각자는 이 '질병'을 스스로 치유할 수 있도록 최선을 다해야 할 것이다. 그것이 효과적으로 이루어지기 위해서는 서로 소통과 협력이 원만하게 이루어져야 함은 극히 당연한 일일 것이다.

이제 우리는 생명의 신비에 대해서 많은 것을 알게 되었고 이에 대해서 다양한 해석을 얻게 되었다. 인류는 마치 성(性)의 신비에 대해서 지나치게 많은 것을 알아낸 사춘기의 청소년과 같은 입장이 되었다. 호기심의 충족을 위해 혹은 마음의 안정을 얻기 위해서 많은 경험과 지식을 쌓았지만 오히려 그러한 것들을 감당할 수 없기 때문에 더욱 곤경에 처한 결과를 초래한 것이다. 가령 우리는 생명의 비밀을 알면 영생할 방법도 터득할 수 있으리라고 믿었지만, 왜 우리에게 영생이 필요한지에 대해서는 의문을 제기한 적이 없다. 그것은 항상 막연한 사춘기적 소망에 지나지 않았던 것이다.

비트겐슈타인(L. Wittgenstein)은 『논리철학 논고(*Tractatus-Logoc Philosophicus*)』에서 인간의 영생은 어떤 방식으로도 보장되어 있지 않다고 지적하며, "도대체 내가 영생한다고 해도 삶의 수수께끼가 풀리겠는지"를 묻는다. 영생한다고 해도 그것은 현재의 삶과 같은 것이며 여기서 생긴 문제는 시공을 넘어서기 때문에 "자연과학"의 문제들이 아니라고 그는 주장한다. 만약 이것이 사실이라면 게놈 프로젝트에 의해서 생명의 신비가 어느 정도 해명되더라고 삶의 수수께끼가 해결되는 것은 아니다. 그러한 문제는 답변을 마련하는 데서 해결되는 것이 아니라 문제의 소멸에 의해서 해소되는 것이기 때문이다. 생명에 대해서도 우리는 어느 정도 모르고 있는 것이 더 바람직한 것이 아닐까.

5. 반성되지 않은 삶

I

어쩌다가 가까운 친구들과 어울려 저녁 식사라도 나누게 되면 여러 가지 주제를 놓고 이야기의 꽃을 피우게 된다. 극한 상황으로 달려가기만 하는 국제 정세를 걱정하기도 하고, 국내 경제 사정의 전망에 관하여 우려하기도 하며, 대학입시제도가 지니고 있는 문제점들에 대하여 비판도 하는 것이다. 그러나 보통 막연한 불평과 공리공담에 그칠 뿐 물론 구체적인 대안을 마련하지는 못한다. 이윽고 화제가 이 사회 구석구석까지 파고드는 퇴폐와 향락, 부정과 부패의 풍조에 이르게 되면, 서로 멋쩍게 얼굴만 바라볼 뿐 누구 하나 자신있게 자기의 입장을 피력하는 사람이 없다. 너무도 심각하고 또 본질적인 문제이기 때문일 것이다. 결국 우리는 '도대체 어떻게 사는 것이 바람직한 삶인가?'라는 의문을 남겨둔 채, 때로는 철학 교수인 나에게 원망스러운 눈초리를 보내기도 하며 아쉬운 자리를 털고 일어나게 마련이다.

그러나 철학을 좀 공부한다고 뾰족한 수가 있는 것도 아니다. 우리는 대부분 모든 일이 잘 풀려가며 하고 싶은 일들이 제대로 이루어질 때 '어떻게 살 것인가?'라는 질문을 던지지는 않는다. 삶의 문제는 사는 동안 문제가 생겼을 때 제기되는 것이기 때문이다. 다시 말해서 우리는 자기가 원하는 것을 할 수 없는 상황에 처했을 때에만 비로소 어떻게 사는 것이 바람직한 삶인지의 문제를 반성해 본다는 것이다. 그것은 마치 소를 잃고 난 다음에야 외양간을 고치는 경우와 같다. 바람직한 삶을 항상 염두에 두고 진지하게 자기 자신을 반성하며 살아간다면 삶 자체를 문제 삼을 정도로 사태가 악화되지는 않을 것이기 때문이다. 소크라테스가 "반성되지 않은 삶은 살 가치가 없다."라고 했을 때, 그가 말하고자 하는 것이 무엇인지를 이제 우리는 어느 정도 짐작할 수 있다. 철학자들에게 삶의 문제는 가장 중요한 주제 중의 하나이다. 우리가 모든 문제는 결국 '어떻게 살 것인가?'라는 질문과 연결된다고 본다면, 철학은 곧 이 문제에 대한 해답을 마련하는 학문이라고 규정할 수도 있다.

그러나 삶을 다른 사람들과의 관계 속에서 이해하고, 인간을 욕구와 의무 사이에서 방황하는 역설적인 존재로 파악할 때 그것은 철학의 한 분과인 윤리학의 과제로 좁혀진다. 윤리학은 우리가 인간이기 때문에 하고 싶은 것이 있어도 해서는 안 되는 경우와 하기 싫은 일이 있어도 할 수밖에 없는 경우를 규정함으로써 바람직한 삶이 어떠한 것인지를 밝혀 보려는 학문인 것이다. 이 점을 분명히 하려면 말할 필요도 없이 먼저 인간이 무엇인지를 규명하지 않으면 안 된다.

일반적으로 우리는 다른 존재와 달리 인간이 '이성적 동물'이라는 사실을 받아들인다. 이것은 원래 아리스토텔레스가 제시한 것으로써 인간은 이성을 가지고 있기 때문에 다른 동물과 구별되지만, 동물의 일종이기 때문에 동물적 본능과 욕구를 가지고 있다는 점을 명시하고 있다. 여기서 우리는 인간이 생래적으로 고달픈 존재임을 간파할 수 있다. 인간에게 이성이 없다면 맹목적으로 본능에 따라 행동해도 되겠지만 그것이 여의치 않기 때문이며, 인간에게 이성만 있다면 하는 일마다 모두 바람직한 것일 뿐이므로 갈등이 없을 것인데 이것 또한 사실이 아니기 때문이다. 더구나 우리는 이성의 능력을 교묘하게 사용하여 단순히 본능에 따라 움직이는 동물들보다 훨씬 더 사악한 존재로 타락할 수도 있다. 실로 윤리학의 과제는 이러한 문제들을 어떻게 하면 합리적으로 해결할 수 있는지를 다루는 데 있는 것이다.

인간이 생래적으로 지니고 있는 이성과 본능의 갈등을 근원적으로 해결할 방법은 루크레티우스(Lucretius)의 견해대로 아예 이 세상에 태어나지 말든가, 기왕에 태어났으니 될 수 있는 대로 빨리 죽어 버리든가 둘 중에 한 가지밖에 없을 것이다. 그러나 우리들 중에 아무도 이러한 갈등을 해소하기 위하여 이 세상을 기꺼이 하직하겠다고 나서는 사람은 없다. 철학자들도 예외가 될 수 없다. 따라서 삶에 대한 철학적 관심은, 혹은 윤리학의 과제는 우리가 살아있는 동안 어떻게 하면 이 갈등을 최소화할 수 있는지의 방안을, 다시 말해서 차선의 방안을 마련해 보려는 노력에 그칠 뿐이다. 그리고 그 방안은 이성적 판단과 실천의 능력을 극대화하여 본능을 최대한으로 억제하는 데서 찾아진다는 말할 수 있다.

우리가 본능을 무제한적으로 억제할 수는 없고 또 반드시 그렇게까지 할 필요도 없는 것이기 때문에 윤리학자들은 어느 정도로 자기 자신을 다스려야 하는지의 합리적인 이유를 제시하고자 한다. 그 이유는 도덕의 법칙이 무엇인지를 규명함으로써 밝혀질 수도 있고, 삶의 궁극적인 목표가 무엇인지를 제시함으로써 분명해질 수도 있다. 전자를 '의무론적 윤리설'이라고 하며, 후자를 '목적론적 윤리설'이라고 한다. 그러나 어떠한 윤리설이든 한 가지 공통적인 데가 있다면 그것은 인간에게는 바람직한 삶을 살아가기 위한 객관적인 행위의 법칙이나 목표가 있다는 사실이다.

의무론적 윤리설의 대표자로 우리는 칸트(I. Kant)를 들 수가 있는데, 그에 의하면 질량을 가진 모든 물체가 자연의 법칙에 따라 질서정연하게 움직이듯이, 인격을 갖춘 우리 인간들은 자유의 법칙인 도덕률이 무엇인지를 알고 또 그것을 준수함으로써 개인적으로 바람직한 삶을 영위할 수 있을 뿐 아니라 사회의 정의를 구현할 수도 있다는 것이다. 그 법칙을 그는 무조건적인 명령의 형식 즉, 정언명법에 담아 "네 의지의 격률이 항상 동시에 보편적 입법의 원리로서 타당할 수 있도록 행위하라"로 표현한다. 여기서 격률이란 개인적 차원에서의 생활신조 같은 것을 의미한다. 그러므로 그가 말하고자 하는 것은 나의 생활신조가 모든 사람의 생활신조가 되어도 좋다고 생각할 때 그것은 도덕률로 승화될 수 있으며, 이러한 행위의 법칙을 준수하며 살아갈 때 나는 바람직한 삶을 살게 된다는 사실이다.

의무론적 윤리설이 특히 강조하는 것은 행위의 목표를 너무 의식하지 말라는 점이다. 예를 들어 명예나 권력 혹은 부귀 따위를 위해서 살아서는 안 된다는 것이다. 물론 이러한 것들이 바람직한 삶을 사는 데 전혀 무의미하고, 심지어 해를 끼치기만 할 뿐이라고 말하는 것은 아니다. 사실 우리가 살아가는 데 그러한 것들이 따라와 주지 않는다면 인생이 얼마나 무미건조할 것인가. 그러나 문제는 무엇이 우리에게 더 중요한 것인지를 분별하는 데 있다. 칸트에 의하면, 참으로 중요한 것은 무엇을 얼마나 얻느냐가 아니라 그것을 어떻게 얻느냐에 있다는 것이다. 다시 말해서, 삶을 바람직하게 하는 것은 삶의 목표가 아니라 삶의 태도뿐이라는 것이 그의 입장이다. 그것은 바둑에 임하는 어느 기사의 말을 연상케 한다. "좋은 바둑을 두고 싶을 뿐"이라는 자세가 바로 그것이다. 좋은 바둑을 두기 위해서는 무엇보다도 바둑의 규칙을 지켜야 한다. 마찬가지로 훌륭한 삶을 살기 위해서는 삶의 규칙인 도덕률을 지켜야 한다.

또한 좋은 바둑을 두기 위해서는 자기의 능력을 최대한으로 발휘할 수 있도록 최선을 다해야 한다. 마찬가지로 훌륭한 삶을 살기 위해서는 자기가 가지고 있는 인간으로서의 가능성을 현실화할 수 있도록 온갖 노력을 기울이지 않으면 안 된다. 이것이 칸트가 말하는 의무의 이행이며, 이러한 의무를 이행하는 과정에서 획득된 명예나 권력이나 부귀라야 비로소 도덕적 가치를 지니는 것이다. 칸트는 인간의 궁극적 목표인 행복조차도 예외가 아님을 지적한다. 칸트에 의하면 "자기 자신의 행복을 확보한다는 것은(적어도 간접적으로는) 의무이다. 여러 가지 근심에 싸이고 충족시킬 수 없는 욕망의 소용돌이에 빠져서 자신의 처지에 만족하지 못하다 보면 그것이 곧 의무를 위반하게 되는 큰 유혹이 될 수도 있기" 때문이다. 그러나 그는 이 경우에도 하나의 법칙이 남아 있음을 강조하며, "그것은 경향에서가 아니라 의무로부터 자신의 행복을 증진시켜야 한다는 법칙이다. 그리고 그때 비로소 그의 행위는 본래의 의미로 도덕적 가치를 갖는다."고 말한다.

사실 행복에도 우연적인 요소가 많이 개입되고, 대부분의 경우 행운이 따라와 주어야 비로소 그것을 획득할 수 있기 때문에 그것만을 삶의 유일한 목표로 삼는 데에는 무리가 따른다고 볼 수도 있다. 행운과 우연에 대해서 책임을 지고 또 그것을 자랑스러워할 수는 없지 않은가! 그러나 바둑을 두는 사람이 실제로는 승부에 전혀 무관심할 수 없듯이, 우리가 행복이니 불행을 무시하고 바람직한 삶을 살 수 있다고 말할 수는 없다. 적어도 현실적으로는 그렇다는 것이다. 목적론적 윤리관은 바로 이 점을 강조하여 바람직한 삶의 목표가 무엇인지를 밝혀 보려는 입장이다. 그 대표적인 철학자로 우리는 공리주의자인 밀(J. S. Mill)을 들 수 있는데, 그에 의하면 인간의 궁극적인 목표는 '최대 다수의 최대 행복'을 실현하는 일이며, 우리가 이 목표에 얼마나 이바지하느냐에 따라 우리의 삶이 어느 정도로 바람직한 것인지도 또한 측정될 수 있다는 것이다.

이러한 측정의 기준을 그는 '공리성의 원리'라고 부르는데, 그것은 행위의 가치를 판단하는 기준이 오로지 그 행위의 결과, 즉 얼마나 나 자신의 행복을 포함한 모든 사람의 행복의 증진에 이바지했는가에 따라 규정된다고 하는 원리이다. 이것은 행위의 동기를 강조하는 칸트의 입장과 좋은 대조를 이룬다. 예를 들어 우리는 거짓말을 해서는 안 된다는 사실을 상식적으로 알고 있다. 칸트에 의하면 그것은 모든 사람에게 적용되는 도덕률이므로 무조건적 의무가 되어 "거짓말을 하지 말라!"라는 명령의 형태로 나타난다. 그리고 도덕적 가치는 이 명령을 지키려는 우리의 태도나 의도 속에 있다. 그러나 밀의 경우에는 그것이 "정직만이 최선의 방책이다."라는 명령의 형태로 나타난다. 장기적인 안목으로 볼 때 거짓말을 하지 말아야 우리 모두의 행복이 증진된다는 뜻이 담겨 있는 것이다. 또한 이것은 만약 최대 다수의 최대 행복이 확실히 보장된다면 경우에 따라 거짓말을 할 수도 있다는, 아니 오히려 거짓말을 해야 한다는 의무를 함축할 수도 있다. 따라서 의무론과 목적론 사이에는 중요한 차이점이 있는 것이다. 바둑의 비유를 든다면 '좋은 바둑을 둔다'는 것은 규칙에 따라 최선을 다한다기보다 어느 정도 규칙을 어기더라도 이기기만 하면 된다는 뜻으로 해석될 수 있기 때문이다.

바람직한 삶을 사는 것은 결코 쉬운 일이 아니다. 비록 우리가 도덕률이 무엇인지를 안다고 해도 그것을 항상 지킬 수는 없으며, 인생의 궁극적 목표가 행복이라고 해도 그것도 무지개처럼 언제나 손에 닿을 수 없는 곳에 머물러 있기 때문이다. 여기서 우리는 다시 한 번 인간이 이성과 본능의 투쟁이라는 자기 모순적 갈등의 생래적 환자임을 새삼스럽게 절감하지 않을 수 없다. 그러므로 삶에 대한 철학적 자세는 '어떻게 살 것인가'의 질문에 피상적인 답변을 서둘러 마련하기보다는, 오히려 그러한 질문에는 답변이 있을 수 없다는 이유를 솔직하게 고백하는 데 있는지도 모른다.

비트겐슈타인(L. Wittgenstein)은 그의 『논리철학 논고』에서 이렇게 말한다.

> 내가 영원히 살아남은들 풀릴 수 있는 수수께끼가 있을까? 현재의 내 삶만큼이나 이 영원한 삶이라는 것도 수수께끼투성이가 아닐까? 삶이, 시간이, 그리고 공간이 갖는 수수께끼의 해결은 공간과 시간의 밖에 놓여 있다. 있을 수 있는 모든 과학적 질문이 해답을 찾는다고 해도 삶의 문제는 전혀 손도 대보지 못한 채로 남는다는 것을 우리는 느끼고 있다. 물론 그렇게 되면 아무런 질문도 남아 있지 않으며, 이것 자체가 그 해답이 된다. 삶의 문제에 관한 해결은 그 문제가 소멸되는 데서 찾아진다.

그러나 삶의 문제를 소멸시킨다는 것은 그 문제에 대한 해답을 찾는 것만큼이나 어려운 일이다. 우리가 반성된 삶을 살고 있는 한 '어떻게 살 것인가?'라는 질문을 포기할 수도 없고 또 포기해서도 안 되기 때문이다. 참으로 삶의 문제를 소멸시키고 싶다면 이 질문이 닳아서 없어질 때까지 계속 다그쳐 묻지 않으면 안 된다. '어떻게 살 것인가? 정말 어떻게 살 것인가?'를… 삶의 문제를 소멸시키려면 먼저 분명한 문제의식이 필요하다. 문제의식이 분명하면 할수록 사실 대부분의 문제는 스스로 사라질 수도 있음을 우리는 알고 있다. 또한 이러한 의식을 서로 나눌 때 우리는 '삶'이란 생래의 불치병을 함께 앓고 있는 환자들임을 새삼스럽게 확인하게 될 것이고, 그리하여 우려와 불평과 비난 대신 환자들이 서로 환부를 어루만지듯 이해와 연민과 포용을 배우게 될 수도 있을 것이다.

1996년

6. 소통의 언어철학

I

일반적으로 '소통(疏通, Communication, facilitation)'은 통과를 원활하게 하는 현상을 말한다. 반대로 통과를 곤란하게 하는 사실이 있으면 억제 혹은 불통이라고 할 수 있다. 자연현상에서는 한 자극에 의한 충격이 다른 자극에 의한 충격의 통과에 적절한 영향을 만들어 주는 것으로 이해된다. 가령 반사궁(反射弓)을 흥분이 통과하는 경우 그 통과를 용이하게 하는 현상이 그 좋은 예가 된다. 전통적으로 동양의 정치 현실에서는 주로 하향식 소통이 이루어졌으므로 신하가 의견을 정리하여 임금에게 글을 올리는 것을 '상소(上疏)'라고 하였다. 그러나 상업문화가 발달하고 다양한 종류의 교류가 수평적으로 이루어지면서 소통의 형태도 상호관계로 발전하였으며, 특히 이것이 민주화의 과정을 거치면서 대화를 통한 상호 이해(mutual understanding)의 뜻으로 정착하기에 이른 것이다. 오늘날 소통을 다양한 형태의 의사소통의 개념으로 쓰는 이유도 여기에 있다.

소통을 주로 의사를 전달하는 관점에서 이해할 때 우리는 그것을 주로 세 가지 측면에서 접근해 볼 수 있다. 의사, 즉 사고를 형성하는 주체와 그것을 전달하는 수단인 언어행위, 그리고 그것이 전달되는 대상인 객체가 그것이다. 소통은 나의 생각이나 의견을 남에게 전달하는 방법으로서 그것이 원활하게 수행되었을 때 소통이 이루어졌다고 하고 그렇지 못할 때 제대로 이루어지지 않았다고 할 수 있다. 여기서 소통되어야 할 사고 내용이 분명하거나 구체화되지 않았다면 제대로 전달될 방법이 없고 언어행위가 효과적으로 이루어지지 않는다면 아무리 주체의 입장에서 명확하게 표현했다고 하더라도 대상인 객체에게 성공적으로 전달되었다고 말할 수 없을 것이다. 그러므로 소통의 상황에서 우리는 소통의 주체나 대상, 그리고 언어행위라는 세 요소를 고려할 수밖에 없는 것이다.

II

소통을 효과적으로 수행하기 위해서는 먼저 무엇을 소통할 것인가를 분명히 규정하지 않으면 안 된다. 우리는 자기의 감정이나 기분 혹은 생각을 전달하기 위해 눈짓이나 몸짓, 혹은 얼굴 표정을 짓는 경우가 많이 있다. 때로는 가시 철망이나 신호등, 혹은 그림이나 음악 등으로 의사를 전달할 수도 있다. 그러나 대부분의 경우 복잡한 의견이나 깊은 신념 등을 전달하기 위해서는 언어에 의존할 수밖에 없다. 좀 더 구체적으로는 개념을 형성하고 그것을 담는 명제를 구성한 다음 여기에 사고의 내용을 담아서 상대방에게 전한다는 것이다. 가령 "나는 외롭다." "한국인은 훌륭하다." 혹은 "신은 존재한다." 등이 그것이다. 그러나 이러한 생각이나 견해가 항상 명료하고 분명한 것은 아니다. 그러므로 소통의 주체로서 자기 자신과의 관계도 고려해 볼 필요가 있다. 사고나 개념을 분명히 한다는 것은 남에게뿐만 아니라 자기 자신의 경우에도 마찬가지인 것이다.

잘 알려져 있는 바와 같이 소크라테스는 고대 아테네 사람들에게 “너 자신을 알라!”고 가르쳤다. 이 가르침을 우리는 여러 가지 맥락에서 접근할 수 있지만 그중에 하나는 우리가 쓰는 개념을 명확하게 이해하고 사용하라는 뜻으로 이해할 수도 있다. 그는 선이나 진리, 정의나 용기 등의 진정한 의미가 무엇인지 제대로 이해하지 못한 채로 사용하기 때문에 사유에 혼란을 일으키고 각종 의견들이 난무하며, 바로 그렇기 때문에 사회적으로 혼란을 일으킬 뿐만 아니라 자신의 영혼을 혼탁하게 하는 원인을 제공한다는 것이다. 이것을 우리는 자기 자신과의 소통과 관련된 문제라고 할 수 있다.

소크라테스는 “진리란 무엇인가?”, “정의란 무엇인가?” 등의 질문을 계속 던짐으로써 사유의 혼란에 빠진 사람들을 좀 더 명확한 개념과 확실한 논증의 언덕으로 끌어올리고자 하였고, 이러한 방법으로 더욱 차원 높은 합리성의 영역으로 인도했던 것이다. 이것을 우리는 삶에 대한 반성과 사물에 대한 성찰이라고 할 수 있는데 이러한 과정을 통해서만 우리는 자기 자신과의 의사를 원활하게 소통하고 그 결과 명확한 견해와 확고한 신념을 획득할 수 있는 것이다. 만약 이러한 작업이 선행되지 않는다면, 다시 말해서 자기 자신을 먼저 설득할 수 없다면 다른 사람과의 의사소통은 원활하게 진행될 수 없을 것이다.

III

전통적으로 언어는 의사소통의 과정에서 수동적인 수단의 역할을 하는 것으로 인식되어 왔다. 가령 수단의 주체가, 정의나 용기와 같은 개념을 형성하면 '정의'나 '용기'라는 단어가 선택되어 다른 사람에게 활용됨으로써 그 뜻이 전해지는 것으로 이해되었던 것이다. 그러므로 '정의'나 '용기'는 어디에든지 존재하지 않으면 안 되었다. 그것은 정신적 상태로서 주관적 관념으로 존재하든지 혹은 플라톤이 주장하는 것처럼 현상의 세계를 넘어서는 이데아의 영역에 존재하는 것으로 간주되었다. 그러므로 언어는 그러한 존재를 제대로 표현할 때 그 기능을 다한 것으로 이해되었다.

그러나 언어는 오늘날 그러한 수동적 기능보다 훨씬 더 많은 역할을 하는 것으로 나타났다. 오히려 '용기'나 '정의'라는 언어적 표현이 그러한 개념을 형성하는 데 능동적인 기능을 하고 있고 심지어 그것이 어떻게 쓰이는지에 따라 의미가 형성된다는 입장이 등장하였다. 예를 들어 비트겐슈타인(L. Wittgenstein)은 언어가 무엇인지 규정하기보다, 그리고 '나'나 '신' 같은 단어가 무엇을 의미하는지 규명하기보다 그것이 언어게임에서 어떻게 활용되는지 살펴보라고 주장한다. 가령 '신'이라는 표현이 고정된 의미를 지니는 것이 아니라 어느 특정한 종교에서 어떤 뜻으로 쓰느냐에 따라 특정한 의미가 생겨난다고 한다. 이와 같이 그는 소통의 도구인 언어가 소통을 가능하게 할 뿐 아니라 오히려 그 내용을 규정한다는 것을 지적하고 있는 것이다.

한편 오스틴(J. L. Austin)은 '언어 행위(speech act)'라는 개념을 도입하여 발화행위(locutionary act)뿐만 아니라 그 행위에 담긴 의도인 발의행위(illocutionary act), 그리고 그 행위의 결과인 발효행위

(perlocutionary act)를 모두 의사소통의 과정으로 규정한다. 가령 평강공주의 부왕이 어린 딸에게 "자꾸 울면 온달에게 시집 보내겠다."고 발언했을 때 그는 공주답게 행동하라는 뜻으로 말했지만 정작 공주 자신은 그것을 액면 그대로 이해하는 소통의 과정 전체를 언어행위로 규정한 것이다. 이것은 모두 소통과정에서 언어가 차지하는 비중과 그 포괄적 작용의 중요성을 강조하고 있는 것이다. 소통에서 일어나는 대부분의 문제점은 언어가 차지하는 비중을 과소평가하는 데서 생겨나며, 특히 자신의 발언이 잘못 전달될 수 있음을 간과한 데서 일어나기 때문이다. 의사소통에서 상대에 대한 배려와 주의 깊은 경청, 그리고 '역지사지(易地思之)'의 태도를 강조하는 이유도 바로 여기에 있다. 이와 같이 소통의 매체는 매우 광범위하게 작용하며 그 역할도 극히 능동적이라는 사실을 인식해야 하는 것이다.

IV

소통의 상황에서 핵심적 요소 중 하나는 대화의 당사자인 대상에 대한 이해와 배려이다. 이미 살펴본 봐와 같이 자기 자신과의 대화과정에서 소통에 문제점이 있다는 것을 인정한다면 다른 개체인 상대방과의 소통이 항상 원활하기를 기대하는 것은 무리임에 틀림없다. 평강공주의 경우처럼 자기가 처한 입장과 세대 차이, 사물과 현상을 바라보는 관점의 차이 때문에 부왕의 발언을 완전히 이해하기는 어려울 것이다. 더구나 이것은 일반적인 구조의 문제이기 때문에 그것을 온전히 극복하는 것은 불가능한 일에 가깝다.

다양한 인간관계에서 갈등은 어느 시대에나 당연히 어느 정도 존재하기 마련이며 이러한 현상을 극복한다는 것은 가능한 것도 아니고 또 반드시 바람직한 것도 아니다. 오히려 우리는 서로 입장이 다르다는 것을 인정하고 그것을 역이용함으로써 이른바 '격차효과(discrepancy effect)'를 노려볼 수도 있다. 전달하고자 하는 내용이 상대의 생각과 다를수록 수신자에 대한 수용 압력이 커지고 결과적으로 전달 효과도 커진다는 것이다. 그러나 편견과 오만에 사로잡혀 있고 폐쇄적인 태도를 비꿀 용의가 없는 상태에서는 이것도 별 의미가 없을 것이다. 그러므로 원활한 소통은 어떠한 경우에도 개방적인 자세와 긍정적인 태도로 서로 경청하고 수용하며 공감대를 넓히려고 노력할 때에만 가능하다는 사실을 다시 한 번 확인할 필요가 있다.

그러나 이러한 노력에도 불구하고 소통이 어려운 경우가 있다. 상대방이 단순한 세대 차이를 넘어서 이질적인 문화차이를 느낄 경우, 폐쇄적인 이데올로기나 정치 이념, 혹은 광신적인 종교적 신념 등에 사로잡혀 있을 때는 소통의 문제가 쉽게 해결되기를 기대해서는 안 될 것이다. 이러한 경우에는 성급하게 시도할수록 깊은 수렁에 빠져서 사태를 더욱 악화시킬 수도 있다.

우리나라는 수난과 혼돈의 현대사를 거치면서 급격한 산업화와 민주화를 거치는 동안 각 분야에서 심각한 소통의 문제를 안고 있다. 분단 구조에서 파생된 보수와 진보의 대결, 세대차이의 수준을 넘어서는 기성세대와 신세대의 가치관 충돌, 급격한 경제 발전에 따른 빈부의 격차, 민주화의 역효과로 야기된 개인적 또는 집단적 이기주의,

그리고 급속한 정보화의 결과로 지식의 홍수에서 표류하는 현상 등 이루 헤아릴 수 없는 부정적 사태들이 소통의 부재에서 야기되며 또 이것을 재생산하고 있다. 이러한 현상을 하나의 질병으로 이해할 때, 그리고 그 징후를 미리 감지하고 정확하게 진단하며 적절하게 처방할 때 비로소 그 효과적인 방법도 강구될 수 있을 것이다.

마지막으로 과학기술의 발달에 따른 자연 환경과의 관계를 통해서 보면, 소통의 객체로서 사회적 여건을 가능하게 하는 자연 그 자체를 고려하지 않을 수 없다. 자연을 단순한 도구로 간주하고 마구 훼손하고 단기적 관점에서 소모적 이용에만 급급할 때 자연과의 소통이 원만하게 이루어졌다고 말할 수 없기 때문이다. 이것은 인간관계에서 자기의 위상이 어떤 것인지 제대로 파악해야 사회현실 속에서 소통이 원활해질 수 있는 것과 마찬가지이다. 자기인식이나 사회인식 못지않게 자연 인식이 소통에서 매우 중요하다는 것을 실감할 수 있다.

V

오늘날 학계에서는 인문학자와 사회과학자, 그리고 자연과학자들이 공통의 관심사에 관해서 포괄적이고 통합적 의견을 도출하기 위하여 활발히 연구 활동을 전개하고 있다. 이것은 학문적으로나 현실적으로 당면한 질병을 의식하고 이에 효과적으로 대처하는 방안 중에 하나이다. 소통의 관점에서 볼 때 문학을 비롯한 예술이나 철학, 역사나 종교 등의 인문학은 다양한 방식으로 내면에 깊숙이 숨겨져 있는 이질적인 자기 자신과의 소통을 시도한다고 볼 수 있다. 정치학이나 경제학, 사회학, 법학 등의 사회과학은 나 자신과 타인 혹은 각종 집단과의 소통을 문제 삼는다고 할 수 있다. 그리고 물리학, 화학, 생물학, 천문학 등 자연과학은 다양한 방식으로 여러 층위에서 자연과의 소통을 확장해 나가는 노력이라고 해석할 수 있다.

지금까지 인류는 이와 같은 다양한 종류의 소통을 각기 다른 영역에서 폐쇄적인 자세와 배타적인 태도로 수행해온 경향이 있다. 그러나 소통을 좀 더 원활하게 하고 그 수준을 한 단계 더 높이기 위해서는 이러한 자세와 태도를 좀 더 개방적으로 전환할 필요가 있다. 소통의 세 요소인 주체의 자각, 언어의 이해, 그리고 객체의 위상이 오늘날 파격적으로 변모하고 있기 때문이다. 우리의 현실을 인문학적, 사회과학적 및 자연과학적 관점에서 유기적으로 진단해 보고 치유의 방안을 모색함에 있어서 좀 더 넓은 공감대를 확보해 보려는 의도가 바로 여기에 있는 것이다. 과거에는 철학이 이 세 분야를 총괄했던 적도 있었다. 그러나 오늘날 그것은 가능하지도 않고 바람직하지도 않다. 그럼에도 불구하고 자기 자신, 사회 집단 그리고 자연 현상과의 유기적이고도 총괄적인 소통을 위해서 그 진단과 처방에 관심을 갖지 않으면 안 된다.

7. 합리성의 행방

I

과학기술문명이 한 시대를 풍미하면서 과학의 본질에 관해 관심이 점점 더 고조되고 있다. 이 관심의 한 가운데에는 합리성의 개념이 자리 잡고 있다. 아리스토텔레스 이래로 합리성은 다른 동물들과 구분하여 인간을 규정하는 특성으로 규정되어 왔지만 그것은 점차 유달리 '과학적' 합리성을 의미하는 것으로 통념화 되고 있는 추세이다. 바로 그렇기 때문에 이 개념은 오늘날 유독 수난을 당하고 있는 것도 사실이다. 과학기술은 과학적 합리성의 산물이기 때문에 과학기술이 낳은 현대문명의 폐해를 주로 합리성의 산물로 간주하고 심지어 종교적 직관과 영성, 혹은 예술적 감성으로 그것을 대체해야 한다고 주장하는 부류들도 있다.

정도의 차이는 있지만 합리성이 인간을 특징짓는 요소 중에 하나라면 인간의 본성과 그것이 낳은 인류의 문화와 문명, 그중에서도 과학기술 문명을 제대로 인식하고 향유하기 위해서라도 이 개념을 좀 더 확실히 해 둘 필요가 있다. 그러나 그것은 매우 광범위하고 복잡한 개념이다. 넓은 의미로는 감성이나 직관, 혹은 영감과 대비되지만 좁은 의미로는 그것이 어떤 맥락에서 어떤 뜻으로 쓰이는지에 따라 다양한 뜻을 지니게 된다. 가령 도구적 합리성이나 독단적 합리성, 혹은 비판적 합리성이나 성찰적 합리성 등이 그것이다. 한편 감성이나 직관, 혹은 영감에도 합리성이 전혀 배제된 것은 아니다. 예술적 감성이나 영감, 혹은 종교적 직관 같은 정신작용에도 합리적 요소가 개입되지 않으면 그것이 차원 높은 예술이나 종교의 형태로 나타나지는 않을 것이기 때문이다.

한편 합리성은 문화권에 따라 그 종류와 정도에 있어서 서로 다른 양상으로 표현될 수도 있다. 특히 상업 문화가 일찍부터 발달한 고대 그리스 지역에는 농경문화나 유목문화가 오래 지속되었던 지역보다 먼저 합리적 사고가 발달했던 것이다. 이러한 전통을 이어받은 서구에서 근대의 과학문명이 출현하였고 과학적 합리성이 그 모습을 드러낸 것도 우연이 아닐 것이다.

II

나폴리 국립박물관에 있는 소크라테스의 흉상 받침대에는 그리스어로 다음과 같은 문장이 새겨져 있다.

> "이것은 지금 비로소 생각한 것이 아니라 원래 내가 항상 잘 생각(logos)해 본 다음에 가장 좋은 생각(logos) 외에는 그 어떤 것도 따르지 않는 사람이기 때문일세." (『크리톤』 46b-47a.)

이 말은 소크라테스가 무엇을 위해서 어떻게 살다가 왜 죽게 되었는지를 잘 설명해 준다. 그는 '합리성'의 어원이기도 한 '로고스'를 위해서 로고스를 실천하다가 로고스 때문에 죽어갔다고 말할 수 있다. '로고스'는 '말하는 것'과 '생각하는 것'이라는 두 가지 뜻을 가지고 있다. 여기서 '말한다'는 것은 그냥 소리를 낸다는 뜻이 아니라 생각된 내용을 표현한다는 뜻이므로 '생각하는 것'에 포함된다고 해석해도 좋을 것이다. 이와 같이 '로고스'는 넓은 의미의 '생각'을 말하는 것으로서, 언어적 의미가 배제되어 있지만 라틴어의 번역어인 '라치오(ratio)'도 마찬가지이다.

로고스에는 두 가지 측면이 있다. 소크라테스의 언급에도 나타나 있듯이 하나는 '생각하는 작용'이고 다른 하나는 '생각된 내용'이다. 이 두 가지 측면이 서로 어울려야 온전히 생각이 이루어질 것이다. 그런데 생각하는 작용을 소홀히 하거나 무시하고 그 내용에만 관심을 둔다면 어떤 '느낌'을 갖거나 '깨달음'에 이를지는 몰라도 온전한 생각이라고 하기는 어려울 것이다. 느낌을 주관적이라고 하는 데 비해 깨달음을 객관성을 넘어선 것이라고 주장하지만 평상적인 의미로 객관적이고 보편적인 '생각'은 아니다. 한편 생각하는 작용에 비중을 두면 작용의 흐름 혹은 그 전개의 과정에 집중하게 되고 그것은 주로 논리와 논증의 형식으로 나타나며 사고의 형식적인 면에 기울어지게 마련이다. 이와 같이 인간의 사고 기능 중에서 사고 작용과 사고 내용 중 어느 쪽에 더 큰 비중을 두느냐에 따라 사고의 양상이 다른 모습으로 나타나는 것이다.

사고 내용에 더 큰 비중을 두면 논증의 과정보다는 그 결과에 더 많은 관심을 갖는 경향이 있다. 우리는 사물을 바라볼 때 이러한 경향에 힘입어 그 종류를 구분하는가 하면 그것을 대상화하거나 개념화한다. 이것이 더 심화되면 대상들 간의 관계를 동적으로 파악하여 논리적이든 인과적이든 변증법적이든 그 필연적인 연관성을 규명하려고 노력한다. 과학적 세계관이나 종교적 우주론 혹은 그 밖의 모든 형이상학적 사유체계는 이러한 이성적 기능의 산물이라고 할 수 있다. 그것을 우리는 맥락에 따라 독단적, 교조적, 사변적, 종합적 및 체계적 합리성이라고 부를 수 있을 것이다.

한편 사고의 과정에 더 큰 비중을 두면 논리의 전개에 관심을 기울이며 논증의 타당성과 개념의 명료성, 그리고 명제의 진리성 등에 더 많은 신경을 쓴다. 사물을 파악하고 현상을 인식함에 있어서 우리는 흔히 감정이나 욕구, 직관과 충동이 개입하게 마련이어서 그것을 비판적으로 바라보는 능력이 필요하다. 따라서 그렇게 파악되고 인식된 과정을 비판적 능력에 의존하여 면밀히 검토하고 사물의 본질이나 현상의 체계보다는 그러한 것을 정당화하는 근거를 찾고자 노력한다. 이성의 이러한 기능이 사변적인 경우도 있지만 대체로 경험적이고 구체적이며 실증적인 태도를 보이기 때문에 이것이 활성화될수록 경험과학적인 양상으로 발전한다. 그것을 우리는 논증적, 비판적, 구체적, 분석적 및 원자적 합리성이라고 부를 수 있을 것이다.

물론 합리성의 이 두 측면을 기능적인 면에서 엄격하게 구분하기는 어렵지만 이것을 혼동하면 사고의 형태와 본질을 파악하기 어려우며, 또한 고대 그리스에 뿌리를 두고 있는 서구문명, 그중에서도 근대 이후에 전개되는 과학문명의 특성을 이해하기 어렵다. 특히 자연과학은 사변적이고 독단적인 합리성보다는 경험적이고 비판적인 합리성에 의존하는 경향이 더 크다고 볼 수 있기 때문이다. 소크라테스와 과학의 발전이 어떠한 관계를 갖는지를 명확하게 규명하는 것은 쉬운 일이 아니지만 사고의 영역 전반에 걸쳐 비판적 합리성의 단초를 마련했다는 점에서 서구의 근대 과학혁명에 미친 그의 영향력을 무시하기는 어려울 것이다. 여하튼 합리성의 어떤 측면을 강조하든 인간이 그러한 능력을 지닌 존재인 것만은 틀림없다. 이러한 사고방식이 유달리 서구에서 대두된 시대적 배경은 무엇인가.

기원전 7세기와 6세기에는 밀레토스를 비롯한 그리스의 도시들이 활발한 해상활동을 통해 급성장했다. 이로 인해 기존 권력 계급인 귀족층과 새롭게 부유하고 자유로워진 농부 및 상인들 사이에 사회적 갈등과 긴장감이 감돌기 시작했다. 이러한 문제들을 해결하기 위하여 이른바 '현자들'을 필요로 했는데 그들은 문제를 해결함에 있어서 '정당한 법'의 개념을 도입하였다. 이 새로운 규약이나 규범은 전통적인 관습이나 종교적 관행 등과 반드시 일치하는 것은 아니었다. 오히려 그것은 다양한 계층들 간의 이해관계를 모두 수긍할 수 있도록 타당한 비율로 조정하는 것이었다. 이러한 과정에서 사제들의 식견이나 귀족들의 관행은 더 이상 영향력을 발휘하기 어렵게 마련이었다. 이러한 상황에서는 실천적인 영역에서도 수학의 세계에서처럼 보편적인 명제가 적용되어야 했던 것이다. 이러한 명제를 자연적이든 사회적이든 혹은 정치적이든 현실적인 상황에 적용하면 모든 것에는 필연적인 원인이 있으며 우연이란 존재하지 않는다는 형식으로 나타난다. 철학의 시조인 탈레스(Thales)는 이러한 시대적 배경 속에서 등장했던 것이다.

탈레스를 우리는 철학이나 과학의 창시자로 볼 수도 있지만 좀 더 포괄적으로는 합리적 사고를 사유의 영역에 도입한 인물로 평가할 수도 있다. 탈레스를 그렇게 평가하는 이유는 그가 만물의 근원이 무엇인지 물었다거나 일식을 정확하게 예견했다거나 '탈레스 정리'를 발견했기 때문이 아니라 이 세계가 이러한 모습으로 존재하는 이유를 신화나 시인의 영감 같은 것에 의존하지 않고 경험과 추론을 통해서만 그러한 것을 최초로 일관되게 해명하고자 했기 때문이다.

탈레스는 자기 시대의 정치적 사유와 사회적 인식으로부터 자연에 대한 분석과 해석을 이끌어 내었다. 그는 기원전 585년 5월 28일의 일식을 정확하게 예측하여 사람들을 놀라게 하였다. 그는 별들의 운행을 관찰하여 그 현상으로부터 필연적인 결과로서의 일식을 추론해 낸 것이다. 그는 나일 강이 규칙적으로 범람하는 현상을 목격하고 그것은 지중해 동쪽에서 불어오는 북동풍이 강의 흐름을 방해하여 생긴 현상이라고 주장했다. 물론 이것은 잘못된 주장이지만 자연 현상을 설명하기 위해서 의미 있는 가설을 제시했다는 점에서 그는 과학적 혹은 합리적 사유를 시도했다고 말할 수 있는 것이다. 만물의 근원이 물이라는 그의 주장도 이러한 맥락에서 제기된 것이다.

탈레스는 모든 것에 원인이 있고 어떤 사실이 항상 다른 사실로부터 생겨나는 것이라면 결국 모든 것의 근원이 되는 그 무엇이 존재할 것이라고 생각했다. 그는 당시 그리스인들이 믿고 있던 4대 원소, 즉 물, 불, 흙, 공기 중에 물이 그것이라고 생각했다. 그는 흙이 물 위에 떠 있고 그보다 가벼운 공기와 불도 마찬가지라고 여겼다. 그는 또한 물 자체를 면밀히 관찰하였다. 물이 뜨거워지면 수증기로 변하다가 공기가 되며 차가워지면 얼음이 되는 현상에 주목하였다. 이렇게 액체가 기체와 고체로 변화할 수 있다면 적절한 조건이 주어질 때 그것이 영혼이나 대지로 변질될 수도 있으리라고 추론한 것이다.

합리적 접근을 시도하는 학문은 어느 선에서 적당히 얼버무리지 않는 것이 특징이다. 가령 탈레스 '정리'가 중요한 이유는 그가 처음으로 직각 삼각형의 구조에 대해서 알아내었기 때문이 아니라 그것을 계기로 그리스인들이 '명제' 혹은 '정리'의 엄밀한 형식을 배우기 시작했기 때문이다. 이러한 명제는 '…하면 항상…이다'라는 논리적 법칙의 형식을 취한다. 이 형식에 의해서 어떤 하나의 사실이 다른 하나의 사실을 이끌어 낸다는 것이다. 가령 두 점과 이 두 점을 잇는 선을 지름으로 하는 반원 위에서 임의의 한 점을 직선으로 연결하면 이 선들은 항상 직각 삼각형을 이룬다는 것이다. 이것은 영원하고 불변하는 법칙이라는 것이 중요하다.

그리스인들은 이러한 종류의 진리에서 크게 감명을 받았고 어떤 사람들은 그러한 명제나 정리가 경험의 세계에 나타나는 사물이나 현상보다 더 참된 존재라고 여기게 되었다. 이때부터 오직 이념들만이 참된 것이라고 생각하는 '관념론자'와 경험적으로 확인 가능한 구체적 대상들만 유효하다고 주장하는 '유물론자'가 탄생했으며 진리란 수학적 명제처럼 몇 가지 근본 전제들로부터 구성된 것이라고 주장하는 '사변론자'와 감각적 경험이 모든 지식의 근원이라고 믿는 '경험론자' 사이에 논쟁이 시작되었다. 이 논쟁은 철학사 전체를 관통하며 시대마다 양상을 달리하지만 지금까지 계속되고 있는 셈이다. 결국 관념적이고 사변적인 접근을 선호하는 철학자들은 형이상학적이고 종교적인 경향을 보였고 경험적이고 유물론적인 접근을 시도한 철학자들은 점차 실증주의적이고 자연과학적인 방향으로 발전하였다. 이것을 우리는 합리성의 독단적 측면과 비판적 측면이 서로 다른 방향으로 전개된 결과라고 볼 수도 있을 것이다. 어떠한 측면을 강조하든 인간이 합리적인 존재인 것만은 분명하다.

III

잘 알려진 바와 같이 아리스토텔레스는 인간이 이성적 동물이라고 보았다. 그러나 현대 심리학은 이 신조가 유지되기 어려운 것으로 보고 있다. 이성적 동물이란 추리력이 있는 동물이라고 볼 수 있는데, 침팬지가 바나나를 구하기 위해 자동판매기에 동전을 사용한다든가 쥐가 미로를 빠져나갈 궁리를 할 때 이 동물들이 추리력을 구사하고 있다는 것은 분명하다. 그러나 비행기를 띄울 때 그러한 동물들이 인간의 추리력을 따라올 수 있을까. 그것은 단순히 정도의 차이라고 말할 수 있을까.

캇시러(E. Cassirer)에 의하면 인간을 규정하는 것은 이성이 아니라 좀 더 구체적으로 기호 혹은 상징(symbol)을 사용할 수 있는지의 여부에 달려 있다고 한다. 자극에 대하여 적절하게 반응할 줄 알게 되는 능력뿐만 아니라 언어를 조작하여 사용할 수 있고 추상적 사유를 전개할 수 있으며 상징을 통해 시간적으로나 공간적으로 아주 멀리 떨어져 있는 것을 지향할 수 있게 되는 능력의 차이에서 비롯된다는 것이다. 이 견해에 따르면 인간은 '기호를 사용하는 동물'이 되는 것이다. 사람이 자신의 생각을 검토하고 숙고하게 되는 것은 어휘나 그 밖에 다른 기호들로 그 생각들을 명확하게 표현할 수 있어야 가능하기 때문에, 사실 자의식을 이룬다는 것은 기호를 사용하는 과정이라고 볼 수도 있는 것이다.

사람다운 '사람이 된다는 것'은 적어도 부분적으로는 사회적 속성을 지니거나, 사회적으로 행동할 수 있는 능력을 지닌다는 뜻이다. 이러한 점을 들어 아리스토텔레스가 인간에 대한 또 하나의 정의를 제시한 바 있는데, 그것이 인간은 '사회적' 혹은 '시민적' 동물이라는 것이다. 물론 이러한 점에서도 인간만이 사회를 이루고 조직적인 협동체를 만드는 존재는 아니라는 점을 인정해야 한다. 그러나 인간들만이 언어를 통해 상호관계를 구성하며 수준 높은 문화를 창조한다고 보아야 할 것이다. 그러한 의미로 아리스토텔레스는 『니코마코스 윤리학』에서 "동물의 경우에는 감각 혹은 사유(noesis) 능력을 통해 정의된다."고 주장하는 것이다. (IX 9, 1170a16-7)

한편 다윈(C. Darwin)은 인간과 다른 동물의 질적인 차이를 거부한다. 그는 『인간의 유래(*The Descent of Man*)』에서 "인간과 고등동물, 특히 영장류는 몇 가지 본능을 공유하고 있음"을 지적하고 이렇게 말한다.

> 둘 다 동일한 감각, 직관, 지각이 있으며 열정, 애정, 감정이나 좀 더 복잡한 질투, 의심, 경쟁, 감사, 아량 등도 마찬가지이다. 둘 다 상대를 속이기도 하고 상대에게 복수하기도 한다. 때로는 조롱을 받기도 하고 유머 감각도 있다. 상당한 정도의 차이가 있지만 둘 다 놀라움과 호기심을 보이며 모방, 주의력, 숙고, 선택, 기억, 상상, 연상, 이성도 동일하다. 같은 종 안에서도 정신 능력 면에서 완전한 바보가 있는가 하면 정말로 우수한 개체도 있다. (김관선 역, 한길사, 2006, p. 14)

오늘날 인간에 대한 과학적 탐구가 놀라울 정도로 진척됨에 따라 이성이나 합리성의 개념으로 인간의 본성을 규정하는 작업이 난관에 부딪친 것이 사실이다. 이러한 현상은 결국 과학적 탐구 자체가 과연 객관성을 확보하는 합리적인 지적 작업인지의 문제를 제기하기도 한다. 과학적 탐구에서 가장 중요한 요소 중에 하나는 합리성과 객관성을 확보하는 것이라고 할 수 있다. 갈릴레이가 자연을 이해하는 데 있어서 수학적 언어의 중요성을 강조한 것이나 뉴턴이 자연철학을 새롭게 성립하기 위해 수학적 원리를 도입한 것도 모두 이러한 가치를 확립하기 위한 것이었다. 바로 이 객관성을 근거로 하여 과학이 합리성을 확보할 뿐만 아니라 보편적 설득력을 수립할 수 있고, 따라서 과학적 지식체계는 인간이 지금까지 발견한 지식의 유형 중에 가장 탁월한 것으로 평가받고 있다. 그러나 철학자들은 '객관성'이 과연 무엇을 의미하는지, 그리고 그러한 것을 확보하기 위하여 항상 수학적 체계나 기계적 구조에만 의존해야 하는 것인지에 대해 의문을 제기한다. 과학의 진보에 따라 객관성이란 개념도 진화하기 때문이다.

근대의 과학혁명 이후로 특별히 강조된 객관성의 특성은 철학적 관점에서 볼 때 주로 이원론에 기초한 것이었다. 존재론적으로는 정신과 물질의 구분이며, 인식론적으로는 주체와 객체를 구분하는 것이다. 이러한 입장에서 보면 객관성을 확보하기 위해 자연과학은 가능한 한 '물질적 객체'를 탐구의 대상으로 삼을 수밖에 없었다. 그러한 유형의 객관성을 극대화하기 위해서는 대상을 수학적 혹은 기계적 언어로 표현할 수 있어야 하고 탐구의 주체인 자아 혹은 공동체의 역할을 극소화하지 않으면 안 되었다. 그러나 현대과학으로 넘어오면서 각 분야, 말하자면 물리학, 화학, 생물학 등의 분야에서 이러한 이분법은 붕괴되기 시작하였고, 이에 따라 객관성의 개념도 변질되기 시작한 것이다.

신실용주의의 창시자인 로티(R. Rorty)에 의하면 합리성에 근거한 객관주의 전통은 "공동체를 초월해 있는 어떤 것, 다시 말해 실재하는 모든 가능한 공동체들과 공통적으로 소유하는 어떤 것에 비추어서 우리의 공동체를 검토할 수 있도록 충분히 멀리 벗어나야 한다는 가정을 중심에 두고 있다."고 주장한다. 이어 그는 『객관성, 상대주의, 그리고 진리』(Cambridge, 1991)에서 이렇게 말한다.

> 이 전통은 자연적인 것과 사회적인 것의 구분을 초월하고 무역사적인 인간 본성의 표현이므로 특정지역에 국한되지 않은 유대성을 보여줄 궁극적 공동체를 꿈꾼다. 이 시대의 많은 지적 생활의 담론들은 인간에 관한 과학적 탐구의 목표가 "기초적 구조", "문화적인 불변적 요소" 혹은 "생물학적인 결정적 모형" 등을 이해하는 것이라고 단정한다. (p. 22)

그러나 그에 따르면 이러한 의미의 객관성은 환상에 지나지 않으며, 그렇기 때문에 그 개념도 결국 '유대성'으로 바뀌지 않으면 안 된다고 주장한다.

과학적 탐구의 과정에서 드러나는 특징이 일종의 유대성인지는 확실하지 않으나 근대적 의미의 객관성이 많이 퇴색된 것만은 사실이다. 가령 여성 유전학자인 매클린톡(Barbara McClintock)은 유전자가 '고정된 그 무엇'이란 통념을 깨고 이른바 '자리바꿈'이란 현상을 나타낸다는 사실을 발표하였을 때 그러한 현상이 나타났고 물론 학계에서는 거부반응을 보였다. 그가 이러한 성과를 거둘 수 있었던 것은 경직된 객관성을 넘어서는 독특한 자신만의 접근 방식 때문이었다. 무엇보다 그는 흔히 고유한 의미의 과학적 방법이라고 하는 '대상과의 철저한 분리'를 고집하지 않았다. 그 대신 그는 마음으로 '생명의 느낌(feeling for the organism)'을 감지했다. 그것은 여성 과학자로서의 특권이라고 말할 수도 있는데, 맥크린톡은 실험의 대상들과 소통하면서 그들에게 말을 걸고 그들의 얘기를 듣기도 하였다. 그러한 방법으로 오직 이성과 도구에만 의지해 연구를 수행하던 과학자들이 결코 발견할 수 없었던 현상을 밝혀 낼 수 있었다. 그 결과는 너무도 파격적인 것이어서 거의 30년간이나 외면당하고 있었으나 점차 바이러스, 미생물, 초파리, 그리고 마침내 고등동물 등에서까지 자리바꿈 유전자가 발견되면서 그 기능이 구체적으로 드러났던 것이다. 그것은 이성이 아니라 "감성을 가지고 과학을 했던 여성"의 성공담으로도 널리 알려지게 된 것이다.

이러한 현상은 영장류 동물행동학에서도 찾아 볼 수 있다. 잘 알려져 있는 바와 같이 특히 이 분야에서는 자연 상태 그대로 관찰하는 것은 중요한 덕목으로 삼으며, 일체의 선입관이 없이 지극히 객관적으로 동물을 관찰해야 한다는 것은 상식에 속하는 일이다. 그러나 오늘날 첨단과학으로 평가받는 이 분야의 선구자 구달(Jane Goodall)에게는 평상적인 의미의 객관성은 처음부터 생소한 개념이었다. 그는 『인간의 그늘에서(*In the Shadow of Man*)』에서 그러한 인식이나 방법을 활용하지 않고 침팬지에 관한 심층적인 연구가 어떻게 가능했는지를 보여 준다.

탄자니아의 곰비에서 처음 연구를 시작할 무렵 구달은 침팬지에게 접근하는 것조차 어려웠지만 점차 익숙해지면서 많은 시행착오를 범한다. 가령 그는 자기가 연구하는 침팬지들에게 이름을 붙여주는 '실수'를 저질렀다는 것이다. 객관적인 자료를 수집해야 할 과학자가 연구대상인 동물과 감정의 끈을 맺는다는 것은 당시로서는 있을 수 없는 일이었다. 정상적인 연구의 경력이 없었던 그는 사실 동물을 연구하는 데 전통적으로 번호를 붙인다는 것도 몰랐다. 다만 사람이면 누구나 이름이 있듯이 동물에게도 당연히 이름이 있어야 한다고 생각했을 뿐이다. 어렸을 때 정원에서 데리고 놀던 달팽이에게도 이름을 붙여주었던 그에게는 그것은 너무나 자연스러운 일이었다. 이 일은 관점에 따라 구달의 연구에 학문적 깊이가 없다는 빌미를 줄 수도 있다. 그러나 여성과학자들의 이러한 접근이 과연 비합리적이고 객관성의 포기를 의미하는 것일까.

구달의 특유한 학문적 자세 덕분에 우리는 "인간이 품성을 지닌 유일한 동물이 아니라는 것, 기쁨과 슬픔과 절망을 경험할 수 있는 유일한 동물이 아니라는 것, 그리고 무엇보다도 육체뿐만 아니라 심리적으로도 고통을 아는 유일한 동물이 아니라는 것"을 깨달을 수 있었다. 이러한 사실로부터 그는 우리가 다른 생명체들을 함부로 해칠 권리가 없으며 그것들을 보호할 책임이 뒤따른다고 말한다. 또한 그는 그러한 책임을 다하기 위해 우리 모두가 조금씩 노력한다면 지구의 미래는 아직 희망이 있다고 가르친다. 이러한 것들은 모두 그가 창의적으로 전개한 과학적 탐구의 자세로부터 도출된 결론들이다.

여기서 보여 준 사례들은 분명히 철학적 이원론에 근거한 근대적 의미의 객관성을 무시하거나 거부했음을 보여 준다. 그러나 그것이 좀 더 포괄적이고 새로운 의미의 '객관성'마저 포기했음을 의미하지는 않는다. 탐구의 과정에서 인식의 주관이 필연적으로 개입될 수밖에 없음을 인식하고 그것을 과감하게 활용할 때 그 결과 과학은 더욱 높은 차원의 객관성에 도달할 수도 있을 것이기 때문이다. 더구나 어떤 여성 연구자가 감성적이고 주관적 요소를 활용했다고 해서 여성과학자가 더 탁월하다거나 과학 그 자체가 비합리적 학문이라는 것을 함축하는 것도 물론 아니다. 과학의 진보와 함께 객관성이나 합리성의 개념도 진화하고 있을 뿐이다. 우리가 과학적 탐구를 통해 어느 정도 확실성에 도달할지라도 그것이 절대적 진리라고 주장하기는 어려울 것이다. 포퍼(K. Popper)는 『과학적 발견의 논리(*The Logic of Scientific Discovery*)에서 이렇게 말한다.

> 객관적 과학의 경험적 기초는 절대적인 그 무엇을 지니지는 않는다. 과학은 단단한 바위 위에 기초해 있지 않다는 것이다. 그것은 말뚝 위에 세워진 건물과 같다. 그 말뚝들은 늪 속에 박혀 있지만 어떤 자연적인 기초나 기존의 토대까지는 내려가지 못하고 있다. 그러나 우리가 말뚝을 더욱 깊게 박지 않는 것은 단단한 땅에 닿아 있기 때문이 아니라 그 말뚝들이 적어도 당분간은 이론의 구조를 지탱하기에 충분할 만큼 단단히 박혀 있다는 데 우리가 만족하기 때문이다(London, 1968, p. 110).

과학적 탐구에 있어서 객관성이나 합리성은 탐구의 결과라기보다는 그 과정에서 드러나는 과학정신의 표현이라고 해야 할 것이다. 그것은 과학기술시대를 살아가는 현대인의 기본적인 자세이며 현대사회에서 보편적으로 적용되어야 하는 덕목이라고 보아도 좋을 것이다.

IV

사회철학자인 베버(Max Weber)는 합리성이 어느 특정 분야가 아니라 서구 문명 전반에 걸쳐서 나타났다고 말한다. 그리고 이러한 현상을 설명하기 위해서 서구 근대과학의 발전, 법학의 체계화, 다른 문화권의 다성 음악과 차별되는 화성 음악, 전문적이고 과학적인 고등교육기관의 출현 등을 예로 들고 있다. 이것이 사실이라면 합리성의 이념은 넓은 의미로 서구 문명권의 영향 아래 있는 현대문명의 전반에 걸쳐서 드러나는 특징이라고 말할 수도 있다. 그러나 흔히 알려져 있는 바와 같이 그는 이러한 특징이 고대 그리스의 아폴로적 전통만의 유산이라고 생각하지 않는다. 그 예로 베버는 '자본주의'의 등장에 주목하고 합리성이 자본주의를 탄생시켰을 뿐만 아니라 그것은 초합리적 영역으로 인식된 기독교적 신앙의 산물이기도 하다는 점을 강조하였다.

베버는 기독교를 구원의 종교로 이해했고 인간이 이 종교를 믿고 도덕적 원리들을 따르면 구원받을 수 있다는 신념체계에 주의했다. 여기에서 죄의 개념과 신의 은총에 의해서 용서받는다는 개념이 중요하다. 기독교는 다른 종교에 없는 감정적인 역동성을 지니며 죄에 대한 지속적인 투쟁과 기존 질서에 대한 반항을 촉진할 수 있는 '혁명적인' 측면을 지니고 있는 것도 사실이다. 무엇보다 예수 자신이 기존의 원리를 재해석하고 권력 구조에 도전했던 인물로 알려져 있는 것이다.

베버는 『프로테스탄트 윤리와 자본주의 정신(*Die Protestantisch Ethik und Der Geist des Kapitalismus*)』에서 왜 자본주의는 다른 곳이 아닌 서구에서 발전하게 되었는지의 문제를 다룬다. 고대 로마제국이 멸망한 후 약 15세기 동안은 중국, 인도, 오토만 제국 등 다른 문명국들이 유럽보다 뛰어났다. 그런데 그는 무엇이 17세기 이후부터 유럽이, 여러 분야 중에서도 특히 경제적 발전에서 뛰어나게 되었는지 규명하고자 하였다. 인간은 누구나 더 많은 것을 가지고 싶은 욕구가 있고 또 아주 오랜 옛날부터 다른 사람들과 상거래를 해온 것이 사실인데 그것은 모두 부를 축적하기 위한 것이다. 사람들은 재부가 가져오는 안락함과 안정성, 그리고 권력과 쾌락의 관점에서 부를 평가한다. 일반적으로 이러한 것의 결핍에서 해방되기를 염원하며 부를 축적하려고 노력한다. 그러나 그러한 경제 활동이 모두 자본주의는 아니다. 베버에 의하면 그것은 지속적이고 합리적인 경영에 의한 이윤 추구를 뜻하며 세계 어디에서나 있던 상업 활동이 서구의 합리적 사고와 만나 비로소 자본주의로 발전한 것이다. 이와 같이 자본주의는 스미스(Adam Smith)가 강조한 노동의 합리적인 조직화, 즉 '분업의 원리'와 맥을 같이 하는 것으로서 이러한 자본주의의 씨앗이 근대적 합리성의 밭에 떨어져 싹이 트기 시작했다는 것이다. 그런데 그것은 프로테스탄트 윤리와 만나 부에 대한 전혀 다른 인식과 태도가 등장했는데 그것을 그는 "자본주의 정신"이라고 한다.

베버에 의하면 자본주의 정신이란 최초의 자본주의적 상업이나 산업에 종사했던 사람들의 신념과 가치의 집합을 의미한다. 그들은 부를 축적하기 위한 요구를 가지고 있었지만 사치스러운 생활양식을 위해 그것을 사용하고자 하지 않았다. 사실 삶의 세속화를 추구했던 그들은 부를 추구하고 축적하는 것은 곧 신을 위한 일인 동시에 축복의 징표이며 반대로 부를 획득하지 못하는 것은 비종교적인 일로 여겼다. 뿐만 아니라 그들은 매우 금욕주의적이었고 검소하였는데 그것은 일종의 소명의식 때문이었다. 이 의식 때문에 그들은 자신의 부를 낭비하는 대신 기업의 팽창을 추진하기 위해 재투자하였다. 이 소명의식은 일종의 종교적인 것으로서, 일반적으로 기독교가 이러한 사고를 배양하는 역할을 하였지만, 그 중에서도 핵심적인 동력은 개신교(protestant)의 한 종파인 청교도(puritan)들이 담당하였다. 베버는 이들에게 무엇보다 칼뱅주의의 교리가 크게 영향을 미쳤고, 그것이 초기 자본주의의 직접적인 원천이 되었다고 주장한다.

베버에 의하면 칼뱅주의는 특히 두 가지 특징을 지닌다. 첫째, 인간은 신의 도구이며 신의 영광을 위해 그의 소명을 받고 한 가지 직업에만 종사할 것이 요구된다. 둘째, 신에 의해서 특정한 개인들만 내세에 천국에 들어가도록 미리 예정되어 있다. 이 조항은 후에 신의 의지를 신자들이 어느 정도 인식할 수 있는 것으로 수정되었는데, 자기 직업에서 성공함으로써 선택의 표시를 가늠할 수 있는 것으로 해석되었다. 이것이 청교도들로 하여금 부를 축적하는 데 엄청난 자극이 되었는데, 그들에게 사치는 죄악이었으므로 부를 축적하려는 충동은 자연스럽게 엄격하고 소박한 생활양식과 결합하게 된 것이다. 베버는 『프로테스탄트 윤리와 자본주의 정신』에서 "금욕주의가 금욕적 수도원을 일상생활에서 실현하고 세속적인 도덕을 지배하기 시작했을 때, 그것은 근대 경제 질서라는 거대한 우주를 건설하는 역할을 담당했다."고 지적하며 그 소명의 중요성에 관해 이렇게 설명한다.

> 소명에 관한 의무라는 생각은 죽은 종교적 믿음의 유령처럼 우리의 생활 속에서 배회하고 있다. 소명의 수행이 최고의 정신적 및 문화적 가치와 직접 관련되지 않는 곳이나 그것이 경제적 강제로서만 느낄 필요가 없을 때 우리는 소명을 정당화하려는 시도를 포기하게 된다. 이러한 것이 고도로 발달된 미국에서는 부에 대한 추구가 종교적 및 윤리적 의미를 벗어나 순수하게 세속적 열정과 결합하는 경향이 있다. (1976, pp. 181-182)

자본주의의 합리적인 경영의 과정뿐만 아니라 그 정신인 이 소명의식에서도 우리는 합리성을 추적할 수 있는데, 신의 존재를 믿고 그의 의지를 간파한 이상 그것을 가장 효과적으로 실현하는 것은 분명히 합리적인 처사일 수밖에 없기 때문이다. 그는 이렇게 말한다.

'만일 신이 너에게 너의 영혼이나 타인의 영혼에 해를 주지 않고 다른 방법보다 많은 이익을 거둘 수 있는 합법적인 방법을 제시하는데, 네가 이를 마다하고 더 적은 이익을 주는 방법을 따른다면 너는 소명의 목적 하나에 역행한 것이고 신의 대리인(집사)이 될 것을 거부한 것이며, 신의 선물을 받아서 신이 요구할 때 그것을 사용할 기회를 거부한 것이다. 당연히 육욕과 죄를 위해서가 아니라 진정으로 신을 위한다면 부자가 되기 위해 노동해도 괜찮다.' 이렇게 부는 게으른 휴식과 죄 많은 향락에 대한 유혹으로서 위험시 된 것이며, 부의 추구도 그것이 나중에 근심없이 안일하게 살기 위한 경우에만 위험시 된 것이다. (ibid)

그는 이어, "확고한 직업의 금욕적 중요성을 강조한 것이 근대적인 전문 직업을 윤리적으로 신성시했듯이 이윤 기회에 대한 섭리적 해석은 기업가를 신성하게 만들었다."고 지적한다.

베버의 이론은 여러 가지 맥락에서 비판을 받을 수도 있을 것이다. 가령 그가 말하는 '자본주의 정신'이라는 사고방식은 칼뱅주의가 전파되기 오래전에 초기 이탈리아 상업도시에서도 발견될 수 있었다. 또한 직업에 대한 소명의식도 그 핵심은 이미 가톨릭 신앙에 존재했다고 볼 수도 있을 것이다. 그러나 그의 주장이 여전히 널리 받아들여지는 이유가 무엇일까. 그것은 역시 그가 말하는 이른바 '자본주의 정신'이 서구의 근대 과학문명에서 파생된 '합리성'에 근거해 있기 때문일 것이다. 오늘날 현대 사회에서는 종교도 합리적인 지적 탐구의 성과물임을 자처하고 있는 것이다. 여기서 우리는 합리성의 여러 유형에 대해서 생각해 보지 않을 수 없다.

V

『걸리버의 여행기』는 잘 알려져 있는 바와 같이 300여 년 전에 영국 작가 스위프트(Jonathan Swift)에 의해 쓰인 풍자 소설이다. 이 여행기를 통해 우리는 소인국과 거인국, 그리고 하늘을 나는 섬의 나라와 선한 인간들이 사는 나라도 여행할 수 있다. 이러한 나라들을 여행하는 동안 우리는 우리들의 사고방식과 행동양식에 관해서도 생각해 볼 기회를 가져보았다. 이러한 기회를 통해서 우리가 흔히 믿고 있는 객관성과 상대성이 무엇인지에 대해서도 검토해 볼 수 있었던 것이다.

걸리버는 자기보다 12배나 작은 사람들이 사는 나라에서 자기가 먹는 음식의 양이 너무 많기 때문에 제거 당할 위험에 처하기도 한다. 그런데 여기서 특히 인상적인 것은 소인국의 전쟁이다. 그들은 36개월에 걸쳐 계란을 깨 먹는 방법의 차이 때문에 전쟁을 벌이고 있는 것이다. 그러나 우리에게는 어처구니없겠지만 그들에게 그 이유가 심각하다.

원래 그들에게 계란을 깨는 가장 오래된 방법은 넓고 둥근 방향의 끝부분을 깨는 것이었다. 그런데 현 국왕의 할아버지께서 소년이었을 때 계란을 깨다가 손가락을 베는 사건이 발생하였다. 그러자 국왕은 누구나 계란을 깰 때는 좁은 방향의 끝 부분을 깨도록 명령하고 이를 어길 경우 엄벌에 처하는 법을 제정하였다. 이에 저항하는 사람들이 반란을 일으키고 그 결과 많은 사람들이 목숨을 잃었으며, 통계에 의하면 그 법을 따르기보다 차라리 죽음을 택한 사람이 1만 1천 명에 이르고 36개월 간 양편으로 나뉘어 싸우다가 마침내 국가가 분열되고 말았다.

여기서 우리는 합리성에 관하여 다시 한 번 생각해 볼 필요가 있다. 인간이 정도의 차이는 있지만 누구나 이성적인 존재라고 한다면 나름대로 자신이 합리적인 사람이라고 주장할 것이다. 그리고 그것이 사실이라고 주장할 충분한 이유도 있을 것이다. 우리도 나름대로 각종 '계란' 때문에 갈등과 분쟁을 벌이고 있기 때문이다. 그러나 아무도 그것이 항상 어디에서나 통용된다고 말하기는 어려울 것이다. 포퍼가 지적한 대로 우리들의 '말뚝'은 모두 늪 속에 박혀 있기 때문이다. 소인국에서는 소인들의 합리성이 있을 것이고 거인국에는 거인들의 합리성이 있을 것이다. 그러므로 소인들의 합리성이 거인국에서 통용되기를 바라는 것을 무리가 아닐 수 없다. 그러나 이러한 사실을 깨닫고 사물과 현상에 접근하는 것은 좀 더 차원 높은 합리성에 접근하는 자세가 아닐 수 없다. 그것이야말로 합리성의 독단적 측면과 비판적 측면을 아울러 구사하는 바람직한 태도라고 할 수 있기 때문이다.

8. 죽음의 현상학

I

죽음은 일반적으로 영혼이 육신으로부터 분리되는 것으로 이해되어 왔다. 이것이 과학적으로는 "살아있는 유기체에 있어서 생명 과정이 중지되는 현상"으로 정의되고, 특히 분자 생물학에서는 "생명 현상에 필수적인 분자구조의 해체"로 규정된다. 또한 의학에서는 1993년 대한의학협회에서 발표했듯이 "심폐기능의 정지인 심폐사 또는 전뇌기능의 소실인 뇌사"로 구체화하기도 한다. 이에 비해 종교에서는 영혼의 행방에 더 많은 관심을 기울인다. 생명과정이 갑자기 중지되므로 그 과정의 주체인 영혼이 계속 살아남아서 구원을 받거나 해탈한다는 등 종교에 따라서 설명이 다양하다. 한편 철학에서는 죽음이라는 현상을 규정하고 영혼의 행방에 대해서도 관심을 갖지만 오히려 삶과의 연관 속에서 그 의미를 음미하는 데 더 많이 관여하는 편이다. 러셀(B. Russell)이 지적한 바와 같이 철학은 과학과 신학 사이에 위치한다고 말할 수 있다. 그러므로 과학 쪽에 관심을 갖는 철학자는 죽음이라는 현상과 삶의 관계에 천착하는 편이지만, 종교 쪽에 관심이 많은 철학자는 죽음 뒤에 오는 구원이나 해탈의 의미에 대해 철학적인 조명을 시도한다고 말할 수 있다. 그러나 철학은 과학이 아닌 것처럼 신학의 한 분야가 아니다. 그러므로 그 어떠한 경우이든 철학자라면 죽음을 반드시 삶과의 연관 속에서 규명하고자 노력한다. 삶과 죽음을 한 동전의 양면으로 이해하고 그 한계 안에서 다루는 것이다.

요즈음 행복 개념의 한 변형으로 "참살이" 혹은 "웰빙(well-being)"이라는 말이 유행하더니 이에 못지않게 중요한 것이 "아름다운 죽음" 혹은 "웰 다잉(well-dying)"이라는 견해가 있다. 그것은 주로 생명윤리학적인 개념이라고 할 수 있는데, 특히 오늘날 의학이 발달하여 불필요하게 혹은 무의미하게 생명을 연장시킨다든지 가난과 불운에 짓눌려서 비참하게 죽음을 맞이하는 사람들을 인간으로서 품위 있게 혹은 "아름답게" 죽을 수 있도록 돕는 데 그 목적이 있다고 생각된다. 호스피스(Hospice) 운동이 그 좋은 예라고 할 수 있다. "호스피스"는 손님을 환영하고 그들에게 선물을 주는 경향, 혹은 관습의 의미로서 그리스와 라틴 어원을 갖는다. 원래 이 말은 여행자를 보살핀다는 뜻을 가졌지만 후에 환자에 대한 보살핌으로 발전하였다. 중세에는 순례자들을 간병하고 음식과 숙소를 제공하는 여행자들의 안식처로 '호스피타(hospita)'라는 말이 사용되었다.

오늘날 호스피스는 죽어가는 환자와 그 가족의 심리적 불안 및 육체적 고통을 덜어줄 목적으로 행해지는 간호 행위이다. 특히 환자의 남은 인생을 가능한 한 편안하게 살아갈 수 있도록 해주는 데 그 목적이 있다. 가족과 더불어 주변의 모든 것을 즐기도록 배려하고 그동안의 삶을 정리하여 죽음을 삶의 자연스러운 일부분으로 받아들이도록 돕는다는 것이다. 다시 말해서 삶을 연장시키거나 단축시키는 치료보다는 죽음에 직면함으로써 나타나는 여러 증상들을 완화시키는 데 주력한다. 여기서 철학적으로 특별히 의미 있는 부분이 바로 죽음을 "삶의 일부분"으로 인식하게 한다는 점이다. 철학은 병을 치료하거나 죽음을 극복하게 할 수는 없지만 죽음을 의식하고 자연스럽게 받아들일 수 있게 함으로써 자기가 살아온 삶을 되살피게 할 뿐 아니라 더욱 의미 있고 바람직한 것으로 만들 수도 있을 것이다. 이제 이러한 점들을 철학의 전형으로 일컬어지는 소크라테스적 삶과 죽음을 통하여 좀 더 자세히 살펴보자.

II

일반적으로 철학자들은 삶과 죽음을 매우 유기적으로 다루는 편이다. 사실 우리가 하루하루를 살아간다는 것은 그만큼 죽어간다는 뜻이기도 하다. 가령 어떤 아이가 3년밖에 못 살았다는 것은 3년 만에 죽었다는 뜻이기도 하다. 그러므로 그 아이는 3년 동안 죽어갔다고 말할 수 있는 것이다. 사실 이 세상에서 우리가 어느 기간 동안 죽고 있는 것인지 혹은 살고 있는 것인지는 어디를 기점으로 삼는지에 달려 있다고 볼 수 있다. 태어난 순간부터 고려하면 우리는 지금 살아가고 있다고 볼 수 있지만 죽을 순간부터 계산한다면 그때까지 죽어간다고 말할 수 있는 것이다. 우리가 이 세상을 몇십 년 동안 여행한다고 생각하고 철학의 임무가 그 기간 동안의 피로와 고통을 덜어주는 것이라면 그것은 넓은 의미의 '호스피스'라고 볼 수도 있다. 소크라테스가 『파이돈』에서 "제대로 지혜를 사랑하는 사람(철학자)은 사실 죽는 것을 수련하고 있거니와 누구보다도 죽음이 이들에게는 가장 덜 두려운 것이기 때문"이라고 한 것을 우리는 이러한 의미로 이해할 수도 있을 것이다. (Paedon 67e) 그렇다면 죽음이 덜 두려운 것이 될 수 있도록 "죽어간다는 것" 혹은 "살아간다는 것"은 무슨 뜻인가.

우리가 어떤 것을 무서워하거나 두려워하기 위해서는 우선 그것이 무엇인지 알아야 한다. 가령 그것이 호랑이거나 표범, 혹은 불황이거나 질병 같은 것이면 그러한 것이기 때문에 무서워 할 수도 있고 두려워 할 수도 있으며 여기에 대비책을 세울 수가 있다. 여기서 대비책을 찾는다는 것은 그것을 극복할 적절한 방안을 마련한다는 뜻이며, 그 대상의 성격을 잘 알게 될수록 그 방안도 더욱 구체화할 수 있다. 그런데 우리는 그러한 방식으로 죽음에 대해서 알 수 있는 방법이 없고, 따라서 마땅히 대처할 방법도 없다. 그럼에도 불구하고 죽음은 어떤 형태로든 반드시 찾아온다. 그러한 의미로 우리는 무엇인지 모르는 것에 대해서 무서워하거나 두려워하고 있는 것이다.

그러나 우리가 죽음에 대해서 전혀 모르는 것은 아니다. 비록 그것을 직접 경험하지 않았다고 해도 다른 사람들의 경험을 통해서 간접적으로나마 알 수 있는 것이 있다. 그것을 정리하면 대개 다음과 같다. 첫째, 죽음은 이별을 의미한다. 그것도 이별할 당시의 상태 혹은 그와 유사한 상태로는 결코 다시 만날 방법이 없다는 점에서 영원한 이별을 의미한다. 둘째, 죽음은 그러한 이별을 원하지 않는 사람들에게 슬픔과 고통을 주며, 특히 죽는 과정과 그 뒤에 어떠한 사태가 벌어질지 모르는 당사자에게는 두려움이나 공포를 유발한다. 셋째, 그럼에도 불구하고 죽음을 극복하는 방법이 있다고 믿는다. 종교를 통해서 사후에 구원이나 해탈의 경지가 기다리고 있다고 믿거나 사랑이나 정의, 진리 등 죽음을 초월하는 가치가 있다고 믿는 경우이다. 이 밖에 더 많은 것을 개인이나 집단의 관습에 따라 죽음에 관하여 안다고 주장할 수 있을 것이다.

철학에서도 철학자마다 여러 입장이 있을 수 있으나 한 가지 공통된 것이 있다면 죽음은 삶을 완결하거나 정리하는 의미가 있으며, 어떠한 삶을 사는지에 따라 죽음의 의미가 달라질 수 있다는 점이다. 그것을 우리는 크게 죽음에 대한 자연론, 초월론 및 불가지론으로 구분할 수가 있는데, 영혼의 불멸 혹은 사후의 세계에 대한 입장에 따라 그렇게 구분할 수가 있지만 그 구분이 엄격한 것은 아니다. 그럼에도 불구하고 그러한 입장들은 평온하고 의미 있는, 때로는 당당하고 의연하게 죽음을 맞이할 수 있도록 도움을 준다는 점에서 공통점을 지닌다고 할 수 있다. 가령 자연론자에 의하면 죽음을 삶의 종말로 해석하면서 그것을 거부하거나 초월하려는 시도를 무의미한 것으로 보고 자연현상과 같이 담담하게 받아들일 것을 권한다. 동양의 노장 사상이나 서양의 스토아학파의 철학자들과 유물론자들이 여기에 속한다고 볼 수 있다. 초월론자들은 영혼의 불멸을 믿으며 죽음이 곧 삶의 종말을 의미하는 것이 아니기 때문에 내세에 대한 준비의 차원에서 담담하게 맞이할 것을 가르치는데, 잘 알려져 있는 바와 같이 피타고라스학파나 플라톤 및 그리스도교를 비롯한 여러 종교의 영향을 받은 철학자들이 이에 속한다. 그러나 불가지론자는 죽음이 삶의 종말인지에 대한 확신이 없기 때문에 오히려 그것을 일단 삶의 완결로 보고 의미 있게 정리하는 것을 이른바 "아름다운 죽음"로 본다는 것이다. 바로 그 좋은 예를 소크라테스의 입장에서 찾을 수 있으며 그 변형을 에픽테투스나 니체, 하이데거 등의 경우에서 엿 볼 수 있다. 이제 소크라테스의 경우를 중심으로 철학적 죽음관의 한 예를 간단히 살펴보자.

장자는 삶과 죽음의 관계를 이렇게 말한다.

> 삶은 죽음의 길을 따르는 것이고 죽음이란 삶의 시작이라고 할 수 있으니 그 근본 이유를 알 길은 없다. 사람의 삶이란 기운의 모임이기 때문에 이것이 모이면 곧 살아있는 것이고 흩어지면 곧 죽는 것을 의미한다. 삶과 죽음이 서로 뒤따르는 것이라면 죽음을 두려워 할 필요가 없다. 만물은 궁극적으로 하나이기 때문이다. (장자, 지북유 편)

공자는 『논어』, 선진(先進) 편에서 계로(季路)가 죽음에 관해서 물었을 때, "아직 삶도 제대로 모르는데 어찌 죽음을 알겠는가?" 하고 되물은 적이 있다.

소크라테스는 한평생 아테네 시민들에게 "너 자신을 알라(Gnothi seauton)!"라는 아폴로 신전의 경구를 핵심으로 삼아 자기 사상을 설파한 것으로 알려져 있다. 그가 자아의 인식이라는 것을 그토록 강조한 이유가 무엇일까. 아마 거기에는 여러 가지 이유가 있을 것이다. 가령 그 당시는 아직 신화의 시대이니까 한낱 인간으로서 자기 분수를 알고 신의 명령에 순종하라는 뜻이 담겨 있을 것이다. 또한 아테네는 민주주의 탄생지이기도 하니까 각자가 주인답게 책임의 주체로서 처신하라는 뜻도 있을 것이다. 그러나 한 가지 분명한 것은 우리는 자기가 누구인지 알고 그 '나'로서 나답게 사는 것이 바람직한 삶이라는 것을 그는 설파하고 있는 것이다. 그렇다면 어떤 사람이 자기 자신을 안다는 것은 무슨 뜻이며 어떻게 하면 그러한 삶을 살 수 있을 것인가.

소크라테스가 이 문제를 구체적으로 다룬 자료를 찾기는 어렵지만 어느 정도 짐작할 수는 있다. 크세노폰(Xenophon)은 그의 『소크라테스의 추억(*Memorabila*)』에서 다음과 같은 말을 전하고 있다.

> 자기를 아는 사람은 무엇이 적합한지 스스로 알며, 무엇을 할 수 있고 무엇을 할 수 없는지 분별하며 어떻게 할 것인지 아는 바를 해냄으로써 필요한 것을 얻고, 또한 모르는 것을 삼감으로써 비난받지 않고 또 불운을 피한다네. (4권 2장 24-26절)

이 구절로부터 우리는 자아가 욕구와 능력과 당위라는 세 변으로 이루어진 하나의 삼각형임을 알게 된다. 여기서 그는 능력을 강조하고 있지만 할 수 있는 것과 할 수 없는 것을 분별할 필요가 있다는 것을 지적하기도 하며, 그러한 지적은 우리가 무엇을 원한다고 해서 모두 할 수 있는 것은 아니라는 것을 함축한다. 또한 할 수 있다고 해서 모두 해야 하거나 해도 되는 것이 아니기 때문에 삼가야 한다는 것은 우리에게 일정한 당위 혹은 의무가 있음을 의미한다. 그러므로 자기를 안다는 것은 자기가 어떤 종류의 삼각형인지, 다시 말해서 그 삼각형을 이루고 있는 욕구와 능력과 의무라는 변의 길이와 형태와 그 크기를 안다는 것을 말한다. 또한 그것은 진정한 의미로 자기가 원하는 것이 무엇이고, 할 수 있는 것이 무엇이며, 해야 하는 것 혹은 해도 되는 것이 무엇인지 알고 거기에 걸맞게 살아간다는 것을 의미한다. 그러한 삶이 자기를 알고 그러한 자기로서 살아가는 것이며 동시에 바람직한 삶인 것이다.

그러나 소크라테스적인 의미로 자아를 인식하며 바람직한 삶을 사는 것은 결코 쉬운 일이 아니다. 사실 우리는 자기가 진정으로 무엇을 원하는지 모르는 경우가 많이 있으며, 안다고 해도 그것을 할 수 없거나 해서는 안 되는 경우가 너무도 흔하기 때문이다. 때로는 심지어 자기가 원하지도 않고 할 수도 없는 것을 할 수밖에 없는 경우도 있는 것이다. 그러므로 항상 자아를 제대로 인식하며 살아가는 것은 불가능하며, 따라서 자아의 인식은 하나의 이상적인 삶의 형태로 남게 된다. 그것은 결국 바람직한 삶을 살아가도록 노력하라는 가르침으로 이해할 수밖에 없는 것이다. 소크라테스가 『변명』에서 "반성되지 않은 삶은 살 가치가 없다."라고 선언한 것도 이러한 맥락에서 이해할 수 있을 것이다(Apologia 38a).

사실 소크라테스는 자기 자신의 가르침처럼 자기가 누구인지 알려고 애썼고 또 비교적 그렇게 살려고 노력했던 사람으로 평가할 수 있다. 그는 진리를 깨닫기 위하여 많은 종류의 사람들과 대화를 나누고 존경하는 사람들에게 질문을 던졌으나 만족할 수 없었고, 오히려 아폴로 신으로부터 그 자신이 가장 지혜로운 사람이라는 평판을 얻게 되었다. 자기 자신을 포함하여 아테네 시민들이 모두 무지하기는 마찬가지인데 자기는 자신이 무지하다는 사실만은 알고 있으니 그러한 평판이 생긴 것이라고 그는 믿을 수밖에 없었다. "너 자신을 알라"는 명제도 이러한 맥락에서 구체화 된 것이었다. 이와 같이 소크라테스는 철학자로서 자기가 원하는 것을 할 수 있었고 그것이 동시에 해야 하는 것이기도 했으므로 그러한 의미로 그는 비교적 바람직한 삶을 살았던 사람으로 평가할 수 있다.

Ⅲ. 삶의 완성과 아름다운 죽음

서양철학에서는 죽음에 대한 탐구가 매우 심층적이며 광범위하다. 소크라테스에서 하이데거에 이르기까지 거의 모든 철학자들이 죽음에 대해 깊은 식견을 피력한다. 그중에서도 특히 소크라테스의 죽음관과 죽음에 임하는 태도는 그것이 전형적으로 '철학적'이라는 점에서 매우 인상적이며 깊은 감동을 준다. 그는 말하자면 철학적 '아름다운 죽음'의 전형을 보여 주고 있는 것이다.

소크라테스는 널리 알려져 있는 바와 같이 "젊은이들을 타락시키고 나라에서 인정하는 신을 믿지 않으며, 따로 새로운 신령을 만들어 믿고 있다."는 이유로 법정에 섰다. 그는 『변명』의 기회를 얻은 법정에서 사실 "죽음을 두려워하는 것은 지혜가 없으면서도 마치 있는 것처럼 생각하는 것과 같다."고 지적하며 이렇게 말한다.

> 그것은 자신이 모르는 것을 알고 있다고 생각하는 것이기 때문이다. 어느 누구도 죽음이 인간에게 올 수 있는 가장 큰 축복일 수도 있음을 모르는데 그것이 인간에게 닥칠 수 있는 최악의 것처럼 두려워하기 때문이다. 이것은 알지 못하면서 아는 것처럼 생각하고 있다는 점에서 가장 비난받을 만한 태도이다(Apologia 29a).

그는 친구인 크리톤에게 "죽는 자와 산 자 중에 누가 더 좋을지는 신만이 알 뿐"이라는 말을 남기고 결국 독배를 마신다. 죽음에 관하여 전형적으로 불가지론적 태도를 보이며 죽음에 임하는 것이었다.

죽음을 택하기 전에 소크라테스는 크리톤의 배려로 사실 탈옥의 기회가 있었다. 이러한 상황에서 그는 자율적이고 합리적이며 도덕적인 맥락에서 깊은 자기 성찰에 몰입한 다음 마침내 친구의 권유를 뿌리친다. 탈옥하면 동포들을 배반하고 준법의 약속을 어기며 그토록 사랑하는 조국을 능멸한다는 것이 그 이유였다. 그 후 당국에서 철학을 가르치지 않는다는 조건으로 사면을 제의했으나 그는 그 제안을 거절하였다. 자기가 살아온 방식대로 살 수 없다면, 다시 말해서 철학자가 철학을 하거나 가르칠 수 없다면 죽는 것이 차라리 낫다고 믿었기 때문이었다. 이와 같이 자기가 의미 있다고 믿는 것을 더 이상 할 수 없을 때 자기가 살아온 방식대로 죽는 것이, 다시 말해서 주체적으로 죽음을 택하는 것이 아름다운 죽음이라고 그는 생각했던 것이다. 소크라테스의 경우 이와 같이 '참살이'야말로 '참죽음'을 의미하는 것이었다. 그것은 한 동전의 양면일 뿐이다. 그에게는 "얼마나" 사는지가 아니라 "어떻게" 사는지가 더 중요한 문제였고, 그러므로 자기가 "바람직한 삶"이라고 판단한 삶을 사는 것이 여의치 않을 때 히포크라테스의 관심사인 생명의 연장과는 직접적으로 상관없이 그것은 곧 죽음을 의미하는 것이었다.

스토아 철학자인 에픽테토스(Epictetus)에 의하면 "사람들의 마음을 불안하게 하는 것은 사건들이 아니라 사건들에 관한 그들의 판단"이다. 죽음에 관해서도 마찬가지이다. 그는 『교설(*Encheiridion*)』에서 "죽음이란 전혀 두려운 것이 아닐 뿐 아니라 그것은 마치 소크라테스가 생각했던 것과도 같은 것"이라고 지적하며 "참으로 죽음에 관하여 두려운 것이 있다면 죽음이 두렵다고 하는 인간의 생각일 뿐"이라고 주장한다. 이것은 소크라테스적 죽음에 대한 스토아학파의 자연론적 해석이라고 볼 수도 있지만 철학적 죽음관에 대한 일면을 잘 조명해 준다. 에픽테토스에 의하면 내세의 존재와 상관없이 이른바 "교육"에 의해서 인간은 죽음으로부터 자유로워지고 부동심에 이를 수 있는데 이러한 경지에 이른 사람에게 죽음은 희열이나 환희가 아닌 것처럼 고통이나 공포도 아니기 때문이다. 그것은 다만 욕구와 능력과 의무가 일치한 삶의 완성을 의미할 따름이기 때문이다.

에픽테토스에 의하면 모든 사물과 현상은 우리의 능력 안에 있는 것과 밖에 있는 것으로 나누어지는데, 인간이 욕망을 다스리는 방법은 이것을 분별함으로써 비롯된다. 안에 있는 것은 의지적인 활동으로서 의욕이나 욕망의 소산이며 책임을 져야 하는 부분이기도 하다. 밖에 있는 것은 사회적이고 객관적인 것으로서 재산이나 평판, 혹은 육체나 양친의 선택 등 우리가 책임질 수 없는 부분이다. 그는 '안에 있는 것' 혹은 능력의 한계 안에 있는 것만 해냄으로써 우리는 '부동심'에 도달할 수 있다고 가르친다. 죽음에 관해서도 마찬가지이다.

한편 니체는 좀 더 적극적인 자세로 죽음을 삶의 완성이라는 시각에서 조명한다. 그는 소크라테스를 전통적인 그리스의 본능적 가치를 해체하고 새로운 "학문"의 이념을 창조하였으며 바로 그것을 위해서 "죽을 수도 있었던 최초의 인물"로 평가한다. 이와 같이 니체는 그를 플라톤과 함께 그리스의 "본능"을 파괴하고 "이성"으로 대체하였다고 비판하지만 소크라테스의 죽음관만은 높이 평가한다. 그는 『비극의 탄생』에서 이렇게 말한다.

> 죽음을 맞이하는 소크라테스의 모습은 인식과 그 근거를 통해 죽음의 공포에서 벗어나는 그러한 인간이다. 나아가 그는 학문의 전당 현판 위에서 모든 사람들에게 존재를 이해할 수 있게 하고, 그렇게 함으로써 정당화된 학문의 사명을 상기시키는 방패의 휘장이다. (I, 106)

이와 같이 니체는 소크라테스의 경우와 같이 죽음을 삶의 완성으로 받아들임으로써 한낱 생리적 사실인 것을 도덕적 필연성으로 전환시켜야 한다고 주장한다. 그뿐 아니라 죽음을 통해 삶의 의미를 터득하고 삶의 과제에 충실함으로써 그것을 축제로까지 드높여야 한다고 제안한다.

니체에 의하면 인간은 영혼과 육체의 이분법을 넘어서는 일종의 "신체(Leib)적 존재"이며 총체적 존재로서의 "자신(Das Selbst)"이다. 그러한 존재가 지닌 삶의 목적은 인간으로서 "달인(Der Übermensch)"이 되는 것인데 그것은 이상적인 인간이긴 하지만 유토피아 차원의 가상 인물이 아니며 인간의 한계를 극복한 초인도 아니다. 그것은 바로 소크라테스처럼 항상 자아를 인식하고 자신을 극복하고 새롭게 창조하는 인물일 뿐이다. 그렇게 되려면 능력을 극대화하려는 의지가 필요하고 그 의지의 실현이 삶의 완성이며 그것이 성취된 형태의 이성적 죽음이 곧 "자유로운 죽음"인 것이다. 그는 『차라투스트라는 이렇게 말했다』에서 그것을 "제때에 살다가 제때에 죽는 죽음"이며 "완성을 가져오는 죽음인 동시에 살아있는 자에게 자극이 되고 굳은 언약이 될 그런 죽음"인 것이다(KGW IV 3, p.

270). 이러한 맥락에서 니체에게 아름다운 죽음은 자연의 섭리나 영혼의 불멸과 직접적인 상관이 없다고 할 수 있다.

하이데거는 그의 『존재와 시간』에서 죽음에 임해서도 소크라테스처럼 실존적 자세를 유지할 것을 주문한다. 그리고 한 걸음 더 나아가 인간은 단순히 한 잎의 낙엽이 아니라 육체적 생명을 유지하는 동안 견지했던 존재 이유와 역사적 사명과 사회적 역할 등이 결말을 고한다는 것을 자각하는 존재임을 강조한다. 그러한 의미로 인간은 다른 동물과 구별되며 자신의 죽음을 의식하는 한 죽음이 구체적으로 삶에 개입된다. 그러나 우리는 일상적으로 그러한 것을 의식하지 않으며 "보통 사람(das Man)"으로 세상을 살아갈 뿐이다. 다른 동물들과 달리 인간답게 언제인가 자기 자신만의 실존적 죽음을 죽을 뿐이라는 자각에 이르지는 못한다. 하이데거는 『존재와 시간』에서 이렇게 말한다.

> 그 어떤 사람도 다른 사람의 죽음을 대신 떠맡을 수는 없다. 물론 사람은 누구나 다른 사람을 대신해서 죽을 수는 있다. 그러나 누가 자기를 위해서 죽는다고 해서 자신의 죽음이 결정적으로 제거되었다는 것을 결코 의미하지는 않는다. 인간은 각기 항상 자기 자신의 죽음을 스스로 떠맡지 않으면 안 된다. (Being and Times, N.Y., 1962, p. 253)

이와 같이 그 누구도 대신할 수 없는 것이 죽음이므로 우리는 자신의 정신력과 인격 전체를 걸고 결단을 내려야 하며 이른바 "죽음에로의 선구(Vorlaufen zum Tode)"라는 실존적 자세를 취하지 않으면 안 된다. 그 순간 우리는 불안이라는 기분에 사로잡히게 마련인데, 그것을 피할 것이 아니라 바로 그 불안을 통해서 보통 사람들의 세계를 초월해야 한다. 공허하고 황량한 세계에 아무런 근거도 없이 던져진 자신을 발견하지만 동시에 그러한 세계가 제공하는 기만적인 가치에 대한 집착으로부터 해방되어 진정한 자아를 인식하는 존재자로 다시 태어나게 된다는 것이다. 그러한 자아로 살아가는 것이 하이데거에게는 바람직한 삶이며 죽음을 삶으로써 극복하는 방식인 것이다. 그러나 이것은 철학자들에게만 국한된 임무가 아니다. 그것은 생명이 소중하고 인간이 존엄하다는 것을 인정한다면 누구에게나 해당되는 권리이며 의무이기도 하다. 건강하게 오래 사는 것은 중요하다. 그러나 품위 있고 의미 있게 사는 것은 더욱 소중하다. 그것이, 즉 품위 있고 의미 있게 죽는 것, 곧 '아름다운 죽음'의 조건이기 때문이다.

IV. 맺는 말

죽음을 피하거나 이겨낼 수 있는 사람은 없다. 인간이 죽는다는 것은 객관적인 사실이다. 그러므로 나 자신도 죽음을 면할 길은 없다. 그것을 어떤 방식으로 극복하고 육체적으로나 정신적으로 영생을 얻는 방법이 있다고 믿으면 나는 무지하면서도 자신을 기만하거나 설득하고 있음에 틀림없다는 것이 죽음에 대한 소크라테스적인 인식이다. 그러므로 죽음을 숙연한 마음으로 담담하게 받아들이지 않으면 안 된다. 한편 죽음에는 의지적이고 주관적인 측면이 있다. 죽음에 임하는 마음의 자세가 그것이다. 그것을 공포로 느낄 수도 있고 환희로 받아들일 수도 있다. 그러나 이른바 '교육'이 완성된 부동심의 철학자에게 죽음은 환희가 아닌 것처럼 공포의 대상일 수도 없다. 그것은 섭리에 따라 '탄생'처럼 조용히 다가올 뿐이다. 탄생 이전의 상태에 대해서 우리가 전혀 모르는 것처럼 죽음 이후의 상태에 대해서도 알고 있다고 말할 근거는 없다. 바람직한 삶을 살아왔다고 믿는 사람에게만 그것은 평온하고 담담하게 받아들일 수 있는 또 하나의 경험일 뿐이다.

특히 소크라테스적인 관점에서 볼 때 '아름다운 죽음'은 육체적으로 편안하게 죽는 것보다 정신적으로 의미 있게 죽는 측면에 더 큰 비중을 두는 셈이다. 여기서 죽음에 의미가 있다는 것은 자기가 살아온 삶의 완성과 연관된 의미이다. 죽음에 임박해서 자기가 살아오는 동안 원하는 것을 해낼 수 있었고 그것이 또한 의무이기도 한 것이어서 객관적으로 인정을 받았다면 그는 자신의 삶을 완성한 셈이며, 그러한 맥락에서 그의 죽음은 의미가 있다고 할 수 있다. 비록 그러한 의미를 확인하지 못하였다고 하더라도 죽음을 매개로 해서 그 삶을 다시 음미해 볼 수 있다면 이것이 곧 죽음이 지닌 또 하나의 의미이다. 그 어떠한 경우이든 소크라테스적 자아의 인식이 선행되어야 하는 이유가 바로 여기에 있다.

한편 일반적으로 능력이나 당위에 비해서 욕구는 항상 지나치게 강한 성향이 있기 때문에 우리는 건강하게 좀 더 오래 살기를 원한다. 그러나 언제인가 정도의 차이는 있지만 죽음은 반드시 찾아오게 마련이다. 그것은 지금 내가 살아있다는 것만큼이나 분명하고 확실한 사실이다. 현대 의학으로 어느 정도 생명을 연장시킬 수는 있지만 어떤 경우에도 생존의 욕구를 완전히 충족시킬 수는 없다. 한편 과학기술은 욕구를 충족시켜 주는 경향이 있지만 무엇을 원해야 할지를 가르쳐 주지 않는다. 그러한 경우에 철학은 니체처럼 인간으로서 "달인"이 되고자 노력하여 자아라는 삼각형을 균형있게 극대화할 것을 권고하며, 또한 하이데거처럼 죽음에 대한 불안을 역이용하여 진정한 존재자로서 "달관"할 것을 설파하기도 한다. 이것이 소크라테스적으로 바람직한 삶을 죽어가는 방식이며 아름다운 죽음의 한 형태이기도 한 것이다. 그것은 아궁이에서 치열하게 불길을 내뿜다가 한 줌의 재로 남을 때까지 전소하는 하나의 장작개비와 비견될 수도 있을 것이다. 그것만이 장작개비가 하나의 장작개비로서 가장 바람직하게 존재하는 방식이며 동시에 가장 아름답게 소멸하는 모습일 것이기 때문이다. 그러한 의미로 아름다운 죽음의 비결은 바람직한 삶 속에 숨어 있다고 말할 수도 있다.

9. 리듬의 존재론

I

리듬(rhythm)은 음악 용어로서 율동이라고도 한다. '흐른다'는 뜻의 동사 'rhein'을 어원으로 하는 그리스어 '뤼토모스(rhythomos)'에서 유래하였다. 넓은 뜻의 리듬은 시간 예술이나 공간 예술을 불문하고 신체적 운동이나 심리적 작용뿐만 아니라 사회나 역사의 흐름 등 문화 현상 및 존재 일반과도 깊이 연관되어 있다. 따라서 리듬을 일률적으로 규정하거나 정의하기는 매우 어렵고 그것이 어떠한 맥락에서 쓰이는지, 그리고 시대나 민족, 혹은 문화권에 따라 어떠한 의미로 활용되는지 살펴볼 필요가 있다. 그렇게 함으로써 그 의미의 다양성을 이해할 수 있고 이러한 이해를 통해 다양한 존재의 법칙에도 좀 더 효과적으로 접근할 수도 있을 것이다. 동시에 "태초에 리듬이 있었다."는 말도 어느 정도 이해할 수 있을지도 모른다.

II

음악의 3요소라고 하면 일반적으로 멜로디, 화성(하모니), 리듬을 말한다. 그러나 멜로디나 하모니가 없는 음악은 있어도 리듬이 없는 음악은 존재할 수 없다는 점에서 이것이 더 근원적이고 본질적이라고 이해할 수 있다. 음악 안에서도 여러 가지로 규정될 수 있겠으나 그것은 음이 쉼도 포함하여 연속적으로 진행해 갈 때의 어떤 시간적 질서라고 말할 수 있을 것이다. 그러나 좀 더 포괄적으로는 음악을 비롯한 인간의 여러 활동에서 그대로의 형태란 취하기 어려운 시간의 체험을 분절(分節)하여 관련시킴으로써 하나로 통일하여 구조화하는 작용을 의미한다. 이미 지적한 바와 같이 이 말은 오늘날 매우 광범위하게 사용되어서 음악이나 무용, 시에 대해서는 물론이고 생리적 리듬이나 자연의 리듬이라는 표현도 많이 쓰인다. 이러한 말들이 모든 용법에 공통되는 것은 '시간적 변화'라고 하는 막연한 이미지뿐이다. '선묘(線描)의 리듬'이라는 경우에서처럼 공간적 및 시각적 리듬이 거론되는 경우도 있는데 이때에도 시각 체험 중에 포함되는 시간성이 은연중에 의식되고 있다.

리듬의 어원인 그리스어의 '리토모스'는 흐름뿐만 아니라 구속이나 형태, 혹은 형식을 나타낸다고 한다. 이와 같이 매우 확산적인 말뜻을 가진 이 말에 대하여 미국의 음악 학자인 쿠퍼(G.W. Cooper)와 메이어(L.B. Meyer)는 『음악의 리듬 구조』에서 명확하고 한정적인 정의를 부여하였다. 이 정의에 따르면 리듬이란, '하나 또는 그 이상의 악센트가 없는 박(拍, beat)이 하나의 악센트가 있는 박과의 관계로 그룹화되는 방법'이다. 규칙적이고 등가적 자극의 연속을 '펄스(pulse)'라고 하고 여기에 외적인 혹은 내적인 어떤 이유로 악센트와 비악센트의 구분이 생기면 그것을 '박'이라고 하였다. 이 정의에서 주목할 점은 리듬이 "대상의 속성으로서만 존재하는 것이 아니라 그룹화라는 형태로 주제와 대상과의 관계에서 생기는 것"이라는 점을 명확히 했다는 사실이다.

최근 심리학에서도 인간에게 엄밀하게 등가 혹은 등간격의 음에서 나오는 자극을 그룹화하여 듣는 경향이 있음이 지적되었다. 이것은 리듬이라는 현상 중에 그것을 취하는 주체의 적극적인 작용 요인이 포함되어 있다는 것을 나타낸다. 그러나 실제로 시나 음악은 등가 혹은 등간격의 자극을 가진 것은 아니고 그 밖에 여러 특징을 갖추고 각기 적절한 분절을 요구한다. 따라서 리듬은 대상을 적극적으로 그룹화하려는 주체와 분절을 요구하는 대상이 만나 서로 작용함으로써 생기는 것이라고 볼 수 있다. 이것을 단순히 예술의 영역에만 적용하는 것이 아니라 사회나 역사 혹은 모든 문화의 영역과 존재의 세계에 적용할 때 리듬은 각 영역의 수준에서 나타나는 존재의 법칙이 된다.

또한 이 법칙에 어떻게 접근하는지에 따라 다양한 형태의 탐구가 전개된다. 가령 예술은 리듬을 갖가지 방식으로 표현한다. 과학은 현상에 내재한 리듬을 인식한다. 윤리는 사회 속에 흐르는 리듬을 실천한다. 그리고 종교는 모든 현상을 관통하는 리듬에 순응하거나 그것을 초월한다.

동양에서도 음악은 인간의 성숙과 순화를 위해서 매우 중요한 형식으로 다루어진다. 공자가 예악(禮樂)을 중시한 것은 사회적, 정치적 및 윤리적 리듬을 터득할 것을 강조한 것으로 이해될 수 있다. 그러나 노장(老莊)사상이나 신유가에서는 자연의 섭리 혹은 우주적 리듬의 중요성을 더욱 부각시키는 경향이 있다. 특히 장자(莊子)의 경우에는 불교나 기독교 등 중요한 종교 사상의 영성에 나타나듯이 이러한 리듬 자체를 초월하려는 특징이 돋보인다.

좌망(坐忘)은 리듬을 벗어나는 것으로 이해할 수 있다. 만약 공자가 말하는 예악(禮樂)을 잊고 인의(仁義)마저 초월할 수 있다면 그것은 물과 비유되는 사회적 리듬을 떠나는 것이기 때문이다. 공자가 안회(顔回)에게 좌망이 무엇인지 물었을 때 그는 이렇게 대답한다.

> 육신을 무너뜨리고 총명을 베풀고 형태를 떠나며, 지식을 버리고 크게 통하는 도(道)와 하나가 되는 것, 이것을 좌망이라고 합니다. (『大宗師』, 282)

이와 같이 좌망은 사회윤리적 리듬을 벗어남으로써 시작된다. 그러나 좌망은 다시 망물(妄物)과 망기(忘己)로 나누어지므로 인의와 예악을 떠나는 것은 좌망의 시작에 불과하다. 망기야말로 완전히 리듬을 벗어나는 경지일 터인데 이것은 다시 지각된 형태를 잊는 망형(忘形)과 모든 의식 작용을 벗어나는 망심(忘心)의 경지로 나누어진다. 이러한 물아양망(物我兩忘)의 경지를 장자는『대종사(大宗師)』편에서 여우(女偊)의 입을 빌려 이렇게 설명한다.

> 나는 사흘이 지난 뒤에 세상을 도외시하게 되었고 이레가 지난 뒤에야 사물을 도외시하게 되었고 아흐레가 지난 다음에는 삶을 도외시하게 되었고 그 후 어느 날 아침 갑자기 툭 터졌고, 그 후에야 절대의 도를 볼 수 있었고 그 다음 예로부터 지금까지의 시간관념이 없어졌고 시간관념이 없어진 다음에야 나지도 죽지도 않는 세계에 들어갈 수 있었다.

장자에 의하면 이러한 관점에서 사물을 바라볼 때 그것을 "도의 관점에 선다(以道觀之)", 혹은 "이명(以明)"이라고도 하며 스피노자의 "영원의 관점(sub specie aeternitatis)"에서처럼 시간을 초월하고 현상을 넘어 사물을 바라볼 수 있게 된다. 그에 의하면 천지 혹은 우주는 도의 나타난 현상이고 여기에 기운(氣)이 있어서 음(陰)과 양(陽)의 형태로 자연현상과 사회현상이 전개되며 인간의 생명도 바로 이 기운이 응집된 현상에 지나지 않는다. 결국 장자에게 리듬은 기운의 형태로 나타난 현상의 존재 법칙에 지나지 않는다.

음악은 말과 달리 연상 언어가 아니다. 그것은 원래 내재적인 패턴 구조가 인간의 뇌로 의미를 전달하는 지각 언어이다. 그 구조 안에서 음악적 상징이 지니는 의미는 패턴 안에서 차지하는 위치와 역할에 달려 있다. 그러한 맥락에서 리듬은 음악에서 의미의 표현을 구축하는 가장 중요한 요소가 된다. 음악에서 인간의 뇌는 독특하고 매우 복잡하며 시간적으로 순서가 있는 통합된 과정으로서 인식과 행동을 창조한다. 이러한 기능을 통해 리듬은 음악이 상징적인 역할뿐 아니라 연상적 의미를 전달하는 데 있어서 매우 중요한 구문적 역할도 수행하는 것이다.

'리듬'이라는 용어가 음악에서뿐만 아니라 모든 예술 작품에 적용될 수 있는 이유가 여기에 있다. 우선 리듬은 지각 과정에 순서와 의미를 부여함으로써 내용들 사이의 시간 관계를 결정하고 할당하며 구축한다. 이러한 역할을 통해 예상과 예측의 가능성을 생성하게 되는데 이 과정에서 명제와 반명제, 그리고 새로운 합성 명제의 구축을 돕는다. 이렇게 함으로써 음악에서는 선율, 화성 대위 선율이 시간적으로 형성되게 하고, 회화, 조각, 건축 등에서는 선과 색을 형성하는 데 있어서 명제의 기능을 담당할 수 있다는 것이다.

한편 리듬은 기억을 형성하고 형태를 만들 수 있다. 운률 편성은 단어를 쉽게 기억할 뿐 아니라 예술 작품의 지각과 의미의 모든 과정은 다른 인지 작용에서와 마찬가지로 변주와 전개, 대조와 반복, 제시와 재 제시 같은 것을 평가하고 이해하기 위해 기억의 기능을 필요로 하는데 리듬은 이 기능을 활성화한다는 것이다.

III

고대 그리스의 음악관은 합리적 기반 위에 확고하게 뿌리를 내리고 있다. 널리 알려진 바와 같이 그리스인들은 과학, 정치, 철학, 예술 등 인생의 모든 국면에서 이성을 중요시하기 때문에 음악도 그러한 특성을 지닌 것으로 이해된다. 기원전 6세기에는 이미 피타고라스학파에 의해 음악과 수학이 유기적인 관계를 맺으며 발전하였고, 특히 음향학에서는 수학의 이론이 중요한 음정을 결정하는 데 사용되었다. 이러한 전통은 플라톤과 아리스토텔레스에 영향을 미쳤고 스토아학파를 거쳐서 중세에까지 이어졌다.

플라톤은 『티마이오스』에서 신이 어떻게 물, 공기, 흙, 불의 4대 원소로부터 우주를 창조하고 음악적 비율에 의해 그것을 통제하는지에 대해 서술한다. 그리하여 정신은 거대한 음계의 구성음이 지닌 비율에 따라 부분으로 나누어진다. 이 분할은 1:2(옥타브), 2:3(5도), 3:4(4도) 등의 비율을 사용하게 되고 이들 음정은 음계의 분할을 계속함으로써 메워져 있다. 이렇게 음악적 비율에 의해 우주의 정신에 질서가 주어지고 이에 따라 전체가 형성된다. 『국가』에서 플라톤은 교육과정을 통해 음악의 중요성을 강조한다. 그에 의하면 어떤 음악의 형성에 내재하는 질서는 우주의 정신과 일치한다. 그와 같은 정신의 상태는 음악의 특정한 선법이라든가 형식을 통해 성취되는 것이며, 이것은 논리, 조화, 균형, 감정 같은 특성으로 나타난다.

한편 아리스토텔레스는 음악의 중요성을 강조하여 육체적 성장, 도덕적 성품, 사회적 성숙에 영향을 미친다고 지적한다. 그렇다고 해서 모든 사람에게 음악의 전문적 교육이 필요하다고 주장하는 것은 아니다. 전문적인 연주 경험은 타인을 위해 더 필요한 것이지 자신의 인격 도야에 필수적인 요소는 아니기 때문이다. 일반적으로 그는 심리적 요인을 강조하여 『정치학』에서 이렇게 말한다.

> 과도하게 긴장해 있는 사람이 흥분시키는 듯한 열정적인 멜로디를 들었다면 정상적으로 돌아가게 될 것이다. 따라서 정신의 정화(카타르시스)는 의학 치료와 아주 똑같이 실시되는 것이다.

Ⅳ

칸트(I. Kant)는 지각의 대상이 그 자체로서 객관적으로 존재하는 것이 아니라 물자체(Ding an sich)에 대한 선험적 형식, 즉 시공(時空)이라는 감성 형식과 인과성을 비롯한 12개의 오성의 범주가 작용하여 대상을 구성한다고 주장하였다. 이렇게 구성된 대상들이 이른바 "현상(phenomena)"라는 경험의 세계를 형성하므로 "존재의 법칙"으로서의 리듬은 어떤 형태로든 우리에게 나타난 바로 이 영역에만 적용되는 셈이다. 다시 말해서 현상을 넘어서는 본체(Noumena)의 세계에는 적용되지 않는다는 뜻이다. 가령 우리에게 나타나는 '파도'에만 적용되는 것이지 그것의 배후인 '바다'에는 미치지 않는다는 것이다. 이러한 관점에서 포괄적인 의미로 리듬의 문제에 접근할 수 있다. 리듬은 어느 차원에서든 객관적 발견의 대상도 아니지만 주관적 발명의 산물만도 아니다. 그러나 이른바 '존재' 혹은 '현상'의 세계에는 그 두 가지 특징이 모두 개입되어 있다. 그것이 리듬의 종류가 다양하고 여러 가지 양태로 나타나는 이유일 것이다.

존재론적 차원에서 볼 때 리듬은 질서의 특성을 지닌 로고스(logos), 도(道), '결' 등으로 표현될 수 있다. 그것은 수학적 및 논리적 형식으로 표현될 수도 있지만 자연의 '흐름'을 따라 직관이나 본능으로 느껴질 수도 있다. 형이상학적 수준에서는 음양(陰陽)의 법칙, 천리(天理), 법도(法道), 혹은 물결, 바람결, 숨결 등으로 다루어질 수 있다. 가장 전형적인 것은 스토아학파의 공식, 즉 자연적인 것은 이성적이고 이성적인 것은 선한 것이므로 인간도 자연적이어야 한다는 입장이다. 자연과학적 차원에서는 인과율을 전제로 하는 여러 가지 물리적 및 생리적 법칙이나 구조, 혹은 파장의 형태 등을 지칭할 수도 있다. 그러나 자연 법칙들이 새롭게 발견되고 설명력도 확장되고 있다는 점을 고려할 때 리듬은 유동적이며 개방적인 특성을 지닌다고 판단할 수 있다.

역사적, 사회적 및 문화적 차원에서 볼 때 리듬은 합리성 및 체계성과 연관되며 역사적 법칙, 사회적 질서나 규범, 문화적 관행과 습속 등의 형태로 나타난다. 동양에서 음양은 '오행설'과 연관되고 관혼상제로 구체화되는 것이 그 좋은 예이다. 여기서는 동양과 서양의 접근 방식이 비교적 뚜렷하게 대비되는데, 동양에서는 순환적 역사관, 순응적 사회제도, 자연 친화적 문화 형태를 보이는 반면 서양에서는 직선적 역사관, 비판적 사회체제, 자연 대립적 문화구조 등이 특징으로 나타난다는 것이다. 그러나 가령 운전할 때 차량의 흐름을 따르는 것과 교통 법규를 엄격하게 지키는 것 중 어느 것이 더 자연스러운 것인지 혹은 합리적인 것인지 판단하는 것도 진지하게 검토해야 할 리듬의 문제이다.

리듬을 확대해서 해석했을 때 자연 현상을 이해하는 법칙의 문제로 이해되거나 역사, 사회, 정치, 문화 등을 설명하는 합리성의 문제로 해석된다. 여기서 몇 가지 문제점이 나타난다.

첫째, 리듬은 그것이 자연적이든 문화적이든 간에 '현상'에만 적용되는 것이므로 그것을 보편화하는 데에는 한계가 있다는 점이다. 자연과학에서 복잡계가 논의되고 인문, 사회과학에서 포스트모더니즘이 제기되는 이유도 여기에 있을 것이다.

둘째, 리듬이 작동하는 각 층위가 보편화 혹은 일원화 될 수 있는지, 그리고 그것이 과연 의미 있는 작업인지 검토해 볼 필요가 있다는 것이다. 이것은 학문 간의 소통과 융합에 연결되는 문제이므로 진지하게 다루어 볼 필요가 있다.

셋째, 리듬이 다양한 형태로 나타났다가 생멸하는 현상을 보이는데 여기에 어떤 일관성이 있는지, 그리고 서로 다른 형태의 리듬들 사이에, 가령 시나 음악 등 예술적 리듬과 심리 및 생체적 리듬 사이에 유기적인 관계가 있어서 상호보완의 여지가 있는지 음미해 볼 필요가 있다.

10. 기술의 진화론

I

넓은 의미로 기술은 주어진 대상을 욕구나 욕망에 적합하도록 변화시키는 모든 인간의 행위를 말한다. 이러한 의미로 문화나 문명은 모두 기술의 산물인 셈이다. 이것을 과정에 비중을 두어 정의하면 무엇인가를 만들어 내고 성취하는 방법이라고 할 수 있다. 원래 이 말은 그리스어의 'technē'에서 유래하는 유럽계 언어의 번역에 근거한 것으로서, 어원적으로는 예술과 의술 등도 포함하였으나 오늘날에는 주로 '생산 기술'의 뜻으로 사용된다. 그러므로 좁은 의미의 기술은 자연의 생성이나 인간의 생산적 사고 등과는 구별될 수밖에 없다. 그리고 이러한 식으로 기술을 규정하는 것은 잘 알려져 있는 바와 같이 아리스토텔레스에 의해서 비롯된다고 할 수 있다.

아리스토텔레스는 기술을 사려(phronesis), 인식(epistemē), 지혜(sophia), 이성(nous) 등과 같은 계열에 놓았는데, 이것이 내적인 성찰과 관조의 영역이라면, 기술은 외적인 생산과 창조의 범주인 제작(praxis)에 관여한다고 규정하였다. 이러한 규정은 중세를 거쳐서 기계문명이 본격적으로 등장하는 산업 혁명기에까지 이어졌다.

기술의 역사는 이익을 추구하여 물질적 환경을 지배하려는 인간의 기나긴 고난의 기록이라고 할 수 있다. 기술의 과정은 대체로 두 가지 방향으로 전개되어 왔는데, 그 하나는 도구를 만들어서 사용한 것이고 다른 하나는 기존하는 물질과 에너지를 응용하여 활용한 것이다. 인류학자들에 의하면 약 200만 년 전 직립 보행이 가능해지고 자유로워진 손으로 도구를 만든 것이 기술의 기원이라고 한다. 유사 이전의 인간들에게 물질적 욕망은 복잡하지 않았으며 그것을 충족시키는 데에도 단순한 도구 정도로 충분했었던 것 같다. 이 중에서 가장 의미 있는 발전은 돌이라는 도구와 불이라는 에너지를 사용하게 된 것이라고 할 수 있다. 석기 시대는 BC 1만 년까지 이어졌고 이 시기에 목축과 농경이 가능해졌다. 특히 신석기인은 야생의 종자를 심는 방법을 알게 되었고 이로써 적은 노동으로 큰 소득을 얻게 되었다. BC 4000년경 근동에서 시작된 청동기 시대는 실속 있는 발명과 발전으로 인류의 생활을 한층 풍부하게 하는 계기를 마련하였다. 무엇보다 중요한 것은 차륜이 고안되었다는 사실이며, 교통이 원활해짐에 따라 무역과 공예품 제조를 기초로 하는 사회구조로의 큰 변화가 진행되었다는 점이다. 그 결과 기술의 발전이 더욱 가속화되었고 이에 근거하여 경제적, 정치적 및 문화적 차원에서 이른바 '도시혁명'의 길을 개척하게 된 것이다.

도시혁명은 로마 제국 시기에 꽃을 피웠고 중세를 거쳐 르네상스 시기까지 이어졌다. 다소 양상은 달랐으나 이러한 현상은 중국을 비롯하여 다른 문명권에도 나타난 특징이다. 그리고 여기는 다양하고 세련된 '도구'의 발명과 이용이라는 공통점이 있다는 것이다. 이러한 도구로부터 '기계'로의 이행에 결정적인 계기를 마련한 것은 역시 영국의 산업혁명이라고 해야 할 것이다.

원래 천연섬유의 방직 작업은 인류의 오랜 숙원이었다. 물레방아의 원리를 이용하는 수차(水車)가 이 작업을 개선하였으나 그 숙원을 이루지는 못하였고, 결국 1784년 와트(James Watt)의 증기기관이 만들어질 때까지 기다리지 않으면 안 되었다. 이 기술은 계속해서 개량되어 활동 범위가 넓어지고 효용이 높은 원동기로 발전하여, 1830년대 이후는 육상과 해상의 강력한 수송 수단인 기차와 기선을 가능하게 함으로써 인류 생활에 획기적인 전환점을 마련하였다.

II

문명사적 관점에서 증기기관의 등장이 하나의 전환점을 마련한 것은 널리 알려진 사실이지만 기술의 진보라는 맥락에서도 그것이 본격적으로 과학적 탐구와 불가분의 관계를 맺게 되었다는 점에서 큰 의미를 지닌다. '과학기술'이라는 표현이 하나의 합성어가 된 계기도 여기에서 비롯된다고 할 수 있다.

'과학'과 '기술'은 원래 이질적인 개념이다. 과학은 철학과 마찬가지로 자연과 세계와 인간 자신에 관한 지적 호기심을 충족시키기 위해 탄생되었다. 그러므로 그것은 존재론 및 인식론의 영역과 밀접한 관계를 맺으며 발전해 왔다. 물론 과학적 탐구의 방법, 다시 말해서 가설의 설정, 실험과 관찰, 그리고 추론의 과정 등은 기술적 한계나 현실적 상황과 밀접한 관계를 지니기 때문에 기술과 실질적으로 구분된다고 말하기는 어렵다. 그럼에도 불구하고 과학적 탐구의 궁극적 목적은 존재의 실상을 파악함으로써 진리를 탐구하려는 인간의 지적 호기심과 연관되어 있음을 간과해서는 안 된다. 바로 그렇기 때문에 그것을 인위적으로 방해하거나 저지한다는 것은 가능하지도 않고 또 바람직한 일도 아니다.

한편 기술은 과학적 탐구의 성과를 현실생활에 유용하게 적용하기 위한 수단으로 나타난 것이기 때문에 그것은 본질적으로 가치의 영역에 속한다. 그러므로 기술은 그 유용성의 기준에 따라 선호도가 달라지며 그것을 이용하는 개인이나 단체, 혹은 정권에 따라 평가가 다양할 수밖에 없다. 결국 기술은 도덕적, 경제적, 군사적, 심지어 종교적 및 예술적 가치와도 밀접한 관계를 가지며, 그 파급 효과에 따라 권장되거나 통제되지 않으면 안 되는 것이다.

원래 학문으로서의 과학은 관조와 사유의 질서에 속하는 것으로서 행동이나 실천과는 직접적인 관계가 없는 것이었다. 그러나 근대 이후 과학적 탐구의 성과가 기술과 접목되면서 과학은 그 응용 가능성에 의해 평가되었고 이른바 이론과 실천의 간격도 점차 좁아지게 되었다. 베이컨(Francis Bacon)이 "아는 것이 힘이다(Scientia est potentia)"라고 했을 때, 그것은 종교적이거나 그 밖에 다른 방식으로 아는 것이 아니라 과학적으로 아는 것만이 자연을 지배하는 힘이 된다는 것을 의미했다. 과학적으로 안다는 것은 자연의 인과적 연쇄를 파악한다는 뜻이고, 그것을 파악한다면 자연의 운행을 예측할 수 있기 때문에 이러한 능력을 적절히 응용한다면 인류에게 유익한 결과를 가져올 수 있다는 것이다. 사실 베이컨의 이러한 가르침은 산업 혁명 이후 인류가 이룩한 거의 모든 분야의 문명적 성과에 의해서 적중했음을 보여 주었다. 그것이 오늘날 과학과 기술을 구분하지 않고 혼용하는 가장 중요한 이유 중에 하나이다. 경제적 분야에서 이룩한 부의 축적은 인간을 구조적 빈곤으로부터 해방시켰으며 지식을 보편적으로 공유하게 됨으로써 평등사상이 확산되고 마침내 정치적 자유를 향유할 수 있는 계기를 마련하였다. 문화적인 측면에서도 각종 기술의 보급에 따라 고전주의에서 낭만주의를 거치는 동안 단순히 형식을 바꾸었을 뿐만 아니라 매체를 통해 보편화와 대중화, 다양화의 길을 걷게 되었다.

그러나 현대의 철학자들이 기술에 관심을 기울이는 것은 베이컨적 통찰 때문만은 아니다. 현대 과학의 첨단 기술이 단순히 수족의 기능을 확장하는 수준에 그치지 않고 사물을 인식하는 매체를 고안할 뿐만 아니라 '사이버 공간(cyber-space)'을 창출함으로써 실제로 존재의 세계를 확장시키고 있다는 사실에 철학적 관심을 쏟는다. 과학기술은 망원경이나 현미경을 통해서 칸트가 말하는 "현상(phenomena)"의 영역을 확장시킬 뿐만 아니라 미시의 세계에 대한 정보를 제공하고 이른바 "전자 광장(electronic agora)"으로 우리를 인도함으로써 통상적 의미의 '현실' 혹은 '실재'의 정체가 무엇인지를 자각하게 해준다. 이것은 단순히 인식론적 혹은 존재론적 의미의 '과학적' 탐구의 결과가 아니라 그것을 적용한 기술의 성과인 것이다. 기술이 객관적으로 존재하는 세계에 대해 중립적으로 혹은 수동적으로 관계하는 단순한 도구에 지나지 않는다고 생각하는 것은 이와 같이 피상적인 관찰에 근거한 오류에 지나지 않는다. 그러한 견해는 기술적 '매개'를 너무 과소평가하는 것이며 인식과 존재의 문제를 왜곡시킬 수 있는 위험을 안고 있다.

하이데거(Martin Heidegger)의 표현을 빌리면 기술은 현실을 열어 밝히며, 그래서 그동안 은폐되었던 신비의 영역에 빛을 던져준다는 의미로 '진리(aletheia)' 탐구에 관여한다. 다시 말해서 인식의 종류와 능력 혹은 상황에 따라 존재의 양상이 달라지듯이 이제 기술의 수준과 그 유형에 따라 현실에 대한 이해가 달라지고 자연과 세계의 존재가 변모된다는 것이다. 그는 『기술과 전향』에서 이렇게 주장한다.

> 따라서 기술은 그저 하나의 수단만은 아니다. 기술은 탈 은폐의 한 방식이다. 이러한 점에 유의한다면 기술의 본질이 갖는 전혀 다른 영역이 우리에게 열린다. 탈 은폐의 영역, 즉 진리의 영역이 그것이다.

그는 이어 "우리가 기술적인 것만을 생각하고 그것을 이용하는 데에만 급급하여 거기에 매몰되거나 그것을 회피하는 한 기술의 본질에 대한 우리의 관계를 결코 경험할 수 없다."고 주장한다.

현대에 와서 기술은 분명히 과거와 양상을 달리한다. 그것은 인식의 대상과 주관, 즉 세계와 나를 잇는 매개체로서의 수단에 머물러 있지 않는다. 기술은 인식의 주체에 편입됨으로써 현상의 세계를 규정하고 변질시키며 또 창조한다. 현대의 기술은 또한 자연의 법칙에 순응함으로써 그것을 역이용한다는 베이컨적 전제를 더 이상 따르지 않는다. 가령 풍차는 그 날개가 바람의 힘으로 돌아가게 함으로써 동력을 얻어낸다. 그러나 현대의 '풍차'는 기류의 에너지를 저장하기 위해 개발되며 그 목적을 달성하기 위해 필요하다면 자연의 법칙을 거역한다. 오늘날 철학에서 과학기술에 대해 쏟는 관심은 그것이 인식의 주관에 편입됨으로써 존재의 세계에 적극적으로 관여한다는 점과 자연의 법칙을 거역함으로써 인류의 운명을 예측하기 어렵게 만든다는 사실에 모아진다고 말할 수 있다.

III

21세기로 넘어오면서 과학기술은 또 하나의 두드러진 특징을 보이고 있다. 특히 전 지구적 디지털 그물망인 인터넷의 등장과 생명공학 및 신경과학의 발달로 말미암아 인류사회의 모습은 다시 한 번 그 모습을 파격적으로 바꾸게 될 것이다. 인터넷은 지구 전체에 걸친 독립적 기술이기 때문에 산업혁명기의 증기기관과 달리 생산관계와 사회관계뿐만 아니라 인간 삶의 내밀한 부분까지도 크게 바꾸게 될 것이다. 마르크스(K. Marx)는 당시의 생산 현장을 목격하고 증기기관에 관하여 "'중앙'에서 동력을 생산한 다음 이것을 개별 기계에 전달해 줌으로써 노동자와 기계를 복속시키는 어마어마한 괴물"이라고 규정한 적이 있다. 이 괴물은 원격 작용을 통해서 거대한 힘을 발휘했지만, 이 힘으로부터 벗어날 수 있는 '바깥'이 있었다. 그러나 인터넷에 '바깥'은 없다. 이필렬이 그의 논문 "21세기 과학기술의 특징"에서 잘 지적해 주듯이 "인터넷은 모든 것을 그 속에 흡수할 뿐만 아니라, 거기에 연결된 형태로 흡수된 사람이 자발적으로 또는 (소프트웨어를 통해) 반강제적으로 자신의 은밀한 정보를 그곳에 내어놓지 않을 수 없게 만든다."(『창작과 비평』 2001, 가을, p. 65) 이러한 정보통신 기술에 유전공학과 신경과학의 새로운 성과가 편승하면 미래 과학기술의 성과가 인류에게 축복인지 혹은 재앙인지 가늠하기는 결코 쉬운 일이 아니다.

잘 알려져 있는 바와 같이 오늘날 과학기술의 특징은 인터넷이 등장하고 컴퓨터가 개발되어 각 개인에게 보급되었다는 점이다. 이러한 변화는 그동안 거대하고 중앙 집중화되어 국가가 주도하던 것이 점차 규모가 축소되고 분산되며 민간이 주도하는 경향으로 변모되고 있다는 것을 의미한다. 여기서 주목할 하나의 특징은 이들 기술이 분산적으로 작동하면서도 서로 수평적으로 연결되어 있고 이로써 형성되는 그물망의 지배를 강하게 받고 있다는 것이다. 이러한 현상은 매우 우려할 만한 결과를 낳을 수도 있는데 분산적으로 작동하는 것들이 모두 그물망처럼 연결되어서 그 실체를 파악하기 어려울 정도로 복합적인 것이 되고 결국은 제어하기가 불가능한 상태로 발전할 수도 있기 때문이다.

사실 그동안의 과학기술은 실체를 분명히 조망할 수 있는 중앙집중적인 것이었기 때문에 국가에서 통제할 수 있었고 방향도 조정할 수 있었으며 국민의 힘만 집결되면 폐기할 수도 있었다. 핵무기나 핵 발전이 그러한 예에 속할 것이다. 그것은 냉전 상황에서 가장 위력 있는 군사무기였지만 미국과 러시아를 비롯해서 여러 나라들이 국민들의 요구로 포기하는 방향으로 나가고 있다. 이란이나 북한이 예외적인 경우로 보이지만 사태가 진전됨에 따라 조건이 충족되면 조정이 전혀 불가능한 것도 아니다. 그러나 이러한 기술과 달리 생명조작 기술이나 정보통신 기술은 분산적으로 작동하고 그물망으로 연결되어 있기 때문에 통제가 어렵고 폐기되는 방향 전환은 거의 불가능한 형편이다.

더구나 중요한 것은 현대의 과학기술에서 중심적 위치를 차지하는 것은 과학적 탐구의 과정과 이론의 정립이 아니라 이미 정립된 이론의 응용에 필요한 높은 수준의 기술이라는 것이다. 가령 지금 단계에서 필요한 것은 두뇌작용의 해명이 아니라 두뇌와 컴퓨터를 연결하는 작업이며 사이보그적 인간을 만드는 것도 물리, 화학 작용과 정신현상을 연결하는 설명이 아니라 그 기술이다. 물론 신경과학이나 인지과학, 혹은 심리철학 등 각 분야에서 거대 이론의 정립은 여전히 시도되겠지만 그러한 것은 지적 유희에 지나지 않고 과학기술에서 아주 주변적인 역할밖에 할 수 없을 것이라는 예측이 있다.

여기서 우리는 기술이 인간에게 무엇을 의미하는지 다시 묻게 된다. 그것은 그동안 긍정적인 측면과 부정적인 측면을 모두 보여 주었다. 그런데 정확하게 말하면 칼이 쓰기에 따라 유용하기도 하고 유해하기도 한 것처럼 기술 그 자체는 이로운 것도 아니고 해로운 것도 아니다. 그것은 결국 그 도구를 사용하는 인간의 심성과 능력에 달려 있는 것이다. 그런데 문제는 미래의 기술이 수동적인 수단으로서의 도구를 만드는 수준에 머물러 있거나 인간의 심성과 능력을 관망하고만 있지는 않을 것이라는 점이다. 그 도구가 어느 순간 폭도로 변한 노예처럼 제어하기 어려운 대상으로 변모하기 전에 우리는 기술의 본질을 근본적으로 다시 규정하지 않으면 안 될 것이다.

11. 거짓말의 도덕철학

I

아마 사소한 거짓말을 한 번도 안 해 본 사람은 없을 것이다. 그것이 의식적이든 혹은 무의식적이든 상관없이 우리는 언제인가 거짓말을 해 본 적이 있음을 부정하기는 어려울 것이다. 물론 거짓말이란 말하는 사람이 이미 거짓임을 알고 있는 상태에서 듣는 사람을 의식적으로 사실인 것처럼 믿게 만드는 것을 뜻한다. 그러나 어느 정도로 의식하는지 혹은 사실에 대한 확신이 얼마나 되는지에 따라 참과 거짓의 차이도 모호할 수가 있다. 특히 어린이나 병적인 환자의 경우에는 그러한 구분이 확실하지 않다. 심지어 무의식중에 자기 자신을 기만하는 경우도 있다. 이러한 점에서 거짓말을 의식적인 것과 무의식적인 것으로 나눌 수도 있을 것이다.

거짓말은 철학적 관점에서 볼 때 진리의 탐구와 관련되어 심각한 문제로 제기되지만 진리의 기준을 무엇으로 보는지에 따라 그 성격을 규정하기가 어려워진다. 가령 실재론자에게 관념론자는 거짓말쟁이로 비춰질 수 있지만 관념론자에게는 실재론자가 오히려 그렇게 보일 수도 있는 것이다. 그러나 이러한 형이상학자들은 스스로 자기 입장에 대한 체계적 신념을 가지고 있는 것이니까 의식적인 거짓말쟁이라고 보기는 어려울 것이다.

거짓말이 정작 심각한 문제로 드러나는 것은 종교나 윤리 혹은 정치나 경제 등 사회적 영역이다. 이러한 영역에서는 사회적 차원에서 다른 개인이나 집단, 국가나 인류 전체에 영향을 미치기 때문에 거짓말에 대해서 매우 예민한 반응을 나타내게 되는 것이다. 그러나 주로 상상력이나 영감에 호소하는 예술적 분야에서는 거짓말에 대해서 비교적 너그러운 편이다. 특히 도덕적 관점에서 볼 때 예술은 무책임한 상상의 세계를 표현한다고 볼 수도 있다. 유안진 시인이 지적하듯이 시는 "거짓말로 참말하는 언어예술"이기 때문일 것이다.

II

거짓말의 성격을 이해하려면 어린이의 의식 세계를 통해서 접근해 볼 수 있다. 어린이의 경우에는 그 지능의 발달 상태에 따라 거짓말의 내용이 달라진다. 유아에 있어서는 상상과 현실을 분명하게 구별할 수 없기 때문에 상상에 근거한 거짓말을 하는 경우가 많이 있다. 물론 이것은 어린이의 의식 세계에서는 거짓말이 아니지만 특히 종교적으로나 도덕적으로 엄격한 기준을 가지고 있는 어른에게는 거짓말로 오해될 수도 있을 것이다.

어린이의 경우 거짓말은 나이에 따라 여러 가지 유형으로 나타난다. 재미가 있어서 장난삼아 하는 거짓말이 있는가 하면 남의 이목을 끌어 자기의 존재를 돋보이게 하는 거짓말도 있고 꾸중이나 벌을 받기가 두려워서 혹은 자기를 방어하기 위한 거짓말도 있다. 나이를 먹어갈수록 거짓말의 종류도 다양해지는데, 가령 다른 사람에게 보복하려는 거짓말이 있고 탐나는 것을 수중에 넣기 위한 거짓말이 있으며, 심지어 가까운 친구를 돕기 위해 하는 거짓말도 있다. 아동 심리학자에 의하면 초보의 단계일수록 너무 심각하게 생각하지 말고 무시하는 것이 좋으며, 때로는 그러한 입장으로 몰아가지 말아야 하고 나이가 들수록 그러한 수단이 아닌 좀 더 효과적인 방법으로 지도하는 것이 바람직하다고 한다.

병적인 거짓말인 경우에는 히스테리 기질이 있는 사람이나 비행 청소년 시기에서 벗어나지 못한 사람, 기억의 결함으로 인하여 제멋대로 이야기를 만들어 내는 사람 등을 들 수 있을 것이다. 이러한 증세를 보이는 사람들은 치료를 받아야 하겠지만 멀쩡한 사람들이 가끔씩 이러한 현상을 나타낸다면 어떻게 할 것인가.

최근에 출간된 댄 애리얼리(Dan Ariely)의 저서 『거짓말하는 착한 사람들』에서는 우리 주위에서 쉽게 볼 수 있는 '선량한 사람들' 중에 거짓말을 하거나 속임수를 쓰는 사람들이 의외로 많다는 사실을 전하여 충격을 주고 있다. 그는 듀크대 심리학 및 행동경제학 교수로 여기서 기발한 실험을 바탕으로 인간의 심리와 행동을 실증적으로 설명한다. 그에 의하면 상당히 많은 사람들이 '이 정도 속임수는 괜찮겠지'라고 자신을 합리화하며 스스로 정직한 사람이라고 간주할 수 있는 범위 안에서 사소한 부정행위를 저지른다. 가령 야근시간을 부풀려 기록하거나 회사의 사무용품을 집에 가져가서 쓰는 직장인, 환자에게 불필요한 치료를 권하는 의사, 커닝하는 학생 등 이른바 '소극적 부정행위자'들은 예상보다 많을 뿐만 아니라 이들이 저지른 피해의 규모도 그것을 합하면 극소수의 적극적인 범죄자들로 인한 피해보다 훨씬 크다는 것이다. 이처럼 우리는 사소한 거짓과 부정의 파도 속에서 살아가며 여기에 익숙해지는 동안 그것은 거대한 쓰나미로 돌변할 수도 있는 것이다.

애리얼리에 의하면 우리의 내면에는 어린이들의 경우처럼 항상 두 개의 동기가 서로 싸운다. 남에게 괜찮은 사람으로 보이고 싶어하는 사회적 욕구와 남을 속여서라도 이득을 얻으려는 것이 그것이다. 이 둘 사이에서 "인지적 유연성(cognitive flexibility)"이 발동하여 균형을 잡으려고 애쓴다. 자신의 도덕적인 이미지를 훼손하지 않는 범위 안에서, 부정을 통해 조금이라도 이득을 얻을 수 있는 기준선은 무엇인지 파악하려고 끊임없이 노력한다는 것이다. 그리고 전반적으로 자신이 착한 사람이라는 생각이 들면 거짓말도 하고 어느 정도의 부정과는 타협한다는 것이다.

우리는 각자가 부정행위의 허용치를 두고 살지만 주변의 눈치를 많이 본다. 주변의 도덕성이 흐리면 자신도 느슨해진다. 자신의 의심스러운 행동에는 남도 동참시켜서 자신을 합리화한다는 것이다. 한편 집단이 개인의 도덕성을 무디게도 한다. 집단에 속한 개인일수록 다수를 위한다며 큰 부정을 저지를 수도 있다. 이러한 경우에 지도자가 거짓말을 해도 영웅의 대접을 받을 수 있다. 사소한 부정은 전염병과 같다. 자신이 지닌 병을 다른 사람에게 퍼뜨릴 수 있으며 전염병이 유행하면 쉽게 옮겨 올 수도 있기 때문이다.

에리얼리는 이러한 문제를 해결하기 위하여 흥미로운 방법을 제시한다. 로마제국에는 '메멘토 모리(memento mori)'라는 관행이 있었다. '죽음을 기억하라'는 뜻이다. 개선장군이 거리 행진을 할 때 노예 한 명이 이 말을 반복해서 귀가에 속삭였다. 자만심을 경계하기 위한 장치였다. 사실 그것은 중세에 산문이나 시, 혹은 춤이나 회화에서 중요한 주제가 되기도 했다. 심지어 그것은 평소에 신의 뜻을 전달하고 인간을 천국으로 인도한다던 성스러운 교황에게도 해당되던 말이었다. 인간은 단순히 자만심을 가져서는 안 될 뿐 아니라 삶 그 자체가 무상하고 결국 죽을 수밖에 없는 존재라는 것을 일깨우기 위해서 그 말을 곱씹게 했던 것이다. 에리얼리는 그와 비슷한 도덕적 각성제가 필요하다고 주장한다. 철학적 거대 담론이나 성현들의 가르침을 전하는 장황한 설교보다는 그들의 초상화를 걸어

둔다든가 고해성사 같은 장치들이 더 효과적일 수 있다는 것이다. 도덕적인 죽음을 원하지 않는다면 가벼운 거짓말이라도 삼가야 한다는 사실을 상기시켜 주는 각성제 같은 것 말이다.

III

소크라테스는 거짓말에 대해서 구체적으로 언급한 것은 없으나 그것은 결국 영혼을 혼탁하게 할 것이라고 주장할 것임에 틀림없다. 그는 '진리'나 '용기' 혹은 '정의' 같은 것을 제대로 이해하고 활용할 것을 사람들에게 권하였다. 여기서 그는 단순히 어떤 단어의 뜻을 묻고 있는 것이 아니다. 그러한 단어들은 공통된 속성을 지칭하고 있으므로 그것을 이해하는 데 도움이 되며, 그것과 유사한 다른 단어들과 혼동하지 않으면 영혼을 정화하는 데 밑거름이 되기 때문이다. 만약 거짓을 참인 것으로 착각하고 세상을 살아간다면 영혼이 혼탁해질 것이며, 거짓말을 함으로써 그것을 의도적으로 남에게 전한다면 자기 자신뿐만 아니라 온 세상을 혼탁하게 할 수도 있기 때문이다.

플라톤은 사물의 공통된 속성을 '이데아'로 규정하고 끊임없이 변화하는 현상의 세계를 불완전한 허상으로 가르쳤다. 그리고 이 이데아에 관한 지식만이 진정한 의미로 진리가 된다. 그러므로 이 세상의 사물이나 현상에 대해서 말하면 그것은 모두 거짓말이 되는 셈이었다. 가령 책상의 그림자를 책상 그 자체인 것처럼 이야기하고 있기 때문이다. 그러나 이데아를 한낱 형이상학적 상상력의 소산으로 보고 그 존재를 부정하는 아리스토텔레스에게는 오히려 플라톤이 거짓말쟁이가 된다.

아리스토텔레스는 진리를 규정함에 있어서 실재하는 대상이나 관념적 내용의 속성으로 보지 않고 인식 주관에 의해서 표현된 진술과 인식된 대상 사이에서 찾으려 했다는 점에서 획기적인 전환점을 마련하였다. 참과 거짓의 구분도 진술과 실재 사이의 관계에 근거하는 것은 말할 필요도 없다. 그는 『형이상학(*Metaphysica*)』에서 이렇게 말한다.

> 있는 것을 있지 않다고 하거나 있지 않은 것을 있다고 하는 것은 거짓이요, 있는 것을 있다고 하거나 있지 않은 것을 있지 않다고 하는 것은 참이다. 따라서 누구든지 무엇인가가 있다고 말하거나 무엇인가가 있지 않다고 말하는 사람은 참말 혹은 거짓말을 하는 셈이다.

그는 이어 이렇게 말한다.

> 참은 결합되어 있는 것에 따라 긍정하고 분리되어있는 것에 따라 부정하지만, 거짓은 이러한 것과 모순되는 내용을 포함하기 때문이다… 거짓과 참은 사태 그 자체 속에 있는 것이 아니라 사유 속에 있는데, 그렇지 않다면 선은 참이고 악은 거짓이라고 말해 버리면 그만이기 때문이다. (E,4)

이와 같이 윤리적 선성(善性)과 인식적 진리를 구분하는 아리스토텔레스에게 거짓말을 한다는 것은 무엇보다 윤리적 행위이다. 그에게, "거짓은 비열하고 비난받을 만하지만 진실은 고귀하고 칭찬받을 만하다."는 것이다(『니코마코스 윤리학』 4권 7장). 문제는 진실을 말할 때는 이유가 없지만 거짓말을 할 때는 반드시 이유가 있어야 한다는 점이다. 만약 그것이 어린 아이의 경우처럼 호기심 때문에 장난삼아 하는 것이 아니라면 반드시 이유가 있어야 하는데 어느 정도 설득력을 지닌다면 도덕적으로 허용될 수도 있을 것이다. 여기서 우리는 그가 거짓말은 어떤 경우에도 허용될 수 없다고 주장하는 성 아우구스티누스와 구별된다고 볼 수 있다. 그는 〈거짓말에 관하여〉라는 글에서 "진실이 깨지거나 심지어 조금이라도 손상을 입는 경우가 있다면 모든 것이 의심스러워질 것"이라고 했기 때문이다. 이러한 대비는 후에 거짓말에 관한 칸트(I. Kant)의 법칙론과 밀(J. S. Mill)의 목적론을 예상하게 한다.

칸트는 어떤 제약이나 조건도 없이 좋은 '선의지'로부터 도덕률의 형식인 이른바 정언명법을 도출해 낸다. "네 의지의 격률이 보편적 입법의 원리로서 타당하도록 행위하라"가 그것이다. 이것은 인간이라면 무조건적으로 이행해야 하는 도덕률의 조건으로서 행복이나 그 외의 어떠한 단서도 따라오지 않는다. 그것은 또한 예수의 황금률, "너희가 남에게 대접받고자 하는 대로 남에게 행하여라([마태복음] 7장 15절)"나 그 소극적 표현인 공자의 "자기가 원하지 않는 것을 남에게 하지 말라(논어, 안연 편)"는 가르침을 연상하게 한다. 도덕률을 하나의 규범으로서 보편적으로 적용한다는 점에서 그렇다는 것이다. 그렇다면 "거짓말을 하지 말라"는 도덕률은 어떠한가.

칸트에 의하면 "거짓말을 하라"는 바람직하지도 않고 보편화될 수 없기 때문에 도덕률이 될 수 없다. 그러나 문제는 그것이 도덕률이기 때문에 그 어떠한 경우에도 무조건 지켜야 한다는 점에 있다. 가령 무고한 사람이 살해되는 것을 막기 위하여 불량배에게 거짓말을 하는 것이 부도덕한 일인가. 거짓말을 일삼는 사람에게 거짓말을 하면 어떻게 되는가. 이러한 문제점을 해결하기 위해서 공리주의자인 밀은 최대 다수의 최대 행복을 위해서는 거짓말도 허용될 수 있다고 주장한다. 불필요한 악덕을 줄일 수 있다면 거짓말 그 자체는 좋은 것은 아니지만 경우에 따라 옳기 때문에 허용될 수 있다는 것이다. 그러나 그러한 경우를 어떻게 판단하며 옳다는 기준을 무엇으로 설정할 것인가. 이러한 문제를 해결하는 것이 공리주의의 과제로 남아 있다.

IV

베이컨(F. Bacon)은 그 누구보다도 진리의 소중함과 아름다움을 찬양한다. 대낮에 가장 아름답게 보이는 진주처럼 그 값어치를 드러낼 수 있다는 것이다. 그러나 그것은 스스로 빛나는 것이 아니라 거짓이 있을 때 더욱 빛난다고 주장하며 그의 수필 〈진리에 관하여〉에서 이렇게 말한다.

> 거짓이 혼합되면 언제나 기쁨을 더해 준다. 만일 인간의 마음속에서 헛된 소견이나 공연한 희망, 엉터리 가치 판단, 이른바 걷잡을 수 없는 망상 등을 제거한다면 많은 사람들의 마음은 가난과 위축만이 남아 우울과 권태로 충만하여 자기 자신만을 미워하게 되리라는 것을 그 누가 의심하겠는가.

그러나 한편 신학적이고 철학적인 관점에서 일상적인 차원으로 눈을 돌려 보면 "깨끗하고 원만한 행동은 명예로운 인간의 근본이요, 뒤섞인 허위의 행동은 금화와 은화 속에 나쁜 금속을 섞은 것 같아서 그 겉모양은 훨씬 좋아 보이지만 질이 떨어진다."는 것은 누구나 다 아는 일이요, 이렇게 비뚤어진 길은 "발로 당당하게 걸어가는 길이 아니라 뱃가죽으로 비천하게 기어가는 뱀의 길"이라는 것이다.

베이컨은 잘 알려져 있는 바와 같이 근대 계몽주의의 기수였던 철학자였고 문필가였으며 중요한 업적을 많이 남겼던 정치가였고 법률가이기도 하였다. 그는 예순 살이 되던 해에 마침내 대법관에 올랐다. 그때 그는 뇌물 수수의 혐의를 받았다. 결국 그는 재판에 회부되어 유죄 선고를 받고 왕이 임명하는 모든 공직에서 불명예스럽게 해임되었다. 그는 평생에 걸쳐 이론적인 문제들에서는 최고의 천재성을 나타냈지만, 동시에 실천적인 면에서는 취약성을 드러내었다. 시인 포프(A. Pope)는 그를 "가장 현명하고 가장 총명하며, 그러나 가장 야비한 사람"이라고 기술하였다. 그도 항상 두 발로 당당하게 걸어갈 수는 없었던 모양이다. 우리는 이렇게 현명하고 총명한 사람조차 그토록 야비할 수 있다면 인간에게서 무엇을 더 기대할 수 있을 것인가. [누가 복음]에 명시되어 있듯이 예수가 재림했을 때 "이 세상에서 믿음을 찾아 볼 수 있을 것인가?"(18장 8절)

거짓말이 무엇인지 정확하게 규정하는 것은 쉬운 일이 아니다. 비록 의도적인 것은 아니라고 하더라도 상황에 따라 거짓말이 된 것을 포함한다면 아마 그것은 우리 일상사의 일부라고 해야 할지도 모른다. 영국의 사회학자 라크만의 연구결과에 따르면 10분간 대화하는 동안 피실험자의 60% 이상이 최소한 한 번씩 거짓말을 한 것으로 나타났다. 심지어 연인이나 어머니와의 대화에서도 상당한 부분이 거짓말이었다고 한다.

일반적으로 우리는 의욕이 넘치거나 사명감이 강할 때에는 지나치게 과장하는 경우가 있다. 그러한 사람이 시인이나 기타 예술가가 된다면 적성에도 맞고 어느 정도 공헌하는 영역이 있으므로 사회적으로 공감대를 마련할 수도 있다. 그러나 이런 사람이 정치적 지도자가 되어서는 안 된다. 정치는 객관적인 사실을 근거로 해서 보다 나은 세상을 '저 세상'이나 '상상의 세계'가 아니라 바로 이 땅에 실현하는 것을 목표로 해야 하기 때문이다.

거짓말을 어린이가 하면 피노키오처럼 귀여울 수 있고 예술가가 하면 환상적일 수도 있으며 종교가가 하면 희망을 줄 수도 있다. 그러나 윤리적 주체로서 의무와 권리를 이행하고 책임을 감당해야 하는 사회의 구성원이, 그것도 지도적 위치에 있는 인물이 자신의 이해관계 때문에 거짓말을 일삼는다면 우리는 무엇보다 그러한 사람을 경계해야 할 것이다. 지나친 사명감이나 강한 의욕 때문이라고 하더라도 그러한 인물들이 군림하면 정의로운 국가나 성숙한 사회는 결코 실현될 수 없기 때문이다.

12. 상징의 개념

I

요즈음 상징에 관한 논의가 여러 분야에서 활발하게 전개되고 있다. 예술이나 인문학에 대한 관심이 깊어지면서 그 기반이 되는 이 주제에 대해서도 주의를 기울이지 않을 수 없기 때문일 것이다. 사실 상징은 인간의 삶을 풍부하고 역동적으로 만드는 가장 중요한 사유의 장치 가운데 하나이다. 인간에게 상상적 및 상징적 사고의 능력이 없다면 삶을 인간답게 하는 종교와 예술은 물론 문화의 성립 자체가 불가능할 것이다. 그러나 현대의 과학기술문명이 급격히 확산됨에 따라 과학적 합리성이 강조되고 기계적 행동과 기술적 사고가 보편화되면서 상대적으로 이러한 가치가 과소평가 받고 있었던 것도 사실이다. 그 결과 지나친 도구적 합리성의 팽배와 실증적 사고에의 맹신으로 다양한 측면에서 문명적 병폐가 확산되고 있는 것도 또한 부정하기 어려운 사실이다. 그렇다면 오늘날 상징에 대한 관심은 그동안 확산되어 온 과학주의적 사고와 행동 양식에 대한 반동의 형태로 나타난 것이라고 보아도 좋을 것이다.

원래 인류 문명은 상상력에 근거한 상징적 사고의 산물이라는 형태로 출발했다고 볼 수 있다. 신화에 나타난 예술과 종교, 일상적 사고방식이나 생활태도가 그러한 양상을 보여 주고 있기 때문이다.

그러나 합리적 사고와 실증적 판단을 근거로 하여 현상에 대한 지식이 증가되고 이에 근거한 인간의 자긍심이 고조되자 상상력이 점점 더 고갈될 뿐 아니라 상징적 사고도 동시에 폄훼될 수밖에 없었다. 특히 서구의 근대 과학문명의 발달로 이러한 현상은 더욱 과속화되고 보편화되는 경향이 있었던 것이다. 그러나 오늘날 사상사적인 조류는 이러한 현상을 반성하고 극복하려는 시도로 특징지어져 있다. 이제 '상징'의 개념이 무엇이며 이 개념으로 이러한 현상이 어떠한 방식으로 전개되고 있는지 살펴볼 필요가 있다.

일반적으로 상징(symbol, 象徵)이란 왕관이 군주의 권위를 나타내고 비둘기가 평화를 나타내며 태극기가 한국을 나타내듯 하나의 사물을 다른 매개를 통해 표현하는 것을 말한다. 상징은 사람들이 어떤 것에 대해서 체험하기는 하지만 합리적으로 표현할 수 없는 것을 자기가 이미 알고 있는 다른 것을 빌어서 나타내려는 표현 수단이다. 그러므로 상징은 사람들이 무의식에서만 감지되는 어떤 것을 의식화하고 우리에게 인식의 지평을 넓혀 주는 데 중요한 역할을 한다. 가령 옛날에는 흔히 마을 한가운데 있는 커다란 나무가 그 마을을 지켜주는 수호신이라고 믿으면서 제사를 드리기도 했는데, 그것은 그들이 그 나무에서 어떤 강력하고 신성한 실재를 체험하고 신통력을 기대했기 때문이다. 사람들은 언제나 자신들이 체험할 수는 있지만 명확하게 표상할 수 없는 비합리적 실재를 상징적인 이미지로 포착하고 그것을 드러내려 했던 것이다.

상징의 어원은 그리스어로 'symbolon'이다. 여기서 'sym'은 어떤 두 조각을 합친다는 뜻을, 'bolon'은 던지거나 맞춘다는 뜻을 지닌다.

그것은 옛날에 사람들이 신표로 쓰기 위하여 도자기나 쇠붙이를 둘로 나누어서 따로 가지고 있다가 시간이 지난 다음 그것을 맞추어 보고 처음 했던 약속을 상기하는 데 쓰였던 물건이다. 그때 그 두 쪽 가운데 어느 것 하나만 있어도 제대로 기능할 수 없으므로 반드시 서로 맞아야 한다. 마찬가지로 상징에서도 어떤 것을 표상하는 의미(symbolyzing)와 거기에서 유추되는 또 다른 의미(symbolyzed)가 동시에 드러나야 한다. 가령 사람들이 거대한 나무라는 이미지에서 나무의 의미뿐만 아니라 수호신에서 느낄 수 있는 무의식적 의미들까지 인식할 수 있을 때, 그 나무는 수호신을 나타내는 상징이 되는 것이다. 그러므로 우리는 어떤 상징에서 바깥으로 표시되는 의미만 볼 것이 아니라 그것을 통해서 드러나는 의미까지 보려고 노력해야 한다.

II

상징은 연기와 불처럼 자연적인 관계에 있는 것이 아니라 자의적인 관계에 있다. 상징의 대표적인 예는 언어이며, 상징작용은 기호와는 달리 인간만이 의도적으로 갖는 능력이다. 논리적으로 보아 이미 언급한 바와 같이 질적으로 서로 다른 두 가지 사항이 어떤 유사성에 의해서 서로 관련되는 것이 상징 작용의 특성이다. 상징을 사용하는 범위는 언어를 비롯하여 습관, 풍속, 법률, 종교, 과학, 예술 등 문화의 전반에 적용되며, 그 내용은 역사적으로 항상 변천하고 있다. 상징은 논리성을 넘어서기 때문에 종교와 예술에서 특히 중요시 된다.

종교적 상징은 그 자체를 넘어서서 객관적인 그 무엇에 대해서 말한다는 특징을 가지고 있다. 예를 들면 기독교에서 십자가는 예수의 죽음과 함께 수난을 상징한다. 십자가는 크거나 작을 수 있고, 아름답게 장식되거나 그렇지 않을 수 있으며, 돌이나 나무 또는 금속으로 만들어질 수도 있고 또 건물 위에 세워지거나, 목걸이가 되어 사람의 목 주위에 매달릴 수도 있다. 그것의 형태나 용도가 무엇이든 간에 십자가는 수난의 상징으로 작용한다. 이러한 의미에서 일반적으로 종교에서는 그것이 어떻게 상징화되었는지는 별로 중요하지 않다.

한편 예술에 있어서는 표현된 것과 표현하는 것 사이에 긴밀한 관계가 있다. 가령 어떤 시를 의역하는 경우에 이 점은 분명해진다. 의역된 내용은 그것이 본래 지닌 의미의 허수아비에 지나지 않으며, 그 결과 시적인 마력이나 정서적인 의미, 그 밖에 생생한 심미적 가치는 사라져 버린다. 문학과 달리 회화나 음악의 경우에 상징의 형식과 내용은 분리하기 어려운 경우가 많다. 가령 상징주의의 효시라고 평가받는 고갱의 경우가 좋은 예라고 할 수 있다.

페루 계통의 스페인인과 프랑스인의 혼혈이었던 고갱(Paul Gauguin)은 무엇보다 원시 미술에 대한 의식에서 큰 영향을 받았다. 소시민적인 생활에 쉽게 염증을 느끼고 보헤미안적인 삶에도 싫증이 난 그는 곧 상징파적이며 장식적인 예술을 창조했고, 강한 단순화와 생생함의 어떤 일면을 빛나는 주변 환경으로부터 빚어냈다. 그는 인물 구성에서 기술적 원근법과는 다른 극적으로 매혹적인 인물을 창조하기 위해 의도적으로 미술관 소장의 작품들을 사용했다. 또한 그는 이교적이거나 야만적 주제에 기독교적 표제와 인습적 해석에 대한 거부감을 나타내었다. 고갱의 상징주의는 물론 시대적 산물이기도 하지만 마티스나 피카소로 이어지는 현대미술의 전개뿐만 아니라 예술 사조 전반에 걸쳐서 자율적 상징성을 확보하는 중요한 계기를 마련했던 것이다. 더구나 이러한 심미적 상징성이 현대사조의 새로운 전기를 마련하게 되는 것은 흥미로운 현상이다.

상징의 본질을 구체적으로 검토하기 위해서는 특히 문학 작품을 어느 정도 구체적으로 살펴 볼 필요가 있다. 가령 어떤 시에 나타난 심상 중에 어떤 것은 한 작품 속에서든 한 작가의 여러 작품에서든 반복적으로 사용되는 것도 있다. 그중에 말버릇에 불과한 것도 많지만 단지 한 부분에서만 그 기능을 발휘하여 의미를 구현하는 것이 아니고 작품 전체, 그 작가의 일련의 작품들에, 심지어 한 시대의 작품들 전반에 걸쳐서 의미의 힘을 뻗치고 있는 심상도 있다. 또 어떤 때는 한 작품에서 한 번만 사용한 심상이라도 그 의미의 힘이 작품 전체에 미칠 때도 있다. 또는 한 개의 심상을 여러 개의 종속적 심상들이 설명하는 형태의 작품도 있다. 이러한 심상들을 명확하게 규정하기는 힘드나 보다 큰 추상적 의미를 암시하는 것만은 분명하다. 이러한 심상을 "문학적 상징"(literary symbol)이라고 한다. 가령 서정주의 「국화 옆에서」의 경우를 보자.

> 그립고 아쉬움에 가슴 조이던
> 머언 먼 젊음의 뒤안 길에서
> 인제는 돌아와 거울 앞에 선,
> 내 누님같이 생긴 꽃이여.

서정주는 개인적 입장에서 인생의 어떤 면, 누님의 일대기와도 비슷한 면을 말해 주는 큰 의미의 상징으로 국화를 보는 것이다. 이상섭이 지적하는 바와 같이 19세기 서구의 상징주의는 한국의 문단에도 영향을 주어서 "낱말들의 일상적 의미를 되도록 무시한" 작품이 유행이 되기도 하였다. 박인환은 『목마와 숙녀』에서 이렇게 읊었다.

> 한 잔의 술을 마시고,
> 우리는 버지니아 울프의 생애와
> 목마를 타고 떠난 숙녀의 옷자락을 노래한다.

인명사전에 나오는 울프, 국어사전에 정의된 목마, 숙녀, 옷자락 등등의 의미는 여기서 찾아보기 어려울 정도이다. 이상섭은 이렇게 말한다.

> 엄격히 말해서 이 시에 의미는 없다. 있는 것은 심상들이고 그 심상들이 짙은 냄새처럼 풍기고 있는 암시성뿐이다. 이런 종류의 상징적인 시는 의미의 해석을 거부한다. 이렇게 하여 얻어지는 효과는 무엇인가? (『문학의 이해』, 서문당, 1979, p. 79)

물론 상징은 소설이나 희곡과 같은 문학의 다른 장르에서도 얼마든지 사용될 수 있다. 예를 들어, 『메밀꽃 필 무렵』의 흰 메밀밭은 단지 일상적 묘사일 뿐만 아니라 의미에 암시적으로 참가하는 의미요소이기도 하다. 이효석은 이렇게 묘사한다.

> 산허리는 온통 메밀밭이어서 피기 시작한 꽃이 소금을 뿌린 듯이 흐뭇한 달빛에 숨이 막힐 지경이다. 붉은 대궁이 향기같이 애잔하고 나귀들의 걸음도 시원하다.

그는 이어 이야기의 절정인 허생원의 독백으로 옮겨간다.

> "장선 꼭 이런 날 밤이었네. 객주집 토방이란 무더워서 잠이 들어야지. 밤중은 돼서 혼자 일어나 개울가에 목욕하러 나갔지. 봉평은 지금이나 그제나 마찬가지지. 보이는 곳마다 메밀밭이어서 개울가가 어디 없이 하얀 꽃이야. 돌밭에 벗어도 좋을 것을 달이 너무나 밝은 까닭에 옷을 벗으러 물방아간으로 들어가지 않았나. 이상한 일도 많지. 거기서 난데없는 성 서방네 처녀와 마주쳤단 말이네. 봉평서야 제일가는 일색이었지 … 팔자에 있었나부지."

이런 관점에서 생각하면 참으로 많은 심상들이 상징적 의미의 영역을 내포한다고 볼 수 있다.

현대문학에서 상징성을 가장 극적으로 나타내는 작품 중에 베케트(Sammuel Beckett)의 『고도를 기다리며』가 있다. 희곡으로 쓰인 이 작품은 어떤 줄거리나 이야기를 전개시키지 않는다. 어떤 시골길, 한 나무 밑에 블라디미르와 에스트라공이 기다리고 있다. 이것이 연극이 시작될 때의 상황이다. 1막이 끝날 무렵 그들은 기다리는 '고도'가 오지 않으리라는 것을 안다. 그러나 이튿날은 틀림없이 오리라고 믿는다. 그들 사이의 대화 한 토막이 흥미롭다.

> 블라디미르: 그래도 그건 오고야 말거라고 가끔 생각해 보지. 그런 생각이 들면 기분이 묘해지거든. (모자를 벗는다. 모자 속을 들여다 보고 손으로 만져 보고 흔들어 보고 다시 쓴다) 뭐라고 할까. 기분이 가라앉으면서 동시에… (적당한 말을 찾는다) …섬뜩해 오거든. (힘을 주어) 섬-뜩-해-진-단 말이야. (다시 모자를 벗고 속을 들여다본다) 이럴 수가! (무엇을 떨어뜨리려는 듯 모자 꼭대기를 툭툭 친 다음 다시 안을 들여다 보고 다시 쓴다) 결국은… 에스트라공은 힘을 다해서 마침내 구두를 잡아 뺀다. 구두 속을 들여다 보고 손으로 더듬어보고, 뒤집어 보고, 흔들어 보고, 혹시 땅바닥에 떨어진 게 없나 살펴본다. 아무것도 보이지 않자, 멍청한 눈으로 구두 속에 손을 넣어 본다.
>
> 에스트라공: 아무것도 없네.

2막도 똑같은 내용이 되풀이 된다. 당연히 예상되는 극적인 행동의 진행과 발전은 전혀 보이지 않는다. 베케트는 여기서 '기다린다'는 행동이 아니라 그 상태를 무대에 올린 것이다. 결국 기다림은 기다림 그 자체로 끝나고 '고도'라는 인물의 실재조차 의심스러워진 채 연극은 끝난다.

『고도를 기다리며』의 두 주인공은 마치 그리스 신화에 등장하는 프로메테우스와 에피메테우스 형제와 같기도 하다. 블라디미르는 '모자'를 썼다 벗었다 하고 에스트라공은 '구두'를 자주 들여다 본다는 점에서 사고지향형과 행동지향형의 인물들을 상징한다고 볼 수도 있는 것이다. 또한 '고도'를 기다리는 것은 기독교의 재림사상을 연상하게 하는 측면이 있다. 고도는 오늘도 오지 않고 항상 내일 온다고 믿는다는 점에서 특히 그렇다. 만약 이것이 사실이라면 이 연극은 서구 문명의 핵심을 구성하는 그리스와 예루살렘의 이중적 구조를 상징한다고 볼 수도 있다. 그러나 정작 중요한 것은 이 이야기에서 아무것도 명확하지 않다는 사실이다.

『고도를 기다리며』를 미국에서 초연한 연출자가 '고도'가 누구냐고 묻자 베케트는, "나도 모른다. 누군지 알았다면 희곡 속에 썼을 것이다."라고 대답했다고 한다. 그럼에도 불구하고 많은 사람들이 답변을 마련한다. 그것은 빵일 수도 있고 성공일 수도 있으며 구원일 수도 있다. 그러한 추측은 결국 그 대상이나 작품의 애매성을 더해줄 뿐 명확한 해석의 열쇠가 되지는 못한다. 그가 말한 대로 "나의 작품에 열쇠가 되는 말은 '어쩌면 그럴지도'가 핵심일 수도 있다. 그것은 베케트의 희곡이 지닌 특징일 뿐만 아니라 부조리 문학의 특징이며 정도의 차이는 있지만 모든 문학과 예술의 특징이기도 한 것이다. 애매성과 추상성은 상징성의 다른 이름일 뿐인 것이다. '고도'라는 상징을 통해서 우리는 의식과 무의식, 혹은 일상적인 삶과 문화의 심층적 구조가 해후하는 현장을 경험하고 있기 때문이다.

III

상징이라는 개념은 사상사적으로도 극히 중요한 의미를 지닌다. 유럽에서는 19세기 말에서 20세기 초에 심각한 지적 변혁을 맞이하게 되는데 이 과정에서 상징의 중요성이 복권되기 때문이다. 그때까지만 해도 상징은 미개한 신화적 사고의 산물이거나 기껏해야 문학적 수사나 종교적 의식의 대상에 지나지 않았던 것이 갑자기 인식의 도구로서 재평가받기 시작한 것이다. 상징에 대한 이러한 평가는 19세기를 석권했던 실증주의와 과학주의가 약화되면서 유래되었다. 실증주의는 고전적 수학과 물리학이 상정하는 세계, 즉 절대적인 공간과 시간 속에 있으며 일의적인 인과율에 의해 규정되는 세계가 유일하게 실재하는 것으로 보고 이것을 충실하게 옮기는 것이 객관적인 과학의 사명이며 진리성에 대한 보증이라 생각했다. 그러나 수학과 논리학뿐만 아니라 과학 안에서도 이러한 신념을 뿌리채 흔드는 연구 성과들이 나타났다. 로바체스키(Nicholay I. Lobachesky)와 리만(G. F. Bernhard Rieman)이 비유클리드 기하학을 발견하고 프레게와 러셀 등에 의해 기하학과 수의 체계가 가설적 원리에 근거한 추론의 체계에 지나지 않는다는 것이 밝혀졌다. 또한 아인슈타인의 상대성 이론은 절대시간의 개념을 타파했고, 플랑크의 양자론, 하이젠베르크의 불확정성 원리는 입자의 미래 위치와 속도는 결코 정확히 측정할 수 없으므로 일의적인 인과율이 성립될 수 없음을 입증하였다.

특히 리만의 업적은 괄목할 만한 것이었다. 그는 기하학의 공리는 결코 자명한 진리가 아니며, 오히려 이론의 기초에 근거한 가설일 뿐이라고 주장하였다. 이런 관점에서 본다면 유클리드 기하학이나 다양한 비유클리드 기하학 중 무엇이 옳은 것인지는 중요하지 않다. 오히려 두 개의 기하학이 수학으로서 동등한 자격을 가질 수 있다. 즉 공리도 하나의 가설이라고 한다면 두 기하학 사이에 모순이 없는 한 임의로 한 쌍의 공리를 세우고 그 바탕 위에서 수학의 체계를 세우는 것이 가능하다. 이렇게 되자 수학은 더욱 많은 가능성을 갖게 되었고, 이것은 비유클리드 기하학이 일반상대성 이론에 응용된 것만 보아도 잘 알 수 있다. 이러한 일련의 업적은 수학과 물리학 등에 획기적인 전환을 가져왔을 뿐만 아니라 인문학 분야에도 상당한 충격을 주었다. 그때까지 인문학과 인문학에서 추구하던 인식론적 과제는 자연과학을 이상적인 모델로 삼아 스스로 변신을 도모하는 것이었기 때문이다. 그러나 과학의 개념체계가 임의로 선택할 수 있는 상징 혹은 기호의 체계에 불과하다면 인식의 객관성과 진리성은 어떻게 확보될 것인가.

서구의 사상사에서 인식론적 위기를 재빨리 감지하고 상징의 인식기능을 체계적으로 고찰함으로써 이 위기를 극복하고자 했던 철학자는 카시러(Ernst Cassirer)였다. 서구에는 사변적 미학에 관한 한 플로티누스에서 독일 낭만주의를 거쳐서 헤겔과 신칸트학파인 로체(R. H. Lotze)에 이르는 오랜 전통이 있다. 특히 칸트 이후에는 상징과 상징적인 것과의 관계가 감성계와 예지계, 현상과 이념의 관계를 규정하는 경향이 있었다. 인식론적인 차원에서는 라이프니츠(Leibniz)가 상징에 관심을 기울였는데, 그는 직관과 대조하여 그것을 이렇게 규정한다.

> 인식은 애매하거나 명석하다. 명석한 인식은 다시 혼잡하거나 판명하다. 판명한 인식은 부적합하거나 적합하며 또한 상징적이거나 직관적이다. 어떤 인식이 적합한 동시에 직관적이라면, 그것은 있을 수 있는 가장 완전한 인식이다. (『인식, 진리와 관념에 관한 명상』, 게르하르트 전집 Ⅳ, p. 422)

라이프니츠에 의하면 가령 '천각형'이란 표현에서 그것을 일일이 직관하거나 설명할 수는 없지만 그러한 인식을 '맹목적' 혹은 '상징적'이라고 부르며, 대수와 수학뿐만 아니라 거의 모든 영역에서 이러한 인식을 사용한다고 주장한다. 사실 현대의 상징논리학도 실재와의 대응성보다는 다른 표현과의 일관성을 중요시한다는 점에서 이러한 이념을 계승하고 반영한다고 볼 수도 있다.

한편 칸트(I. Kant)는 라이프니츠의 '상징'을 표기나 문자 또는 '기호'라고 부른다. 그는 상징이 직관의 매개체이기는 하지만 도식과 달리 실재의 내용을 지시에 의해서가 아니라 유비를 통해서만 전달한다는 점을 강조한다. 이것을 혼동하면 인식의 몽매주의에 빠진다고 경고하며, "감관의 앞에 놓여 있는 현실세계의 현상들을 … 배후에 감추어진 가상적 세계의 단순한 상징이라고 말하는 것은 광신"이라고 주장한다(*Anthropologie in pragmatischer Hinsicht*, 1장 38절). 이러한 혼동은 상징적 유비관계를 현상계와 본체계, 현실과 그 배후의 관계를 설정하는 데까지 확대하여 적용함으로써 더욱 심각해진다고 그는 지적한다. 적어도 인식론적 맥락에서 칸트의 경우 도식과 상징의 차이는 엄격한 것이었다.

신칸트학파에 속하는 카시러는 인간의 정신활동이 지니는 내재적 궁극 원리를 3차원적 상징기능, 즉 표현, 서술, 의미 등에서 찾고 이것을 어떠한 정신적 특수 영역에도 예속시키지 않으며 오히려 그것을 철학의 기본적 체계를 세우는 데 있어서 근간이 된다고 주장하였다. 그는 처음에 코헨(H. Cohen)의 입장에 따라 수학적 및 자연과학적 사유의 구조를 탐구하고 그 결과를 정신과학의 문제에 적용하려고 하였으나 그렇게 한정된 인식론으로서는 방법적 기초를 마련할 수 없다고 판단하였다. 그에 의하면 이해는 모두 상징을 전제로 하므로 세계가 어떠한 상징 형식에 있어서 우리들 앞에 나타나는지 분석함으로써 궁극적으로는 문화의 본질을 파악할 수 있다는 것이다.

카시러는 어떤 특정한 세계로 접근하는 것만을 과학적인 인식의 방식으로 특권화해서는 안 된다고 주장한다. 세계와 다양한 관계가 가능하며 그 관계는 모두 나름의 의미를 지니고 있다는 것이다. 세계와의 다양한 관계를 가능하게 하는 것이 바로 상징의 기능이고 이 관계의 형식을 그는 '상징형식'이라고 불렀다. 그는 3권으로 이루어진『상징형식의 철학』에서 이 형식의 내용을 다루었는데, 제 1권에서는 '언어'를, 제 2권에서는 '신화'를, 그리고 제 3권인『인식의 현상학』에서는 상징기능에 근거하여 새로운 인식 이론을 구축한다. 그는 여기서 상징의 기능을 구분하고 이것을 근거로 인식과 문화의 이론을 동시에 정립하고자 시도한 것이다. 그 세 가지 기능은 다음과 같다.

첫째, '표현기능'에서의 상징은 그것이 나타내는 현상과 구분되지 않는다는 특징을 지닌다. 이 기능의 기원은 인간의 '표정'이라고 할 수 있는데, 가령 우리는 기뻐하는 얼굴을 하나의 전체로서 경험하고 기쁨과 웃음을 구분하지 않는다. 여기서는 아직 세계와의 공감적 관계 속에서 살고 있으며 그 좋은 예를 신화적 형상이나 종교적 제의에서 찾아 볼 수 있다. 제사에서 무희가 쓰는 신의 가면은 가면 그 자체에 신의 권능이 깃드는 경우이다.

둘째, '서술기능'에서는 '사물'과 '속성'을 구분하고 특정한 객관적 사태를 확정할 수 있다. 여기서는 '내면'과 '외면'의 구별도 나타나서 우리는 '반성'이라는 태도로 세계와 마주 대하게 된다. 이 기능에서는 언어가 두드러진 역할을 수행하게 된다.

마지막으로 순수한 '의미기능'의 경우 상징은 대상세계에서 해방되어 자신의 의미세계를 자유롭게 창조할 수 있게 된다. 이 기능에서는 구체적 현실로부터 순수한 사고관계를 해방시켜 자발적으로 상징의 나라를 건설한다. 이러한 기능의 가장 순수한 형태를 현대의 수학과 물리학에서도 찾을 수 있다.

그러나 이러한 상징기능의 도입을 통해 문화의 다원성이 회복될 것이라는 카시러의 낙관적 예상을 현대사회가 뒷받침하고 있다고 보기는 어렵다. 오히려 현대사회에 나타난 매스미디어의 경이로운 발달과 고도화된 선진기술은 상징조작의 위험성을 더욱 두드러지게 했다. 조직적인 커뮤니케이션 활동을 통해 많은 사람들의 행위나 가치관을 일정한 방향으로 유도할 수 있게 된 것이다.

Ⅳ

상징에 관한 담론은 직접적으로든 간접적으로든 신화와 관계가 있다. 그것은 현상의 세계에 직접적으로 드러나지 않는 영역과 관계를 맺고 있기 때문에 상상력을 통해서 자유롭게 상정할 수 있는 여지가 있기 때문일 것이다. 그리스를 비롯하여 많은 지역의 역사는 상상과 상징의 힘을 빌려 신화가 되었지만 놀랍게도 이스라엘의 신화는 그 힘에 의존하여 역사를 만들어가고 있다. 서구문명의 상당한 부분은 역사화 된 상징적 신화로 구성되어 있다고 말할 수 있다. 여하튼 다양한 형태로 신화는 아직 진행형이다. 문학과 각종 예술의 주제가 되기도 하고 과학적 탐구의 대상이 되기도 하며 종교현상을 해석하는 준거의 틀을 제공하기도 한다. 최근에 가장 괄목할 만한 현상은 정신분석학에서 신화적 발상을 신경증의 치료에 활용함으로써 상징에 관해 새로운 담론을 마련했다는 점이다. 그것은 잘 알려져 있는 바와 같이 프로이트의 오이디푸스 왕과 무의식에 관한 논의이다.

오이디푸스의 이야기는 비교적 간단하다. 그는 원래 테바이의 왕자로 태어났다. 그러나 라이오스왕은 신탁에 의해 아들이 성장하면 아버지를 죽이고 어머니를 아내로 삼을 것이라는 예언을 두려워한 나머지 아들을 멀리 가져다 버리게 한다. 그러나 그는 다행히 구조되어 이웃 땅 코린토스의 왕인 폴류보스의 아들이 되었다. 성장하면서 그 역시 같은 신탁을 듣자 의부를 친부로 알고 있었기 때문에 화를 모면하려고 오이디푸스는 그곳을 떠나버린다. 그러나 공교롭게도 그가 당도한 곳은 자기의 고향이었으며 기구한 운명으로 어느 세 갈래 길에서 마주친 귀인의 일행과 마주쳐 그를 해쳤는데 그가 곧 아버지 라이오스왕이었다. 그 사연을 전혀 모르는 오이디푸스는 뒤에 그 나라를 괴롭히고 있는 스핑크스의 수수께끼를 풀어줌으로써 그 괴물을 퇴치한 다음 때마침 결위가 되어있던 왕위에 올랐고 또 관행에 따라 혼자 되어있던 왕비이며 자신의 생모이던 이오카스테를 아내로 삼게 되었다.

그러나 소포클레스는 이 부분의 이야기를 극화하지 않았다. 대신 그는 그 다음 부분, 즉 그가 왕위에 올라 선정을 베풀던 중 나라 안에 역병이 창궐하고 민심이 소란하게 된 데 대하여 그 근원을 따져 문제를 해결해야겠다는 시점에서 극을 출발시킨다. 그러니까 이 극의 구조는 범인 찾기라는 추리극적인 성격을 갖고 있는데, 흥미의 초점은 범인을 확인하는 데 있는 것이 아니라 그것을 확인하는 필연적 과정에 있는 것이다. 이 과정에서 우리는 몇 가지 아이러니를 발견하게 된다. 하나는 증인들의 의도와는 달리 사건이 파헤쳐질수록 오이디푸스가 범인임이 분명해진다는 것이고, 다른 하나는 '자기 아닌' 범인을 찾으려는데 결국 자기가 장본임이 밝혀진다는 점이다. 마지막 아이러니는 그가 스핑크스 앞에서 인간에 대해 명쾌한 답변을 제시했음에도 불구하고 정작 자기 자신을 몰랐으며, 따라서 구제하는 데 실패했다는 사실이다. 그런 의미에서 이 작품은 인간의 지성과 이성이 갖는 본질적인 한계성에 대한 비극적 인식의 상징적 해석이라고 볼 수도 있다.

이 작품에 그려진 오이디푸스는 어느 모로 보나 뛰어난 인간이다. 그러한 인물이 사실은 자기 자신을 풀지 못하는 수수께끼를 받아들이지 않을 수 없었고, 자기가 구제해 준 도시에 자신이 바로 재앙의 원인이 되었으며, 시력의 소멸이 곧 새로운 시력의 회복을 뜻하게 된다는 사실이 어떤 의미를 지니는지 묻게 된다. 여기에는 여러 가지 해명이 있을 수 있겠지만 한 가지 분명한 것은 소포클레스가 오이디푸스를 통해 인간의 운명 그 자체를 상징적으로 다루고 있다는 점이다.

프로이트(Sigmund Freud)는 '오이디푸스'를 유아가 양친에게 품는 애증의 감정에 관련된 다양한 관념의 복합체와 연결되는 정신분석학적 용어로 사용하였다. 18세기 말 비엔나에서 활동하던 그에게 불면증이나 심장병, 졸도 현상의 증상을 보이는 상류사회의 환자들이 그의 연구실을 자주 방문하고 있었다. 이러한 증상은 심리적 원인에 의해 발생한 듯 했지만 그 원인을 확인 할 수는 없었다. 시행착오 끝에 그는 환자가 스스로 의식할 수 없었던 갈등을 찾아내어 적절한 해석을 통해 그것을 의식화하면 그 증상이 해소된다는 것을 발견했다. 이렇게 해서 그는 의식의 심층에는 우리를 지배하지만 우리 스스로는 의식할 수 없는 영역, 즉 무의식이 있다고 확신하기에 이르렀다. 이렇게 인간을 지배하는 무의식의 발견은 이성이나 자유의지가 인간의 모든 판단이나 행동의 기초라고 믿었던 사조의 근거를 붕괴시킴으로써 새로운 인간관을 촉발하는 원동력이 되었다.

프로이트는 무의식에 내재하는 오이디푸스 콤플렉스의 억압과 극복의 실패가 신경증의 증상을 구성한다고 믿었다. 이 콤플렉스를 정신분석의 기준으로 삼았을 정도로 그는 이것을 중요시했다. 그에 의하면 무엇보다 이것은 초자아의 형성에 결정적인 역할을 수행한다. 이 콤프렉스를 극복하는 과정에서 이루어지는 동일화는 아버지를 자아 속에 받아들여 자아의 감시자 혹은 초자아로 삼는 것이다. 여기서 수용된 아버지의 초자아는 전통적이고 사회적인 가치규범을 의미한다. 이와 같이 그는 오이디푸스 콤플렉스의 기재 속에서 자연에서 문명에로의 이행을 보았으며 이를 과학적 신화형태로 전개함으로써 상징의 문제를 문화의 전면에 부각시켰다. 물론 융이나 들뢰즈와 가타리가 『앙티오이디푸스』에서 지적하듯이 이 콤프렉스에 집착함으로써 정신분석에 한계를 드러냈지만 무의식이라는 상징의 광활한 영토로 이 주제에 관한 논의를 확장시켰기 때문이다.

무의식은 문화를 설명하려는 심리학이나 인류학, 종교학의 분야에서 새로운 이론적 근거를 마련한다. 상징에 대한 연구에서 문화의 무의식적 형성원리를 찾을 수 있다는 발상은 레비-스트로스의 구조주의를 통해서 이어지고 있으며 이에 영향을 받은 라캉은 인간의 사고와 문화가 상징질서에 따라 조직된다는 믿음을 견지하고 있다. 그러나 무의식이 상징적 기능의 법칙으로 환원된다는 점을 강조할 때 융(Carl G. Jung)은 이들의 입장과 달리 거기에 상징적 내용을 부과한다. 프로이트의 입장을 발전적으로 계승했다는 점에서 상징에 관한 그의 입장을 좀 더 자세히 살펴 볼 필요가 있다.

무엇보다 융은 우리가 어떤 상징에서 바깥으로 표상되는 의미만 볼 것이 아니라 그것을 통해서 드러나는 의미까지 보아야 한다는 것을 특히 강조하였다. 그는 『인간, 예술, 그리고 문학에서의 영혼(*The Spirit in Man, Art, and Literature*)』에서 이렇게 말한다.

> 진정한 상징은 … 아직 다른 방식이나 더 나은 방식으로 명확하게 표명되지 않아서 직관적인 장식으로 이해될 수밖에 없는 표현 방식을 나타낸다. … 진정한 상징은 아직 언어적 개념으로 표명되지 않은 것을 표현하려는 시도인 것이다. (Princeton University Press, 1966, p. 70)

결국 무의식적인 것도 상징을 통해서 드러날 수밖에 없다. 의식과 마찬가지로 무의식도 우리 안에서 사물을 지각하고 인식하는데 그것은 논리적인 방식으로서가 아니라 직관적인 방식으로 의식이 파악하지 못하는 것까지 파악하기 때문이라는 것이다. 그렇다면 상징은 어떻게 만들어지는가.

융에 의하면 사고의 기능에는 정향적 사고와 상상적 사고가 있다. 정향적 사고는 목표 지향적이고 논리, 추론, 분석 등을 통해서 이루어지며, 환경에 적응하고 문제를 해결하는 데 사용되며 자아의식이 작용하는 사고이다. 이에 비해서 상상적 사고는 이미지의 연상과 직관을 통해서 이루어지며 전-언어적 단계의 사고로서 상징은 바로 이러한 사고에 의해서 만들어지며 이미지에 의해서 표상된다. 우리가 상징을 통해서 무의식의 연상의 도움을 받아 실재의 모든 측면을 파악할 수 있는 이유도 여기에 있다.

상징과 관련하여 융이 특히 강조하는 것은 '집단 무의식'과의 관계이다. 상징을 통해서 우리는 연상의 끝에 있는 다원적인 의미를 파악하게 되는데, 그것이 단순히 한 가지 대응적인 의미가 아니라는 점에서 '기호(sign)'와 구분된다. 가령 마을 입구에 있는 거목은 품어줌, 든든함, 기대고 싶음 등 수호신이 가진 여러 속성들을 동시에 드러내서 상징이 될 수 있지만 교통신호의 빨간불, 노란불, 파란불 등은 정지, 주의, 진행 등 단 한 가지 의미만 전달한다는 특징을 지닌다. 기호는 한 집단의 필요에 의해서 나온 의식적인 약속인 반면, 상징은 집단 무의식에서 저절로 나온 산물이라는 것이 융의 입장인 것이다. 그러므로 상징의 본질을 이해하기 위해서는 '집단 무의식'의 개념을 이해하는 것이 중요하다.

융은 정신분열증 환자에 대해서 심리요법적인 접근을 시도하고 환자의 환각이나 망상에 들어 있는 내용을 이해하려고 애썼다. 그 결과 그는 여기에 신화나 전설, 옛날이야기 등과 상당히 흡사한 이미지나 주제가 있다는 사실을 깨닫게 되었다. 그는 이것으로부터 인간의 근저에는, 정신병자이든 정상인이든, 또 시대나 문화가 다른 사람이든 상관없이 공통적인 마음의 층이 있다고 추론하고 그것을 '집단 무의식'이라고 명명했다. 프로이트의 무의식 개념이 개인적인 특질을 강조한 데 반해 융의 이 무의식은 그보다 훨씬 깊은 인류 공통의 보편적 층을 이루고 있다는 것이다. 그리고 이 의식의 심층을 통해 태고부터 현대에 이르기까지 전해져온 이미지가 바로 '원형(archtype)'이다. 물론 이미지의 내용 그 자체가 유전될 수는 없다. 전해지는 것은 인간이 일상적으로 경험하는 평범한 것으로부터 의식 또는 행동을 창출하는 경향 혹은 유형이다.

원형의 대표적인 예로 흔히 융의 '아니마(anima)'를 든다. 가령 어떤 여자를 열렬히 사랑하는 남자가 자기 분수에 맞지 않게 과도한 선물을 했을 때 그것을 어떻게 이해할 것인가. 우리는 그 남자가 그녀에게 아니마를 투영하고 있다고 말할 수 있다. 그러한 경우 '구원의 여성'이라고 불리며 신화나 소설 속에 반복해서 묘사되고 있는 것이다. 여기서 아니마는 용모나 성격 등 구체적인 내용은 갖지 않고 오직 형식만이 있으며, 바로 그것이 우리를 열정적인 행동으로 이끄는 것이다. 그 외에도 '영웅'이나 '악마'라는 원형을 투영시켜서 과도한 반응을 보이는 경우를 얼마든지 볼 수 있는 것이다. 이 원형은 과학적으로 검증될 수 없고 학문적으로 체계화하기 어렵지만 개인저적 사고나 행동뿐만 아니라 문화의 본질을 이해하는 데에도 도움이 된다. 그리고 그 근저에는 상징 작용이 개입되어 있음은 물론이다.

융의 입장에서 볼 때 상징은 그 특성 때문에 종교와의 연관 속에서 작동할 때 그 기능이 극대화된다고 할 수 있다. 융에 의하면 상징은 세 가지 기능이 있다. 첫째, 상징은 의식과 무의식을 이어주는 다리의 역할을 한다. 우리는 상징적 행위를 통해서 의지를 표현하고 그러한 표현은 무의식의 진실을 의식에 전달하며 그것에 걸맞는 행위를 하도록 유도한다. 둘째, 상징은 직관을 통해서 사람들에게 무엇인가를 깨닫게 한다. 그것은 유비를 통해 무의식의 진실을 알게 함으로써 단순히 사실에 대한 인식에 머무르는 것이 아니라 '신비적 융합'을 통해 개인이나 집단적 차원에서 무의식의 염원임을 깨닫는다는 것이다. 셋째, 상징은 사람들의 삶을 변화시킨다. 그것은 인식의 주체와 대상을 무의식적으로 하나가 되게 함으로써 힘을 전달받고 주체는 대상의 힘에 사로잡혀서 결국 변환되지 않을 수 없게 된다. 상징의 이러한 특성과 기능 때문에 종교와 상징은 밀접한 관계를 가질 수밖에 없는 것이다. 이와 같이 종교는 그에게 신앙의 대상이 아니라 탐구의 주제가 되어 있는 것이다.

V

랭거(S. Langer)가 『상징의 철학』에서 주장하듯이 '상징'이 현대 사상에서 가장 창조적인 개념이라는 것은 지금까지 살펴 본 바와 같이 그것의 다채로운 성과가 증명하고 있다. 이 밖에도 소쉬르나 야콥슨의 언어학, 라캉의 정신분석, 엘리아데의 종교학, 바슐라르의 과학론, 메를로-퐁티의의 현상학적 인간학 등 오늘날 대부분의 학문 영역에서 이 개념이 중추적 역할을 수행하고 있음에 주목할 필요가 있다. 그러나 그것이 함축하는 의미는 무엇인가. 한 가지 분명한 것은 전통적으로 그 자리를 유지해 왔던 '표상'이나 '지시', '진리'라는 개념의 위상이 약화되었다는 것을 의미한다. 그리고 이러한 현상은 서양철학에 대한 전면적인 반성으로 이어질 수밖에 없다.

로티(R. Rorty)가 잘 보여주듯이 오늘날 철학자들은 기묘하게도 자신들의 사상적 위상을 더 이상 '철학'이라고 부르지 않는 경향이 있다. 그들에게 '철학'은 한때 '서양'이라고 불리는 문화권의 특수한 사고양식일 뿐이었으며 이것을 극복하는 것이 철학자의 시대적 사명이라는 의식이 유행처럼 팽배해 있다. 예를 들어 프로이트의 무의식에 존재론적 지위를 부여한 하이데거는 '철학'을 플라톤에서 시작해 마르크스와 니체에서 종국에 이른 앎의 양식일 뿐이라고 생각한다. 듀이는 철학을 문제 상황에서 대책을 마련하는 도구의 형태로 재건할 것을 주장한다. 비트겐슈타인은 후기에 시도한 발상의 전환을 주술이나 연금술에서 근대과학으로 발전했던 시기의 상황과 비견하고 있다. 그는 자신의 사색을 전통 철학의 계승 또는 단순한 순화라고 보지 않았다. 그는『철학적 탐구』의 서문에 자신의 입장을 이렇게 피력한다. "나는 이 책을 그 정신에 우호적인 사람들을 위해 썼다. 이러한 정신은 우리가 모두 몸담고 있는 유럽 문명과 미국 문명의 거대한 흐름의 정신과는 다른 것이다." 그리고 그는 서구문명의 정신은 그동안 "세계를 그 중심에서, 그 본질에서 포착하려는 것이지만…" 이 새로운 정신은 "세계를 그 끝 지점에서, 그 다양성에서 포착하려는"것이라고 기술한다. 이러한 '반철학적' 혹은 '탈철학적' 사조에는 '표상'을 대체하는 '상징'이 중심 개념으로 자리잡고 있다.

상징은 그동안 나름대로 진화의 길을 걸어 왔다. 라이프니츠에 의해 처음으로 인식론적 주제로 다루어진 이래 칸트는 도식과 대비하여 심미적 판단의 영역에 국한하였고, 카시러는 상징기능을 체계화하여 인식론적 위기를 극복하려 하였으나 그 설득력에는 한계가 있다. 오히려 그 기능에 대한 탐구는 심리학과 언어학에서 더욱 활발하게 전개되고 있는데, 그 결정적인 계기는 역시 전통적인 언어관과 과학관의 붕괴에서 온다고 말할 수 있다. 언어의 지시기능과 과학적 합리성이 설득력을 잃을 때 상대적으로 상징기능이 강화되고 포스트모던적 현상이 더욱 확산된 것이 사실이다. 그러나 인간 정신은 항상 새로운 질서와 체계를 필요로 한다. 상징개념이 이 요구에 어떻게 부응할지는 아직 분명하지 않다. 그것으로 무엇을 입증하고 설명할 수 있을지, 그리고 예측할 수 있을지 궁금하다. 오늘날 다시 철학은 문학화되고 과학은 종교화되며 종교는 신화화 되고 있다. 그러나 현대의 과학기술문명이 바람직하지 않다고 해서 우리가 새삼스럽게 신화의 세계로 되돌아간다는 것은 가능하지도 않고 반드시 바람직한 것도 아닐 것이다.

13. 사랑의 본질

I

요즈음 유난히 '사랑'이라는 표현을 많이 쓰는 것 같다. 우리가 갑자기 서로 사랑하는 일이 많아졌기 때문이기도 하겠지만 그 표현이 다소 헤퍼진 탓도 있을 것이다. 특히 영어권의 문화가 만연하여 이 문화권의 표현 방식이 우리의 일상생활에 영향을 끼쳤기 때문이기도 하다. 잘 알려져 있는 바와 같이 그들은 '사랑하다(love)'라는 표현을 매우 광범위하게 써서 '좋아하다', '즐기다', '귀엽다'뿐만 아니라 육체적인 성관계를 갖고 싶다는 뜻에 이르기까지 아주 다양하게 활용하는 경향이 있다. 이러한 표현을 주로 은밀한 장소에서 아주 내밀한 감정을 떨리는 목소리로 전달하던 우리 문화권의 기성세대에게는 다소 혼란스러운 것도 사실이다. 물론 비트겐슈타인(L. Wittgenstein)이 주장하듯이, 어떤 표현의 의미는 고정되어 있는 것이 아니라 쓰이는 맥락에 따라 달라지기 때문에 그것이 어떻게 쓰이는지 살펴보지 않으면 안 된다. 더구나 어떤 단어의 필요충분조건을 찾는 것은 가능하지도 않고 바람직한 것도 아니다. 그러나 오늘날 우리 사회에서처럼 사랑이란 단어가 이토록 혼란스럽게 쓰이면 원래 혼란스러웠던 그 표현이 더욱 혼란스러워질 것임에 틀림없다. 도대체 "주님은 당신을 사랑합니다."와 "고객님, 사랑합니다." 사이에 어떤 공통점이 있을까. 이 사랑들은 "젊은 베르테르"의 그 절망적이고 치명적인 사랑, 그리고 네루다(Pablo Neruda)가 "사랑은 그토록 짧고, 왜 망각은 이토록 긴가?"라고 읊었을 때 그 사랑과는 어떤 관계를 지니는 것일까.

일반적으로 사랑은 인간의 근원적인 감정으로서 모든 인류에게 공통적이고 보편적으로 적용되는 생래적이고 생물학적인 경험이기도 하다. 그것은 또한 문화적 차원에서 인격적인 교제를 통해 인간적인 삶 자체를 가능하게 하는 감정이며, 그렇기 때문에 역사적으로나 지리적으로 혹은 교제의 형태에 따라 다양하게 나타날 수밖에 없다. 흔히 증오의 대립 개념으로 이해되기도 하나 아주 광범위한 뜻으로 해석하여 사랑을 생명의 근원적인 원리로 파악하면 오히려 그것을 포용하는 개념이 된다. 사실 이러한 경우에는 그것이 인간의 원초적인 생리적 표현이기 때문에 특별히 누구를 사랑하라고 가르치는 것은 사소한 일이 되어 버리고 만다. 여하튼 사랑은 매우 광범위하고 심오한 감정이기 때문에 인간의 본성에 관해 관심이 있다면 당연히 이 주제를 한 번쯤 진지하게 다루어보지 않으면 안 된다.

II

흥미롭게도 철학자들은 사랑의 문제에 대해서 본격적으로 탐구하려는 자세를 별로 보이지 않는다. 아마 철학은 어떤 주제를 다루든지 간에 그것을 합리적으로 체계화하려는 경향이 있고, 사랑과 같은 원초적 감정을 합리화하는 데에는 분명히 한계가 있기 때문일 것이다. 더구나 철학자들은 동서와 고금을 막론하고 철학한다는 것이 스스로 감정을 제어하고 다스려야 하는 수련으로 인식되기도 했기 때문에, 이 학문의 연마를 통해서 모든 감정의 근원이라고 할 수 있는 사랑을 전면에 부각시키는 것은 바람직하지 않은 것으로 간주할 수도 있다.

서양철학에서 사랑을 논의할 때 교과서적으로 플라톤의 『향연』을 언급한 다음 대뜸 아우구스티누스로 내려와서 기독교적인 "사랑의 질서(ordo amoris)"를 논의하게 되는데, 여기서 우리는 철학자들이 이 주제를 교묘하게 피할 뿐만 아니라 그것을 다루었다고 해도 슬쩍 서둘러 형이상학적이거나 종교적인 맥락으로 흘러가 버리는 경향이 있음을 엿볼 수 있다. 인간을 이성적 동물로 취급하는 철학에서 남녀의 사랑은 하나의 우발적인 사건이고 흐려진 이성에 유감스러운 결과를 초래하는 감정의 혼돈에 불과하다고 여기기도 하는 것이다. 사실 이러한 주제를 다루었던 철학자들도 대부분 피상적으로 접근했거나 우리를 더욱 혼란에 빠뜨리는 편이었다. 가령 쇼펜하우어, 키르케고르, 니체, 사르트르, 푸코 등이 그 좋은 예인데, 이들의 입장을 추적하다 보면 결국 미로에서 헤매기 십상이다. 그렇지 않으면 그리스도교적 취향에 따라 "존재론적" 사랑을 거론하게 된다. 가령 쉘러(Max Scheler)는 사랑을 "자신의 자아를 총체적 존재에게 바치는 것"으로 규정하고, 그렇기 때문에 사랑을 통해 그 존재의 본질이 나타나며 그러한 의미로 그것은 "현상학적 지식의 한 국면"을 드러낸다고 한다. 역시 사랑은 야스퍼스(K. Jaspers)가 갈파한 대로 "절대의식의 가장 근거 없으면서도 가장 자명한, 그래서 가장 이해하기 어려운 현실"인지도 모른다.

그러나 철학자라고 해서 낭만적인 사랑에 전혀 무관심한 것은 아니다. 중세에는 아벨라르와 엘로이즈의 비극적인 사랑이 있고, 근대에 들어와서는 키르케고르와 레기네의 안타까운 이별, 루 살로메에 대한 니체의 짝사랑, 테일러 부인과 존 스튜어트 밀의 애절한 사랑, 하이데거와 한나 아렌트의 은밀한 불륜, 싸르트르와 보부아르의 소문난 계약 결혼 등 이루 헤일 수조차 없다. 그런데 그중에서도 역시 러셀의 네 번에 걸친 결혼과 수없이 뿌려진 염문은 특별히 기억해 둘 만한 가치가 있다. 도대체 철학자 개인에게 사랑이란 무엇일까. 러셀의 경우에는 그것이 무엇을 의미하는 것일까.

러셀(B. Russell)은 그의 『자서전』에서 자신의 생애를 지배한 것은 세 가지 열정이었다고 술회한 바 있다. 사랑에 대한 갈망과 지식에 대한 추구, 그리고 인류의 고통에 대한 참을 수 없는 연민이 그것이다. 그가 이 열정을 서로 구분한 것은 그것이 각기 다른 범주에 속한다고 생각했기 때문일 것이다. 물론 우리는 지식이나 인류에 대해서도 "사랑"이라는 표현을 얼마든지 쓸 수 있다. "지식욕"이라든지 "인류애" 같은 것이 그 좋은 예들인 것이다. 그뿐만 아니라 "하나님은 당신을 사랑한다."든지, "우리는 고객님을 사랑한다."는 등의 경우와 같이 그 표현을 아주 넓은 뜻으로 쓰거나 은유적으로, 혹은 다소 과장해서 쓸 수도 있다. 그러나 고유한 의미의 사랑은 역시 젊은 남녀 사이에서 생길 수 있는 낭만적인 열정이라고 할 수 있지 않을까. 러셀은 그러한 의미의 사랑을 갈망한 이유를 이렇게 설명한다.

> 나는 사랑을 갈망했는데, 우선 그것은 희열을, 불과 몇 시간의 이 기쁨을 위해서라면 여생을 모두 바쳐도 좋을 정도로 그렇게 엄청난 희열을 가져다 주기 때문이다. 그 다음 사랑은 외로움을, 이 세상 언저리에서, 저 깊고 차디 찬 무생명의 심연을 들여다 보며 몸서리치게 하는 그 지독한 외로움을 달래주기 때문이다. 마지막으로, 성인들과 시인들이 그려온 천국의 모습이 사랑의 결합 속에 신비롭게 축소된 형태로 존재함을 확인하기 때문에 나는 그것을 갈망했던 것이다.

이와 같이 러셀이 갈망했던 것은 분명히 높고 깊은 지식의 획득이나 인간의 고통에 대한 연민 같은 것이 아니었다. 그것은 한 남성으로서 어떤 여인에게 갖는 사랑의 감정이었으며, 좀 더 구체적으로는 클림트(G. Klimt)의 "키스"에서 묘사하듯이 육체와 영혼을 지닌 한 개체로서 어떤 욕구를 충족시킴으로써 마침내 하나가 되고 싶은 원망의 표현이었다. 그러므로 무엇보다 이런 의미의 사랑은 차원 높은 지식을 추구할 때 나타나는 탐구욕의 일종이 아니며 보편적 인류의 운명이나 고통에서 느끼는 연민과도 구별되지 않으면 안 된다.

III

사랑의 감정이 한 개체로서의 인간이 경험하는 것이고 그 개체가 공중에 구름처럼 떠다니는 한 줄기의 연기 같은 것이 아니라 생물학적으로 다른 동물처럼 작동하는 하나의 육체이기도 하다면 그것은 분명히 인류학적이고 생물학적인 기반을 가지고 있다. 이러한 맥락에서 볼 때 우리는 어떻게 인간이 최초로 사랑의 감정을 갖게 되었는지 의문을 제기할 수 있다. 그것은 도대체 인간이 무엇 때문에 사랑이라는 것을 하게 되었고 또 할 수밖에 없었는지의 근원적인 문제와 연결되어 있다. 그것은 오늘날 인간이 왜 사랑을 하고 또 해야 하는지의 문제와 구분된다.

진화심리학자에 의하면 사랑은 진화의 산물이며 동시에 유전적 재능의 일부일 뿐이다. 생식적인 면에서 볼 때 진화는 성공의 기록이라고 볼 수 있다. 그런 의미에서 우리는 다른 인간들과 맞서고 적대적인 환경과 싸워서 이김으로써 생식에 성공한 이들의 유전 형질을 물려받았다고 해야 할 것이다. 그리고 여기서 승리를 쟁취하려면 남녀는 서로 사랑할 수밖에 없다. 그런데 성공적인 생식은 생식 기술이나 능력에만 의존하는 것이 아니다. 유전 형질이 제대로 전수되기 위해서는 자손들에게도 바람직한 여건이 마련되어야 한다. 가령 남자는 힘이 세고 여자는 생식력이 왕성할 필요가 있다. 그리고 이러한 여건은 다음 세대로 전수되고 유전적 재능의 변이를 거치는 동안 점차 그 종의 보편적 특성이 될 것이다. 한편 이러한 특성은 단순히 신체적 차원에만 머무는 것이 아니라 종의 특성을 보존할 수 있는 감정의 진화를 수반하지 않으면 안 된다. 여자는 자식을 제대로 양육할 수 있도록 자기 자신과 아이에게 헌신적이어야 하고 동시에 남자가 이에 호응할 수 있도록 유도해야 하며 남자는 기꺼이 이에 응함으로써 무의식적 양상으로 결국 육욕과 같은 구조를 보이며 새로운 특성으로 발전할 것이다. 진화심리학에 의하면 이렇게 진화된 감정이 사랑과 아주 흡사한 형태를 띠게 된다는 것이다. 더구나 오늘날 인지과학은 그러한 감정을 느낄 줄 아는 능력이 유전적 변이에서 얼마든지 야기될 수 있으며 여기에서 다시 유전 형질로 자리 잡을 수 있다고 주장한다.

진화심리학적 설명이 옳다면 사랑은 유전적으로 결정된 것이며, 그러므로 보편적이고 불변하는 이른바 "인간성"의 한 표현일 뿐이다. 이와 같은 유전적인 견해를 받아들인다면 우리가 인간의 본성을 바꿀 수 없기 때문에 남녀 간에 나타나는 기질도 바꿀 수 없고 사랑의 다양한 양태와 표현도 필연적인 것이며, 따라서 그것을 찬양하거나 비난하는 것도 무의미한 일이 된다. 그러나 이러한 견해는 우리의 직관과 일치하지 않는다. 우리는 성춘향의 절개와 이몽룡의 의리를 찬양하고, 로미오와 줄리엣의 비극을 안타까워하며, 베르테르의 그 고뇌에 동참하고 싶어 한다. 이러한 이야기에 공감하고 감동하는 현상을 어떻게 이해하고 설명할 것인가. 아마 우리는 유전적인 요소와 영향에 따라 선사시대의 사람들과 별로 다르지 않게 욕망을 드러내고 사랑을 표현하겠지만 그것을 사고하고 이해하는 방식, 다시 말해서 우리의 욕망을 어떻게 판단하고 평가할 것인지에 대해서는 얼마든지 달라질 수 있다고 해야 할 것이다. 이것을 우리는 사랑의 역사적이고 문화적인 측면이라고 할 수 있다.

생물학적 관점에서 볼 때 사랑은 생래적이고 공통적이며 보편적인 것일 수도 있겠지만 그것을 인식하고 표현하는 방식에 따라 역사적이고 문화적이며 시대적인 것인 특성을 나타낸다. 인류의 역사는 지역마다 다른 문화권을 형성해 왔으며 문화권이나 시대에 따라 사랑에 대해 다른 신념을 형성했고 그것을 표현하는 방식도 다양해졌다. 가령 동양이나 서양에서는 세계관이나 가치관, 혹은 인생관에 따라 사랑관이 서로 대조를 이루며, 서양에서도 시대에 따라 그 인식과 태도가 달라진 것이다. 고대에는 살로메처럼 너무 사랑하기 때문에 상대방을 살해하는 결단을 내렸고, 근대에는 베르테르처럼 자신의 목숨을 바치는 태도를 보였으며 현대에 들어와서는 카사노바처럼 수많은 여인을 섭렵하는 행동을 자행하기도 하는 것이다. 이러한 유형이 전형적이라고 말할 수는 없겠으나 어느 정도 시대나 문화적 특성을 나타내는 것은 부인하기 어려우며 앞으로 문화가 어떤 형태로 전개되는지에 따라 새로운 방식의 사랑이 등장할 것이다.

사랑은 인간이 추구하는 가치에 따라 다양한 모습으로 변신하고 확대하여 해석되기도 한다. 무엇보다 인간은 생물학적 개체임과 동시에 이성적이고 사회적인 동물이기도 하다. 이성적이기 때문에 어떠한 방식으로 사랑하는 것이 바람직한 것인지 반성할 수 있는 능력이 있다. 만약 본능적인 욕구에 따라 즉흥적이고 관능적인 사랑에만 몰두하거나 남의 행복을 짓밟는 사랑에 연루된다면 그것이 결국 오래가지 못할 뿐 아니라 결국 자신을 해치게 된다는 사실을 깨닫게 된다. 그리하여 우리는 사랑을 통해서 생물학적 개체로서의 나와 윤리적 주체로서의 내가 필연적으로 갈등을 일으킬 수도 있는 상황에 처하게 된다. 이렇게 해서 사랑은 도덕적 개념으로 변신하고 선이나 정의와 만나며 증오와 악, 또는 불의와 대립되는 개념으로 확립된다.

자연적 환경이 너무 열악하거나 경제적 및 정치적으로 경쟁이 심화되어 투쟁이 매우 격화될 때 현자나 성자들이 등장하여 이웃에 대해서 단순히 무관심하거나 용서하는 차원을 넘어 그들이 심지어 원수일지라도 사랑하고 자비를 베풀며 인애를 실천하라고 가르친다. 이와 같이 사랑을 보편적 인류애로 확대하여 적용하고 구원과 해탈의 원리로 승화시킬 때 종교가 그 모습을 드러낸다고 볼 수 있다. 그러나 여기서 우리는 새삼스럽게 소크라테스식의 반성적 사고가 필요함을 의식해야 한다. 사랑에 대한 인식과 표현의 방식이 서로 다를 수 있기 때문에 남의 것을 배척한다면 그것은 "사랑의 이름"으로 증오를 가르치고 선과 정의를 빙자해서 악과 불의를 재생산하는 결과를 빚어낼 수 있기 때문이다. 사랑은 그것이 낭만적이든 종교적이든 상관없이 너무 열정적이거나 광신적일 때 역설적으로 증오의 옷을 입고 나타날 수 있다는 것이다.

서구에서 사랑의 원초적인 모습이 중세의 암흑시대를 지나 계몽주의를 거친 다음 낭만주의 시대에 다시 등장했다는 것은 흥미 있는 일이다. 르네상스를 기점으로 해서 인간은 개체로서의 자신과 육체로서의 자아를 재발견하는 계기를 마련하였다. 그리하여 세속적인 사랑은 감성적인 정신세계와 관능적인 육체적 표현의 형태를 띠기 시작하였다. 눈부실 정도로 현란한 미술품들과 조각들은 열정과 환희의 극치를 나타내고, 소나타든 협주곡이든 교향곡이든 다양한 음악 형식은 젊음의 희열과 낭만의 극적인 순간을 유감 없이 표출해준다. 이제 사랑은 한 유기체로서의 유전적 필연과 상관없이 자유분방한 젊은 남녀가 감성과 관능을 한껏 발산할 수 있는 매체의 역할을 할 뿐이라는 인상을 준다. 문학 작품들에서는 이러한 특성이 더욱 선명하게 드러난다. 우리는 그 좋은 예를 로미오와 줄리엣에서 찾아볼 수 있다. 그들은 단 하룻밤을 지낸 다음 죽음을 맞이하는데 서로의 열정이 지속될 보장이 없었고 그것을 기대할 여건도 전혀 마련되어 있지 않았다. 상대방의 능력이나 취향 같은 것을 알 필요가 없었으며 서로의 의견이나 신념을 이해할 이유도 없었다. 그들은 다만 사랑했을 뿐이다. 사랑을 위한 사랑만을 감행한 것은 괴테가 창조한 "젊은 베르테르"의 경우도 마찬가지이다. 그는 이루어질 수 없는 것을 분명히 알면서도 남의 약혼녀인 롯테와 함께 있을 것을 갈망한다. 그리고 이 작품의 대부분은 이 갈망의 절망적인 심리상태를 묘사하는 것으로 이루어져 있다. 마침내 그녀는 베르테르에게 "삶에서 중요한 단 하나"가 되고 "빛"이 된다. 그는 마지막 순간에 이렇게 울부짖는다. "사랑이 없다면 세상이 도대체 무슨 의미가 있을까? 빛이 없다면 마법의 등잔이 무슨 소용이란 말인가?" 괴테는 이러한 종류의 사랑을 꾸며낸 것이 아니다. 원래 사랑이란 그러한 갈증의 표현인데 그 갈증을 충격적으로 그려내었을 뿐이다. 신이나 인류 혹은 민족에 대한 사랑도 그것이 진정한 의미로 사랑이라면 그러한 갈증을 내포하는 열정이어야 할 것이다.

Ⅳ

오늘날 우리는 낭만적인 사랑의 흔적을 주위에서 쉽게 찾아볼 수 있다. 많은 젊은 남녀가 "사랑을 위한 사랑"을 하는 것처럼 보이기 때문이다. 그러나 이러한 유형의 사랑은 순수성을 요체로 한다. 그것은 사랑 외에 다른 것을 갈망하지 않는 사랑이다. 성적 쾌락만을 추구했다면 그것은 온전한 사랑이 아니다. 사랑은 영혼의 갈증도 해소하고자 하는 갈망이기 때문이다. 또한 어떤 사람이 사랑 외에 다른 것을 갈망했다면 그것도 사랑은 아니다. 사랑을 위한 사랑을 하듯 그것을 갈망했을 뿐이기 때문이다. 최근에 작고한 "이 시대의 영웅"으로 추앙받는 스티브 잡스(Steve Jobs)는 이런 말을 남겼다고 전해진다.

> 진정으로 만족하는 유일한 길은 당신이 위대하다고 믿는 일을 하는 것이고 위대한 일을 하는 유일한 길은 당신이 사랑하는 일을 하는 것이다. 사랑하는 사람을 찾듯이 사랑하는 일을 찾도록 하라.

이 말은 그가 어떠한 자세로 삶을 살아내었는지 잘 표현해 주고 있다. 거의 낭만적으로 일을 사랑했고 일에 대한 갈증으로 그의 육체와 영혼이 함께 소진될 수밖에 없었음을 보여 준다. 그러나 일을 사랑하는 것은 진정한 의미의 사랑이 아니다. 여기서 '사랑'은 이성 간의 사랑을 비유로 사용했을 뿐이기 때문이다. 오늘날 젊은이들은 일이나 명예, 권력이나 재부, 혹은 그 밖의 가치들에 대한 지나친 갈망 때문에 사랑을 수단으로 삼거나 외면하는 경향이 있다. 그러므로 그만큼 인간은 고독해지고 삶은 피폐해질 수밖에 없다. 사랑은 인간의 근원적인 원초적 감정이기 때문에 그것을 남용하거나 오용하거나 외면할 것이 아니라 정교하게 다듬고 정성껏 가꾸어서 생존의 원동력이 되고 문화의 꽃으로 다시 피어나게 해야 할 것이다.

3부

현상과 현실

1. 민족통일의 정치철학

I

통일이 우리 민족의 염원임은 말할 나위가 없다. 그러나 분단 70년이 지나도록 좀처럼 통일의 기미가 보이지 않는다. 여기에는 반드시 원인이 있을 것이다. 첫째, 통일에 임하는 우리의 자세에 문제가 있을 수 있다. 남북이 모두 통일을 원한다고 해도 실제로는 자신의 입장과 방법만을 고집함으로써 결과적으로 통일을 실현하는 데 있어서 오히려 저해요소로 작용할 수 있다는 것이다. 이러한 문제를 극복하기 위해서는 양측이 우선 서로 접근할 수 있는 강력한 공통의 이데올로기가 필요하다. 의심할 여지없이 그것은 일종의 민족주의가 아닐 수 없다. 우리에게 통일은 민족통일을 의미하기 때문이다. 둘째, 한반도의 통일을 저해하는 또 하나의 요소로서 국제정치적 상황을 들 수 있다. 원래 한반도의 분단 그 자체가 사상적으로든 정치적으로든 주로 외세의 개입에 의한 것이었다. 그러므로 통일을 위한 강력한 의지와 고도의 외교적 역량을 발휘하지 않고서는 가까운 미래에 통일을 기대하기는 어려울 것이다. 한마디로 우리의 민족현실은 매우 비관적인 상황이라고 할 수 있다. 더구나 이러한 상황은 오히려 점점 더 악화되고 있는 실정이다. 무엇보다 남한과 북한이 모두 이러한 추세에 따라 독립된 '국가주의'를 더욱 가속화하고 있기 때문이다. 적어도 이러한 것들이 분단구조를 더욱 악화시키는 이유들이라고 할 수 있다. 그렇다면 통일은 결국 한낱 민족의 염원으로 끝나고 말 것인가.

II

일제의 강점기가 종식된 이후에도 여전히 분단시대를 살아가고 있는 우리로서는 통일 국가라는 민족의 역사적 과업을 외면할 수 없다. 말할 나위 없이 분단의 극복을 위해 강조돼야 할 가장 높은 이념적 가치는 민족주의다. 그러한 민족주의를 우리는 '통일 민족주의'라고 부를 수 있다. 가령 우리가 지향하는 민족주의는 남의 나라에서 식민지를 확보하여 세계를 경영하려는 제국주의적 민족주의가 아니라 민족의 분단을 극복하여 다시 동질성을 회복하고 통일된 국가를 건설하려는 염원의 표현 외에 아무것도 아니기 때문이다. 그것은 민족의 정체성을 회복하려는 '최소 민족주의'일 뿐이다. 또한 그것은 다른 나라들에 대하여 배타적이거나 폐쇄적이거나 우리 민족만의 번영과 영광만을 목표로 하는 것이 아니기 때문에 '열린 민족주의'이기도 하다. 더구나 우리 민족의 통일에 기초하여 동아시아뿐만 아니라 세계평화가 더욱 공고해질 것을 확신하기 때문에 그것은 또한 '평화 민족주의'이기도 한 것이다.

그러나 오늘날에 이르기까지 남북한은 현실적으로 민족주의 대신 이른바 '개별적 국가주의'를 발전시켜 왔다. 다시 말해서 남북한은 그동안 민족의 단합을 외치면서도 각각 자신을 하나의 독립된 국가로서 과시하는 일종의 국가주의를 은연중에 표방해 온 것이다. 그것은 엄밀한 의미로 민족주의가 아니며, 이러한 현상이 지속된 것에 대해서 양측의 위정자들만 탓할 일만도 아니다. 실제로는 그것을 무엇으로 부르든, 가령 자유민주주의든 공산사회주의든 간에 우리는 그동안 민족주의보다 더 높은 가치를 표방해 왔기 때문이다. 더구나 체제의 경쟁에서 상대방보다 더 우위를 차지하기 위해서라도 이러한 대결 구조가 지속적으로 강화됨에 따라 제대로 그것을 실현하지도 못하면서 분단은 심화될 수밖에 없었던 것이다.

이러한 문제를 극복하기 위해서는 우선 '민족적 자아'라는 선험적 개념을 도입할 필요가 있다. 민족적 자아란 공동체적 자아의 한 유형으로서 한 개인에게 인격적 자아가 있듯이 하나의 '민족체'에도 어떤 민족을 바로 그 민족이게 하는 선험적 원리가 있다는 것을 전제로 한다. 그것은 인격체의 경우와 마찬가지로 한 민족에게 개별성, 단일성, 정체성 및 존립성의 원리로 작용한다. 이것을 전제로 하면 개인의 경우와 마찬가지로 통일은 일종의 제로섬 게임이 아니라, 다만 민족적 자아의 정체성을 재확인하는 문제로 나타나서 무엇보다 분단의 심화 현상에 제동을 걸게 될 것이다. 또한 민족은 자발적인 결사가 아니라 그 안에 있는 대부분의 구성원들이 태어나서 살다가 죽은 공동체라는 점을 인식하면 민족적 자아의 개념은 더욱 분명해진다. 우리는 운명 공동체 내부에서 오랜 세월 동안 동포들과 결속을 이루었으며, 게다가 이 공동체는 스스로 역사적으로 확장되어 왔다고 믿고 있다. 따라서 통일에 대한 우리의 의무는 현재의 구성원들뿐만 아니라 과거와 미래의 구성원들에게도 주어진다.

민족적 자아 개념은 세계화 시대의 바람직한 민족담론으로 작용할 수도 있을 것이다. 지리적 국경의 개념이 약화되고 경제적, 정치적 및 문화적 교류가 더욱 활발해지는 시대에, 다시 말해서 '탈민족주의' 시대에도 어디서 무엇을 하든 열린 마음으로 우리의 민족적 정체성을 유지하고 오히려 강화할 수도 있는 개념 장치이기 때문이다. 그리고 이러한 개념을 전제로 해서 우리는 포퍼(K. Popper)의 '열린사회', 롤스(John Rawls)의 '무지의 베일', 하버마스(J. Habermas)의 '이상적 담론의 상황' 같은 신 합리주의적 개념 장치들을 적용해 볼 수 있을 것이다. 그러나 무엇보다 가장 중요한 것은 이 개념을 도입함으로써 우리는 과학기술시대의 시대정신인 비판적 및 개방적 합리성과 우리의 염원인 통일민족주의가 양립될 뿐 아니라 보완관계를 이룰 수 있는 논제를 창출할 수 있다는 점이다.

III

잘 알려져 있는 바와 같이 한국은 조국이 분단된 상황에서도 경제적으로나 정치적으로 발전을 거듭하여 원조를 받는 최빈국에서 원조를 할 수 있는 유일한 선진국으로 약진한 것으로 평가받고 있다. 혹자는 우리가 단군 이래로 한반도에서 가장 부강한 국가를 일구어냈으며, 지금 이룩한 성과만으로도 충분히 자긍심과 자부심을 가질 만하다고 주장한다. 어떤 의미에서 그것은 사실일지도 모른다. 그러나 이러한 위상은 다각적인 차원에서 좀 더 면밀한 분석과 검토가 필요하다. 그것이 페리클레스가 통치하던 고대 아테네의 경우와 마찬가지로 일시적이고 과도기적인 표면적 현상에 지나지 않는지, 혹은 지속적이고 구조적이며 실질적 성과인지를 검토해 보아야 한다는 것이다. 무엇보다 그것이 분단구조를 극복하는 데 있어서 어떤 의미를 지니는지 심도 있게 분석해 보아야 할 것이다. 그 어떤 경우이든 제대로 진단과 처방이 이루어져야 거시적 관점에서 체계적인 대책을 강구할 수 있기 때문이다.

한편, 북한은 곧 붕괴되리라는 전문가들의 예측과는 달리 국제 여론인 한반도의 비핵화를 거부하고, 이른바 '강성대국'을 향해 3대째 세습을 거듭하면서 '불량국가'의 길을 가고 있다고 전해진다. 남한에서는 정권이 바뀔 때마다 대북정책이 달라지고 여론의 행방에 따라 이른바 '남남갈등'이 심화되고 있을 뿐만 아니라, 주변의 그 어느 나라도 한반도의 통일을 진정으로 바라고, 또 그것을 돕고자 하는 기미가 별로 보이지 않는다. 이 시점에서 과연 가까운 시일 안에 조국의 통일을 기대할 수 있을지 우리는 다시 한 번 진지하게 묻지 않을 수 없다. 더구나 최근에는 평화주의나 보편적 인류애를 거론하며, 혹은 통일이 가져오는 경제적 불이익을 계산하며 과연 민족의 통일이 반드시 필요한 것인지, 혹은 그만한 모험을 감내할 용의가 있는지의 문제를 제기하는 논자들이 점점 더 늘어가고 있는 실정이다. 이것이 우리가 개인적 차원에서의 '인격적' 자아뿐만 아니라 국가적 혹은 민족적 차원에서의 '민족적' 자아를 부각시켜야 하는 또 하나의 이유이다.

한편, 세계 대전 이후 국제 질서를 규정해 왔던 미소 중심의 냉전 구도가 와해된 오늘날 국제정세는 새로운 형태의 민족주의로 개편될 조짐을 보이고 있다. 이러한 현상은 구소련 지역과 동구권은 물론 서유럽과 아랍 지역, 특히 중국과 일본에 이르기까지 광범위하게 나타나고 있는 현상이다. 따라서 앞으로 세계 질서가 어떻게 형성될 것인지를 가늠하기 위해서는 민족주의 문제를 먼저 진지하게 검토하고 이해하지 않을 수 없다. 또한 분단의 당사자들인 강대국들이 그 명분인 이데올로기의 문제가 더 이상 첨예한 대립을 보이지 않고 있는 오늘날, 더구나 새삼스럽게 세계 도처에서 새로운 형태의 민족주의를 내세우고 있는 상황에서 민족국가인 조국의 분단 상황이 더욱 고착화되어 가고 있다는 사실은 심각한 아이러니가 아닐 수 없다. 이러한 맥락에서 남북문제는 단순히 남북한 정부 당국만의 문제가 아니며 우리 한민족만의 문제도 아니라는 사실을 다시 환기시킬 필요가 있다.

널리 알려져 있는 바와 같이 남북문제는 국제 정치학적 관점에서 보았을 때 미국과 중국, 일본과 러시아가 군사, 경제 및 외교적인 측면에서 직접적으로 관련을 맺고 있고, 동북아의 안보뿐만 아니라 지구촌 전체의 평화와 직결되어 있는 것이다. 한편, 이러한 상황을 이데올로기적 혹은 사상사적 관점에서 보았을 때, 그것은 단순히 북한의 사회주의적 공산주의와 남한의 자유주의적 자본주의의 갈등에 관한 문제만도 아니다. 그것은 고대 그리스에서 발생한 개인적 자유와 사회적 평등의 이념만큼이나 그 연원이 깊고 오래 되었다고 볼 수 있다. 이와 같이 결국 이 문제는 지역적으로 볼 때 전 지구적 성격을 띠고 있으며, 이데올로기적 측면에서 보더라도 인류 문화사의 흐름과 맥을 같이한다고 해석할 수 있다. 이러한 점에서 남북문제는 우리 민족이 당면한 역사적 특수성을 담고 있지만 동시에 온 인류가 함께 풀어야 하는 현대사적 보편성을 지녔다고 볼 수 있다. 그렇다면 우리는 그 실마리를 어디서 풀어가야 할 것인가. 그것을 우선 보편적 휴머니즘의 구체적인 표현인 국제법에 호소할 필요가 있다.

원래 국제법은 근대 유럽에서 30년 종교전쟁을 끝내고 베스트팔렌 평화조약을 맺을 때 그 모습을 드러냈다고 알려져 있다. 그러나 실질적으로는 서구 열강이 앞 다투어 식민지를 확보하던 시기에 자신들의 지배논리를 확고히 하기 위해 구체화되었다고 한다. 그것이 한국에 처음 적용된 것은 일본이 제국주의 열강에 합류하여 을사늑약을 체결하면서 식민지화를 합리화하는 바로 그 순간이었다. 그 후 100년이 훨씬 지났음에도 불구하고 진정한 의미의 독립을 이루지 못하고 있다고 주장하는 것은 한반도가 여전히 동서 냉전질서의 잔재로 남아 있기 때문이며, 지속되는 분단 상황도 여전히 국제법의 영향을 받고 있기 때문이다. 국제정치의 전문가들이 한반도를 둘러싼 국제정세가 대한제국의 말엽과 유사하다고 주장하는 이유도 바로 여기에 있다. 그러나 다행스럽게도 그 당시와는 달리 UN의 창설 이후 오늘날 국제법은 약소국의 권익과 국제평화를 유지하는 기제로 작동하는 경향이 있다. 전문가들에 의하면 현대 국제법에는 강자의 횡포를 점차 제거하고 적극적인 평화와 인도주의를 실현하려는 의지가 점차 강화되고 있다는 것이다. 민족의 통일을 위한 평화적 외교의 방안으로 국제법을 적극적으로 활용해야 하는 이유가 바로 여기에 있다. 우리가 지닌 힘의 외교에는 한계가 있고, 통일 민족주의는 휴머니즘의 표현 외에 아무것도 아니기 때문이다.

휴머니즘이란 무엇인가. 그것은 한마디로 인간보다 더 소중한 것은 없다는 입장이다. 따라서 그것은 개인의 권익과 자유뿐만 아니라 한 가족의 소중함도 반드시 지켜져야 한다는 입장을 함축한다. 만약 이것이 사실이라면, 한 나라의 젊은 여성들을 전장의 위안부로 강제 동원하는 것은 국제법의 위반인 동시에 반 휴머니즘의 명백한 증거이다. 마찬가지로 한 가정을 파괴하여 그 식구들을 70년 이상 동안이나 이산가족의 상태로 방치하는 것도 결코 휴머니즘의 표현이 아니다. 이른바 새로운 '가산주의(家産主義, patrimonialism)'를 고수하고 미화하여 수백만 명의 민족 성원을 아사하게 하는 것도 예외가 될 수는 없다. 이러한 휴머니즘의 논리를 강화하여 민족통일의 국제적 환경을 조성하는 것이 필요하다. 우리는 무엇보다 통일민족주의가 국제법이 보장하는 휴머니즘의 한 표현임을 입증하고 그것을 실천해야 한다는 것이다.

Ⅳ

민족통일의 염원을 현실화하기 위해 지금은 우선 뭉쳐야 한다. 남북의 대결을 완화하고 이와 무관하지 않은 남남갈등의 해소를 위해서도 최선을 다해야 한다. 이해관계가 분명한 정치나 경제적 차원보다는 그 가치를 공유할 수 있는 문화적 영역에서 교류를 확대해야 한다. 관광 산업의 재개와 스포츠 교류, 공통의 언어인 한글과 역사 및 지리의 공동연구 등 이견이 적은 부분으로부터 공감대를 넓혀가지 않으면 안 된다. 지금은 서둘러서 이상적고도 파격적인 통일 방안을 모색하기보다는 분단구조를 더욱 심화시키지 않는 방안이 더욱 효과적이고 현실적이라는 사실을 절감할 때이다.

지금 우리에게는 민족적 자아를 재확인하고, 통일에 대한 염원은 휴머니즘의 절박한 표현일 뿐이라는 점을 인식하는 것이 중요하다. 통일 환경을 조성하기 위하여 내적 통합력과 외적 적응력이 그 어느 때보다도 절실하게 필요한 시기라는 것이다. 급할수록 돌아가라는 말도 있다. 그것은 비판적 합리주의의 다른 표현이기도 한 것이다. 지금 우리가 할 수 있는 것이 무엇인지 파악하고 그것을, 그리고 그것만 하나씩 실천해 나갈 때 통일은 어느 날 그림자처럼 우리의 곁에 다가와 있을지도 모른다.

2. 한류의 문화철학

I

국가 발전론적 관점에서 볼 때 한 국가가 어느 정도 발전했는지 측정하려면 일반적으로 경제, 정치 및 문화의 세 측면을 고려한다. 어떤 국가의 국민 대다수가 생계를 유지하기가 어렵다면 우리는 그것이 온전한 의미로 "발전한 국가"라고 말할 수 없다. 한 개인의 경우와 마찬가지로 적어도 영양의 실조를 면해야 그 사람이 건강을 유지하듯이 국가의 차원에서도 경제 발전이 가장 기초적이고 중요하며, 그렇기 때문에 우선적으로 이루어져야 한다. 그러나 어떤 국가가 경제적으로 아무리 풍족하다고 하더라고 재부가 극소수의 특권층에만 몰려 있다면 그것이 직접적으로 국가의 균형적인 발전에 영향을 주기는 어렵다. 물질적 재화를 비롯하여 권력과 명예, 자긍심 등 모든 가치가 공명정대하게 배분되어야 많은 사람들이 행복할 수 있고, 결국 국력이 신장되게 마련인데 이것을 담당하는 것이 곧 정치의 역할이라고 할 수 있다. 정치의 요체는 다양한 가치를 적합한 부류의 사람들에게 공정하게 배분하는 정의의 구현에 있는 것이다.

그런데 비록 정의가 어느 정도 실현되었다고 하더라도 국민 대다수가 물질적 가치의 추구에만 급급하고 관능적 쾌락에 몰두할 뿐 정신적 도야를 게을리 하며 지성적 가치의 향유에 무관심하다면 국가가 아직 불균형의 상태이고 그 발전이 일시적 현상에 그치고 말 것인데, 이러한 측면에서 그 수준을 높이는 것이 넓은 의미에서 문화적 발전이라고 할 수 있다. 만약 대다수의 국민들이 격조 높은 문화를 향유하지 못하고 말초신경만을 자극하는 대중문화에 주로 심취해 있다면 국가의 발전은 멀지 않아 장벽에 부딪치고 말 것이다. 또한 각 분야의 능력 있는 자들이 전통 문화를 온전하게 전수하고 외래문화를 능동적으로 흡수하며 새로운 문화를 창출하는 데 진력하지 못한다면 그 나라의 정체성이 모호해지며 결국 그 위상이 추락하지 않을 수 없을 것이다.

이러한 맥락에서 볼 때 한국은 지난 50년간 분단된 상황 속에서도 급진적인 변화와 발전을 거듭해 왔다. 잘 알려져 있는 바와 같이 산업화와 민주화를 통해서 우리는 눈부신 발전을 이룩해 왔고 특히 경제적 및 정치적 측면에서 선진국의 문턱에 와 있다고 해도 적어도 표면적으로는 지나친 표현이 아니다. 그러나 이러한 격동의 시대를 거치면서 얻은 것도 많지만 이에 못지않게 잃은 것도 많이 있다. 그리고 잃은 것 중에 대부분은 넓은 의미의 문화적 측면이라고 할 수 있다.

경제적으로 이제 풍족해졌고 정치적 발전도 어느 정도 이루었다고 할 수 있지만 정신적으로 상당히 피폐해졌을 뿐만 아니라 도덕적으로는 오히려 더욱 타락한 모습을 보여 주고 있다. 그것은 본질적으로 경제적, 정치적 및 문화적 발전의 불균형에서 비롯된다고 볼 수 있다. 말하자면 이러한 현상은 개인적 차원에서 볼 때 일종의 사춘기적 증세와 흡사하다고 볼 수도 있다. 갑자기 성장한 육체를 감당하지 못하는 청소년처럼 정신력이나 의지력이 결여되어 있다는 뜻이다. 문화적 측면이 경제력이나 정치력과 유기적인 관계를 맺으며 국가 발전에 영향을 끼친다는 점도 고려한다면 이것은 참으로 우려할 현상이 아닐 수 없다.

그러나 다행히 근래에 들어와서 문화적 측면에서도 활기를 찾고 있음을 감지할 수 있다. 각계 인사들이 이러한 측면에 관심을 기울이며 정부에서도 '문화 융성'의 기치를 내세우는 것은 매우 고무적인 현상이라고 할 수 있다. 특히 '한류'라는 이름으로 우리의 대중문화가 세계 방방곡곡에 널리 확산되고 있으며 이러한 현상에 고무되어 한동안 침체되어 있는 경제적 발전에도 새로운 활로를 마련하고 있는 것이다. 그렇다면 국가 발전적 관점에서 이러한 현상을 어떻게 분석하고 진단할 것이며, 그 대책을 어떻게 마련할 것인가. 무엇보다 한류란 무엇이고 한국 문화의 세계화란 맥락에서 그것을 어떻게 이해할 것인가. 이러한 점들을 좀 더 자세히 살펴보자.

II

널리 알려진 바와 같이 1997년 무렵부터 문화 수출을 목표로 하는 정부의 정책을 배경으로 하여, 2000년 전후부터 한국의 영화나 TV 드라마가 아시아의 여러 나라들에서 방송되자, 한국의 연예인이나 한국 문화 전반에 대한 인기가 높아지게 되었다. 이러한 현상을 타이완(臺灣)의 언론이 '한류 열풍(Korean wave fever)'이라고 부른 이후 중국이나 일본에서도 이 용어가 널리 사용되게 되었다. 그 당시 주 타이완 대사였던 구양근(具良根)도 그곳이 한류의 발원지라고 증언한 바 있다. 그에 의하면 2010년 타이완에 162편의 한국 영화 및 드라마가 방송됐다. 그뿐만 아니라 '한류(韓流)'라는 단어도 그즈음에 만들어졌고, 그것이 '한자 문화권'인 동아시아 각국으로 퍼져나갔다고 한다.

'한류'라는 말은 한국에도 역수입되어 신문이나 방송 등에서 널리 쓰이게 되었다. 그러므로 그 좁은 의미는 주로 TV 매체를 통해 확산된 한국의 대중문화를 일컫는다고 볼 수 있다. 한편 이 용어는 2002년도에 일본 NHK에서 방영된 한국 드라마 '겨울연가'를 계기로 파격적으로 확대되기 시작하였다. 2006년 8월 31일, '워싱턴 포스트'지가 일본 여성의 한류 열풍에 대한 보도 중 '한류(Korean Wave)'라는 표현을 사용했다고 한다. 그 후 이 단어는 학계와 매체를 통해 계속 인용됐던 것이다. 동시에 동아시아 등지에서 한국 연예인은 최고의 대우를 받을 정도로 한국의 영상이나 음악 등이 커다란 반향을 불러일으켰다. 특히 '겨울연가'의 촬영지는 하나의 관광명소가 되기도 하였으며, 한국에 대한 인식을 전환시키는 계기도 되어 한일교류에 커다란 영향력을 발휘하기도 했다. 한류가 확대된 사회적 배경으로는 아시아의 대표문화로 상징되었던 홍콩이 중국으로 반환되면서 그 중심에 있던 영화산업이 할리우드로 넘어감에 따른 문화적 기능 상실과 이를 대체할 것이 마땅치 않았음을 지적할 수 있다고 한다.

이와 같이 1990년대 후반 한국 드라마와 대중가요에서 싹을 틔운 한류는 세계 각국으로 확산하여 오늘날 한식과 뷰티 등 다른 산업으로 그 영역을 넓히며 K푸드, K뷰티 등의 신조어까지 낳았다. 한류를 통한 문화 산업이 새로운 성장 동력으로 주목받으면서 여러 기업이 이 분야에 대한 투자를 아끼지 않고 있다고 전해진다. 가령 CJ그룹의 경우 K팝, K무비, K드라마 등 문화 콘텐츠와 K푸드, K스타일 등을 아울러 'K컬처'로 규정하고, 이와 연관한 다양한 문화 산업을 세계 곳곳으로 확대하는 데 앞장서고 있다는 것이다.

시간의 흐름에 따라 전문가들은 한류의 발전된 모습을 크게 세 단계로 구분하는데 이에 부응하여 '한류'라는 개념도 점점 더 넓은 뜻으로 쓰이게 된 셈이다. 일반적으로 '제1대 한류'는 1995~2005년의 10년간을 가리킨다. 한국 드라마와 영화 등의 영상 내용의 상품이 주를 이뤘고, 소량의 음악 작품이 발전하기 시작했다. 이 단계에서 한류가 퍼져 나간 지역은 대만에서부터 일본, 동남아, 중국에 달했다. '제2대 한류'는 2006~2011년의 기간을 가리킨다. 이 시기의 한류는 K-Pop의 공연 그룹과 개별 아이돌 스타 위주로 변화됐다. K-Pop의 인기는 드라마와 영화를 넘어섰다. 주로 SNS의 위력에 의존했고, 퍼져 나간 지역은 여전히 대만에서부터 홍콩, 동남아, 미주와 유럽의 일부에 달했다. 2012년에서 지금까지는 '제3대 한류'라고 할 수 있다. 기타의 한국 문화인 한식, 여행, 복식, 화장품, 성형 등 뿐만 아니라 이에 편승한 스포츠, 고급 예술, 한글과 한국어까지 세계 각지로 전면 확산되기 시작했다. 이와 같이 이제 '한류'란 말은 한국의 전통과 현대문화의 거의 대부분을 지칭하게 되어 이제 한국 문화의 거의 모든 영역으로 확대되고 있는 것이다. 그렇다면 이러한 현상을 어떻게 하면 온전하게 유지하고 더욱 높은 차원으로 승화시킬 수 있을 것인가. 그것이 단순히 문화적 차원에 머무는 것이 아니라 정치와 경제, 외교와 국방 등 전 방위적으로 국가의 발전과 안위에 영향을 미친다면 좀 더 치밀하고 체계적인 대책과 전략이 필요하지 않을까.

그렇게 하기 위해서는 무엇보다 한류의 현황에 대한 정확한 인식이 필요하다. 그것을 과소평가할 필요가 없는 것처럼 과대평가해서도 안 된다는 뜻이다. 가령 K-Pop 전체에 대한 대중적인 인기를 확보하기 위해서는 참신함과 다양성이 뒷받침되어야 하며 현지의 대중성을 확보하기 위해 현지인들의 K-Pop에 대한 선호도 요인을 정확히 분석하고 다각도에서 이에 대해 객관적인 시각으로 냉철히 연구하고 전략을 마련하는 것이 필요하다. 최근에 한류 전문 사이트인 숨피닷컴(www.soompi.com)이 미국 회원 1,569명을 대상으로 설문조사 한 결과에 따르면 41%가 K-Pop과 한국 드라마를 즐기면서

부터 한국어를 배운다고 답했다. 또한 조사 대상자의 26%는 한국 음식을 맛보게 됐고, 16%는 한국 제품을 구입하는 계기가 됐다고 답하여 K-Pop으로 인해 한국 대중문화의 선호가 한국 생활문화의 선호로 이어지는 현상을 확인할 수 있다. 이와 함께 미국인 400여 명을 대상으로 문화체육관광부와 한국 문화산업교류재단이 실시한 한류 실태조사에 따르면 K-Pop으로 인해 한국의 국가 이미지를 긍정적으로 개선하는데 약 33%의 영향을 받는 것으로 밝혔다는 것이다. 만약 이것이 사실이라면 이러한 자료를 근거로 해서 그 영향력의 근거와 그 한계가 무엇이었는지 분석되지 않으면 안 된다.

다행히 최근 보도에 의하면 한류 열풍이 국내에서는 국민적 자존심과 우리 문화에 대한 자부심을 높여 주는 계기가 되었다고 한다. 그것은 마치 1960년대 할리우드 영화나 재즈 등의 미국 대중문화가 미친 영향을 대신한다는 착각에 젖을 정도였다. 한류 열풍으로 인한 영화, 드라마, 게임 산업 등의 활발한 수출은 더 이상 한류가 문화적 유행에 그치지 않고, 국가적 위상 전환의 기회로 삼아질 수도 있음을 점차적으로 인식하게 되었고, 정부 차원에서 이를 지원하려는 정책적 노력이 뒷받침되기 시작했다는 것이다. 역대 정부는 핵심 국정 과제 중 하나로 문화산업 강국의 실현을 내걸었으며, 할리우드를 본 뜬 '한류우드'를 조성하려는 움직임이나 인천 송도 단지, 상암동 DMC(Digital Media City), 부산 센텀시티 등에 디지털 콘텐츠 산업 클러스터를 만들려는 계획 등이 그 좋은 예라고 볼 수 있다. 이제 분명히 한류는 한국의 문화적 매력을 동아시아권을 넘어 중동과 구미 각지에서 발산하는 시대적 조류로 등장했다고 볼 수 있지만 홍콩 류와 일본 류가 그러했듯 한류 역시 시간이 지남에 따라 점차 그 영향력을 잃을지도 모른다는 우려가 나타나고 있기도 하다. 이러한 우려를 불식시키기 위해서는 우선 한류가 등장하게 된 직접적인 계기가 무엇이었는지 고찰해 볼 필요가 있다.

물론 국가 정책이나 기획자, 연예인 등 당사자들의 노력과 재능이 주효했겠지만 이것만으로는 충분히 설명되지 않는다. 하나의 문화가 다른 문화권에 파격적으로 영향을 미치는 계기와 원동력은 무엇일까. 가령 한국 드라마가 중국을 휩쓸 수 있었던 이유는 무엇일까. 무려 13억의 인구를 가진 중국은 왜 '별에서 온 그대'와 같은 드라마를 만들 수가 없는 것인가? 이것은 우리들의 관심사일 뿐만 아니라 중국의 정치국 상무위원인 왕치산(王岐山)의 관심사이기도 했다. 그는 정치나 경제적인 문제들을 뒤로하고 '별에서 온 그대'의 성공 원인에 대한 검토를 촉구했다고 한다. 그 후 반년 후인 2014년 10월 24일 홍콩의 '명보(明報)'를 통해서 그 중요한 이유 중에 하나가 밝혀졌다. 이 신문의 한 인터뷰에서 '대장금'의 스타 이영애는 "민주화가 한류의 성세(盛世)을 만들었다. 한국은 1998년부터 민주화가 시작돼 금기를 타파하고, 창조력을 발휘할 수 있어 한류가 발전 할 수 있었다."고 말했다는 것이다. 그 후 한국은 문화 창의가 한껏 발휘됐고 현재의 번영에 이를 수 있는 계기를 마련했을 것이다. 고대 아테네나 르네상스 시기의 피렌체에서 그랬듯이 독재 치하의 통제와 억압의 분위기에서 어떤 유형의 것이든 문화는 꽃피기 어려울 것이다. 사실 공교롭게도 홍콩이 1997년 중국에 반환된 이후, 언론의 자유와 표현의 자유가 움츠려 들면서 점차 대중문화가 활기를 잃어가기 시작한 것은 주목할 일이다. 그러나 민주화로 인한 무제한적 표현의 자유는 저속한 문화도 양산하기 마련이라는 점을 염두에 두어야 한다. '한류'라는 우리의 대중문화의 세계화 현상이 지속 가능하고 더욱 바람직한 방향으로 확산되기 위해서는 그것이 좀 더 품위 있고 보편적인 호소력을 지닐 수 있게 되도록 어느 정도 관리하고 정책적으로도 체계화하지 않으면 안 된다.

III

우리가 한류의 세계화를 염원하는 것은 그것을 통해서 우리문화의 인지도를 높이고 민족적 자긍심을 갖게 되거나 경제적 이득을 도모할 수도 있기 때문만이 아니라 궁극적으로는 새롭고도 보편적인 현대 문화의 창달에 기여할 수도 있다는 염원 때문일 것이다. 그러므로 한류의 내용은 가장 한국적이면서도 현대인 모두가 공감하고 향유할 수 있는 것이 되지 않으면 안 된다. 따라서 우리의 한류 정책은 그러한 것을 발굴할 뿐만 아니라 그 특성이 진화할 수 있도록 창의적으로 재창조하지 않으면 안 되는 것이다. 그러한 맥락에서 한강의 소설 '채식주의자'가 맨부커 인터내셔널 상을 수상했다는 소식은 매우 고무적이고 의미있는 것이라고 할 수 있다. 이를 계기로 한국 문학의 세계화도 한층 활발해질 뿐만 아니라 전반적으로 그것은 한류의 세계화가 어떤 방향으로 나아가야 할지를 시사해 주기 때문이다.

사실 세계인의 화제가 된 소설은 이미 1946년에 독일에서 발표

된 이미륵의 "압록강은 흐른다."가 있다. 당시 "올해 독일어로 쓰인 가장 훌륭한 책"으로 선정되었고 독일 교과서에도 수록되었을 뿐만 아니라 영어와 우리말로도 번역되었다. 주인공인 '나'는 1900년대 조선에 사는 어린이로서 천진난만한 시절을 보내는 동안 일제의 국권 침탈을 경험하고 항일 운동에 참여하여 암울한 나날을 보내다가 감시를 피해 압록강을 건너 마침내 독일에 도착한다. 이국땅에서 잔잔히 흘러가는 강물을 바라보면서 그는 뼈저리게 고향을 그리워한다. 이 작품에는 가장 한국적인 정서를 담고 있으면서 동시에 세계인들이 보편적으로 공감할 수 있는 감성이 다루어져 있다는 평가를 받고 있다. 그러한 점에서 이 작품도 분명히 '채식주의자'와 닮은 데가 있다. 한국 문화의 세계화를 위해서는 무엇이 진정으로 한국적인 것인지 파악되어야 하고 그것이 보편적인 인간의 정서를 담은 내용으로 승화되어 공감대를 확보하지 않으면 안 된다는 점을 이 작품들은 잘 보여 주고 있는 것이다. 그러한 것을 우리는 고전음악이나 미술, 춤사위, 건축, 언어 등 다른 예술 분야뿐만 아니라 음식 문화와 스포츠 문화와 같은 생활 문화들에 이르기까지 한국인의 기상과 혼백을 보여 주고 나눌 수 있는 여러 분야로 확대하지 않으면 안 된다.

그러한 의미로 최근에 보도된 바와 같이 CJ그룹이 글로벌 통합 한식 대표 브랜드 '비비고'를 앞세워 '식문화 한류'를 위한 노력도 계속하고 있다는 소식은 고무적이라고 할 수 있다. 비비고 레스토랑을 통해 전 세계에 한식의 우수성을 먼저 알린 후 이를 경험한 소비자들이 가정에서도 한식을 즐기기 위해 비비고 가공식품을 구매하는 효과를 창출한다는 것이다. 이러한 계획들이 성공한다면 세계인들이 한국의 식문화를 즐기게 될 뿐 아니라 비비고가 글로벌 외식문화 기업으로 성장할 수도 있을 것이다. 최근에 리우 올림픽을 통해서 널리 알려진 사실이지만 그러한 현상은 스포츠 문화에도 나타났다.

가령 이번 올림픽에서 베트남 사상 첫 금메달, 필리핀 탁구 역사상 첫 올림픽 출전권 획득까지 역사적인 기록들 뒤에는 한국인 감독들이 있었다. 베트남의 올림픽 도전 60년 사상 첫 금메달의 쾌거 뒤에는 한국인 박충건 감독이 있었다. 2년 전 베트남 사격 대표 팀 지휘봉을 잡은 박 감독은 한국의 과학적 훈련 기법을 접목시켜 호앙 쑤안 빈의 기량을 급성장 시켰던 것이다. 일본 배드민턴 팀에는 1990년대 '한국 배드민턴의 전설'로 불렸던 박주봉 감독이 있다. 그는 한국식 팀워크를 강조하는 한편 선수와의 커뮤니케이션에도 남다른 신경을 썼다. 감독과 선수의 벽을 허물기 위해 통역을 쓰는 대신 독학으로 일본어를 익혔던 것이다. 권미숙 감독도 사재까지 털어 선수를 국제 대회에 파견하는 정성으로 필리핀 탁구 역사상 첫 올림피언을 배출하기도 하였다. 한 인터뷰에서 필리핀 탁구 국가대표인 얀얀은 이렇게 말한다. "감독님은 열정적인 분입니다. 제가 올림픽에 출전할 수 있도록 헌신적으로 돕고, 자신감을 불어넣었습니다." 또한 이란 양궁대표팀의 박명권 감독도 휠체어 궁사인 네마티의 올림픽 출전이라는 인간승리에 힘을 보탰다. 이처럼 한국인 감독을 영입하는 국가들이 늘어나면서 이번 대회에는 양궁 등 7개 종목 18명의 지도자들이 16개국의 사령탑으로 리우를 밟았다고 한다. 세계 곳곳에서 활약하며 스포츠 한류를 전파하고 있는 우리 지도자들이 때로는 우리 팀에 위협이 되기도 했지만 대국적인 차원에서는 한국 스포츠 문화의 위상을 한껏 드높이고 있는 것이다. 그것은 한류의 품격을 높이며 '한국 정신', 즉 그 혼백을 확산하고 공유하는 데 분명히 도움이 될 것이다.

IV

우리가 한류의 등장을 반가워하고 그 확산을 기대하는 것은 궁극적으로 그것이 새로운 인류문화의 창달에 기여할 것을 바라기 때문이다. 그러나 단기적으로는 한류가 문화 융성의 근간으로 작용하여 국가의 균형 있는 발전에 기여해 주기를 바라는 것도 또한 사실이다. 더구나 오늘날과 같이 경제적 미래가 암울하고 정치적 발전도 답보 상태에 있는 상황에서는 넓은 의미의 한류가 확산되는 것이 더욱 절박하게 요청될 수밖에 없다. 그동안 우리의 경제는 주로 무역과 수출에 의존에 왔고 그중에서도 특히 조선과 철강, 해운 등에 주력해 왔던 것으로 알려져 있다. 그러나 이제 그러한 분야의 산업이 사양길에 접어들고 있으며, 더구나 이른바 '4차 산업혁명'을 맞이하게 된 시기에 한류를 중심으로 한 한국 문화의 세계화는 단순히 문화적 차원에서의 국위 선양이라는 차원을 훨씬 넘어선다고 할 수 있다.

한류의 위상을 높이고 그 확산이 우리에게 절박하면 할수록 그만큼 우리는 문화의 본질인 그 품격에 충실하지 않으면 안 된다. 우리 문화가 널리 알려지는 것도 중요하지만 그것이 무엇으로서 어떻게 알려지는지도 이에 못지않게 중요하다. 그리고 칸트(I. Kant)

가 지적하듯이 문화의 본질인 동시에 그 최종적 단계는 "도덕화(Moralisierung)"이며, 그것은 물질적 충족이나 풍요와 직접적인 상관없이 정신적 고양에 의해서만 진입할 수 있는 단계인 것이다. 그러한 의미로 한류의 확산과 함께 이른바 '어글리 코리안'의 이미지가 동시에 확산되는 것을 우선적으로 저지해야 하는 것이다.

'어글리 코리안'의 한 사례는 1989년 해외 여행 자유화 이후 등장했다고 한다. 그로부터 거의 한 세기가 지났는데도 우리의 여행 매너는 별로 나아진 것 같지 않다. 조선일보의 이미지 기자는 최근에 프라하를 방문하고 한국인들이 남긴 족적에 대해 이렇게 전한다. "여행 중 한 레스토랑에서 겪은 일이다. 배낭여행 중인 듯한 우리나라 청년들이 밥 먹는 외국인들 사이에서 양말을 갈아 신었다. 커다란 빗을 들고 머리를 빗다가 빠진 머리카락을 바닥에 버리는 여성도 봤다. … 버스나 전철에서 '프라하 옛 시청 건물 전망대의 하얀 벽에 까만 매직으로 적힌 낙서는 'OOO 왔다 간다'는 한글뿐이었고, 블타바 강의 명물 카를교(橋) 난간에도 한글 낙서가 선명했다."

사실 급속한 경제적 성장 덕분에 한국의 국가 위상은 그동안 크게 향상됐다. 이 기자도 지적했듯이, "한국산이 선봉에 섰고 최근에는 한류가 가세했다… 어느덧 우리도 외국 나가서 한국산 스마트폰, 가전제품을 봤다고 감격해 하지 않는다. 인도 관광객이 사진을 찍어달라며 건넨 스마트폰에 삼성 로고가 선명했고, …레스토랑에 설치된 TV는 LG 제품이었다. 한국은 세계인의 생활 속에 자리잡은 나라가 됐다. …다만 한국산 제품이 아닌 한국인에게도 모두가 한마음으로 손뼉을 칠 수 있도록 이제는 '매너 있는 한국인'이라는 새 브랜드를 내놓을 때가 됐다."(조선일보 29739호) 이러한 견해는 어느 특정한 언론인의 견해만은 아닐 것이다. 이제 우리는 한류의 존재 이유가 한국 문화의 세계화에 있으며, 모든 문화의 본질은 도덕화를 포함한 정신적 고양에 있음을 염두에 둘 필요가 있다. 이것을 현념하지 않으면 국가의 발전은커녕 또다시 국가적 재앙에 직면하게 될지도 모른다.

3. 양극화의 사회철학

Ⅰ

오늘날 우리 사회에서의 양극화 현상은 매우 광범위하고도 심각한 지경에 이르고 있다. 일반적으로 '양극화'란 표현은 빈부의 격차가 심한 경제적 현상에 대해서 쓰이는 말이지만 요즈음에는 정치적 및 문화적 영역에까지 확산되는 경향이 있으며, 세계화의 영향에 따라 현대사회의 보편적인 특징으로 부각되는 추세라고 할 수도 있다. 특히 우리나라의 경우에는 급속한 산업화와 민주화 덕분인지 이러한 현상이 더욱 심화되었다는 것이 전문가들의 일치된 견해이기도 하다. 상위계층 1%가 국민 50% 이상의 부를 독식함으로써 중산층이 점점 더 사라져 가고 있으며 그만큼 서민의 의식과 정서를 강하게 짓누르고 있다. 세계 10대 경제 대국의 반열에 올라섰다는 우리나라 국민의 행복지수는 OECD 34개국 중에 하위권에 속하고 자살률 또한 이 국가들의 평균 3배라고 한다.

양극화 현상을 극복하가 위해서 여러 가지 대책이 마련되고 있는 것도 사실이다. 이러한 현상을 극복하는 방법은 비교적 간단하지만 실천은 그렇지 않다. 그것은 하나의 질병에 대처하는 방법과 비교될 수 있을 것이다. 우선 그 징후가 분명히 확인된 이상 이제는 정확한 진단이 필요하다. 진단이 제대로 이루어졌으면 적절한 처방이 뒤따라야 하고 그 다음에 비로소 치유가 가능할 것이다. 특히 진단의 단계에서는 무엇보다 오진을 피해야 한다. 오진을 피하기 위해서는 오만과 편견에서 벗어나야 한다. 그렇게 하기 위해서는 합리성, 그중에서도 과학적 합리성에 호소해야 한다. 여기서 과학적 합리성이란 체계적인 독단적 합리성이 아니라 주로 개방적인 비판적 합리성을 말한다. 이 합리성은 궁극적으로 자기 자신을 비판의 대상으로 삼을 정도로 철저한 것이어야 한다. 현대라는 과학기술시대는 그러한 합리성의 산물이기도 하기 때문이다.

이러한 관점에서 볼 때 우리는 몇 가지 사항을 우선적으로 고려할 필요가 있다. 양극화 현상이 더욱 심화하여 마침내 파국으로 치닫는 것을 막기 위해서 먼저 차선의 방책을 강구해야 한다. 그것은 근본적인 대책은 아닐지라도 적어도 이러한 상황이 더욱 악화되는 것을 저지할 수 있는 방안이 될 수는 있을 것이다. 첫째, 양극화의 실상을 정확하게 파악하고 그 시대적 특성이 무엇인지 제대로 인식해야 한다. 둘째, 억압받는 약자를 효과적으로 도울 수 있는 방안이 무엇인지를 냉철하게 검토해야 한다. 셋째, 감정적으로 대처하여 갈등을 재생산하지 않도록 주의해야 한다. 이제 이러한 점을 좀 더 자세히 살펴보자.

II

양극화는 어느 시대에나 어떤 형태로든 있었던 현상이지만 현대에 들어와서 더욱 심화된 것은 이 시대의 경제, 정치 및 문화의 특성과 관계가 있다. 그것을 우리는 자본주의적 시장경제 체제, 자유민주주의적 정치 구조, 그리고 다원주의적 문화형태라고 요약할 수 있는데 이것을 여기서 상세히 검토할 필요는 없을 것이다. 그러나 그것이 세계적인 추세로 확산된 데에는 그 저변에 현대 과학기술시대의 부정적 요소가 작용했음을 염두에 둘 필요가 있다. 기계기술의 발달이 양극화의 원인이 될 수 있다는 것이다.

일상생활의 편리함을 제공하는 기술의 발전은 반가우면서도 그것이 현대사회의 특성을 위협하고 인간을 파멸하게 될지도 모른다는 걱정이 앞서는 것도 사실이다. 가령 학습능력을 갖춘 인공지능 컴퓨터가 가져올 세상의 변화에는 분명히 명암이 엇갈리게 마련이다. 이러한 기술에 적응하는 데에는 시간이 걸릴 뿐만 아니라 그 과정에서 소외당하는 부류의 계층이 생기게 마련이기 때문이다. 과학기술의 발달을 사회제도나 의식의 수준이 제대로 따라잡을 수 없다는 평범한 사실이 그것을 입증해 준다. 영국의 산업혁명 이후에 일어난 '러다이트(Luddite) 운동'이 그 좋은 예가 될 것이다.

잘 알려져 있는 바와 같이 영국에서 증기기관이 발명되고 자동 기계가 제작되면서 인간이 수작업으로 하던 일을 상당 부분 기계가 대신하게 되었다. 특히 노팅엄은 양말과 레이스를 만들어 파는 직물 산업이 발달한 지역이었다. 그런데 방적기가 발명된 18세기 후반부터 이곳에 자본가들이 등장하여 기계를 사서 수공업자들에게 빌려주고 새로운 변화가 생겼다. 최신형 양말 짜는 기계가 들어오면서 기술이 없는 사람도 양말을 만들 수 있게 되었고 기술자도 양산되어 실업자가 되는 경우가 많았다. 정작 생산량은 엄청나게 증가했지만 양말 값이 떨어져서 수공업자들은 점점 더 가난해졌다. 더구나 흉년과 전쟁으로 불황이 겹치면서 물가도 치솟았다. 극한 상황에 빠진 사람들은 러드(N. Lud)를 추종하여 마침내 방적기를 파괴하는 운동을 벌였던 것이다. 분노한 노동자들은 자본가들은 원망의 대상으로 삼아 가면을 쓰고 기계를 부수거나 불을 질렀다. 이 운동은 기계기술에 의한 양극화 현상이 빚어낸 역사적 사건이라고 할 수 있다. 양극화를 완화할 수 있는 변변한 사회복지 제도도 없고 정치 참여의 기회도 박탈된 상황에서 나타난 저항운동이라고 할 수 있다. 우선 우리는 현대판 러다이트 운동을 미리 제도적으로 막을 수 있는 방안이 무엇인지 강구하지 않으면 안 된다.

그 다음 우리는 파국을 저지하는 안전판으로서 사회복지의 중요성을 인식하고 그것을 효율적으로 실행하는 방안이 무엇인지 강구하지 않으면 안 된다. 카네기(A. Carnegie) 이후로 오늘날 사회복지 차원에서 자선과 기부 운동이 전 세계적으로 확산되고 있다. 그리고 그것은 양극화를 완화하는 기제로서 어떤 경제 제도나 정치체제 못지

않게 큰 역할을 하는 것으로 이해하고 있다. 물론 우리나라도 예외가 아니다. 그러나 그것이 그 규모만큼 체계적으로 이루어지고 있으며 효율적으로 실행되고 있는지는 의문시되지 않을 수 없는 것이다.

동물 해방론으로 유명한 피터 싱어(Peter Singer)는 최근의 저서 『효율적 이타주의자(*The Most Good You Can Do*)』에서 나눔 운동의 시작점을 제시하며 자선과 기부에 관한 선명한 가이드 라인을 그려준다. 또한 충동적 '반짝' 기부자들의 환상을 깨고 무수한 '묻지마' 자선단체들에게 투명성을 요구한다. 그는 효율적 이타주의자가 되기 위해서는 공리주의적 성찰이 요청되는데 무엇보다 "특정인을 돕기보다는 도울 수 있는 사람의 수를 고려해야 한다."고 주장한다. 어떤 방법이 우리가 사는 세상에서 '선의 최대화'를 이룰 수 있는지 따져보고 그 결론에 따라 행동할 것을 요구한다. 가령 그는 다음과 같은 사례를 제시한다.

미국에서 시각장애인을 위한 안내견을 기르고 훈련하는 데 드는 비용은 대략 4만 달러라고 한다. 반면 위생 상태가 나쁜 안구질환으로 실명을 일으키는 트리코마를 막기 위해서는 20~100달러쯤 들어간다는 것이다. 다시 말해서 4만 달러를 갖고 있으면 시각 장애인 1명에게 안내견을 제공할 수도 있고, 반대로 400~2000명을 실명 위기에서 구할 수도 있다. 이처럼 도덕적 행위에 경제적 수치를 결부시키는 계산 방식은 무척 낯설고 불편하기까지 한 것이 사실이다. 그러나 도덕적인 문제도 벤담(J. Bentham)이 시도 했듯이 수량화할 수 있는 부분은 객관적인 판단을 돕기 위해서라도 시도하는 것이 바람직하다는 것이 그의 입장이다.

자선이나 기부가 단순히 감상적 시혜의식의 발로가 아니라 양극화의 파국을 막기 위한 방편 중에 하나라면 좀 더 체계적이고도 합리적으로 이루어져야 한다는 것이다.

마지막으로 양극화 현상을 악화시키지 않기 위해서 우리가 고려해야 할 점은 일시적 방편으로 이른바 '속죄양'을 만들지 않도록 노력해야 한다는 사실이다. 그것은 단순히 사실을 왜곡함으로써 사태를 악화시킬 뿐만 아니라 어떤 의미로도 합리적 방안이 전혀 아니기 때문이다.

움베르토 에코(Umberto Eco)는 『장미의 이름』에서 혼돈과 극단의 시대에는 이를 극복하기 위해 수단과 방법을 가리지 않는 방법도 등장할 수 있음을 지적한다. 14세기와 15세기에 걸친 유럽은 100년 전쟁과 페스트로 인한 대기근으로 인구가 격감하고 농업이 화폐해지는 위기를 겪었다. 그는 이 위기를 "전쟁과 기근과 질병이 동시에 터져 중세 유럽 문명이 좌초할 뻔한 상황"이라고 묘사한다. 중세의 질서를 맹렬히 비판하는 '불온한' 세력이 태동하자, 이에 맞서 교회와 세속 권력을 지켜 내려는 흐름도 한층 강화됐다. 그 대표적인 사례가 이른바 '마녀 사냥'이었다. 이즈음 속죄양으로서의 마녀는 악마의 사악한 도움을 받아 세상에 해악을 끼치는 존재로 재해석되었다. 여성도 구원을 방해하는 악마의 적극적인 동조자로 인식됐다. 조국인 프랑스를 구한 성녀(聖女)가 하루아침에 마녀로 추락한 잔 다르크가 그 전형적인 예라고 할 수 있다.

최근에 출간한 『마녀』에서 주경철은 자신의 입장을 정당화하는 기제로서의 독단적 합리성이 마녀사냥이라는 광기의 위험성을 내포하고 있으며 그것은 어느 시대에나 존재함을 지적한다. 그는 “자신의 정당성을 위해 악을 필요로 하는 현상은 초역사적으로 존재했으며 현대까지도 이어진 것이 사실”이라는 것이다. 그는 “나치에게는 유태인이, 파시스트에는 공산당이, 스탈린주의자들에게는 미제(美帝) 스파이가 마녀 역할을 했다.”는 것이다. 이와 같이 극단의 시대에는 필요에 따라 누구나 혹은 어떤 집단이든 마녀로 전락할 수 있는 것이다. 그것이 양극화를 극복하기 위한 방안으로 ‘마녀 사냥’을 경계해야 하는 이유이다.

III

우리는 지금까지 양극화 현상을 극복하는 방안으로 반드시 해야 할 최선의 방안보다는 될 수 있는 한 하지 말아야 할 차선의 방안을 검토해 보았다. 오늘날 우리가 당면한 상황은 매우 심각하기 때문에 적극적으로 극약 처방을 시도하기보다는 소극적인 자기 치유의 방법이 더 시급하다는 인식 때문이다. 또한 확신에 찬 독선적인 방법이 상황을 더욱 악화시킬 수도 있다는 사실을 간과할 수 없기 때문이기도 하다. 물론 우리는 문제를 해결하기 위하여 존재의 진리를 온전히 깨달은 사람이나 완전한 존재인 신으로부터 계시를 받은 사람으로부터 가르침을 얻을 수 있다. 그러나 대부분의 경우 그들의 가르침은 너무 깊어서 이해하기 어렵고 모호한 점도 있어서 여러 가지로 해석되는 경우가 많으며, 더구나 오해되는 경우도 적지 않다. 그야말로 장님이 코끼리 만지듯 이 가르침들을 자기의 관점에 따라

편의대로 해석하는 경향이 있다는 것이다.

비록 최선의 방법은 아니지만 진상으로 가까이 다가가서 문제를 해결하는 방법으로 '대화'라는 것이 있다. 대화는 우리 중에 아무도 코끼리에 대해서 완전히 알 수 없기 때문에 차선으로 채택된 소통의 한 방법이다. 말하자면 장님들끼리 서로 자신이 이미 알고 있는 부분적인 정보를 나눔으로써 코끼리에 대해서 좀 더 객관적인 지식을 얻어 보려는 노력의 한 형태인 것이다.

사실 장님에 관한 이 이야기의 진정한 의미는 우리 중에 '장님'이 있다는 것을 우화적으로 전하는 데 있는 것이 아니라 우리가 어떤 의미로는 모두 장님들이라는 사실을 깨닫게 하는 데 있을 것이다. 또한 그 깨달음은 코끼리에 관한 정보를 좀 더 많이 확보함으로써 얻어질 수 있는 것이 아니다. 여기에는 우리가 아무리 많은 지식과 정보를 가지고 있다고 해도 사물과 현상의 실상을 파악할 수는 없다는 사실, 즉 소크라테스적 '무지'를 깨닫게 하는 데 그 참 뜻이 있는지도 모른다. 사실 소크라테스는 플라톤과 달리 대화를 통한 변증술에 의해서 우리가 반드시 진리에 도달할 수 있다고 믿지는 않았다. 그러나 대화에 성실하게 임할수록 그만큼 우리는 '로고스(Logos, 이성 사유 논리)'를 더욱 선명하게 드러내고 사물의 본질과 현상의 구조를 좀 더 심도 있게 파악할 수 있으며, 따라서 도덕성을 함양할 수 있을 뿐만 아니라 영혼의 정화를 도모할 수도 있다고 그는 믿은 것이다. 양극화 현상을 다룸에 있어서 비판적 합리성의 차원에서 무지의 지를 깨닫고 차선의 방안을 강구하는 것이 더 효과적이라는 생각을 해본다.

4. 과학기술과 과학정책, 그리고 과학정신

I

우리는 첨단 과학기술의 숲속에서 삶을 영위한다. 집을 나서면 전철을 타거나 자동차를 운전하며, 여행을 할 때면 기차나 비행기를 이용하기도 한다. 다른 사람들과 의사를 소통하기 위해서 주로 전화나 컴퓨터를 사용하여 아무리 먼 곳에 있더라도 인터넷 매체를 이용하여 거의 순간적으로 의사를 전달한다. 몸이 불편하거나 병이 나도 점쟁이나 무당한테 가기보다는 가까운 약국이나 의사를 찾는다. 내일 날씨가 어떨지 궁금할 때도 별빛이나 하늘색을 바라보기보다는 우선 일기 예보에 귀를 기울인다. 이러한 현상은 현대인에게 너무도 일상적인 것이어서 우리가 목숨을 지탱하기 위해서 필요한 공기나 물, 혹은 태양에 고마움을 표시하지 않듯이 각종 문명의 이기를 당연한 것으로 받아들인다.

사실 곰곰이 생각해 보면 현대인이 정상적인 생활을 영위한다는 것은 다양한 과학기술의 혜택 없이는 상상하기조차 어렵다. 우리는 그 혜택에 대해 최소한도의 예의를 갖추어야 하지 않을까. 더구나 민주화와 산업화를 가장 단시일 안에 동시에 성취했다고 자부하는 우리 한국인으로서는 그 원동력이 되어준 과학기술의 혜택에 대해서 어떤 형태로든 진지하게 성찰해야 하는 시점에 와 있다고 해야 할 것이다. 우리가 공기나 물, 태양에 대해서 원시인들이 다양한 축제를 벌이고 제물을 받치듯이 각종 기구나 기계에 대해서 구태여 주술적 행사를 벌일 필요는 없을 것이다. 그러나 일상생활에 여러 가지로 편리함과 안락함을 제공하는 이러한 도구들에 대해 어떠한 형태로라도 보상하는 것이 바람직한 것 아닐까. 특히 그 혜택을 가장 많이 누리게 된 한국인으로서는 과학기술의 한계를 절감하는 오늘날 그 어느 때보다도 더욱 치열한 반성과 대책이 필요한 것이 아닐까.

과학기술의 혜택에 대해 보상하는 방법은 크게 두 가지 측면에서 고찰할 필요가 있다. 첫째는 우리가 그동안 쌓아온 과학기술을 온전히 유지할 뿐만 아니라 한 단계 더 높은 단계로 비약할 수 있는 이른바 "축적의 시간"을 갖는 것이다. 그것은 우리 사회 전체의 틀을 바꾸어 국가의 총체적인 창조 역량을 축적해 나가는 방법으로서 '창조적' 축적의 시간이기도 하다. 이러한 측면은 주로 전문적인 과학자들의 역할을 통해서 성취해야 할 분야이기도 하다. 둘째는 이렇게 성취한 결과물을 문화적이고 정신적 차원에서 사회 전반에 걸쳐 광범위하게 보급하고 실천할 수 있는 이른바 "확산의 공간"을 갖는 것이다. 이것은 과학기술문명에 걸맞는 과학정신문화의 창달과 관계되는 것으로서 일반시민이 지니는 의식의 수준을 의미하는 것이다. 이러한 의미의 시간과 공간을 확보하는 것만이 우리의 의무이며 책임이기도 한 것이다. 이제 특히 후자의 측면에 관해 좀 더 자세히 살펴보자.

II

2016년 스위스 다보스에서 열린 경제포럼에서는 '4차 산업혁명'이 화두였다고 한다. 잘 알려져 있는 바와 같이 1775년 제임스 와트의 증기기관 발명에 의해 '1차 산업혁명'의 계기가 마련되었다. 그 후 토마스 에디슨이 전구를 발명하여 인공조명이 대중화됨으로써 '2차 산업혁명'이 발단되었다. 그런데 1970년대 이후 정보통신기술의 발전으로 생산효율이 오르고 인터넷이 전 세계를 동시간대에 연결한 것을 일컬어 그리 '3차 산업혁명'이라고 한다. 이에 비해서 사이버 공간과 물리적 세계가 실시간으로 연결되고 소통하며 자동적이고도 지능적으로 제어되는 복합 시스템으로 발전한 것을 지적하여 그 포럼에서는 '4차 산업혁명'으로 규정한 것이다. 그것은 기존의 산업혁명들에 못지않은 총체적 변화가 이것을 계기로 이루어질 것이라고 전망했음을 의미한다. 그런데 우리는 오늘날 경제적으로나 정치적으로, 또한 기술적으로나 문화적으로 이 혁명에 적절하게 대처하고 있다고 자부할 수 있는가.

사실 그동안 우리가 주력했고 선진국 수준으로 신속하게 진입할 수 있었던 것은 세 차례에 걸친 기존의 산업혁명들이었으며 그것은 주로 '모방적' 차원에 머물러 있었다고 할 수 있다. 그리고 여기에는 1973년 유신헌법을 통과시킨 박정희 정권의 공헌이 지대했다고 말할 수 있다. 이 정권은 이른바 '전 국민의 산업전사화'와 '전 국민의 기술자화'를 통한 '전 국민의 과학화 운동'을 출범시켰다. 과학계는 이에 부응했고, 심지어 "과학으로 유신을 다짐한다."는 결의문을 발표했다고도 전해진다. 과학에 관심을 가진 저변 인구를 확보하고 무지와 미신을 타파해 과학적 세계관을 확대한다는 것이 그 목적이었다. 그러나 그 전략은 국가 발전론적 차원에서는 매우 효과적이었다고 할 수 있지만 여기에는 하향식 여론과 관이 주도하는 정책의 한계가 분명히 드러났으며 그것은 오늘날에도 과학문화의 유산으로 남아 있다. 무엇보다 이러한 과학정책이 범한 중대한 오류는 과학을 곧 과학기술로 착각한 데 있었다.

일반적으로 과학기술문명의 문제점은 과학의 몰이해, 즉 과학을 과학기술로 혼동한 데서 비롯된다. 과학기술은 오로지 기술적인 구상이나 고안에 의해서 생기는 것은 아니다. 그것은 우선 과학지식의 기술적인 응용의 산물이며 과학지식은 과학적 탐구의 자세와 그 고유한 방법인 과학정신의 표출임을 인식할 필요가 있다. 이러한 인식을 통해서만 우리는 비로소 과학기술문명에 걸맞는 과학정신문화를 창출할 수 있는 실마리를 찾을 수 있을 것이다. 과학정신문화는 과거의 전통적인 문화형태와 차별화되는 새로운 정치제도, 경제체제 및 문화형태를 필요로 하고, 이것은 좀 더 철저한 과학정신을 근간으로 하지 않으면 안 된다. 과학기술문명의 문제점은 여기서 파생되는 여러 문제점을 과학적인 방법과 그 자세로 접근하지 못함으로써 더욱 악화되는 현상을 빚어낸다. 여기서 '과학적'이란 물론 과학기술뿐만 아니라 과학정신과 과학지식을 포괄한다는 것을 의미한다.

현대는 과학기술문명을 비과학적인 정신문화가 지배함으로써 야기된다고 할 수 있다. '비과학정신'은 일반적으로 유목시대나 농경사회에서 형성된 전통문화들이 지니는 특징이며 비합리적이고 무비판적이며 타율적이고 폐쇄적이며 독단적일 뿐만 아니라 감성적이고 무오류적인 형태의 정신 자세나 생활 태도를 말한다. 오늘날 한국이 직면한 총체적 난국은 고도로 발달된 과학기술문명을 향유하고 있으면서 이에 합당한 과학정신문화의 창달이 상대적으로 결핍된 데서 찾을 수 있을 것이다. 물론 우리는 모방성이 아니라 창의성을 바탕으로 해서 4차 산업혁명에 걸맞고 그것을 선도할 수도 있는 과학기술을 창출해야 하겠지만 이에 못지않게 중요한 것은 오그번(William J. Ogburn)이 말하는 '문화지체현상'을 극복하기 위해서라도 과학정신문화의 창달에 더욱 신경을 써야 한다는 것이다. 그런데 왜 하필 우리는 과학정신을 말하는가.

여기에는 이 시대를 특징짓는 갖가지 요소가 들어 있으며, 그렇기 때문에 그것을 확인하고 극대화함으로써 보편적인 시대정신으로 승화시킬 수 있을 때에만 미래 사회에 희망과 번영과 행복이, 무엇보다 인간의 생존이 어느 정도 보장받을 수 있다고 있기 때문이다. 그렇다면 과학정신의 특징은 무엇인가. 그것을 서로 중복되는 점이 있지만 우리는 대체로 다음 여섯 가지로 다시 정리해 볼 수 있을 것이다.

첫째, 그것은 합리적 방식을 지닌다. 그 탐구의 방법에서 볼 수 있듯이 계시나 초능력, 영성 등이 아니라 인간이라면 누구나 지니고 있는 감각적 지각과 이성적 판단에만 의존하기 때문에 과학은 합리적이다. 가설을 설정하는 과정에서 그것은 개인의 직관과 상상력, 때로는 영감 같은 것에 의존할 수 있지만 거기에 머물러 있지 않고 반드시 경험적 증거와 합리적 논증을 거쳐야한다는 점에서 합리성을 지닌다는 것이다.

둘째, 그것은 비판적 입장을 지닌다. 과학자의 세계에는 영원한 진리나 절대적 권위가 존재하지 않고 어떠한 이론도 항상 새롭게 검토된다는 점에서 비판적이다. 이러한 비판을 받아들이고 좀 더 진리에 가까이 다가가려는 태도를 지니지 않는다면 과학적 탐구 자체가 성립되지 않았을 것이다. 과학은 다른 과학자의 이론에 대한 비판에 그치는 것이 아니라 궁극적으로 자기비판의 과정을 거쳐서만 새로운 형태의 포괄적인 진리에 도달할 수 있는 것이다.

셋째, 그것은 개방적 자세를 지닌다. 과학은 탐구의 과정에서 끊임없이 실수와 오류를 범하지만 그것이 검증되거나 반증되면 그 결과를 기꺼이 받아들인다는 점에서 개방적이다. 과학적 진리가 다른 종류의 진리와 달리 끊임없이 개선되고 때로는 혁명적 단계를 거치지만 대체로 그 축적의 과정을 통해서 오늘의 수준에 이르렀음을 부인하기는 어려울 것이다. 과학자는 항상 불확실성을 인정하고 자기가 도달한 결론에 회의를 품으며 결국 어떠한 형태의 위압적이고 폐쇄적 권위도 인정하지 않음으로써 개방적 자세의 전형을 보여 준다.

넷째, 그것은 보편적 성격을 지닌다. 과학적 탐구의 성과는 어느 시대나 지역, 혹은 특정한 국가나 민족 등에만 국한되는 것이 아니라 인간을 포함한 우주의 삼라만상에 골고루 적용될 수 있다는 점에서 보편적이다. 또한 그것을 적용한 기술이 어느 특정한 부류의 개인이나 집단에만 귀속될 수 없다는 점에서도 보편성을 지닌다. 물론 과학자에게도 사회적이고 심리적 존재로서 조국이나 자기 공동체, 혹은 개인적 기질이나 성품이 있다고 하지만 그것을 극복하고 탈피하는 자세로 탐구에 임하는 것이 항상 과학자로서의 임무이고 당위이기도 한 것이다.

다섯째, 그것은 자율적인 태도를 지닌다. 과학자는 과학적 공동체 안에서 관습을 준수하고 규범을 지키며 일정한 패러다임을 수용하거나 정당화하기도 하지만 그것은 개인의 특수한 사정이거나 방법론상의 장치들일 뿐이지 거기에 갇혀 있지 않으며 이 모든 것은 결국 극복되기 위해서 과도기적으로만 존재할 뿐이다. 과학자에게 패러다임은 소중하지만 과학적 진리는 더욱 소중하다. 이러한 태도는 진리에 임하는 자신의 자율성의 발로에 의해서만 가능하다. 종교적 진리는 종교인을 자유롭게 하지만 과학적 진리는 무지와 불편과 위험으로부터 해방시킴으로써 모든 인간을 자유롭게 하는 측면이 있는 것이다. 이것은 과학적 탐구의 자율성이 가져다 준 결과이기도 한 것이다.

마지막으로 그것은 엄격하게 정밀한 방법만을 채택한다. 자연의 비밀을 탐색하기 위하여 수학적 표현과 논증의 방식을 구사하는 것은 한때 신이 그러한 방식으로 세계를 창조했기 때문이라고 생각한 적도 있지만 자연이 실제로 그러한 방식으로 운행된다고 믿기 때문이다. 더구나 그러한 방식으로 표현되어야만 객관적으로 검증이 가능하고 오류가 쉽게 발견되며 지식이 진보할 수 있는 근거를 마련할 수 있는 것이다. 심오한 진리가 때로는 모호하게 표현될 수 있지만 모호하게 표현되었다고 해서 모두 진리는 아니며, 그러한 진리는 개선의 여지도 없다는 것이 특히 강조된다. 아마 이 외에도 더 많은 특징들이 있을 것이다. 그렇다면 그것이 함축하는 의미는 무엇인가. 특히 4차 산업혁명을 맞이해서 과학정신의 체득이 더욱 절박하게 중요해진 이유가 무엇인가. 인공지능과 공존해야 할 뿐만 아니라 그 도전을 예상할 수밖에 없는 미래사회에서는 전통적인 비과학적 사고방식과 생활태도가 작동하지 않을 뿐만 아니라 인류의 생존을 더 이상 허용하지 않을 수도 있기 때문이다.

III

칼 포퍼(Karl Popper)에 의하면 과학자들이야말로 과학정신의 특징들을 가장 잘 터득하고 있다고 말한다. 그들이야말로 과학적 탐구에 임함에 있어서 엄격하게 합리적이고 비판적일 뿐 아니라 자율적이고 개방적이며 보편적인, 적어도 그렇게 되려고 노력하는 부류의 인간들이라는 것이다. 그에 의하면 과학자 개개인이 이러한 덕목을 충분히 갖추지 못하여 편견을 가지고 있고 독단적 태도를 보인다고 할지라도 과학의 방법을 진리탐구의 수단으로 채택하면 결국 '객관성'에 도달할 수 있다고 말한다. 물론 과학자라고 해서 반드시 과학정신으로 무장되어 있고 과학의 시대에 산다고 해서 모든 사람들이 그 정신을 구현한다고 말할 수는 없다. 그리고 과학정신이 반드시 과학자의 전유물이라고 단정할 수도 없다. 그러나 그것은 현대인 모두에게 적용될 수 있고 또 실현되어야 하는 당위로서의 보편적 덕목이라고 할 수 있다. 과학기술의 숲 속을 헤매면서 그것을 가능하게 한 과학정신을 외면하는 것은 바람직하지 않기 때문이다. 종교의 시대인 중세에 성직자들이 더욱 깊은 신앙심으로 뭉쳐 있었고 일반인들도 기독교적 가치를 최고의 덕목으로 받아들였듯이 과학의 시대에 사는 우리들은 진정한 의미의 과학이 무엇인지 이해하고 과학기술과 함께 과학지식을 습득할 뿐만 아니라 과학정신을 터득하여 그것을 생활화할 필요가 있다는 것이다. 듀이(John Dewey)가 과학적 방법을 일상생활에 적용할 것을 권하는 이유도 여기에 있다.

듀이의 실용주의적 도구주의에 의하면 실험적 방법을 인간의 문제에 보편적으로 적용하면 한 가지 중요한 함축은 우리가 준수하는 원리나 원칙, 혹은 교리나 신조 같은 것이 모두 일종의 '가설'에 불과한 것으로 나타난다. 따라서 그가 『확실성의 추구(*The Quest for Certainty*)』에서 지적하듯이 그것들은 절대 불변의 진리가 아니라 "실천적으로 신봉했을 때에 일어나는 결과를 따라서 검사하고 확인하며 또는 뜯어고쳐야 할 지성적 도구"일 뿐이다. 물론 삶의 현장을 실험실로 꾸미고 모든 신념을 실험적 방법으로 시험해 보는 것은 가능하지도 않고 반드시 바람직한 것도 아닐 것이다. 그러나 어떤 신념이든지 너무 확신에 차서 무비판적으로 적용하려 할 때 잠시 호흡을 가다듬고 그것이 과연 그토록 완벽한 진리인지, 더구나 그것을 구체적인 상황에서 적용하고자 할 때 예상한 결과를 기대할 수 있을지, 그리고 그 결과가 우리에게 바람직한 것인지를 가늠해 보는 것은 과학자들뿐만 아니라 우리 현대인 모두의 당위가 아닐까.

한편 하버마스(J. Habermas)는 과학자들이 현대사회의 통치체제에 적극적으로 관여할 것을 제안한다. 그의 비판이론에 의하면 현대사회의 위기는 주로 국가기능의 확대에 있다고 한다. 그러한 현상은 말할 필요도 없이 과학기술의 광범위한 활용의 결과이다. 여기서 등장한 통치체제는 새로운 형태의 이데올로기를 낳게 하는데 그것이 이른바 '과학주의'이다. 그에 의하면 이 이데올로기에 의해서 관리사회가 정당화될 뿐만 아니라 과학기술이 사회적이고 국가적인 여러 문제를 해결하고 갖가지 갈등요인을 제거할 수도 있다는 신념체계가 형성된다는 것이다. 이른바 '기술지배체제(technocracy)'는 이와 같이 과학주의에 근거를 두고 있으며 하버마스의 비판이론은 바로 이러한 유형의 통치체제에 집중한다.

널리 알려진 바와 같이 하버마스의는 기술지배체제가 제대로 작동할 경우 경제위기에는 어느 정도 성공적으로 대처하겠지만 고도산업사회가 안고 있는 갖가지 위기상황은 감당하기 어려울 것이라고 주장한다. 가령 관료기구의 증대는 개인의 종말을 가져오고 고도성장은 환경의 파괴를 초래할 뿐 아니라 점차 과속화되는 군비경쟁은 조만간 핵전쟁을 유발할 수도 있기 때문이다. 그렇다면 그의 대안은 무엇인가. 그는 그 해결의 실마리를 이러한 통치체제의 주체인 과학자들의 대화, 즉 자유로운 의사소통에서 찾는다. 초기 산업사회에서는 마르크스가 지적한 대로 프롤레타리아가 주도권을 행사하겠지만 이제는 과학자가 그 임무를 수행해야 한다고 그는 주장하는 것이다. 기술지배의 주역들이 자기이해와 자기반성을 통해서 스스로 자초한 문제를 해결해야 한다는 것이다. 그러나 이것이 모든 과학자들이 실험실에서 뛰쳐나와서 정치현실을 이해하고 직접적으로나 간접적으로 현실정치에 참여해야 한다는 것을 의미하지는 않는다. 그것은 가능한 것도 아니고 반드시 바람직한 것도 아니기 때문이다. 그러므로 우리는 과학자들의 연구 성과가 우리의 현실에 함축하는 실천적 함의가 무엇인지 좀 더 심사숙고하도록 요청하거나 희망할 뿐이다. 또한 시민들 각자가 과학정신으로 무장하고 합심하여 적극적으로 의사결정에 참여하는 태도를 보여야 할 것이다.

IV

과학기술의 수준이 어떠하든 우리는 그 기술의 수준에 걸맞는 사람이 되도록 노력할 필요가 있다. 우리가 가령 고급 승용차를 타고 다니면서 그 차를 함부로 다룬다든가 교통신호를 마구 어긴다든가 아무 데나 주차를 한다면 그 승용차에 어울리는 행동을 한다고 보기 어려울 것이다. 또한 어떤 사람이 인터넷을 사용하면서 지나치게 오락에만 몰두한다든지 익명을 악용하여 주로 남의 험담을 일삼는 데 이용한다면 그는 이 첨단의 과학기술을 악용할 뿐 아니라 그러한 기구를 사용할 자격이 없음을 스스로 입증하는 셈이다. 우리가 원시인에 비해서 과학적이고 문명화되었다고 자랑할 수 있다면 과학기술을 많이 이용함으로써 삶의 질을 향상시켰기 때문만이 아니라 그것을 적절한 방법으로 바람직한 목적을 위해 활용할 수 있기 때문일 것이다. 첨단의 과학기술을 자기 자신과 남을 해치는 데 이용하거나 사회에 혼란을 야기하는 데 악용한다면 그러한 사람을 진정한 의미로 성숙한 인간이라고 보기는 어려울 것이다. 문명을 자랑하는 도덕적인 "야만인"이 되지 않기 위해서라도 그 혜택에 대해서 깊이 음미해 보아야 한다는 생각을 해본다. 그것은 인공지능과 공존해야 하는 4차 산업혁명의 시기에 특히 더욱 절박한 당위가 아닐 수 없다. 이 시기에는 단순이 도덕적 야만인으로 생존하는 것이 허용되지 않을 수도 있기 때문이다. 그러므로 우리는 무엇보다 과학의 본질을 제대로 이해하지 않으면 안 된다. 그중에서도 과학정신의 터득이 핵심적 과제일 수밖에 없다.

한국은 이제 기술적으로 4차 산업혁명을 선도하지 않으면 국가가 총체적 난국에 직면할 수 있다는 전문가들의 의견이 지배적이다. 그런데 이 혁명을 선도하려면 더 이상 모방성에 의존할 수 없기 때문에 창조적 "축적의 시간"이 요구된다. 그러나 우여곡절 끝에 그러한 과정을 성공적으로 수행하고 난국을 요행히 벗어났다고 하더라도 그것을 유지하고 완성할 수 있는 정신적 자세와 문화적 자산이 필요하다. 과학기술적 차원에서의 "축적의 시간" 못지않게 과학정신적 차원에서의 "확산의 공간"이 절박하게 요청되는 이유가 바로 여기에 있다. 그러나 이 모든 것 못지않게 더욱 중요한 것은 한국이 장차 어떤 유형의 국가로 존재하기를 바라는지 우리의 국가관을 더욱 선명하게 구체화하는 일이다.

5. 인공지능의 철학적 인간학

I

지난해 3월 14일 구글의 자(子)회사인 딥마인드가 개발한 인공지능(AI) 바둑 프로그램 '알파고(AlphaGo)'와 한국의 프로 기사 이세돌 9단의 바둑 대국은 인공지능이 더 이상 공상과학 영화 속 이야기가 아니라는 사실을 입증한 셈이다. 전 세계 언론은 "AI 시대가 도래했다."고 서울발 기사를 쏟아냈다. 대국 직전까지도 이세돌 9단과 대부분의 전문가가 인간의 우세를 점쳤지만 막상 뚜껑이 열리자 형세는 정반대로 흘러갔다. 알파고는 인간이 몰랐던 묘수를 연이어 내놓으며 4승 1패로 완승했다. 알파고는 인공지능에 대한 우리의 선입견을 뒤집었다. 사람이 프로그래밍한대로 정해진 작업만 효율적으로 수행하는 것이 아니라, 스스로 학습해 바둑을 익히고 반상(盤上) 형세를 종합적으로 읽어냈다는 것이 입증되었다. 알파고는 인류가 만든 가장 복잡한 게임인 바둑에서 인류를 넘어서며 인공지능 시대의 개막을 알렸던 것이다. 이 일을 계기로 인간을 대체하고 보조할 인공지능에 관심이 높아진 것은 물론이다.

알파고의 승리는 『다보스 포럼』에서 등장한 '4차 산업혁명'에 대한 관심으로 이어졌다. 인공지능에 기초한 사물인터넷, 로봇기술, 빅데이터 등 최첨단 기술이 기존 산업생산 환경과 사람들의 일상생활을 혁명적으로 바꾸어 놓을 것이라는 기대가 반영된 것이다. 구글, IBM, 마이크로소프트, 아마존 등 정보 및 기술(IT) 분야뿐만 아니라 제너럴일렉트릭(GE), 제너럴모터스(GM) 등 전통 제조업체도 본격적으로 관련 신기술 개발에 막대한 투자를 하고 있다. 인공지능이 인간의 일자리를 빼앗아 갈지도 모른다는 불안감도 커지고 있다.

최근에 『제4차 산업혁명』이란 저서를 출간한 클라우스 슈밥(Klaus Schwab)은 '서문'에서 이 혁명이 다음 몇 가지 이유로 그 이전의 혁명과 차별화된다고 지적한다. 첫째, 이 혁명은 선형적 속도가 아닌 기하급수적인 속도로 전개 중이다. 그것은 신기술이 세계를 다면적이고도 밀접하게 연계시키고 있기 때문이다. 둘째, 이 혁명은 다양한 과학기술을 융합해서 '무엇'을 '어떻게' 하는 것의 문제뿐만 아니라 우리가 '누구'인가에 대해서도 변화를 일으키고 있다. 셋째, 이 혁명은 국가나 기업, 산업 등 사회 전체 시스템에 충격적 변화를 일으키고 있다는 것이다. 만약 이것이 사실이라면 제4차 산업혁명을 지금까지의 다른 혁명과 차별화 하는 것은 당연하다고 할 것이다.

제4차 산업혁명에 대비하기 위해서는 다양한 분야에서 파격적인 대책이 있어야 할 것이다. 경제와 정치, 문화 등 사회 전반에 걸쳐서 국가적 차원뿐만 아니라 인류적 혹은 지구적 차원에서 이 급격한 변화에 대처하여 위기를 기회로 만들 수 있는 방안을 강구하지 않으면 안 된다. 그렇다면 이 충격적 변화에 임하는 철학적 관심은 무엇인가. 그것은 역시 기계와 인간의 관계일 것이다. 과학기술과 사회 전체 시스템이 무엇을 어떻게 하는 문제에 관여한다면 철학은 우리가 도대체 누구인가의 문제에 천착하지 않으면 안 된다. 그리고 이것은 결국 '인간'의 개념을 다시 규정하는 문제로 귀결될 수밖에 없을 것이다. 이 새로운 혁명의 근간이 되는 인공지능에 관한 연구는 인간을 기계화하고 기계를 더욱 인간화 하는 기초를 마련함으로써 우리가 도대체 누구인지를 다시 묻게 하고 있기 때문이다.

II

현대를 묘사하는 여러 가지 표현 중에서 가장 널리 알려진 것은

'비인간화의 시대', '자아 상실의 시대', '불안의 시대' 등인데 이것들은 한결같이 인간의 불안한 위치와 자아 정체성을 문제 삼는 내용을 담고 있다. 그런데 그동안 이것은 대부분 인간성과 도덕성을 회복하고 가치관을 새롭게 확립하기 위한 구호로 쓰여 왔다. 인간이 과연 무엇인지를 다시 묻게 하는 전통적인 철학적 인간학의 문제만은 아니라는 것이다. 그러나 오늘날 첨단 과학의 연구 성과로 몇 가지 심각한 문제들이 제기되기에 이르렀다. 인간에게 다른 동물과 구분되는 배타적인 특징이 있는가. 인간을 전통적으로 '이성적' 동물이라고 하지만 다른 동물뿐만 아니라 인공지능과 컴퓨터 같은 기계로부터도 그러한 요소가 추적되기 때문에 더 이상 그것이 인간만의 특성이라고 보기는 어렵지 않는가. 이성이란 무엇이며, 그 기능을 가능하게 하는 이성의 본질은 어떠한 것인가. 의식의 의식이라고 할 수 있는 자의식의 구조는 어떠하며 여기서 전제가 되는 자아의 정체는 무엇인가. 이러한 문제들을 제기하는 것이 새삼스러운 것은 아니지만 첨단 과학의 발달로 인해서 새롭게 다루게 된 것은 사실이다.

일반적으로 인간의 정체성을 주제로 다룰 때 우리는 주로 다른 동물과의 차이, 자연에서의 위치, 혹은 초월적 존재인 신과의 관계를 중심으로 접근하는 경향이 있었다. 그리하여 우리는 이성적 사유와 판단의 기능을 부각시켰고 자연과의 대결 구조를 통해 그것을 이용하고 제어할 수 있는 능력을 강조하였으며, 신의 특별한 피조물로서 그의 은총과 구원을 약속받은 존재로 자처하기도 했었다. 그러나 오늘날 우리는 이러한 문제에 그렇게 큰 관심을 기울이는 것 같지는 않다. 오히려 우리는 창조주인 신이나 다른 동물보다는 우리들 자신이 만든 기계와의 본질적인 차이에 더 큰 관심이 있으며 자연을 어떠한 방식으로 어느 수준까지 다스려야 하는지, 그리고 신이 존재하지 않더라도 공생의 지혜와 영생의 기술을 터득하는 방법이 무엇인지를 모색하고 있는 것이다. 한마디로 우리는 우리들 자신이 엮어낸 새로운 환경 속에 살면서 스스로 무너뜨린 전통적 인간관을 대치할 만한 새로운 인간관의 창출에 고심하고 있는 셈이다. 그리고 이러한 문제의 중심에 '인공지능(AI, artificial intelligence)'이 자리 잡고 있는 것이다.

민스키(Marvin Minsky)는 컴퓨터 혁명의 아버지이며 인공지능의 창시자로 여겨진다. 널리 알려져 있는 바와 같이 1956년 이른바 "다트머스(Dartmouth) 회의"에서 인공지능분야가 처음 탄생하는데, 여기서 민스키와 매카시(John McCarthy)가 기계에 의한 사고의 기초를 제시했다. 특히 민스키는 하버드 대학에서 물리학, 유전학, 사회학, 수학, 음악, 신경학 등을 배우는 동안 행동주의 심리학자인 스키너(B. F. Skinner)의 영향을 받아 이후 30년 동안 오로지 지능 연구에만 몰두하였다. 또한 그는 지능의 메커니즘을 기계에 적용함으로써 마침내 지능형 컴퓨터를 개발하였다. 『정신의 사회(1988)』에서는 뇌가 기억, 지각, 감각이라는 여러 요소에 의해 서로 연락하여 발전하는 하나의 사회처럼 조직되어 있다는 생각을 피력하기도 했다.

민스키에 의하면 만약 어떤 작업을 사람이 했을 때 그 처리가 지능적이라고 불릴 만하다면, 같은 작업을 기계가 했을 경우 바로 그 때부터 그 기계는 지능적이라고 할 수 있다는 것이다. 그것은 노예와 주인의 관계와 비슷하다. 그는 자기 연구실에 장착되어 있는"연결체(Connection)"라는 기계의 지능을 진정으로 믿었고 이 컴퓨터가 자신의 감정을 지니고 있음도 확신했다. 다만 이 기계에 걸맞는 프로그램이 아직 제대로 개발되어 있지 않았으나 어떤 사람이 '커넥션' 만한 지적 능력을 가지고 있다면 천재라고 불릴 것이라고, 그리고 우리가 선험적으로 이것이 인간보다 덜 지능적이라고 여긴다면 기계와 그 기능을 과소평가하고 있기 때문일 것이라고 그는 단언했다. 물론 기계의 물리적 능력은 매우 빈약하여 시력이나 청력, 어휘 구사력에 있어서 아직 미숙한 단계의 수준을 넘지 못하지만, 그러나 인간은 수백만 년 동안에 걸친 진화의 산물인 반면 그것은 이제 막 태어났다는 사실을 염두에 둘 필요가 있다고 그는 주장했던 것이다.

민스키에 의하면 한두 세대 안에 기계는 단어의 의미를 이해할 것이며 대화를 나눌 뿐만 아니라 스스로 프로그램을 짤 수도 있을 것이고 일종의 '감정' 혹은 '열정'을 가질 수 있을 것이라고 예측했다. 거의 한 세대가 지난 오늘날 이러한 예측은 대부분 현실화 되어가고 있음을 우리는 알고 있다. 기계도 엉뚱한 자료를 내놓을 수가 있는데, 이것을 기술적인 오작동이라고 해야 할지, 혹은 사람의 발작증 같은 것인지 아직은 판단하기 어렵다. 여하튼 이제 기계는 기계를 위하여 마련된 프로그램에 따라서만 움직인다는 생각을 버려야 한다. 지능기계는 기계 자신이 자기의 프로그램을 작성할 수 있도록 프로그램되어 있는 것이다. 그렇게 되면 어느 정도 인간으로부터 독립을 유지하는 셈이다. 인간은 대체로 복잡한 기계에 관하여 세부적인 것까지 알지는 못하기 때문에 기계도 생각하거나 느낄 수 있다는 것을 납득하는 데 어려움을 느낀다. 그렇다고 해서 기계가 자유의지를 가진다든지 선악을 분별할 수 있는지에 대해서는 답변을 마련하기가 어렵다. 사실 그것은 어떤 의미로 정도의 차이는 있지만 인간의 경우에도 마찬가지라고 할 수 있지 않은가.

민스키에 의하면 인간의 두뇌도 기나 긴 진화과정을 거친 복잡한 기계에 불과하고 불완전한 부품이 결합된 장치에 불과하다. 이들 부품은 각기 제 기능을 가지고 있으며 일정한 장소에 배치가 가능할 뿐 아니라 파괴될 수도 있고 자극을 받기도 한다. "작용소(agent)"라고 하는 이 부품은 독립적으로는 기계적으로 작용하지만 서로 합쳐지면 하나의 공동체 혹은 사회를 이루며 기능하게 된다. 우리가 "정신(mind)"이라고 부르는 것은 이러한 결합 안에서 일어나는 복잡한 관계들의 총칭일 뿐이다. 그는 특히 인간의 '지능' 에 관하여, 그것도 "복잡한 기계이고 기나긴 진화과정을 거쳤을 뿐"이라고 주장한다(Guy Sorman, *The Freedom on Bail: Real Thinkers of the Twentieth Century*, 1990).

민스키에 의하면 지능이란 측정 가능한 단편적인 사건이 아니라 문화에 따라 광범한 차이를 두고 일어나는 다양한 기능의 총화이기도 하다. 정신이 작동하는 데에는 신의 섬광이 필요 없다. 마음을 만드는 것은 물질이기 때문에 정신과 육체의 이분법은 존재하지 않는다. 그러나 물질에서 정신이 생겨나는 법칙은 아직 발견되지 않았다. 인간이 생각하는 기계라고 했을 때 우리가 거부감을 느끼는 이유는 시대에 뒤떨어진 물질관을 갖고 있기 때문일 것이다. 여성에게 참정권을 주기로 했을 때처럼 말이다. 그렇다. 이러한 견해가 설득력을 지니려면 새로운 인간관을 갖기에 앞서 새로운 물질관을 지녀야 하며 그것은 아무래도 철학자의 몫이 될 것이다.

III

사실 민스키의 입장은 너무 성급한 결론이 될지도 모른다. 그 이유 중에 하나는 철학적으로 자아가 반드시 초자연적 기원을 지닐 필요가 없다는 사실이 확인되지 않았기 때문이며, 다른 하나는 신경생물학적으로도 인간의 대뇌가 자의식의 기능을 수행할 수 있는지의 여부가 아직 규명되지 않았기 때문이다. 여하튼 현재로서는 창조성이나 자율성의 측면에서 인간의 대뇌가 다른 동물의 경우보다 더 탁월한 면모를 보인다는 사실이 입증되었을 뿐이다. 우리가 전통적으로 생각했던 것보다는 인간만의 배타적 특징이 왜소화되었다는 것이다. 철학적 인간학의 한계도 바로 여기서 찾을 수밖에 없다. 과학의 시대에서 현대철학은 과학적 탐구의 성과와 그 함축을 의식하지 않을 수 없기 때문이다.

현대철학의 가장 중요한 특징 중에 하나를 흔히 "언어적 전환(linguistic turn)"이라고 한다. 이러한 전환에 계기를 마련한 데에는 여러 가지 이유가 있겠지만 무엇보다 중요한 것은 현대 과학이 이룩한 빛나는 업적과 그 성과라고 할 수 있다. 일반적으로 우리는 사유를 제대로 펼치기 위하여 이른바 "기초개념"이라는 것을 가지고 있어야 한다. 가령 정신과 물질, 시간과 공간, 인간과 이성 등이 그것이다. 현대의 경험 과학은 이러한 개념들의 전통적 의미를 뿌리채 뒤흔들어 놓았다. 그중에서도 아인슈타인과 프로이트, 파블로프의 연구 성과는 특히 철학자들에게 매우 치명적인 영향을 끼쳤다고 말할 수 있다. 칸트를 비롯한 근대 철학자들은 뉴턴적인 의미의 시공 개념을 가지고 물질을 다루었지만 아인슈타인의 상대성 이론이 등장한 이후 더 이상 그러한 개념에 천착할 수 없게 되었다. 데카르트는 정신을 의식으로 이해하고 후대의 철학자들도 이에 따라 육체와의 관계가 어떻게 작동하는지 규명하는 데 몰두하였지만 프로이트는 그것이 빙산의 일각임을 보여줌으로써 '정신'이라는 전통적 개념을 무용하게 만들었다. 또한 파블로프는 조건반사 실험을 통해 개도 특수한 경우에는 선택 앞에서 신경질환적 증세를 나타낼 수 있다는 사실을 밝혀냄으로써 정신 현상에 대한 생리적 접근을 시도했을 뿐 아니라 아리스토텔레스 이래로 견지되어 오던 "이성적 동물"로서의 인간 개념을 모호하게 만들었다.

물론 이들이 의도적으로 이러한 기초 개념들을 파괴하기 위해서 연구에 몰두한 것은 아니었다. 그러나 결국 그들을 비롯한 많은 경험과학자들의 성과에 영향을 받아서 현대철학은 더 이상 전통적인 개념에 의존해서 철학적 사유를 전개하는 것이 불가능하고 또 무의미해진 것이다. 이것이 곧 존재론적 및 인식론적 탐구보다는 개념과 논리적 구조의 의미론적 분석에 현대 철학자들이 더욱 많이 주의를 기울이게 된 하나의 이유일 것이다. 그리고 이러한 언어적 전환을 주도하고 그 중심에 선 인물이 바로 비트겐슈타인(Ludwig Wittgenstein)이다. 그는 철학의 사명을 곧 언어비판으로 보고 철학자들이 개념적 혼란에서 헤어날 것을 주장하였다. 가령 그는 일상언어의 정상적인 활용을 분석한 『철학적 탐구』에서 이렇게 말한다.

> 다른 사람들과 일상적으로 교류하는 가운데, 가령 길거리에서… 자기 자신에게 이렇게 말해 보라: "저기 있는 아이들은 자동 기계일 뿐이다. 그들의 활기찬 모습도 전부 기계적인 현상일 뿐이다. 그러면 우리는 이 말이 아주 무의미해진다는 것을 알게 되거나, 어떤 섬뜩한 기분 또는 그와 비슷한 어떤 기분이 들 것이다.

그는 이어 이렇게 말한다.

> 살아있는 사람을 자동기계로 보는 것은, 하나의 형태를 또 다른 형태의 극단적인 경우나 변형으로보는 것과 비슷하다. 예를 들면 십자(十字) 모양의 창살을 만자(卍字)로 보는 것이다. (420)

아마 우리는 그가 이 글을 쓰고 있던 1940년대 말에는 충분히 동의할 수 있을 것이다. 그러나 오늘날에도 여전히 그와 같은 입장을 취할 것이라고 단언할 수 있을까.

비트게슈타인은 또한 그의 『철학적 탐구』에서 "오직 살아있는 것만이 의식을 지닐 수 있다."고 말한 적이 있다. 그렇다면 의식적인 의자나 식탁이 있을 수 없듯이 의식적인 기계, 즉 인공의식도 허구에 지나지 않는다. 물론 이것이 동화나 신화에 나오는 것처럼 그러한 존재를 언급하거나 상상할 수 없다는 뜻이 아니다. 여기서 그가 주장하는 것은 인공의식은 인간의 조건과 경험적 기준을 달리 하기 때문에 규칙을 따를 수 없고, 따라서 언어를 배우고 구사하는 것이 불가능하다는 점이다. 다시 말해서 기계는 인간의 '생태형식(Lebensform)'을 공유할 수 없다는 것이다. 그러나 이것은 인간의 개념을 새롭게 규정하는 데 있어서 '선결문제 요구'라는 오류를 범하는 것이 아닐까. 물론 우리는 앞서 언급한 바와 같이 생물학적 개체로서 진화의 과정을 거쳤고 장구한 문화사를 통해서 끊임없이 인간의 개념을 확장시켜 오기도 했다. 그러나 이 과정을 면밀히 검토하면 할수록 거기서 기계적 매카니즘을 많이 추적할 수 있으며, 노예나 다른 인종, 혹은 여자나 다른 계급의 인간들이 자기 자신과 다른 형태의 생태형식을 지닌다고 믿었던 시기가 있지 않았던가.

IV

얼마 전만 해도 전문가들은 자율주행차에 대해서 부정적인 입장을 취했었다. 운전하려면 감각기관을 통해 방대한 정보를 처리해야 하며 1초도 안 되는 짧은 순간에 대단히 복잡한 결정을 내려야 하기 때문이다. 그러나 잘 알려진 바와 같이 몇 년 후 구글은 자율주행차를 선보였다. 이러한 점을 지적하며, 최근에 『인간은 과소평가되었다(*Humans Are Underrated*)』를 펴낸 미국 종합경제지 『포천』의 편집장 제프 콜빈(Geoff Colvin)은 한 인터뷰에서 "역사가 보여주듯 컴퓨터가 '할 수 없는 일'이 있다는 생각 자체가 위험한 발상"이라고 주장한다(조선일보 제29840호). 그럼에도 불구하고 인공지능과 로봇의 등장으로 인류의 일자리가 사라질 것이라는 우려를 불식시키며 이렇게 말한다. "상대를 진심으로 이해하고 위로해 주고, 같이 기뻐하는 공감능력은 인간만이 갖고 있다. 어떤 사람도 장례식을 방문한 로봇으로부터 위안을 얻진 못할 것이다. 화가 난 고객에게 진심으로 사과하고 마음을 달래는 것도 인간만이 가능한 일이다." 아마 아직은 그럴지도 모른다. 로마제국의 어떤 귀족이 노예들에 대해서 그러한 생각을 가지고 있었듯이 말이다. 그러나 가까운 미래에는 로봇이 그러한 일도 더 잘 할 수 있을지 누가 알겠는가.

재일 동포 한국기사 조치훈은 일본판 알파고인 딥젠고(DeepZen Go)와의 대국에서 이기고도 표정은 밝지 않았다고 한다. 그는 이런 소감을 남겼다.

> 처음엔 로봇과 두는 느낌인 줄 알았는데, 몇 판 대국하면서 인공지능에도 인간미 같은 게 있다는 것 을 느꼈다. 절대 진다는 생각은 안 했는데 판이 거듭되면서 잘못된 생각임을 곧 깨달았다. 상상의세계, 특히 포석에서 내가 졌다. 인간이 무조건 강하다는 생각은 틀린 것이다. (《조선일보》 제29820호)

이러한 생각은 기계에 대한 인식뿐만 아니라 기계와의 관계에서 '개념적 전환(conceptual turn)'을 요구한다. 사실 이러한 전환을 요구하는 사건은 얼마든지 있다. 가령 오늘날 미국에서 경비, 오락, 조명, 온도조절 등을 자동으로 처리해 주는 컴퓨터 네트워크 시스템을 갖춘 가정은 약 15%에 해당한다고 한다. 그러나 이와 같이 다양한 기능을 수행하는 기계들로 가득 찬 집의 소유자들은 어린 아이

같은 흥분과 비참한 무력감 사이를 오간다고 최근의 《뉴욕타임스》는 전하고 있다. 심지어 기계를 잘 다루는 사람들조차 지나치게 똑똑해져 버린 집안에서 자기가 바보가 된 것 같은 느낌을 받을 정도라는 것이다. 콜로라도 대학의 컴퓨터 공학 교수인 모저(M. Mozer)도 "때로는 집안의 장치들이 자기의 행동을 컴퓨터 프로그램처럼 일정하게 통제한다."고 털어놓으면서 "친구들과 늦게까지 밖에 있다가 갑자기 집에 가야 할 기분이 들 때가 있는데, 그 시스템이 내가 일정한 시간에 집에 돌아오는 것을 원하고 있으며 나는 그 시스템을 실망시키고 싶지 않기 때문"이라고 말한다. 이것은 그가 러셀(B. Russell)이 간직했던 인간에 대한 '연민'까지는 아니더라도 그 시스템과의 '약속'이라는 현상을 체험했음을 나타내고 있는 것이다.

민스키에 의하면 기계도 진화한다. 현재로서는 곤충의 수준에 지나지 않겠지만 계속 진화할 것이며, 더구나 기계 여러 개를 함께 결합하면 인간의 두뇌와 비슷한 기능을 할 수도 있을 것이다. 이러한 단계가 되면 문제가 심화될 것인데, 인간이 할 일은 별로 없을 것이기 때문이다. 민스키가 지적하듯이 인간은 200년 전만 해도 95%의 시간을 먹을 것을 구하는 데 보냈다. 오늘날에는 5%도 채 못 된다. 앞으로는 더욱 줄어들 것이다. 정치나 종교가 방해를 하지 않는다면 지능기계는 계속 진화할 것이다. 이러한 진화는 우리에게 희망도 주지만 그만큼 공포도 준다. 파인만(Richard Feynman)도 지적하듯이 과학은 천국의 문을 열 수 있는 열쇠를 제공하지만 그것으로 지옥의 문도 열 수 있다. 그러므로 유전공학의 경우와 마찬가지로 컴퓨터 연구에도 어떤 결단이 필요하다. 미래의 세계를 지옥으로 만들지 않으려면 여러 가지 대책이 필요한데, 그중에서도 핵심적인 것이 차세대를 위한 교육이다.

잘 알려져 있는 바와 같이 기술개발에는 반드시 다양한 부정적 요소가 따라온다. 이 시기에는 오그번(William Ogburn)이 말하는 "문화지체(Cultural Lag)" 현상이 일어나서 낙후된 계층이 생기고 경제적 불평등이 심화되며 이것이 사회적 불안요소로 작용할 수도 있다. 이러한 진통을 줄이려면 주지하다시피 우선 교육에 주의를 기울여야 한다. 그중에도 인공지능이 당분간 따라잡기 어려운 창의성, 비판적 사고, 대화와 설득의 기술, 유연한 적응력을 우선적으로 터득하도록 도와야 한다.그러나 문제는 그러한 능력을 대중 교육을 통해 향상시키기 쉽지 않을 뿐만 아니라 근원적인 대책이 될 수도 없다는 점이다. 교육제도를 어떻게 바꾸어야 할지 진지하게 논의할 시점이다. 이러한 논의 중에는 기계와 인간의 관계를 새롭게 설정하는 문제가 필수적인데, 그 중심에 인간에 대한 개념적 전환의 문제기 있음은 말할 나위가 없다.

참고 문헌

기시미 이치로 외(2014). 미움받을 용기. 서울: 인플루엔셜.

가토 하사다케(加藤尙武), 『20인의 현대철학자』, 표재명 외 역(서광사, 2003)

길희성, 『인도철학사』(민음사, 1984)

金富軾, 『삼국사기(三國史記)』, 김종권 역(서울, 선진문화사, 1960)

김선희, 『사이버 시대의 인격과 몸』(서울: 아카넷, 2004)

김영식 편, 『역사 속의 과학』(창작과 비평사, 1982)

김태길, 『공자 사상과 현대사회』(철학과현실사, 1998)

______, 『변혁시대의 사회철학』, (철학과현실사, 1995)

박정일 · 이매자 엮음, 『존 피 데일리 추모집』, (서강Hawoo, 2013)

반덕진, 『히포크라테스 선서』(서울: 사이언스 북스, 2006)

송상용, 『교양과학사』(서울: 유성문화사, 1983)

신일철 외, 『현대철학과 사회』(서광사, 1992)

엄정식, 『分析과 神秘』(서울: 서강대출판부, 1990)

______, 『격동의 시대와 자아의 인식』(세창출판사, 2015)

______, 『비트겐슈타인의 사상』(서강대출판부, 2003)

이덕환 편, 『새로 보는 과학기술』 (한국과학문화재단, 2007)

李東俊, 『유교의 인도주의와 한국사상』(한울 아카데미, 1997)

이상섭, 『문학의 이해』 (서문당, 1979)

이상우 외, 『분단과 통일 그리고 민족주의』(서울: 박영사, 1985)

이윤기, 『그리스 로마 신화』,(웅진닷컴, 2001)

임지현, 『민족주의는 반역이다』(소나무, 2008)

장대익, 『쿤과 포퍼: 과학에는 뭔가 특별한 것이 있다』(파주: 김영사, 2011)

정병훈, 『과학철학: 흐름과 쟁점, 그리고 확장』(파주: 창비, 2011)

진덕규 편, 『한국민족주의』(서울: 현대 사상사, 1976)

풍유란(馮友蘭), 『중국철학사(中國哲學史)』 정인재 역(서울, 형설출판사, 1979)

한국철학사상사연구회 편 『한국철학사상사』(한울아카데미, 1997)

한국철학회 편, 『문화철학』 (철학과현실사, 1995)

한자경, 『칸트와 초월철학』(서광사 1992)

______, 『자아의 연구』(서광사, 1997)

______, 『칸트 철학에의 초대』(서광사, 2005)

히로시게 토오루 외 지음, 『사상사 속의 과학』 남도현 역(서울: 다우출판사, 2013)

Aristotle, 『니코마코스 윤리학』, 최명관 옮김(서광사, 1984)

Bacon, F., Novum Organum(1620), *The Works of Francis Bacon*, ed. J.

Spedeling, R. Ellis, D. Heath(London, 1857)
Bloom, Alan, *The Republic of Plato*(N.Y.,1968)
Carson, Rachel, 『침묵의 봄』, 김은령역(에코리브르, 2013)
Colaiaco, James A., *Socrates Against Athens*, 『소크라테스의 재판』, 김승욱 역(작가정신, 2005)
Conford, Francis, *Before and After Socrates*(Cambridge, 1932)
Crisp, Roger, *Mill on Utilitarianism*(『밀의 공리주의』), 엄성우 역(철학과 현실사, 2014)
Descartes, R., *Philosophical Works of Descartes*, vol. 1, E. S. Haldane and G. R. T. Ross(Cambridge Unicersity Press, 1967)
Durkeim, Emile, *Elementary Forms of the Religious Life*(London: Allen and Unwin, 1954)
Eliade, Mircia, 『세계종교사상사』, 이용주 옮김(이학사, 2005)
Epicurus, "The Letter of Epicurus to Menoeceus", *The Extant Remains*, tr. Cyril Bailey(Oxford: The Clarendon Press, 1926)
Feynman, R., 『발견하는 즐거움』, 승영국, 김희봉 옮김(승산, 2001)
______, *What Do You Care What Other People Think?*(남이야 뭐라 하건!), 홍승우 옮김, Ralph Leighton 엮음(사이언스 북스, 2004)
Foucault, M., 『말과 사물』, 민규현 역(민음사, 2012)
______, *Technology of the Self* 『자기의 테크놀로지』, 이희원 역(동문선, 1988)
Fuller, S., 『쿤/포퍼 논쟁(*KUHN VS POPPER*)』, 나헌영 옮김(서울: 생각의 나무, 2007)

Goodall, Jane, 『인간의 그늘에서』, 최재천, 이상임 역(사이언스 북스, 2001)

Goodall, Jane 외, 『구달의 생명사랑 십계명』(바다출판사, 2006)

Heidegger, M., 이기상 역, 『기술의 전향』(서광사, 2003)

Higgins, Charlotte, *It's All Creek to Me*(『한 권으로 읽는 그리스 고전』), 이광일 역(이론과 실천, 2012)

Kant, I., *Grundbegung Zur Metaphysik der Sitten*(1785), 이원봉 역 『도덕형이상학을 위한 기초놓기』(책세상, 2002)

______, *Kritik de Practischen Vernunft*(Hamburg, 1974)

Kohn, Hans, *Nationalism in the Twenties Century*(Oxford: Martin Robertson, 1979)

Kuhn, T. S., *The Structure of Scientific Revolutions*(Chicago: The University of Chicago Press, 1970)

Layard, R. *Happiness*(New York: The Penguin Press, 2005)

Loyola, St. Ignacius, 『영성수련(靈性修練)Exercita Spiritualis)』, 윤양석(尹良碩)역(한국천주교 중앙협의회, 서울: 1967)

Martin, Gottfried, *Socrates* 『대화의 철학: 소크라테스』, 이강서 옮김(한길사, 2004)

Mill, J. S., *Utilitarianism*(The Library of Liberal Arts, 1975)

Mitchell, William, *City of Bits*(Cambridge: MIT Press, 1955)

Needham, Joseph, *Science and Civilization in China*(Cambridge: Cambridge Union Press, 1954)

Nye, Robert D., *Three Views of Man*(Cal. Monterey: Brooks/Cole Pub.

Co., 1975)

Ogburn, William James, *Social Change with Respect to Culture and Original Nature*(Columbia University Press, 1922)

Plato, *The Collected Dialogues*, ed. E. Hamilton and H. Carns(N.J.: Princeton Univ. Press, 1973)

Popper, Karl, *The Poverty of Historicism*(London, 1957)

______, *The Open Society and It's Enemies*, Vol. I.(London: PKP, 1966)

Rawls, John, *A Theory of Justice*(Harvard University Press, 1971)

Rogers, Carl, *Psychology: A Study of Science*. Vol. 3, S. Koch ed.(N.Y.: McGraw-Hill, 1959)

Schwab, Klaus, 『제4차 혁명』, 송경진 역(세로운세계, 2016)

Simmel, Georg, 『돈의 철학』, 김덕영 역, (길, 2013)

Singer, Peter, 『효율적 이타주의자』(21세기북스, 2016)

Sorman, Guy, *The Freedom on Bail: Real Thinkers of the Twenties Century*(Vikas Pub., 1990)

Taylor, A. E., *Socrates: The Man and His Thought*(N.Y.: double-day, 1954)

Taylor, Charles, *Sources of The Self*(Harvard University Press, 1989)

Talyor, Paul W., *Principles of Ethics*(Dickenson Pub. Co. Inc. 1975)

Willson, Edward, *Consilience: The Unity of Knowledge*『통섭』 최재천, 장대익 역(사이언스북스, 2005)

Wittgenstein, Ludwig, *Notebook, 1914-1916* trans. G. E. M. Anscombe (New York: Harper Touchbooks, 1967)

______, *Philosophical Investigations*, G.E.M. Anscombe trans.(N.Y.: The Macmillan co. 1968)

______, *Tractatus-Logico Philosophicus*(London: Routedge & Kegan Paul, 1971)

Xenophon, *Recollections of Socrates and Socrates' Defense Before the Jury*, trans. Anna S. Benjamin(Indianapolis, The library of Liberal Arts, 1970)

찾아보기

ㄴ

ㄷ

ㄹ

ㅁ

ㅂ

ㅅ

ㅇ

ㅈ

ㅍ

ㅎ